21世纪高等教育工程管理系列教材

建设项目评估

第 3 版

主　编　闫军印　马晓国
参　编　熊向阳　王东欣　邢秀青
　　　　王　青　周　霞　王　媛
主　审　徐　强

机械工业出版社

本教材是在第2版的基础上修订而成的。此次修订，按照新的建设项目可行性研究报告编写大纲的要求，增加了建设项目社会影响评估的相关内容；调整和修订了固定资产总投资估算的内容构成；对建设项目国民经济效益评估的相应内容及举例计算部分进行了重新修改。

本教材的主要内容包括建设项目可行性论证与项目评估概述、项目建设必要性评估、项目建设条件评估、建设项目环境影响评估及社会影响评价、建设项目工艺技术方案评估、建设项目投资估算与筹资方案评估、建设项目财务效益评估、建设项目国民经济效益评估、建设项目风险和不确定性评估、建设项目总评估、建设项目后评估、建设项目评估案例分析及案例练习、建设项目评估计算机应用。全书着重阐述建设项目评估的基本思路、基本内容、基本程序和基本方法，力争做到深入浅出，通俗易懂，适宜教学和自学。

本教材可作为工程管理、工程造价、房地产经营与管理、土木工程等相关专业以及其他管理类专业的本科教材或教学参考书，也可供从事金融、投资、项目管理等方面的专业人员学习和参考。

图书在版编目（CIP）数据

建设项目评估/闫军印，马晓国主编. —3 版. —北京：
机械工业出版社，2016.2（2024.12 重印）
21 世纪高等教育工程管理系列教材
ISBN 978-7-111-52720-6

Ⅰ.①建… Ⅱ.①闫…②马… Ⅲ.①基本建设项目-
项目评价-高等学校-教材 Ⅳ.①F282

中国版本图书馆 CIP 数据核字（2016）第 011258 号

机械工业出版社（北京市百万庄大街 22 号 邮政编码 100037）
策划编辑：冷 彬 责任编辑：冷 彬 林 静 冯 铁
封面设计：张 静 责任校对：胡艳萍
责任印制：常天培
北京机工印刷厂有限公司印刷
2024 年 12 月第 3 版·第 12 次印刷
184mm×260mm·22 印张·543 千字
标准书号：ISBN 978-7-111-52720-6
定价：59.80 元

电话服务 网络服务
客服电话：010-88361066 机 工 官 网：www.cmpbook.com
010-88379833 机 工 官 博：weibo.com/cmp1952
010-68326294 金 书 网：www.golden-book.com
封底无防伪标均为盗版 机工教育服务网：www.cmpedu.com

序

随着 21 世纪我国建设进程的加快，特别是经济的全球化大发展和我国加入 WTO 以来，国家工程建设领域对从事项目决策和全过程管理的复合型高级管理人才的需求逐渐扩大，而这种扩大又主要体现在对应用型人才的需求上。这使得高校工程管理专业人才的教育培养面临新的挑战与机遇。

工程管理专业是教育部将原本科专业目录中的建筑管理工程、国际工程管理、投资与工程造价管理、房地产经营管理（部分）等专业进行整合后，设置的一个具有较强综合性和较大专业覆盖面的新专业。应该说，该专业的建设与发展还需要不断地改革与完善。

为了能更有利于推动工程管理专业教育的发展及专业人才的培养，机械工业出版社组织编写了一套该专业的系列教材。鉴于该学科的综合性、交叉性以及近年来工程管理理论与实践知识的快速发展，本套教材本着"概念准确、基础扎实、突出应用、淡化过程"的编写原则，力求做到既能够符合现阶段该专业教学大纲、专业方向设置及课程结构体系改革的基本要求，又可满足目前我国工程管理专业培养应用型人才目标的需要。

本套教材是在总结以往教学经验的基础上编写的，主要注重突出以下几个特点：

（1）专业的融合性　工程管理专业是个多学科的复合型专业，根据国家提出的"宽口径、厚基础"的高等教育办学思想，本套教材按照该专业指导委员会制定的四个平台课程的结构体系方案，即土木工程技术平台课程及管理学、经济学和法律专业平台课程来规划配套。编写时注意不同的平台课程之间的交叉、融合，不仅有利于形成全面完整的教学体系，而且可以满足不同类型、不同专业背景的院校开办工程管理专业的教学需要。

（2）知识的系统性和完整性　因为工程管理专业人才是在国内外工程建设、房地产、投资与金融等领域从事相关管理工作，同时可能是在政府、教学和科研单位从事教学、科研和管理工作的复合型高级工程管理人才，所以本套教材所包含的知识点较全面地覆盖了不同行业工作实践中需要掌握的各方面知识，同时在组织和设计上也考虑了相邻学科有关课程的关联与衔接。

（3）内容的实用性　教材编写遵循教学规律，避免大量理论问题的分析和讨论，提高可操作性和工程实践性，特别是紧密结合了工程建设领域实行的工程项目管理注册制的内容，与执业人员注册资格培训的要求相吻合，并通过具体的案例分析和独立的案例练习，使学生能够在建筑施工管理、工程项目评价、项目招标投标、工程监理、工程建设法规等专业领域获得系统深入的专业知识和基本训练。

（4）教材的创新性与时效性　本套教材及时地反映工程管理理论与实践知识的更新，将本学科最新的技术、标准和规范纳入教学内容，同时在法规、相关政策等方面与最新的国家法律法规保持一致。

我们相信，本套系列教材的出版将对工程管理专业教育的发展及高素质的复合型工程管理人才的培养起到积极的作用，同时也为高等院校专业的教育资源和机械工业出版社专业的教材出版平台的深入结合，实现相互促进、共同发展的良性循环而奠定基础。

前言

《建设项目评估》第 1 版自 2005 年出版以来，受到了高等院校广大师生和读者的广泛好评。2010 年随着社会经济的发展，本领域国家相关政策和规范发生了相应的变化，对第 1 版教材进行了较为全面系统的调整和修订，使得教材的系统性和实用性进一步得到加强。

此次针对第 2 版教材进行的修订，在继续保持本教材特色的基础上，主要进行了以下调整：

第一，对第 1 章中项目发展周期与项目前期研究，按照新的体系要求进行了修订，并删减了部分相对过时的内容，使得本部分的内容更加精炼。

第二，对第 4 章"建设项目环境影响评估"进行全面修改，按照新的建设项目可行性研究报告编写大纲要求，在原来重点介绍建设项目环境影响评估内容的基础上，增加了建设项目社会影响评估的相关内容。

第三，第 6 章"建设项目投资估算与筹资方案评估"按照国家当前新财税制度，调整和修订了固定资产总投资估算的内容构成。

第四，第 8 章"建设项目国民经济效益评估"，由于国家取消了外汇牌价，直接采用国际市场外汇汇率，对相应内容及举例计算部分进行了重新修改。

第五，对各主要章节的思考与练习部分进行了更新和修订。

本教材由闫军印和马晓国担任主编，全书框架和三级大纲的设计及统稿和定稿由闫军印完成。具体的编写分工为：闫军印（石家庄经济学院）编写第 1 章（部分）、第 4 章、第 5 章、第 9 章（部分）、第 10 章（部分）、第 12 章（部分）；马晓国、熊向阳（均为南京工程学院）编写第 6 章（部分）、第 7 章（部分）、第 8 章（部分）、第 12 章（部分）、第 13 章；王东欣、邢秀青、王青（均为石家庄经济学院）编写第 1 章（部分）、第 2 章（部分）、第 6 章（部分）、第 7 章（部分）、第 8 章（部分）、第 9 章（部分）、第 10 章（部分）、第 12 章（部分）；周霞（北京建筑大学）编写第 3 章（部分）、第 11 章；王媛（北京建筑大学）编写第 2 章（部分）、第 3 章（部分）。

南京航空航天大学徐强教授担任本教材主审，他在百忙之中审阅了全部书稿，提出了很多好的建议；同时，我们在编写过程中还参考了国内外同行专家的文献书籍。在此，对他们一并表示衷心的感谢。

由于时间仓促和作者水平有限，本教材不足之处在所难免，真诚希望广大读者提出批评意见，以便今后不断补充和完善。

编　者

目　录

序

前言

第1章　建设项目可行性论证与项目评估概述 ···················· 1

1.1　项目发展周期与项目前期研究 ························· 1

1.2　建设项目可行性研究 ······························· 6

1.3　建设项目评估 ···································· 19

思考与练习 ·· 23

第2章　项目建设必要性评估 ····························· 24

2.1　项目市场需求分析概论 ···························· 24

2.2　项目市场需求分析内容 ···························· 26

2.3　项目市场需求预测分析方法 ························· 34

思考与练习 ·· 50

第3章　项目建设条件评估 ····························· 51

3.1　建设项目生产规模分析 ···························· 51

3.2　项目物料供应分析 ······························· 56

3.3　项目建厂地区及厂址分析 ·························· 63

3.4　企业组织及项目建设进度分析 ······················ 72

思考与练习 ·· 82

第4章　建设项目环境影响评估及社会影响评价 ················· 83

4.1　建设项目环境影响评估的含义和要求 ·················· 83

4.2　建设项目环境影响评估的内容 ······················ 86

4.3　建设项目环境影响的经济损益分析 ··················· 93

4.4　建设项目社会影响评价 ··························· 100

思考与练习 ······································· 109

第5章　建设项目工艺技术方案评估 ······················ 110

5.1　建设项目技术方案评估 ··························· 110

5.2　建设项目生产工艺方案评估 ······················· 115

5.3　建设项目工艺设备评估 ··························· 123

5.4　建设项目工程设计方案分析 ……………………………………………… 128
思考与练习………………………………………………………………………… 131
第6章　建设项目投资估算与筹资方案评估 ……………………………………… 132
6.1　固定资产总投资估算 ………………………………………………………… 132
6.2　无形资产投资与开办费估算 ………………………………………………… 136
6.3　项目流动资金投资估算 ……………………………………………………… 139
6.4　项目筹资方案与资金使用计划方案评估 …………………………………… 142
思考与练习………………………………………………………………………… 154
第7章　建设项目财务效益评估 …………………………………………………… 155
7.1　建设项目财务效益评估概述 ………………………………………………… 155
7.2　建设项目财务评价基础数据的测算 ………………………………………… 156
7.3　建设项目财务评价报表体系及评价指标 …………………………………… 170
思考与练习………………………………………………………………………… 185
第8章　建设项目国民经济效益评估 ……………………………………………… 187
8.1　建设项目国民经济效益评估概述 …………………………………………… 187
8.2　建设项目国民经济评价效益与费用的确定 ………………………………… 189
8.3　国民经济评价基础数据的调整 ……………………………………………… 193
8.4　国民经济效益评估的价格调整 ……………………………………………… 195
8.5　建设项目国民经济评价报表体系及评价指标 ……………………………… 202
思考与练习………………………………………………………………………… 209
第9章　建设项目风险和不确定性评估 …………………………………………… 211
9.1　建设项目风险和不确定性评估概述 ………………………………………… 211
9.2　建设项目风险分析 …………………………………………………………… 212
9.3　盈亏平衡分析和敏感性分析 ………………………………………………… 221
思考与练习………………………………………………………………………… 225
第10章　建设项目总评估 ………………………………………………………… 227
10.1　建设项目总评估概论 ………………………………………………………… 227
10.2　建设项目总评估的内容 ……………………………………………………… 229
10.3　建设项目总评估的步骤和方法 ……………………………………………… 232
思考与练习………………………………………………………………………… 236
第11章　建设项目后评估 ………………………………………………………… 237
11.1　建设项目后评估概述 ………………………………………………………… 237
11.2　建设项目后评估的内容、方法和程序 ……………………………………… 241
11.3　建设项目后评估的组织与实施 ……………………………………………… 259
思考与练习………………………………………………………………………… 261
第12章　建设项目评估案例分析及案例练习 …………………………………… 262
12.1　建设项目评估案例分析——某新建煤炭项目经济评价……………………… 262

12.2　建设项目评估案例练习——某化工厂化肥项目财务效益评估……………… 276
思考与练习 ……………………………………………………………………… 278
第 13 章　建设项目评估计算机应用 ……………………………………………… 279
13.1　Microsoft Excel 工具包的基本功能简介 ………………………………… 279
13.2　Microsoft Excel 工具包中用于建设项目评估的常用函数 ……………… 286
13.3　项目评估过程的运行和输出…………………………………………………… 295
思考与练习 ……………………………………………………………………… 300
附录　财务分析报表及财务分析辅助报表……………………………………………… 301
参考文献………………………………………………………………………………… 341

建设项目可行性论证 与项目评估概述

第1章

1.1 项目发展周期与项目前期研究

1.1.1 建设项目发展周期

一个建设项目从开始构想、施工建设、建成投产，直到最终报废所经过的时间，称为该项目的发展周期。

一般说来，项目发展周期顺次经过投资前期、投资建设期和建成投产期三个阶段。这个过程，对于每个项目来说是一次性的。但对于一个国家、地区或银行的所有项目，则是依次连接、周而复始地进行的。项目周期是人们在长期投资建设的实践、认识、再实践、再认识的过程中，对理论和实践的高度总结，它反映出人们对项目投资建设运动规律的认识和掌握。

项目周期理论在国外发展很快。一些发达国家和国际经济组织，在投资活动领域，总结出一套科学、严密的项目周期理论和方法。每一项投资活动都必须按科学的项目周期依次进行，从而极大地减少了投资失误和风险。

建设项目可行性研究和建设项目评估都属于建设项目投资前期的工作。

1.1.2 西方国家的项目前期研究

西方国家通常把一个项目周期划分为三个时期，九个阶段。三个时期是投资前期、投资建设期和生产运营期。它们按"投资决策"和"交工验收"两条分界线来划分。投资前期重点工作是进行可行性研究（包括资金筹措活动）。投资建设期的关键问题是建设进度，因为这个时期工程项目的基本原则和技术经济主要决策已经确定，开始投入大量资金，投资建设时间压缩得越短，就越能使投资及早发挥效果。生产运营期主要精力是集中在生产技术与管理上，应全力去解决生产设备的正常运转。九个阶段分别是机会研究阶段、初步可行性研究阶段、详细可行性研究阶段、评估与决策阶段、谈判与签订合同阶段、项目设计阶段、施工安装阶段、试运转和投产阶段，如图1-1所示，图中的阶梯及阴影部分反映各项工作开展的时间和规模。

按基础资料占有程度，研究内容、研究深度及可信度不同，可将投资前期研究分为机会研究、初步可行性研究、详细可行性研究、项目评估与决策四个阶段。把投资前期划分为几个阶段，避免了在尚未对项目意向作出初步审查或是在还没有提出各种可供选择方案的情况下，就从项目意向阶段直接跨入到最后的可行性研究阶段。这样，有些项目尚未达到可行性研究阶段就被淘汰，减少了许多不必要的可行性研究工作。

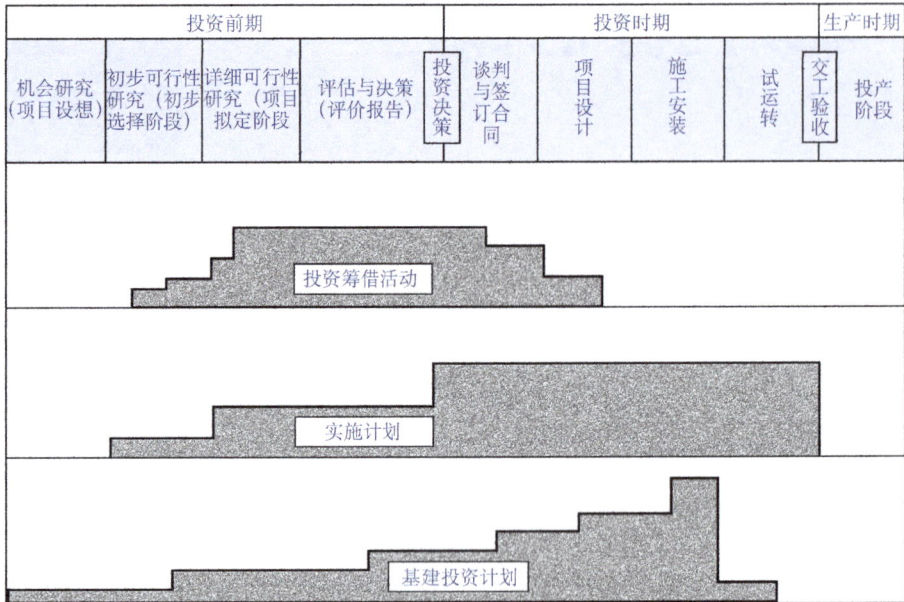

图 1-1　西方国家项目周期各阶段及主要工作示意图

1. 机会研究 （Opportunity Study）

机会研究亦称投资鉴定或项目设想。它是可行性研究的第一个阶段。它的任务是研究和确定合理的投资方向、投资规模和投资结构。也就是在了解掌握国民经济和社会发展的长远规划和行业、地区规划，经济建设方针，建设任务和技术经济政策的基础上，通过对拟投资领域相关条件及环境背景的调查分析，为建设项目的投资方向和投资时机提出设想和筹划。

机会研究又可分为一般机会研究与项目机会研究两类。

一般机会研究是为了提出具体的投资建议，其主要的内容包括三个方面：一是地区研究，即研究和探寻最有利的投资地区和地点；二是部门研究，即研究和探寻最有利的投资部门或行业；三是资源研究，即研究和探寻以最优方式综合利用某种自然资源或工农业产品为目的的投资机会。

项目机会研究是为了研究和确定最有利的投资项目，即在一般机会研究作出的初步投资鉴别的基础上，进一步研究和确定具体的最有利的项目投资机会，使项目设想转变为投资建议。

在项目机会研究过程中，主要工作内容包括：

1）国家宏观经济规划、建设方针及投资政策。

2）某一部门或区域的现状、环境及条件。

3）某一特定产品需求潜力的预测。

4）产品进出口情况，替代进口能力及出口商品的国际竞争能力。

5）分析企业现有潜力及进行改扩建和发展多种经营的可能性。

6）完善建设布局，填补国家、产业门类、地区经济空白的可能性。

机会研究阶段工作比较简单，主要是依据情报资料作出的一种估计，不是详细的分析计算。所需时间约用 1～3 个月，所需费用约占投资总额 0.2%～1%，估算投资额和成本效益的精度在 ±30% 左右。

2. 初步可行性研究（Pre-feasibility study）

初步可行性研究又称为预可行性研究，是指在投资机会研究已确定了大致的投资方向和投资时机的基础上，通过对投资项目的初步概算和经济效果评价，进一步判断投资机会研究的结论是否正确，并得出是否有必要进行下一步详细可行性研究的结论。初步可行性研究的主要内容有：

1）判定该项目投资机会有无生命力和发展前景，有无必要进一步开展分析和研究工作。

2）分析和确定影响项目可行性的主要因素，并决定是否需要进行市场供求预测，生产工艺和技术装备等的实验室试验或工业性中间试验等专题或辅助研究。

3）判定现有资料、数据等是否能足以证明项目设想和投资建议可行，并对投资者有较大的吸引力。

经初步可行性研究后认为该项目设想没有生命力和建设前途，没有立项的可能性和必要性，则该项目的可行性研究到此停止，不再进行详细可行性研究。

初步可行性研究阶段的投资额与产品成本费用的估算额精度误差一般要求不超过 ±20%，而所需研究经费一般占投资总额的 0.25%～1.5%，需耗时 4～6 个月。

3. 详细可行性研究（Detailed Feasibility Study）

详细可行性研究亦称最终可行性研究，是指通过一定方法对项目的技术可行性和经济可行性进行详细的论证分析。它为项目决策提供全面的评价参考，为项目的具体实施提供科学准确的依据。其主要内容有：

1）深入研究有关产品方案、生产规模、资源供应、厂址选择、工艺技术、设备选型、资金筹措方案、工程施工组织和未来企业组织管理机构等各种可供选择的技术方案，进行细致的技术经济分析和比较选优工作，推荐一个以上可行的建设方案。

2）开展详细的经济评价，选取投资最省、费用成本最低、经济效益和社会效益最显著、投资风险最小的建设方案。

3）提供项目的最终可行性标准和决策依据，对拟建项目提出结论性意见，并据以编制最终可行性研究报告。

详细可行性研究是项目的定性阶段，也是项目决策的关键环节，这个阶段通常耗时 8～12 个月甚至更长，所需研究费用一般占投资总额的 1%～3%，投资额和产品成本费用估算的精确度误差要求不超过 ±10%。

4. 评估与决策（Appraised and Policy Decision）

评估与决策是指在详细可行性研究的基础上，由有关投资决策者委托有关机构或专家对可行性研究报告的内容进行核实、确认与论证，对项目技术可行性和经济可行性作出客观评估并提出最终建议，最后由投资决策者作出最终投资决策。

项目评估是投资决策的重要手段，投资者、决策机构、金融机构以项目评估的结论作为实施项目、决策项目和提供贷款的主要依据，所以，要力求保证项目评估结论的客观性。这就要求在开展项目评估的过程中，必须坚持考查因素的系统性、实施方案的最优性、选择指标的统一性、数据选取的准确性、评估方法的科学性等原则，做到评估工作的科学、规范、准确。

项目投资前期研究各阶段的具体介绍见表1-1。项目投资前期研究各阶段之间的联系也是客观存在的。在一般情况下，后一阶段的研究总是在前一阶段工作结果的基础上进行，另外，各研究阶段也可以采用相同的经济评价方法。

表1-1 项目投资前期研究阶段划分、工作目标、内容深度与要求一览表

研究阶段	机会研究	初步可行性研究	详细可行性研究	评估与决策
研究性质	项目设想	项目初步选择	项目拟定准备	项目评估
研究主体	投资管理者 投资者	投资者 受托人	投资者 受托人	受托人 投资管理者
研究目的	鉴别投资方向，寻求投资机会，提出项目投资建议	对项目作出初步评价，并进行专题辅助研究，鉴定项目选择依据和标准，确定项目初步可行	对项目进行深入的技术经济论证，重点对项目进行经济效益分析，提出结论性建议，确定项目投资的可行性和选择的依据标准	对可行性研究报告进行评估和全面审核，判断项目可行性研究报告的可靠性和真实性，对项目作出最终决策
研究作用	编制项目建议书，为初步选择投资项目提供依据	编制初步可行性研究报告，判定是否有必要进行下一步详细可行性研究，进一步判断项目可行性	编制可行性研究报告，作为项目投资决策的基础和重要依据	提出项目评估报告，判定项目取舍和选择最佳投资方案
估算精度（%）	±30	±20	±10	±10
研究费用占总投资的百分比（%）	0.2~1.0	0.25~1.5	1.0~3.0	
需要时间/月	1~3	4~6	8~12或更长	

1.1.3 我国现阶段项目前期研究

我国项目周期理论和方法的形成与发展，经历了一个较长的曲折过程。早在20世纪50年代初，第一个五年计划掀起了新中国投资建设的第一个高潮，经过广大技术经济工作者的不断探索和积累，形成了计划任务书→初步设计→技术设计→施工图设计的投资建设程序，这是我国项目周期的最初形式。尽管与现在科学的项目周期相比，还有许多不足，如项目前期研究论证不足，后期总结评价不够等。但是，在当时的条件下，为促进第一个五年计划的顺利完成起到了积极的作用，也为我国项目周期理论和方法的发展完善奠定了基础。后来由于我国在经济工作中的失误，使得在投资建设过程中过多地凭主观意志或长官意志决策办事，忽视了投资建设过程中固有的客观规律。20世纪60年代的经济调整，国家把投资建设程序简化为设计任务书→扩大初步设计→施工图设计。10年"文革"期间，投资建设程序再次受到严重破坏。不尊重投资建设客观规律，不按项

目周期从事投资建设活动，在投资建设中实行边勘察、边设计、边施工的方针，许多建设项目仓促立项，盲目建设，结果是一些项目建成后经济效益不好，甚至不能生产，给我国的经济建设造成很大的浪费和损失。

20 世纪 80 年代初，随着我国改革开放政策的实施，总结了投资建设的经验教训，并且学习吸收了国外的项目周期理论和方法。根据我国的国情，并结合投资建设的实际，重新开始了科学的项目周期探索。在原来投资建设程序上，逐步改进和发展，形成了目前的投资前期—投资建设期—建成投产期这种三阶段、多环节的项目周期体系。当然，随着我国经济体制改革的深入和经济的发展，特别是投资融资体制的改革，我国的项目周期体系研究将会不断发展、完善，建立起科学的、符合我国投资建设实际的项目周期理论和方法。

我国目前的项目周期划分见表 1-2。

表 1-2 我国建设项目发展周期划分一览表

投资前期			投资建设期					建成投产期
规划与研究阶段			设计阶段			建设阶段		生产阶段
项目建议书	可行性研究	项目评估（评审）	勘察设计	初步设计	施工图设计	施工招标	建筑安装施工	试运转	正式投产
投资决策						交工验收		

下面就投资前期各阶段有关内容进行介绍。

1. 项目建议书

在我国，项目建议书相当于西方国家的机会研究。它是由各工业部门、各省、市、自治区以及有关的企、事业单位，根据国家经济发展的长远规划和行业、地区规划，经济建设方针，技术经济政策和建设任务，结合资源情况、建设布局等条件，在调查、预测的基础上向国家或上级主管部门提出的项目建议。对于跨行业的或对国计民生有重大影响的大型项目，则由有关部门联合提出项目建议书。项目建议书的主要内容有：

1）项目提出的理由和依据，对于技术引进项目还应包括国内外技术差距和引进理由。

2）产品方案、拟建规模和建设地点的初步选择或设想。

3）资源情况、建设条件、协作关系。

4）投资估算与资金筹措的初步设想，利用外资项目要说明利用外资的可能性及偿还贷款能力的初步分析。

5）项目建设进度的安排。

6）对经济效益、社会效益的初步分析。

编写项目建议书，应在调查研究、收集资料的基础上，采用定性和定量相结合的分析方法。在进行定量分析时，通常采用类似工程项目的推算方法来制定，粗略地分析出项目的经济效果，然后得出项目是否可行的初选结论。项目建议书是选择投资项目的依据之一，经有关部门审查批准后，即可委托承担单位进行可行性研究。

2. 可行性研究

可行性研究是项目建议书的深化，也是整个投资前期的关键阶段。在项目初选确认之后，即项目建议书经主管部门认可后，进一步对项目的诸因素作出全面设计和详细估算，以确认项目的生命力。确定项目可行或不可行，为决策者提供最终的依据。

可行性研究内容可能因项目所属行业的不同而各有所侧重，但以下三方面的内容是必须包括的：

1）市场分析。这是建设项目能否成立的前提和依据。如果所生产的产品没有市场，项目就没有必要建设。从另一个角度讲，投资项目的年生产规模也应根据市场需求的情况来确定。所以市场分析是可行性研究的基础。

2）有关技术分析。这里包括资源情况、厂址选择、工艺方案选择和设备选型，未来工厂的组织设计、劳动定员和环境保护等。

3）建设项目的合理性即经济效益分析。这是可行性研究的核心和重点。可行性研究最后成果是可行性研究报告。可行性研究一般由投资者或投资主管部门委托经国家正式批准颁发证书的设计院或咨询公司来承担。

3. 项目评估

项目评估是投资前期研究工作的最后阶段。项目评估通常可由决策部门委托贷款银行或咨询公司组织有关人员或外请专家来进行。该阶段的任务是检查和判断可行性研究报告的真实性和可靠性，并从评审角度提出项目是否可行的意见，作为投资者决策的依据。

项目评估的最后成果是评估报告。评估报告要同可行性研究报告一起，送投资者或投资主管部门进行审批，一般大中型项目还要报国家发改委（原为国家计委）批准，重大项目还需要报国务院批准。

1.2 建设项目可行性研究

1.2.1 项目可行性研究的概念和作用

1. 项目可行性研究的概念

可行性研究（Feasibility Study），全称为"建设项目可行性研究"。

可行性研究的产生具有历史的必然性。这是因为长期投资项目不仅具有投资数额大、投资回收期长的特点，而且存在着投资时空的选择性和投资收益的不确定性，如果决策失误，会使大量投资付之东流，造成投资项目的失败，给投资者、社会乃至整个国民经济造成损失。这就在客观上需要产生一种在建设前期能够对项目的投资数额、投资效益、资源状况、环境保护、生产经营条件、市场供需状况等方面进行全方位分析论证的方法和程序。可行性研究正是适应这种需要而产生的。

可行性研究的产生通常认为是在20世纪30年代美国开发田纳西河流域时开始采用的方法。当时美国政府组织技术专家和经济专家进行论证，提出了该地区进行经济开发的可能性报告，后来开发计划取得了极大成功。此后，这种方法不断得到充实与完善。第二次世界大战后，尤其是近20年来，随着现代科学技术的进步，经营管理水平的提高和商品经济的迅猛发展，投资项目的规模和数额不断增大，与之相伴随的投资风险也相应增大；市场竞争加剧，产品更新换代的周期缩短，使得投资决策的难度大大提高。人们普遍认识到，应当采用先进的可行性研究技术，将可行性研究作为筹划建设项目、利用资金的首要审查环节来抓。实践证明，开展项目可行性研究，可以减少投资损失，提高投资项目的效益，保证投资资金的安全。

联合国工业发展组织（UNIDO）为促进国际间的交流，推动发展中国家开展可行性研究，于1978年编写和发行了《工业可行性研究手册》和《项目评价准则》等文件，这对各国的可行性研究工作的开展起到了一定的指导和推动作用。另外，世界银行等国际性金融机构通常都规定必须以贷款金额的5%~10%的资金作为开展贷款项目可行性研究的费用，从而保证了可行性研究工作的开展和贷款项目的成功。

关于可行性研究方面的工作，我国早在第一个五年计划期间，在建设156项重点建设项目时，在每个项目建设之前，都编制了"建设意见书"并制作了"工程项目方案研究"，对工程项目方案进行了比较全面、细致的"技术经济论证"，从而使项目建设能够顺利进行和取得了良好的投资经济效益。这实际上就是类似的"可行性研究"工作。但是，从1958年开始我国经济工作受到"左"的思想干扰，使这种初级的技术经济分析工作难以继续开展，从而使我国在投资项目可行性研究领域的工作水平与发达国家之间的差距更大了。由于投资项目缺乏科学的可行性研究论证，导致许多项目的盲目重复建设，造成了巨大的经济损失。十年动乱结束之后，随着经济秩序的重新确立，可行性研究工作也在我国不断得到重视。1983年原国家计委正式下文，明确规定"把可行性研究作为建设前期工作一个重要技术经济论证阶段，纳入基本建设程序"。1983年，原国家计委又颁发了《关于建设项目进行可行性研究的试行管理办法》，重申可行性研究作为建设前期工作的重要内容，必须纳入投资管理程序，进一步明确了可行性研究的编制程序、内容和方法。1987年9月，原国家计委发布了《关于建设项目经济评价工作的暂行规定》《建设项目经济评价方法》等四个文件，填补了我国在可行性研究中有关经济评价方面缺乏系统方法和国家统一标准的空白。1993年4月，原国家计委会同建设部重新颁布了修改后的《关于建设项目经济评价工作的若干规定》《建设项目经济评价方法》《建设项目经济评价参数》等四个文件以及建设项目经济评价案例。这四个文件，对建设项目经济评价工作的管理以及经济评价的程序、内容、方法和指标等都作了明确的规定和具体的说明，并发布了一些主要部门和行业的经济评价基本参数。这是各类规划设计单位、工程咨询公司进行投资项目评价和评估的指导性文件，也是有关部门审批项目建议书和可行性研究报告以及银行、投资公司等金融机构评估项目和审查投资贷款的重要依据。这标志着我国投资项目决策已进入科学化的新阶段，为开展可行性研究的经济评价工作提供了新的法律依据和定量标准。

综上所述，广义的可行性研究是指在现代环境中，组织一个长期投资项目之前，必须进行的有关该项目投资必要性的全面考查与系统分析，以及有关该项目未来在技术、财务乃至国民经济等诸方面能否实现其投资目标的综合论证与科学评价。它是有关决策人作出正确可靠投资决策的前提与保障。

狭义的可行性研究则是指编制可行性研究报告阶段的有关工作。

2. 项目可行性研究的作用

投资项目的可行性研究，是项目建设前期极其重要的一项工作，是项目建设程序的重要组成部分，是开展投资建设时期各项工作的基本依据，对建设项目实现决策的科学化和取得良好的经济效益具有极其重要的作用。具体讲，可行性研究的基本作用有以下几个方面：

（1）可行性研究是确定建设项目的依据　投资决策者作出是否投资某一项目的决策，其主要的依据就是可行性研究的结论。如果该结论断定项目不可行，其他后续工作就没有必要继续进行了。

（2）可行性研究是编制项目初步设计的依据　在可行性研究中，对建设项目的建设条件、厂址选择、建设规模、产品方案、生产工艺流程及设备选型、资源及原材料和燃料动力等供应条件、气象水文、工程地质、建设进度等都作了详细的技术经济分析和论证，这就为进一步开展项目的初步设计提供了可靠的依据。

（3）可行性研究为筹措资金，特别是向银行申请贷款提供依据　项目建设所需资金，无论是向银行贷款或从其他渠道筹措，都必须附有该项目的可行性研究报告，并经银行或其他有关部门审查和评估后确认该建设项目具有较好的经济效益和足够的偿债能力时，银行或有关部门才给予贷款和提供建设资金。世界银行等国际金融组织以及我国的建设银行等金融机构，都把提交可行性研究报告作为建设项目申请贷款的先决条件。

（4）可行性研究可作为建设单位与项目有关部门、单位以及国外厂商洽谈、签订合同和协议的依据　在可行性研究报告中，对项目建设和生产经营所需的原材料、燃料、动力等的需要量，产品销售量，货物运输量，生产技术和工艺流程的选择以及主要设备选型等都作了分析和论证。因此，经审查和认可的可行性研究报告就为项目建设单位同有关部门签订各项协议和合同提供了依据。

（5）可行性研究是申请建设执照的依据　项目建设需项目所在地政府批准购买的土地，必须符合当地市政建设规划与环境保护等方面的各项要求。因此，在可行性研究报告中必须包括如何充分合理利用土地的设想，以及为确保项目达到环境保护标准而提出的各项措施和办法。这些信息可以作为国土开发及环境保护等部门评价项目对环境的影响，签发项目建设执照的依据。

（6）可行性研究能为下一阶段进一步开展有关地形、工程地质、水文等勘察工作和加强工业性试验指出努力方向　在可行性研究中，需要运用大量的基础资料，一旦有关地形、工程地质、水文等勘察资料或工业性实验数据不完整，不能满足下个阶段工作的需要时，就需根据可行性研究报告所提出的要求，进一步开展有关地形、工程地质、水文等勘察工作和加强工业性试验，补充有关数据资料。

（7）可行性研究可以为拟订项目采用的新技术、新设备研制计划提供依据　投资项目拟采用的新技术、新设备只有经过充分的可行性分析论证，并证明是先进适用的，才能进一步制订具体的研制计划；如果盲目研制，必然会影响项目建设并造成不应有的损失。

（8）可行性研究报告是编制国民经济计划的依据　由于建设项目、尤其是大中型建设项目考虑的因素多，涉及的范围广，投入的资金数额大，可能造成深远的影响，所以，这些项目的可行性研究报告的内容往往比较详细，可作为编制国民经济计划的重要参考资料和依据。

1.2.2　项目可行性研究的主要内容

对项目进行可行性研究的内容，因项目的具体条件不同而有差别，但主要内容应包括以下几个方面。

1. 项目的背景和历史

项目的背景介绍是指对拟建项目的基本情况作一般性概述。它主要包括投资项目设想和项目背景研究两方面内容。投资项目设想是指在明确项目名称的前提下，应说明项目的发起人或倡议人、项目的建设地址、市场条件和生产建设条件、产品方案、生产能力等。项目背景研究着重研究项目是否符合一定时期的方针、政策、规划等，以及项目与政策规划之间的相互作用关系；研究项目发起人的单位规模、管理水平、资信状况、技术实力、人才配备等。

项目的历史即分析项目的发展情况，主要揭示项目历史中主要事件的日期，已经完成的准备性调查和研究事项的名称、委托单位和成果，已做过的试验试制工作，项目进行投资建设的必要性和意义，存在的问题和建议等。

2. 市场需求与生产规模

研究国内外市场的供需情况，应用市场预测的各种数据（包括销售量、销售收入、价格、生产成本与利润等），确定拟建项目的生产规模和产品方案；并分析产品未来的市场竞争能力和市场占有率，以及打入国际市场的可能性和前景。

3. 项目资源情况

对项目资源情况进行分析，主要研究各种资源的需要量和供给量。这里资源包括矿产资源、农业资源、各种原材料和燃料；水、电、气供应等。对于矿产资源和农业资源，要着重分析项目建设和生产经营所需资源的种类、特性和数量；可供资源的数量、质量和供应年限，开采条件及供应方式；对于稀有资源和有限资源，应分析可替代资源的开发前景等。

原材料（包括辅助材料）是项目建设和生产正常进行的物质基础，应分析原材料供应品种、数量能否满足项目生产能力的需要；原材料供应的质量能否满足生产工艺要求及设计产品的功能和质量要求；运输距离、合理仓储量及仓储设施条件等。

燃料，主要包括煤、石油和天然气等，动力主要包括电、水、蒸汽、压缩空气等。燃料供应条件分析，要着重研究合理选择燃料供应来源和供应品种、数量、质量及运输、仓储条件等；动力供应条件要着重研究供应方式、生产方法或协作配合要求等。

4. 建厂条件和厂址方案

建厂条件是指建设项目所在的地区和厂址的经济环境和自然环境，它是保证项目获得成功的重要条件。

建厂地区的选择要求是：接近原料产地或销售市场；有数量足够、价格合理的燃料及动力；有便利的交通运输条件和较好的基础设施条件等。

厂址的选择要求具有良好的经济和自然条件，能满足企业建设、生产活动和职工生活的合理需要，并留有发展余地；符合工厂远景规划和城市建设规划的要求。对不同条件的厂址方案，应进行综合分析比较，以选择最优厂址。

5. 项目技术方案选择

正确选择技术方案，对保证项目未来生产的产品数量、质量和经济效益是至关重要的。项目技术方案选择的内容包括：工艺方案的选择、设备的选型、公用设施方案的选择、建筑物与构筑物布置方案的选择等。

6. 项目环境影响分析

预计项目"三废"（废气、废水、废渣）的种类、成分、数量及对环境影响的范围和程度，治理方案的选择和回收利用情况，项目对环境的要求及对环境影响的评价。

7. 机构设置和劳动定员

企业机构的设置情况，是编制人员配备表和计算各种管理费用的依据；劳动定员的编制数是计算产品成本和制定人员培训计划的依据。对企业管理机构的设置应根据项目的大小、性质和业务范围等，遵循统一领导，分级管理，分工协作，职责明确等原则，按企业特点不同采用适合的组织形式。

8. 项目实施计划

主要应确定项目勘察设计、设备制造、施工安装、试生产所需的时间和进度要求。选择工程项目实施计划方案，并用线条图和网络图表示。

9. 项目经济评价

指对项目进行财务评价和国民经济评价。主要内容包括：列出项目建设所需资金及其筹措情况，估算总成本费用、销售收入和税金；从企业角度，用现行价格计算分析拟建项目投产后各年盈利能力和贷款偿还能力，论证项目是否值得建设；从国民经济角度，通过计算项目投入物和产出物的影子价格，将项目的效益和费用进行比较，判断项目是否值得建设。

10. 不确定性和风险分析

通过盈亏平衡分析、敏感性分析和概率分析，研究分析影响项目经济效益主要因素的变化对所选投资方案的影响程度。

11. 结论

运用各种数据，从市场、技术、经济等方面论述拟建项目的可行性；指明该项目方案存在的问题，并提出相关的建议和对策。

1.2.3 项目可行性研究的工作程序和要求

1. 项目可行性研究的工作程序

项目可行性研究可以分为三个阶段，除了机会研究阶段比较简单，不一定有比较固定的程序外，初步可行性研究报告和详细可行性研究报告一般都有一个相对比较固定的程序。

（1）建立工作小组 对拟建项目进行可行性研究，首先要确定工作人员，成立可行性研究小组。工作人员的结构要尽量合理，一般可以包括工业经济学家、土木建筑工程师、专业技术工程师和其他辅助人员。可行性研究小组人员可以是咨询机构的专职人员，也可以是外聘的专家。研究小组成立以后，可以按可行性研究的内容进行分工，并分头进行调研，分别撰写详细的提纲，然后，组长综合工作小组成员的意见，编写可行性研究报告详细提纲并根据提纲展开下一步的工作。

（2）数据调研 根据分工，工作小组各成员分头进行数据调查、整理、估算、分析以及有关指标的计算等。在进行可行性研究过程中，数据的调查和分析是重点。可行性研究所需要的数据来源于三个方面：一是委托方提供的资料；二是咨询机构本身拥有的信息资源；三是通过调研占有信息。一般来讲，投资者提供的资料和咨询机构自有的信息不能够满足编制可行性研究报告的需要，还要进行广泛的调研，以获取更多的资料。必要时，也可委托专业调研机构进行专项信息调研，以保证获得更加全面的信息资料。

（3）形成可行性研究报告初稿　在取得信息资料后，要对其进行整理和筛选，并组织有关人员进行分析论证，以考查其全面性和准确性。在掌握了所需要的信息资料以后即进入可行性研究报告的编写阶段，首先编写可行性研究报告的初稿。报告的编写要求工作小组成员之间进行良好的合作。因为可行性研究报告的各项内容是有联系的，需要各成员的衔接和联合工作才能完成。

（4）论证和修改　编写出可行性研究报告的初稿后，首先要由工作小组成员进行分析论证。对于可行性研究报告，要注意前后的一致性，数据的准确性，方法的正确性和内容的全面性等。提出的每一个结论，都要有充分的依据。在经过充分讨论后，再对可行性研究报告进行修改，最后定稿。

2. 项目可行性研究的要求

可行性研究报告是可行性研究工作成果的最终体现，作为投资决策的重要依据，必须符合以下几方面的要求：

（1）科学性和真实性的要求　编写可行性研究报告，所有的数据资料要求真实可靠，分析论证要公正、客观。特别是不能把投资任意缩小到容易得到批准的范围，把经济效益人为地夸大到银行等部门可能批准的水平。

（2）内容和深度的要求　作为投资决策依据的可行性研究报告，其内容必须完整，其深度也应符合有关规定的要求。在技术上，可行性研究报告应为工程设计提出概念明确的基本骨架，其制定的主要原则是工程设计和施工图设计的基础。因此，可行性研究报告在技术内容上必须具有一定深度，以便把工程设计中的主要问题确定下来。在经济上，原国家计委计（1984）1684 号文件规定：可行性研究所提出的投资估算与初步设计概算的出入不得大于 10%，否则，将对项目重新进行决策。

（3）时间要求　为保证可行性研究的质量，必须安排足够的工作周期。条件简单、工艺成熟的项目，一般要求 4～8 个月提交研究报告；而对于工艺复杂或采用新工艺、新技术、新设备的大型工程项目，一般要求 6～12 个月提交报告。

（4）形式要求　可行性研究报告，要求内容完整，文字简练，文件齐全，而且还要求有编制单位的行政、技术、经济负责人的签字。这是因为负责可行性研究的单位要对工作成果的可靠性、准确性承担责任。

1.2.4　一般工业项目可行性研究报告编写提纲

1. 总论

1）项目背景。包括：

· 项目名称

· 承办单位概况（新建项目指筹建单位情况，技术改造项目指原企业情况，合资项目指合资各方情况）

· 可行性研究报告编制依据

· 项目提出的理由与过程

2）项目概况。包括：

· 拟建地点

· 建设规模与目标

·主要建设条件

·项目投入总资金及效益情况

·主要技术经济指标

3）问题与建议。

2. 市场预测

1）产品市场供应预测。包括：

·国内外市场供应现状

·国内外市场供应预测

2）产品市场需求预测。包括：

·国内外市场需求现状

·国内外市场需求预测

3）产品目标市场分析。包括：

·目标市场确定

·市场占有份额分析

4）价格现状与预测。包括：

·产品国内市场销售价格

·产品国际市场销售价格

5）市场竞争力分析。包括：

·主要竞争对手情况

·产品市场竞争力优势、劣势

·营销策略

6）市场风险。

3. 资源条件评价（指资源开发项目）

1）资源可利用量。包括矿产地质储量、可开采量，水利水能资源蕴藏量，森林蓄积量等。

2）资源品质情况。包括矿产品位、物理性能、化学组分，煤炭热值、灰分、硫分等。

3）资源赋存条件。包括矿体结构、埋藏深度、岩体性质，含油气地质构造等。

4）资源开发价值。包括资源开发利用的技术经济指标。

4. 建设规模与产品方案

1）建设规模。包括：

·建设规模方案比选

·推荐方案及其理由

2）产品方案。包括：

·产品方案构成

·产品方案比选

·推荐方案及其理由

5. 场址选择

1）场址所在位置现状。包括：

·地点与地理位置

- 场址土地权属类别及占地面积
- 土地利用现状
- 技术改造项目现有场地利用情况

2）场址建设条件。包括：

- 地形、地貌、地震情况
- 工程地质与水文地质
- 气候条件
- 城镇规划及社会环境条件
- 交通运输条件
- 公用设施社会依托条件（水、电、汽、生活福利）
- 防洪、防潮、排涝设施条件
- 环境保护条件
- 法律支持条件
- 征地、拆迁、移民安置条件
- 施工条件

3）场址条件比选。包括：

- 建设条件比选
- 建设投资比选
- 运营费用比选
- 推荐场址方案
- 场址地理位置图

6. 技术方案、设备方案和工程方案

1）技术方案。包括：

- 生产方法（包括原料路线）
- 工艺流程
- 工艺技术来源（需引进国外技术的，应说明理由）
- 推荐方案的主要工艺（生产装置）流程图、物料平衡图、物料消耗定额表

2）主要设备方案。包括：

- 主要设备选型
- 主要设备来源（进口设备应提出供应方式）
- 推荐方案的主要设备清单

3）工程方案。包括：

- 主要建、构筑物的建筑特征、结构及面积方案
- 矿建工程方案
- 特殊基础工程方案
- 建筑安装工程量及"三材"用量估算
- 技术改造项目原有建、构筑物利用情况
- 主要建、构筑物工程一览表

7. 主要原材料、燃料供应

1）主要原材料供应。包括：

·主要原材料品种、质量与年需要量

·主要辅助材料品种、质量与年需要量

·原材料、辅助材料来源与运输方式

2）燃料供应。包括：

·燃料品种、质量与年需要量

·燃料供应来源与运输方式

3）主要原材料、燃料价格。包括：

·价格现状

·主要原材料、燃料价格预测

4）编制主要原材料、燃料年需要量表。

8. 总图运输与公用辅助工程

（1）总图布置　包括以下内容：

1）平面布置。列出项目主要单项工程的名称、生产能力、占地面积、外形尺寸、流程顺序和布置方案。

2）竖向布置。包括：

·场区地形条件

·竖向布置方案

·场地标高及土石方工程量

3）技术改造项目原有建、构筑物利用情况。

4）总平面布置图（技术改造项目应标明新建和原有以及拆除的建、构筑物的位置）。

5）总平面布置主要指标表。

（2）场内外运输　包括以下内容：

1）场外运输量及运输方式。

2）场内运输量及运输方式。

3）场内运输设施及设备。

（3）公用辅助工程　包括以下内容：

1）给水排水工程。包括：

·给水工程。用水负荷、水质要求、给水方案

·排水工程。排水总量、排水水质、排放方式和泵站管网设施

2）供电工程。包括：

·供电负荷（年用电量、最大用电负荷）

·供电回路及电压等级的确定

·电源选择

·场内供电输变电方式及设备设施

3）通信设施。包括：

·通信方式

·通信线路及设施

4）供热设施。

5）空分、空压及制冷设施。

6）维修设施。

7）仓储设施。

9. 节能措施

1）具体措施。

2）能耗指标分析。

10. 节水措施

1）具体措施。

2）水耗指标分析。

11. 环境影响评价

1）场址环境条件。

2）项目建设和生产对环境的影响。包括：

·项目建设对环境的影响

·项目生产过程产生的污染物对环境的影响

3）环境保护措施方案。

4）环境保护投资。

5）环境影响评价。

12. 劳动安全卫生与消防

1）危害因素和危害程度。包括：

·有毒有害物品的危害

·危险性作业的危害

2）安全措施方案。包括：

·采用安全生产和无危害的工艺和设备

·对危害部位和危险作业的保护措施

·危险场所的保护措施

·职业病防护和卫生保健措施

3）消防措施。包括：

·火灾隐患分析

·防火等级

·消防设施

13. 组织机构与人力资源配置

1）组织机构。包括：

·项目法人组建方案

·管理机构组织方案和体系图

·机构适应性分析

2）人力资源配置。包括：

·生产作业班次

·劳动定员数量及技能素质要求

· 职工工资福利

· 劳动生产率水平分析

· 员工来源及招聘方案

· 员工培训计划

14. 项目实施进度

1）建设工期。

2）项目实施进度安排。

3）项目实施进度表（横线图）。

15. 投资估算

1）投资估算依据。

2）建设投资估算。包括：

· 建筑工程费

· 设备及工器具购置费

· 安装工程费

· 工程建设其他费用

· 基本预备费

· 涨价预备费

· 建设期利息

3）流动资金估算。

4）投资估算表。包括：

· 项目投入总资金估算汇总表

· 单项工程投资估算表

· 分年投资计划表

· 流动资金估算表

16. 融资方案

1）资本金筹措。包括：

· 新设项目法人项目资本金筹措

· 既有项目法人项目资本金筹措

2）债务资金筹措。

3）融资方案分析。

17. 财务评价

（1）新设项目法人项目财务评价 包括以下内容：

1）财务评价基础数据与参数选取。包括：

· 财务价格

· 计算期与生产负荷

· 财务基准收益率设定

· 其他计算参数

2）销售收入估算（编制销售收入估算表）。

3）成本费用估算（编制总成本费用估算表和分项成本估算表）。

4）财务评价报表。包括：

·财务现金流量表

·损益和利润分配表

·资金来源与运用表

·借款偿还计划表

5）财务评价指标。包括盈利能力分析和偿债能力分析。

① 盈利能力分析。包括：

·项目财务内部收益率

·资本金收益率

·投资各方收益率

·财务净现值

·投资回收期

·投资利润率

② 偿债能力分析（借款偿还期或利息备付率和偿债备付率）。

（2）既有项目法人项目财务评价　包括以下内容：

1）财务评价范围确定。

2）财务评价基础数据与参数选取。包括：

·"有项目"数据

·"无项目"数据

·增量数据

·其他计算参数

3）销售收入估算（编制销售收入估算表）。

4）成本费用估算（编制总成本费用估算表和分项成本估算表）。

5）财务评价报表。包括：

·增量财务现金流量表

·"有项目"利润与利润分配表

·"有项目"资金来源与运用表

·借款偿还计划表

6）财务评价指标。包括盈利能力分析和偿债能力分析。

① 盈利能力分析。包括：

·项目财务内部收益率

·资本金收益率

·投资各方收益率

·财务净现值

·投资回收期

·投资利润率

② 偿债能力分析（借款偿还期或利息备付率和偿债备付率）。

（3）不确定性分析　包括以下内容：

1）敏感性分析（编制敏感性分析表，绘制敏感性分析图）。

2）盈亏平衡分析（绘制盈亏平衡分析图）。

（4）财务评价结论。

18. 国民经济评价

1）影子价格及通用参数选取。

2）效益费用范围调整。包括：

· 转移支付处理

· 间接效益和间接费用计算

3）效益费用数值调整。包括：

· 投资调整

· 流动资金调整

· 销售收入调整

· 经营费用调整

4）国民经济效益费用流量表。包括：

· 项目国民经济效益费用流量表

· 国内投资国民经济效益费用流量表

5）国民经济评价指标。包括：

· 经济内部收益率

· 经济净现值

6）国民经济评价结论。

19. 社会评价

1）项目对社会的影响分析。

2）项目与所在地互适性分析。包括：

· 利益群体对项目的态度及参与程度

· 各级组织对项目的态度及支持程度

· 地区文化状况对项目的适应程度

3）社会风险分析。

4）社会评价结论。

20. 风险分析

1）项目主要风险因素识别。

2）风险程度分析。

3）规范和降低风险对策。

21. 研究结论与建议

1）推荐方案的总体描述。

2）推荐方案的优缺点描述。包括：

· 优点

· 存在问题

· 主要争论与分歧意见

3）主要对比方案。包括：

· 方案描述

·未被采纳的理由

4）结论与建议。

项目可行性研究报告的内容并不是千篇一律的，随着行业性质和特点不同，其内容会有所增减；当项目具体条件和要求不同时，内容顺序的安排和阐述的详细程度也有较大差别。

1.3 建设项目评估

1.3.1 建设项目评估的概念和分类

1. 建设项目评估的概念

项目评估，简单地说就是对项目的审查和估价。项目评估需要深入地分析和研究投资项目的优劣和不足之处，从而提出进一步改善的措施，寻求更加经济合理的投资方案，保证项目符合国民经济发展目标并取得良好的投资效益。因此，具体地说，建设项目评估就是由建设项目主管部门或贷款机构依据国家、行业和部门的有关部门政策、规划、法规及参数，对上报的建设项目可行性研究报告进行全面的审查与估价，即对拟建中的建设项目的必要性、可行性、合理性及效益、费用进行的再评价过程。

我国项目评估方法萌芽于 20 世纪 50 年代，现代意义的项目评估理论与方法产生于 20 世纪 80 年代。1980 年，我国在世界银行的合法席位得到了恢复，1981 年，我国成立了以转贷世界银行贷款为主要业务的中国投资银行。1983 年，中国投资银行推出了《工业贷款项目评估手册》（试行本），之后曾多次加以修订。与此同时，学术界对项目评估的理论和方法进行了热烈的探讨，为我国项目评估理论与方法的建立和完善起到了积极的作用。80 年代中期以后，原国家计委、原国家经委、中国建设银行总行、中国国际工程咨询公司以及国务院有关部门先后公布了不同类型的项目评估方法，使得我国项目评估的理论、方法和实践都得到了快速的发展。进入 20 世纪 90 年代以来，我国项目评估理论和方法日趋成熟，越来越得到广泛的重视和应用，成为实现投资决策科学化、民主化和规范化的重要手段。

2. 建设项目评估的分类

（1）工程项目评估 通常意义的建设项目评估，指的是项目审批单位在审批项目前对拟建项目可行性研究所做的再分析、再评估。在我国，项目评估报告是审批项目设计任务书的依据。按照有关规定，大中型项目由原国家计委委托中国国际工程咨询公司评估。1985 年，国务院发布的《关于控制固定资产投资规模的若干规定》中，正式将项目评估纳入基本建设程序中，作为项目前期工作的一个重要阶段。规定编制大中型项目设计任务书时，必须附可行性研究报告，并经过有资格的咨询公司评估，提出评估报告再由原国家计委（现为国家发改委）审批。在我国现行投资管理体制下，由于承担可行性研究的咨询、设计单位隶属于主管部门，加上其他一些因素制约，受主管部门和建设单位的影响，可行性研究报告难免有一定的局限性，项目评估则可以避免受主管部门和建设单位的影响，克服可行性研究的局限性。

（2）贷款项目评估 对申请银行贷款的项目，通常在可行性研究、初步设计的基础上，在贷款文件正式批发之前，贷款银行对项目单位的资信情况、项目建设的必要性、技术的合理性、财务效益和国民经济效益进行分析评价。但是，其他设计、咨询机构对贷款项目的评估不能代替贷款银行的评估；在现行体制下，即使是银行，非贷款银行的评估一律不能代替贷款银行的评估，这是由银行自主经营的性质决定的。

（3）项目后评估 这种评估不是根据项目性质不同来划分的，而是依据项目周期的不同时间阶段划分出来的。它是指当项目建成投产，达到设计生产能力后，对项目准备、决策、实施、试生产直到达产后全过程进行的再评估。主要目的是：总结项目管理的经验教训，提高项目管理水平；提高项目决策的科学化水平；为国家投资计划、投资政策的制定提供依据；为金融部门及时调整信贷政策提供依据；可以对项目企业的经营管理进行诊断，促进项目运营效益的提高等。

1.3.2 建设项目评估的原则、依据和主要内容

1. 建设项目评估的原则

建设项目评估是投资决策的手段，投资决策机构、金融机构以评估的结论作为实施项目、决策项目和提供贷款的主要依据，所以，要力求保证项目评估结论的客观性。要做到客观、公正地评估项目，需要坚持以下原则：

（1）考查因素的系统性 决定一个投资项目是否可行的因素包括诸多方面，从大的方面讲，决定于市场因素、资源因素、技术因素、经济因素和社会因素等。另外，决定一个项目是否可行，不但包括项目内部因素，如项目的技术水平、产品质量、产出物和投入物的价格等，而且包括外部因素，如项目所需要的外部配套条件，国家的金融政策、税收政策和一定时期的区域规划等。所以，在进行项目评估时，必须全面系统考虑，综合平衡，考查项目的可行性。

（2）实施方案的最优性 投资决策的实质在于选择最佳投资方案，使投资资源得到最佳利用。项目评估应该符合投资决策的要求，进行投资方案的比较和选择。在进行项目评估时，应根据项目的具体情况拟定若干个有价值的方案，并通过科学的方法，分析、比较，选择最佳实施方案。

（3）选择指标的统一性 判断项目是否可行，或者选择最佳实施方案。需要一系列的技术经济指标，而这些指标的确定是经过多年的潜心研究和实践验证的，指标体系是科学合理的。当然，在进行项目评估时，可以根据侧重点的不同，选择不同的指标，但应力争做到选择指标的统一性。如可以选择《建设项目经济评价方法和参数》。

（4）选择数据的准确性 项目评估实质上是对有关拟建项目的各个方面信息资料进行综合、加工、分析和评价的过程，数据来源可靠与否、准确与否，直接影响项目评价结论的客观性和公正性。所以，在项目评估时，一定要选择来源可靠、数据准确的信息。

（5）分析方法的科学性 在项目评估中，要进行大量的分析和评价，这就要求选择科学合理的分析和评价方法，既要考虑定性方法，又要考虑定量方法，更要考虑定性与定量相结合的方法。

2. 建设项目评估的依据

在现阶段，可作为项目评估主要依据的有：

1）国家制定和颁布的经济发展战略、产业政策及投资政策。

2）项目所在地区域的经济发展规划和城市建设规划。

3）项目所在地的区域经济性资源、地形、地质、水文、气象及基础设施等基础资料。

4）有关部门颁布的工程技术标准和环境保护标准。

5）有关部门制定和颁布的项目评估规范及参数。

6）原国家计委和建设部发布的《建设项目经济评价方法与参数》。

7）项目可行性研究报告和规划方案。

8）各有关部门的批复文件，如项目建议书、项目可行性研究报告的批复。

9）投资协议、合同和章程等。

10）其他有关信息资料。

3. 建设项目评估的主要内容

项目评估主要是从宏观角度研究项目，着重研究项目对国民经济和社会发展的意义和作用。其内容包括以下几个部分：

1）项目建设必要性评估。

2）项目建设条件评估。

3）建设项目环境影响评估。

4）项目技术方案评估。

5）项目投资估算与筹资方案评估。

6）项目财务效益评估。

7）项目国民经济效益评估。

8）项目不确定性及风险评估。

9）项目总评估。

1.3.3 建设项目评估的程序

项目评估的程序是指开展项目评估工作应当依次经过的步骤。不同类型的项目，其投资额不同，涉及面不同，因而对其进行评估的程序也不完全一致，就一般项目而言，其评估的程序大致如下：

1. 准备和组织

对拟建项目评估，首先要确定评估人员，成立评估小组。评估小组的人员结构要合理，一般包括财务人员、市场分析人员、专业技术人员、土木工程人员和其他辅助人员。组成评估小组以后，组织评估人员对可行性研究报告进行审查和分析，并提出审查意见。最后，综合各评估人员的审查意见，编写评估报告提纲。

2. 整理数据和编写评估报告初稿

根据评估报告的内容，由评估小组负责人做明确的分工，各自分头工作，包括数据调查、估算、分析以及指标的计算等。

数据调查和分析重点在于对可行性研究报告的审查所提出的问题。评估人员可以与编制可行性研究报告的单位交换意见，也可以与建设单位或主管部门交换意见。在对搜集的资料进行整理以后，进行审核与分析。在基本掌握所需要的数据以后，即可进入评估报告的编写阶段。在实践中，分析和论证不是一次完成的，可能要经过多次反复才能完成，特别是对一些大型项目或数据不宜取得的项目，这一阶段是评估的关键，一定要充分掌握数据，并力争数据的准确和客观。

3. 论证和修改

编写出项目评估报告的初稿以后，首先要由评估小组成员进行分析和论证，根据所提意见进行修改后方可定稿。有些评估机构，以这一阶段的定稿作为最终的评估报告报决策部门或金融机构的信贷部门。有些评估机构，在这一阶段的定稿基础上召开专家论证会，由各方面专家再提出修改意见，最后定稿。

1.3.4　建设项目评估的作用和意义

1. 项目评估是项目决策的重要依据

项目评估虽然以可行性研究为基础，但由于立足点不同，考虑问题的角度不一致，项目评估人员往往需要积极参与可行性研究以防止可行性研究的失误，然后再由有关部门进行评估，可见项目评估不仅是项目决策的重要依据，也是基本建设必不可少的程序。

2. 项目评估是干预基本建设招标投标的手段

通过项目评估，有关部门可以掌握投资估算、筹资方式、贷款偿还能力、建设工期等重要数据，而这些数据正是关系到招标投标的依据。

3. 项目评估可以剖析评价有关经济政策和经济管理体制

向政府部门提出政策建议，使之有利于提高基本建设投资的经济效益。

1.3.5　项目评估与可行性研究之间的关系

建设项目评估与可行性研究是建设项目投资前期的两项重要的工作内容，两者存在着先后的逻辑关系；同时，它们在多个方面存在着一定的联系与区别。

1. 两者的相同点

（1）学科性质相同　都是运用技术经济的理论与方法，分析具体项目的情况，从而决定投资命运的综合性学科。

（2）工作性质相同　都是项目发展周期中投资前期的一部分工作。

（3）工作目的相同　都是为减少或避免投资决策的失误，增强项目投资决策的科学性。

2. 两者的不同点

（1）编制单位不同　可行性研究一般由建设单位，设计院或咨询公司承担；项目评估一般由贷款银行或咨询公司承担。

（2）开展时间不同　可行性研究在前，项目评估在后。项目评估是在建设单位提交可行性研究报告后才进行的，它以可行性研究报告为基础，对项目是否可行作出检查论证。

（3）分析角度不同　可行性研究一般由建设单位或设计部门承担，故带有业主或主管部门的意图；项目评估一般由咨询公司或贷款银行承担，他们站在国家、社会角度上看问题，故能比较客观、公正。

（4）分析的侧重点不同　可行性研究既重视技术，又重视经济方面的论证分析；项目评估较侧重于经济效益方面的论证分析。

由于项目评估者所处地位、职责和视野不同，故不是简单重复可行性研究的内容，而是进一步完善对建设项目的论证和分析。

思考与练习

1. 简述项目发展周期及其发展阶段。

2. 简述我国投资前期研究的阶段划分及其内容。

3. 可行性研究的含义及其意义是什么？

4. 可行性研究的主要作用是什么？

5. 简述可行性研究报告的主要编写内容与编写要求。

6. 简述建设项目评估的概念和种类。

7. 简述建设项目评估的依据及主要内容。

8. 简述可行性研究与项目评估的关系。

项目建设必要性评估

建设项目的兴建，涉及各个系统、各个部门。由于建设项目兴建的目的不同，其是否有必要建设的问题则需根据项目的特点，在大量调查研究的基础上，提出各种项目有无必要建设的确切依据。

项目建设必要性评估，从微观上考查，主要是看建设项目所生产的产品是否符合市场调节的需要，因此必须进行市场研究。一般来说，市场研究包括市场调查和预测，分析产品性能、品种、质量和规格决定是否符合国内外市场需求和有无竞争能力，是否属于升级换代的产品，以判断产品在市场上的地位及其生命力。

2.1 项目市场需求分析概论

建设项目的规划、兴建、竣工投产和发展，是一系列重要的生产经营活动，它与人们乃至整个社会的需求密切相关。随着社会经济的不断发展，人们的消费倾向也不断地发生变化，致使各种生产资料和生活资料的市场需求瞬息万变。因此，在分析和评价一个项目应否建设时，首先就要把握其产品的市场需求环节，并据以判断其确立和兴建的必要程度。由于社会生产活动的深入发展，科学技术的日趋进步，当今人们和社会需求具有多样性、发展性、多层次性与差异性的特点，对于各种不同性质、不同类型的建设项目，其建设必要性将会受到上述各种需要特性的制约或影响而不尽相同，因而必须准确掌握并分析人们和社会的需求结构，科学地预测其变化趋势，根据需求特性来判断拟建项目产品市场需求的数量、质量及其发展变化趋势。

2.1.1 项目市场需求分析的含义

市场的概念有广义和狭义之分。狭义的市场是指有形市场，即商品交换的场所。狭义市场上的商品价格公开标明，买卖双方在固定场所进行交易。百货商店和集市贸易都属于此类市场。

广义的市场概念是指商品和劳务在从生产领域到达消费领域的转换过程中，发生的一切交换行为和职能的总和。广义市场包括有形市场和无形市场，有形市场即狭义市场，无形市场是指没有固定的交易场所，靠广告、中间商以及其他交易形式寻找货源或买主，沟通买卖双方，促成交易的一系列活动的总称。某些技术市场、房地产市场等都属于无形市场。

商品的供给与需求是市场活动中一对矛盾着的经济现象，它们的矛盾运动是一个不断地由供求不平衡到供求平衡的过程。从一定意义上讲，经济生活就是供、求之间从不平衡到平衡的过程。

1. 供求平衡的必然性

供给与需求之间的矛盾运动总是趋于平衡的，其原因有两个方面。①由生产与消费之间的相互制约关系决定的。生产决定消费，为消费提供物质对象。消费也决定生产，它既使得生产得以最终完成，从而保证再生产的顺利进行，又为生产提供动力方向。生产与消费必须保持平衡，供过于求或者供不应求，都表明生产与消费的比例失调，社会再生产就会遭受破坏和影响，因此，生产与消费平衡的客观需要决定了供求必定要趋于平衡。②供求矛盾运动的自身变化过程，也是趋于平衡的。当市场上供过于求，价格下跌，对生产者不利，生产者就会减少生产，供应减少；当供不应求，价格上升，生产者会增加生产，供应增加，最终使供、求趋于平衡。

2. 供求平衡的途径

供求平衡是价值规律作用的结果，价值规律通过市场机制发生作用。这种作用的结果可以调节市场供求。当供不应求时，价格会上升，从而刺激供给，抑制消费，供求趋于平衡。当供过于求时，价格会下降，从而刺激需求，抑制供给，同样使供求趋于平衡。因此，在市场规律作用下，可以找到一种价格形态，在这种价格形态下，使供求大致平衡，这个价格就是均衡价格。

3. 均衡价格

物理学中的均衡是某种物体由于受力相等而处于静止状态；经济学中的均衡是指经济中变动着的各种力量暂时处于稳定状态。均衡并不意味着不再变动，当某种因素发生变化时，就会打破原有的均衡，建立新的均衡。

均衡价格的研究分为局部均衡与一般均衡，局部均衡是研究单个商品的价格决定问题；而一般均衡是研究所有商品的价格是如何决定的。从企业经营管理的需要考虑，主要应研究局部均衡价格。

均衡价格是指供给量与需求量相等时的价格，均衡条件下的供给量与需求量称为均衡数量。均衡价格与均衡数量是由市场自发调节形成的，这种作用会使不均衡状态自动恢复到均衡状态。当出现超额需求时（即需求大于供给的部分），市场上会出现一种价格向上的压力，从而消除超额需求，形成再度均衡；同样，当出现超额供给时，市场上会出现一种价格向下的压力，消除超额供给，而实现再度均衡。

2.1.2　建设项目市场需求分析的重要性

市场需求分析是市场调查和市场预测的合称。在项目可行性研究中，市场分析指调查和预测项目拟生产产品的市场需求状况和竞争产品（如替代产品）的供求状况，其目的在于对项目产品的销售前景作出正确的估计，如销售量、销售价格、销售收益等的估计。在投资机会研究中，项目拟生产产品的选取一般也是来自于类似的市场分析的结果。

在商品经济条件下，项目建成后是否有能力生存下去，有动力发展下去，关键即在于它能否通过其产品的销售获取足够的收益，以补偿相关的费用和取得相对满意的投资报酬。这就是说，在商品经济条件下，项目生存与发展的关键问题是项目产品的销售问题，是市场问题，或者说是市场对项目产品有无需求及需求量大小的问题。

一个可行的项目，必然是有能力生存和发展的项目。而项目生存与发展的关键又在于其产品销售状况的好坏和销售收益的大小。因此，分析一个项目的可行性，应该首先分析其拟生产产品的市场需求状况，对产品销售前景不佳的项目，应立即予以否决。只有在市场分析认为项目可行的基础上，即对项目产品的销售有了依据充分的、足够好的评价之后，下一步才需对产品的生产进行研究，寻求高效、合理的生产方案，并最终对项目的技术、工程、经济等各方面作出全面、综合的评价，判别项目的最终可行性。

总之，在市场经济条件下，建设项目一般均因市场的需求而发起，按市场需求状况而构造，并在市场上检验其最终成败。在建设项目的可行性研究中，一般也总是把市场分析放在首要位置。

通过市场需求分析，可以确定项目投资建设的必要性。对有必要建设的项目，市场分析的结果又是确定建设规模的首要条件。此外，市场分析对项目产品销售前景的描述和分析，对项目建成投产后的生产经营也有相当重要的指导作用。

2.2 项目市场需求分析内容

2.2.1 市场调查

1. 市场调查的概念

所谓市场调查，主要就是针对目标顾客所做的调查，即以购买商品、消费商品的个人或企业为对象，研究购买、消费商品等各种事实、意见及动机。这种调查称为狭义的市场调查（Market Research）。近年以来，市场调查的意义更为扩大。它不仅以市场为对象，更是以市场运营（Marketing）的每一阶段，包括市场运营的所有功能、作用为调查研究的对象，这种调查称为广义的市场调查（Marketing Research）。

因此，市场调查的含义已从为了销售产品，对顾客（个人、团体）的需求和购买动机、购买行为等各个方面的调查，发展到系统地收集、记录、分析关于商品和服务的有关流通销售的各方面问题的资料，即对产品（服务）从生产者到消费者的各种营销条件的调查分析。

2. 市场调查的内容

市场调查的内容十分广泛。但每次市场调查的内容又不能包罗万象，应根据建设项目市场调查的目的，有选择、有区别地进行。消费者市场作为最终产品的市场，必然成为建设项目市场调查的最重要的内容，具体包括：

（1）环境调查 环境调查包括政治环境、经济环境和社会文化环境三个方面。其中政治环境调查是指对政府与该项目建设及产品有关的政策、法令的调查。如国家对该产品的税收政策、外贸政策、价格政策及对该项目的金融政策、环境保护政策等。经济调查主要包括与建设项目密切相关的经济大环境及区域小环境的调查，如国民生产总值、人均国民收入、人口总数、家庭收入、个人收入、能源资源状况、交通运输条件等方面的调查。社会文化环境调查主要包括影响建设项目的国民教育程度、文化水平、职业构成、民族分布、宗教信仰、风俗习惯和审美观念等方面的调查。

（2）技术发展水平调查 技术发展水平的调查主要指与建设项目相关的各个时期的新技术、新工艺、新材料和新能源的状况，技术的先进水平，新产品开发速度与发展趋势等。

（3）市场需求容量的调查　市场需求容量的调查主要包括新产品市场最大、最小、最可能的需求数量，潜在的需求数量，潜在的供应数量，替代品的市场规模与特征，不同地域本产品及替代品的销售分布，相关企业同类新产品的市场竞争态势等。

（4）消费者及其消费行为调查　消费者调查主要指消费者个人的年龄、性别、职业、民族、文化水平、居住地、消费水平、消费习惯等方面的调查。消费者行为调查主要指消费者的购买方式、购买动机的调查。购买方式调查即经常性购买、选择性购买、试探性购买的调查。购买动机的调查即感情动机、理智动机和惠顾动机的调查。

（5）商品调查　商品调查包括：一是商品效用调查，包括商品形态、大小、重量、色彩、美观程度、使用方便性、耐久性、可靠性以及安全性等。二是顾客对商品意见调查，包括顾客对商品及服务的要求、意见与评价等。三是商品周期调查，包括商品在寿命周期的哪一阶段，其销售增长率发生了哪些变化，老产品应如何改进等。四是新产品调查，如市场需要何种新产品。五是商品品牌、商标调查，包括本企业商品品牌、商标是否易于记忆，包装是否美观、轻便，是否符合环保要求等。

（6）价格调查　商品价格调查包括老产品调价、新产品定价、本企业与竞争企业同类商品价格差距，调查企业实行浮动价格、赊销价格、优惠价格与竞销价格的最佳时机等。

（7）销售方式和服务调查　商品销售方式和服务调查包括人员促销与非人员促销（包括广告、折扣、电视）哪种方式好，广告设计的内容及效果如何，怎样搞好销售服务咨询等。

（8）销售渠道调查　商品销售渠道调查包括：直接销售还是中间商销售，如果是中间商销售还要调查中间商服务的对象与企业的销售对象是否一致，中间商是否能够提供商品的技术指导、维修服务与运输存储，顾客对批发商、代销商、零售商的印象如何等。

（9）竞争对手调查　竞争对手调查主要包括两方面。一方面是竞争单位调查，包括竞争对手数目，竞争对手商品的市场占有率，竞争对手的生产能力、生产方式与生产成本，竞争对手的技术水平、产品特性与服务项目，竞争对手的促销方式、营销策略、地理位置与运输条件等。另一方面是竞争产品调查，包括竞争产品的特性、品质、用途、功能、包装、价格、商标与交货期等内容。

（10）其他调查　根据产品特性，除上述调查内容之外的其他调查内容。

3. 市场调查的方法

市场调查过程中，调查方法的选择将直接影响市场调查的效率和质量。因此，应掌握市场调查的常用方法，并在实践中根据不同的时空变化，选择不同的方法。

（1）按资料来源分类　市场调查按照资料来源不同可以分为资料调查方法、实地调查方法和网络调查方法。

1）资料调查方法。利用公开资料进行市场调查称为资料调查。在国外又称为桌面调查，有时也叫第二调查，因为它包括收集已经公布了的信息。这种调查方法非常适用于个人进行市场调查，完成某个项目的情况。它能在很短的时间内就有很大收获。

资料调查的信息来源主要包括以下几方面：①政府统计资料，如各种统计年鉴，人口普查、经济普查的数据。发达国家一般拥有专业的统计实体（如欧盟）发布这些数据。②行业与工业实体的出版物。每个行业都有某个共同团体比如行业协会，代表它的利益。这些共同团体一般拥有关于它们行业的大量有用信息。某些团体只发布年度报告，而另一些则是公认的详细统计资料的来源（比如中国国际贸易促进委员会）。③市场调查报告，现在已知有超过 3 万个市场调查的报告可用，它们分布于各种地方，如《市场搜索》（Market Search）和《搜寻索引》（Findex）。④企业名录与公司报表，企业名录是由当地工商行政管理部门汇总提供的公司详情，既有供应商也有购买商。名录可划分为普通的或特殊的。普通名录如《中国企业名录》和《中国电信电话黄页本》等。除了普通名录，多数行业还有它们自己的特殊名录。

2）实地调查方法。实地调查法是根据市场调查目的、要求和调查对象的特点，采用直接接触调查对象的方法取得第一手资料的方法，它具有针对性强、适应性广、材料真实的特点。但由于实地调查涉及范围广，且需用大量人力、财力，所以具有费时、费钱的不足之处。

实地调查法具体包括询问法、观察法和实验法。

3）网络调查方法。网络调查方法也称为计算机网络访谈法，它是指在计算机网络上使用已经建立的网站，通过事先的邀请，让确定的网友在指定的时间登录一个特定的网站而进行市场调查的方法。在网络已经成为信息传递必不可少工具的今天，利用网络进行市场调查有快速性、节省性、真实性的优点，因此，网络调查方法必将作为现代调查方法展现在世人面前。

（2）按资料获得方式分类　市场调查按照资料获得方式不同可以分为市场普查与市场抽样调查。

1）市场普查。普查是对调查对象的总体的所有组成单位逐一进行调查，即对所有调查对象无一例外地进行调查。普查可以分为两类：一类是宏观方面的调查，主要指国情的调查，如全国人口普查、工业普查、经济普查等；另一类是微观方面的调查，如企业对产品的供应、销售量及库存的全面调查。

市场普查的优点是它能够取得调查对象的全面、准确、可靠的原始资料和有关数据，获得的市场信息资料价值较高。但进行市场普查，要消耗大量的人力、物力、财力和大量的时间。因此，市场普查一般用于对国民经济有重大影响的因素的调查。

2）市场抽样调查。抽样调查简称抽查，它是指从市场母体中抽取一部分作为样本，对抽取的样本进行普查，并以样本的调查结果推断市场母体的一种调查方法。它的工作量较小，节省费用和时间，准确性较高、抽样误差可控。因此，在市场调查中较多的采用抽样调查。

抽样调查依据抽样的方法不同可以分为随机抽样和非随机抽样。随机抽样是按随机原则在调查母本中进行抽样。这里的随机原则是指保证母本内的每个样本被抽取的机会均等。随机抽样方法多种多样，其中最主要的有简单随机抽样、分层随机抽样与分群随机抽样。非随机抽样是相对于随机抽样而言样本的取得并非严格随机得到。它可分为任意抽样法、判断抽样法、配额抽样法和系统抽样法。任意抽样法即完全根据调查人员自身工作方便来确定调查样本的一种方法。其基本假设是被调查的总体中任一个样本都是同质的，随意选择任一样本进行调查结果都是一样的。这种方法调查偏差较大，资料的可信度较低。判断抽样法是指由调查人员根据主观经验判断而选择调查样本的一种非随机抽样方法。例如，要调查企业管理水平，调查人员可按个人经验选取若干个管理水平高、一般与较差的三类典型企业作为调查样本进行调查。这种方法具有抽样简便易行，回收率高的优点。但样本的代表性取决于调查人员对调查母本的熟悉程度、个人工作经验及判断能力。它适用于样本数目不多，各个体构成不同的场合，适用于调查者对调查母体的有关特性比较了解的场合。配额抽样法是指调查人员根据调查母本某些属性特征进行分层，对分层后的各层母本进行配额，配额的样本抽取由调查人员主观判断抽样的一种非随机抽样方法。它与分层随机抽样法的区别在于：分层抽样采用随机抽样，而配额抽样则按判断抽样。系统抽样法又称等距离抽样法。它是将调查母体内全体样本统一编号、分段后，在每段构成的次母体中抽取一个样本，从而保证相邻两个样本间的距离相等。系统抽样法操作简单，适用于大规模调查。样本数均匀分布在总体中，代表性强。

4. 市场调查的步骤

市场调查的步骤是指对具有一定规模的一项正式调查，从调查准备至调查结束全过程工作的先后次序和具体步骤。在市场调查中建立一套系统的科学的程序，有助于提高调查工作效率和调查质量。市场调查的全过程可划分为三个阶段：调查准备阶段、调查实施阶段和调查结果处理阶段。

（1）调查准备阶段　调查准备阶段主要解决调查目的、要求、范围和规模及调查力量的组织问题，并在此基础上，制订一个切实可行的调查计划。这个阶段的工作大体有以下几个步骤：

1）确定调查目标，拟定调查项目。调查目标包括：为什么要进行调查，调查要了解什么，了解这些问题后有什么作用等。调查项目包括：调查什么样的对象和应该收集哪些方面的信息资料。

2）确定收集资料的范围和方式。实际资料的范围包括：应收集什么资料，如何收集，在什么时间、什么地点收集。收集资料方式的选择包括：通过实地调查收集第一手资料或通过间接手段收集第二手资料；一次性调查或多次调查；普查或抽查等。

3）调查表和抽样设计。调查表或问卷设计要符合简明、突出主题和便于统计分析的要求。抽样设计需要解决好抽样方式和样本量大小的选择问题。

4）制订调查计划。市场调查是一项十分复杂和涉及面很广的工作，在实际调查之前，首先要有一个详细具体而又可行的计划。在制订计划时，要考虑以下几个方面的问题：明确调查对象和范围；选择调查方法；设计调查问题；编制调查计划；培训调查人员；整个调查工作的时间和进度安排；调查费用预算等。

（2）调查实施阶段　调查实施阶段的主要任务是组织调查人员，按照调查计划的要求，系统地收集资料和数据，听取被调查者的意见。这个阶段大体可以分为以下几个步骤：

1）对调查人员进行培训。为保证调查质量，必须事先对调查人员进行培训。培训内容主要包括：明确调查计划，掌握调查技术以及了解同调查目的有关的经济知识和业务技术知识。

2）实地调查。实地调查要求调查人员按计划规定的时间、地点、方法、内容深入到现场进行具体的调查，收集有关资料。实地调查的质量取决于调查人员的素质、责任心和组织管理水平。

（3）调查结果的处理阶段　通过对调查资料的分析和总结，应当形成调查结果的处理意见。它是市场分析能否充分发挥作用的关键一环。因为这一阶段的工作如果草率行事，就会导致整个调查工作功亏一篑，甚至前功尽弃。这个阶段的工作大体可以分为以下几个步骤：

1）资料的整理与分析。资料的整理与分析主要是指对调查所得到的原始资料进行分类、编校、统计、分析。通过"去粗取精，去伪存真，由此及彼，由表及里"的整理分析过程，作出合乎客观事物发展规律的结论。

2）编写调查报告。编写调查报告是市场调查工作的最后阶段。调查报告的主要内容有：市场调查的目的、市场调查资料的收集方法、市场调查的主要发现、市场调查的结论与建议等。

2.2.2 市场预测

1. 市场预测的概念和作用

预测就是对未来事件的推测和估计。市场预测是在市场调查的基础上，通过对市场资料的分析研究，运用科学的方法和手段测算推断市场未来的前景。

可行性研究中研究分析的项目都是拟在将来进行建设和生产经营的。项目的成败取决于其产品在未来十几年甚至几十年的市场前景，而这种前景的推断是靠市场预测来完成的。项目生产规模及产品价格的合理确定、产品系列化设计等项目构成的基本方面都主要取决于对项目未来市场状况的正确预测。因此可以说，市场预测对可行性研究中的项目来讲，其作用是决定性的。

2. 市场预测的种类

市场预测根据研究任务的不同，按照不同标准可以有不同的分类。常用的有以下几种分类：

（1）按预测的对象范围不同分类 可以分为宏观市场预测和微观市场预测。

1）宏观市场预测。它是指对整个国民经济、一个地区、一个部门的市场商品供需未来发展前景的预测。它是从对市场经济宏观调控角度出发，以市场商品供需发展的总体前景作为考查对象，对市场商品供需总体未来的发展方向和趋势进行的综合性预测。如对社会商品可供量和社会商品购买力未来的发展方向、总额、构成和平衡状况的预测；主要商品类别未来供应总量、需求总量和平衡状况的预测；对社会物价总水平变动及其对人民生活水平影响的预测等。宏观市场预测，是政府作出经济决策、编制检查计划、进行宏观调控的重要依据。

2）微观市场预测。它是指对基层经济单位与市场商品供需有关经济活动未来发展前景的预测。它是从基层经济单位角度出发，以个别企业的生产经营发展前景作为考查对象，对企业生产经营活动的发展前景和影响企业生产经营活动的市场环境的预测。如对工业企业所生产产品的产量、市场需求量、市场占有率及经济效益的前景预测；对商业企业的商品购、销、调、存的规模，构成变动预测；某种商品价格升降预测等。微观市场预测，是企业单位作出生产经营决策、编制检查生产经营计划、参与市场竞争的依据。

由上可知，宏观市场预测以微观市场预测为参考；微观市场预测以宏观市场预测为指导；两者密切联系，相辅相成。

（2）按预测的时间长短不同分类 可以分为长期、中期、短期和近期市场预测。

1）长期市场预测。它是指对5年以上市场商品供需发展前景的预测。它是作出长期经济战略决策，制订国家经济十年计划、企业生产经营十年计划和规划经济远景发展任务的依据。

2）中期市场预测　它是指对 1 年以上，5 年以下市场商品供需发展前景的预测。它是作出中期经济战略决策，制订国民经济五年计划、企业生产经营五年计划和规划经济五年发展任务的依据。

3）短期市场预测。它是指对 3 个月以上，1 年以下市场商品供需发展前景的预测。它是作出短期经济战术决策，企业生产经营年度计划、季度计划，明确规定经济短期发展具体任务的依据。

4）近期市场预测。它是指对 3 个月以下市场商品供需变动情况的预测。它是作出近期经济战术决策，制订企业生产经营月、旬计划，明确规定经济近期活动具体任务的依据。

也有人将短期市场预测和近期市场预测相合并，凡是一年以下的市场预测统称之为短期市场预测。相对说来，短、近期市场预测，内容比较详细具体，精确度要求较高；中、长期市场预测内容比较简要粗略，精确度变动范围较大。

（3）按预测的要素和市场不同分类　可以分为商品市场、金融市场、劳动力市场、技术信息市场和房地产市场等生产要素市场预测。

1）商品市场预测。它是指对物质生产部门生产的有形物质产品市场供需前景的预测。它包括：农产品市场预测、工业消费品市场预测和生产资料市场预测。由于商品市场在市场体系中处于基础位置，是市场体系的三大支柱之一，其他生产要素市场是为商品市场服务的。因此，商品市场预测是市场预测的核心和主干。

2）金融市场（资本市场）预测。它是指对通过信用交换形式吸收资金、集中资金和分配使用资金的经济活动发展前景的预测。它包括：专门从事短期货币资金融通的短期资本市场预测；专门从事长期资本融通的长期资本市场预测；黄金买卖市场预测和外币市场预测。由于在现代市场体系中，货币是所有资源的一般代表形式，资源的分配首先表现为资金的分配，因此，资本（金融）市场是社会主义市场体系的动脉，也是市场体系的三大支柱之一，从而资本（金融）市场预测也必然成为市场预测的基本组成部分之一。

3）劳动力市场预测。它是指对市场劳动力供需前景的预测。由于劳动力是最能动的生产要素，劳动力市场也是市场体系的三大支柱之一。从而劳动力市场预测也成为市场预测的基本组成部分之一。

4）技术信息市场预测。它包括技术市场预测和信息市场预测。技术市场预测，是指对技术商品的开发、应用和流通全过程发展前景的预测。信息市场预测，是指对信息商品的生产、储存、分配和交换全过程发展前景的预测。由于科技是重要的生产力，信息是生产力发展的必不可少的因素，将技术、信息作为一种要素市场，有利于把技术、信息和生产部门更好地结合起来，加快科技和信息向社会生产力的转化，因此，技术、信息市场预测也是市场预测必不可少的组成部分之一。

5）房地产市场预测。它是指对有限期的土地使用权的交易、转让前景和房产商品供需前景的预测。它包括：土地一级市场预测、房地产开发市场预测、房地产交易市场预测、商品房销售市场预测、房地产金融市场预测和涉外房地产市场预测。将房地产交易作为一种要素市场，有利于政府筹集资金，对土地进行成片开发，合理配置和利用有限的房地产资源，发展社会生产力。因此，房地产市场预测是市场预测的有机组成部分。

3. 市场预测应考虑的因素

市场预测应着重考虑以下几方面的因素：

1）国家宏观经济。主要包括：经济处于快速增长期或衰退期，经济面临的通货膨胀压力，利率（影响可支配收入），外汇兑换率（影响进口和出口竞争力）。

2）政治因素。主要包括：稳定性（主要是针对新兴市场），立法状况。

3）消费需求。主要包括：市场相对成熟性，文化因素，需求的多样化，本地需求特征，价格因素。

4）供应导致的竞争活动。主要包括：公司的合并和收购，本地生产能力的开发，技术开发，新产品开发，品牌评估。

5）分销评估。主要包括：立法对分销渠道的影响，分销渠道基础设施的开发，分销商数目的增加，新的分销渠道。

4. 市场预测的内容

市场是指商品供需关系及与其相关联因素的总和，是社会再生产的综合反映，除包括商品购、销、调、存等各种商品交换活动外，还包括生产、分配、交换、消费对商品供需的影响因素。因此，以市场商品供需发展前景为研究对象的市场预测内容相当广泛。其主要内容包括以下几点：

（1）市场商品需求预测　市场是联系生产和消费的纽带，物质生产部门生产的商品，通过市场销售来满足生产和生活消费的需要。因此，要以需定产，使生产的商品适销对路，首先要进行市场商品需求预测。

市场商品需求，既包括生活资料（由消费者对生活资料的需求总量及构成），又包括生产资料（由消费者对生产资料的需求总量及构成）。影响市场商品需求的因素很多，如人口的增长、经济的发展、经济政策和价格的变化、社会商品购买力的提高等。最主要、最直接体现市场商品需求的指标是社会商品购买力。在一定时期内形成的有支付能力的社会商品购买力是潜在的市场商品需求；现实的社会商品购买力是实现的市场商品需求，也就是一定时期的市场商品销售额。

市场商品需求预测的内容包括：预测社会商品购买力总额未来的增长趋势和投向变化；预测销售额未来的增长幅度和构成的变化，调查研究消费者对生活消费品的具体要求，新产品上市对同类商品销售的影响，预测不同季节、不同地区、不同消费者的商品需求变化趋势，掌握生活消费品销售的变化规律性；调查研究消费者的消费心理和消费倾向的变化，预测消费者对商品的质量、花色品种、装饰服务等方面由低级到高级的发展变化趋势；预测物质生产部门对生产设备、原材料和燃料等生产资料的需求额和构成的变化趋势。除对有形的物质产品市场商品需求进行预测外，为了有利于各生产要素市场的协调发展，还要对无形的非物质产品的市场需求进行预测。

（2）市场商品资源预测　市场商品供需的一对主要矛盾是商品供应和需求。市场商品需求决定于社会商品购买力，商品供应则决定于商品资源。因此，商品资源预测也是市场预测的重要内容。

商品资源主要是由国内工农业生产和进口形成的。用于国内市场的商品资源就是市场商品可供量。因此商品资源预测主要是进行工农业生产和进口商品总值、分类值以及主要商品量预测。

物质产品的生产，是市场商品供应的物质前提。市场商品需求，是组织工农业产品生产和销售的出发点和目的。只有不断地发展社会生产，才能更好的满足生产和生活消费需要。要了解市场商品需要的满足情况，必须了解社会生产的发展情况；要按照市场需要组织商品供应，就必须以需定产。对工农业生产的预测，除预测工农业产品生产总值、分类值和主要产品产量发展前景外，还包括对工农业生产部门的人力、财力和物力资源拥有和利用情况预测；各类产品的生产能力、生产布局、产品品种和质量变化情况预测；生产发展对市场商品供应发展趋势的影响预测。

工农业产品生产量扣除供应出口，加上接收进口，构成国内市场供应的主要商品资源。因此还应对进出口商品总值、分类值以及主要商品进出口量进行预测。国家的内部市场和外部市场有极为密切的关系。进出口商品的发展变化，影响着国内市场商品可供量和结构的变化。因此进出口商品预测也是商品资源预测的一项重要内容。

除对有形的物质产品的市场商品资源进行预测外，还要对无形的非物质产品的市场商品资源进行预测，才能促进市场商品供需综合平衡发展。

（3）市场价格预测　市场价格的变动，主要是由于生产的发展、商品价值量变化和商品供求竞争变化引起的。市场价格总水平和具体商品价格的变化，又会影响到社会商品购买力投向和商品需求构成的变化。因此，市场价格预测也是市场预测的重要方面。

市场价格预测包括：市场物价总水平、分类商品价格水平和重要商品价格水平变动趋势预测；商品成本和经济效益变化对市场价格水平升降的影响预测；市场价格水平变化与商品供需关系变化的相互影响和由此而引起的商品购买力的转移、商品需求构成变化预测等。通过市场价格预测，可以认识和掌握市场价格发展变化的规律性，正确地制定价格政策、调整价格，以利市场经济的发展。

（4）项目的生产经营发展前景预测　企业是生产资料需求者，是市场商品的生产供应者，企业生产经营的变化和市场商品供需的变化相互影响，关系密切。因此，市场预测还包括项目生产经营发展前景预测。

项目生产经营发展前景预测包括：项目未来生产和销售产品的产销额、品种、质量和产量变动预测；项目产销的主要产品市场占有率预测和经济寿命周期预测；项目人力、财力、物力资源变动预测；项目未来生产经营的商品价格、成本和利润、劳动生产率和经济效益发展前景预测等。通过项目生产经营发展前景预测，可以为项目未来作出经营决策、制订生产经营计划提供依据，以利改善项目企业经营管理，提高经济效益和市场竞争能力。

（5）人民物质文化生活水平预测　人民物质文化生活水平的提高，会直接影响到市场商品需求的规模和构成的变化。因此，要预测市场商品供需变化，就不能不涉及人民物质文化生活水平预测。

人民物质文化生活水平预测包括：城乡居民生活费收入、支出总额和构成预测；购买商品支出及其构成和变化预测；非商品支出及其构成变化预测；对职工生活费价格变动预测等。这些都可以为分析预测市场的商品供需和物价变化提供依据。

5. 市场预测的基本步骤

就一般情况而言，一项正式的市场预测应包括以下四个基本步骤：

（1）确定预测目标和制订预测计划　市场因素众多，相互联系错综复杂且呈动态变化。为保证市场预测能顺利有效地进行和取得满意的预测结果，必须有明确的预测目标和周密的预测计划。

（2）收集和整理市场资料　市场资料的收集整理主要是通过市场调查来完成。有时也需根据不同的预测目的进行再整理和补充新资料。

（3）选择预测方法和进行预测　预测方法的选择是市场预测的关键。由于市场因素的复杂多变，同一预测一般都同时采用多种预测方法进行，以相互印证，取长补短。选择预测方法时要考虑的主要因素有预测期、数据类型、预测费用、时间要求、预测准确度和预测适用程度等。

（4）分析和修正预测结果　对预测结果的分析和修正主要指对预测误差的分析和修正。分析预测误差中哪些是系统误差，哪些是随机误差，然后通过适当的方法来减少系统误差。当某一预测因采用多种预测方法而产生多个预测值时，需从中选择合理的数值为最终或推荐预测值。选择的一般原则是：若有两法结果接近，则对应的预测值较为合理可靠；位于中间的预测值可能比位于两端的可靠；因果模型可能比时序模型可靠；多变量模型可能比单变量模型可靠。

2.3　项目市场需求预测分析方法

由于预测的对象、目标、内容和期限不同，形成了多种多样的预测方法。据不完全统计，目前世界上共有300多种预测方法，其中较为成熟的有150多种，常用的有30多种，用得最为普遍的有10多种。市场预测常用方法通常分为定性预测分析法与定量预测分析法两大类。

2.3.1　定性预测分析方法

定性预测分析是依赖个人或集体的经验与智慧，对市场未来的发展状态和变化趋势作出判断的预测方法。它包括个人判断预测法和集体判断预测法。个人判断预测法主要有相关类推法、对比类推法、比例类推法等。集体判断预测法主要有意见交换法、意见测验法、意见汇总法、购买意向推断法、专家意见法、市场调研法、指标分析预测法等。这里重点介绍专家意见法和市场调研法。

1. 专家意见法

专家意见法是以专家为索取信息的对象，依靠专家的经验和智慧来进行评估预测的一种方法。专家意见法属于直观预测范畴，是应用历史比较久的一种预测方法。现代专家意见法为尽量减少主观武断，使评估判断更符合客观实际，更加依靠专家群体的集体智慧，充分发挥专家的集体效应，已经形成一整套组织专家进行预测评估的基本理论和科学方法。其最大的优点是，在缺乏足够统计数据和原始资料的情况下，可以通过专家们的共同努力，得到文献上还未反映的信息。特别是当预测对象的技术发展在很大程度上取决于政策和专家的努力，而不是取决于现实技术基础时，采用专家意见法能取得更为正确的结果。专家意见法中常用的方法为德尔菲法。

德尔菲法（Delphi）是采用函询调查，对与所预测问题有关的领域的专家分别提出问题，而后将他们回答的意见予以综合、整理、反馈，这样经过多次反复循环，而后得到一个比较一致的且可靠性也较高的意见。

德尔菲法的具体程序如下：

第一轮：由组织者发给专家的第一轮调查表是开放式的，不带任何框框，只提出预测问题；预测组织者要对专家填好的调查表进行汇总整理，提出一个预测事件一览表，并作为第二轮调查表发给专家。

第二轮：专家对第二轮调查表所列的每个事件作出评价；预测组织者收到第二轮专家意见后，对专家意见作统计处理，整理出第三张调查表。

第三轮：第三张调查表发下去后，请专家重审争论；对上下四分点外的对立意见作一个评价；给出新的评价；统计中位数和上下四分点；总结专家观点，重点在争论双方的意见，最后形成第四张调查表。

第四轮：请专家对第四张调查表再次评价和权衡，作出新的预测；归纳总结各种意见的理由以及争论点。

2. 市场调研法

一个企业能否在激烈的市场竞争中生存与发展，取决于对市场驾驭的能力。要对市场变化进行预测，必须对市场环境进行调查、研究及把握。市场调研预测法是在取得大量信息资料的基础上，经过数据测算，逻辑分析，判断市场未来发展前景的方法。常用的市场调研预测方法有类比法、转导法和联测法。

（1）类比法　类比法是指应用相似性原理，把预测目标同其他类似事物加以对比分析，推断其未来发展趋向的一种定性预测方法。类比法的种类很多，如由点到面的类比、由部分到全部的类比、由国外到国内的类比以及同类产品的发展倾向类推等。类比法一般适用于开拓市场、预测潜在购买力和需求量以及预测增长期的商品销售等。它适用于较长期的预测。

例2-1　用类比法预测组合音响投放市场后的销售情况。组合音响是近年来才走进居民家庭的，由于历史销售资料不足，所以利用收音机、录音机的销售资料进行类比分析，预测出组合音响的销售情况。1978～1989年收音机和录音机的销售资料见表2-1。

表2-1　收音机和录音机销售资料表

年　　份	收音机/万台	录音机/万台	年　　份	收音机/万台	录音机/万台
1978	1388.9	8.0	1984	2827.8	843.5
1979	1639.5	32.0	1985	2516.8	1324.3
1980	2722.0	109.0	1986	2050.0	1511.1
1981	3074.9	155.0	1987	1671.2	1780.4
1982	3625.0	257.0	1988	1518.6	2110.3
1983	3074.5	457.5	1989	1668.6	1537.5

资料来源：《1990年中国国内市场统计年鉴》，中国统计出版社，1991年。

为了便于更直观地分析，将表2-1的资料在坐标上绘成曲线图，如图2-1所示。

由图2-1可以清楚地看到，收音机的销量随着时间的推移呈上升趋势，1982年出现销售高峰后开始慢慢下降；而这时录音机的销量正处于上升状态，并且在随后几年的增幅都比较大，但到了1989年销量也开始呈下降趋势，这正好与1989年音响开始走入居民家中的情况相吻合。由此可得出，随着居民收入水平的提高和消费观念的改变，组合音响的销售将呈上升趋势，在经过几年的慢速增长后，也会出现比较快的增长速度。必须指出，这个预测仅仅是类比判断的结果，它是否符合企业销售实际情况，还要分析其他条件，如产品质量、价格水平、售后服务措施等。

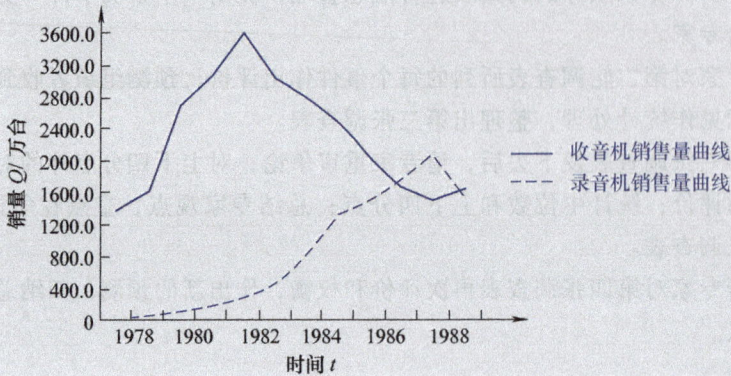

图 2-1　收音机和录音机销售曲线图

（2）转导法　转导法是指根据政府公布的或调查所得到的经济预测指标，转导推算出预测结果的市场预测方法。这种方法是以某种经济指标为基础进行预测的，不需要复杂的数学计算，因而是一种常用的、简便易行的方法。转导预测模型为：

$$\hat{y} = G(1 + k)\eta_1\eta_2\cdots\eta_n$$

式中　$\hat{y}$——预期目标下期预测值；

　　　G——本期某参考经济指标的观察值；

　　　k——参考经济指标下期增或减的比率；

$\eta_1\eta_2\cdots\eta_n$——预测目标与参考经济指标间客观存在的相关经济联系比率系数；

　　　n——相关经济联系的层次数。

例 2-2　运用转导法对1998年某商场儿童服装在当地市场的销售额进行预测，可按如下步骤进行：

（1）取得需要的间接资料。首先，通过政府公布的该地区1997年商品零售总额（G）及其下年度增长速度（k）及当地服装市场占整个地区销售总额的比重（η_1），假设当地市场商品零售总额为100亿元，预计下一年增长速度为8%，当地服装占整个地区服装市场销售总额的10%；然后通过调查、收集与预测目标相关的其他经济比率系数 η_2，η_3，…，η_n。假设调查得知，则该服装市场在当地服装市场中的市场占有率 $\eta_2 = 5\%$，则该商场的儿童服装占商场服装销售额的比重 $\eta_3 = 20\%$。

（2）进行转导推算预测值。

1998年某地区服装销售总额 = 100亿元 ×（1 + 8%）= 108亿元

1998年当地服装销售总额 = 108亿元 × 10% = 10.8亿元

1998年某服装商场的服装销售总额 = 10.8亿元 × 5% = 0.54亿元

1998年某服装商场的儿童服装销售总额 = 0.54亿元 × 20% = 0.108亿元

或直接将各经济指标值代入转导预测模型公式中，即：

$$\hat{y} = G(1 + k)\eta_1\eta_2\cdots\eta_n$$
$$= 100\text{ 亿元} \times (1 + 8\%) \times 10\% \times 5\% \times 20\%$$
$$= 0.108\text{ 亿元}$$

（3）对市场进行分析。1080 万元仅仅是预测 1998 年该地区某服装商场的儿童服装的销售总量，为了使销售预测更好地实现，还需对市场进行分析。

首先，要分析当地儿童服装市场上的竞争情况。对主要竞争对手的实力及市场占有率的变化做到心中有数，清醒地认识到自己在整个市场上的竞争实力；其次，要分析儿童服装市场需求变化情况，如服装的式样、规格、面料与花色等的需求倾向变化情况，同时对 80% 以上的消费者能够接受的价格水平进行预测，以便使所组织的货源适销对路；最后，要分析企业采取何种促销手段，使消费者容易接受，能够吸引儿童。根据以上分析，就能对 1998 年某服装商场的儿童服装销售得出明确的预测结论。

（3）联测法　联测法是指以某一个企业的普查资料或某一个地区的抽样调查资料为基础，进行分析、判断、联测，确定某一行业以及整个市场的预测量。通常运用抽样调查的方法获得样本。因此，运用联测法，关键在于抽样调查的样本是否科学选取，是否能够反映总体的全貌。不然，抽样调查的误差难以通过统计分析的方法加以计算和控制。因此，以局部推测整体的联测法又被称为归纳预测法。

例 2-3　某彩电生产开拓大屏幕彩电市场，拟用联测法预测某四个城市 1998 年居民家庭对大屏幕彩电的需求量。

随着住房改革的进一步深入，人民生活水平的提高，人们的住房质量意识也在不断增强，尤其对用于交际待客的客厅的面积要求增大。大屏幕彩电也已成为拥有新居的家庭的现实需求。因此，有必要对大屏幕彩电的需求量变化进行预测，以便组织适销对路的货源，满足市场需要。

假设企业准备开拓的四个城市市场为 x_1、x_2、x_3、x_4，四城市的居民收入水平，住房改革进程大致相当。因此，可以用某一城市的市场需求抽样调查资料，分析判断后联测其他三城市的市场需求量。

预测过程按下面步骤进行：

通过间接调查了解到，四个城市市场 1997 年的大屏幕彩电的销售量及城市居民家庭户数，得到的数据资料见表 2-2。

表 2-2　1997 年四个城市市场的家庭户数及大屏幕彩电拥有量表

市　　场	x_1	x_2	x_3	x_4
实际销售量/台	2000	1800	2600	1600
居民家庭/万户	5	4.8	6	4.5
销售率/（台/万户）	400	375	433	356

根据企业资金条件和市场调查难易程度选择某一市场进行抽样调查，测算该市场 1997 年的市场需求。若选择 x_1 市场进行抽样调查，经过调查得到如下资料：x_1 市场每 100 户对大屏幕彩电的需求量为 12 台，即需求率为 0.12 台/万户，那么 x_1 市场的需求量为 0.12 台/万户 × 5 万户 = 0.6 万台。

根据 x_1 市场的需求率，联测其他市场的需求量。

首先，计算1997年的各城市市场销售率。表2-2所列各城市市场1997年的大屏幕彩电实际销售量差异是较大的，城市居民家庭户数是引起差异的主要因素。为消除各城市居民家庭户数对销售量的影响，可以用销售率反映各城市的消费水平。即：

$$销售率\ C = \frac{实际销售量\ A}{居民家庭数\ B}$$

那么，x_1 市场的销售率 $C_{x_1} = \frac{2000\ 台}{5\ 万户} = 400\ 台/万户$

其他城市市场的大屏幕彩电的销售率依此计算，结果见表2-2。

然后，计算1998年的城市市场的需求率。各地市场销售率的差异可以近似地反映各市场之间需求水平的差异。这样，两城市销售率之比近似为两城市需求率之比。经分析认为，1998年四城市的大屏幕彩电销售情况基本与1997年持平，那么就可以用1997年四城市的销售资料求出的销售率和1998年 x_1 城市调查结果得到的需求资料来联测 x_2、x_3、x_4 三城市的大屏幕彩电的需求率。

即由：$\frac{C_{x_1}}{C_{x_i}} \approx \frac{D_{x_1}}{D_{x_i}}$；则有：

$$D_{x_i} = \frac{C_{x_i} D_{x_1}}{C_{x_1}}$$

式中　D_{x_i}——待求的 x_i 市场的需求率；

　　　C_{x_i}——前面已求出的 x_i 市场的销售率；

　　　D_{x_1}——通过调查所得的 x_1 市场的需求率。

这样：　$D_{x_2} = \left(\frac{375}{400} \times 0.12\right)$ 台/万户 $= 0.1125$ 台/万户

$$D_{x_3} = \left(\frac{433}{400} \times 0.12\right) 台/万户 = 0.1299\ 台/万户$$

$$D_{x_4} = \left(\frac{356}{400} \times 0.12\right) 台/万户 = 0.1068\ 台/万户$$

最后，根据各市场的需求率，就能联测出各城市大屏幕彩电的市场需求量。

x_1 市场需求量 $= 0.12$ 台/万户 $\times 5$ 万户 $= 0.6$ 万台

x_2 市场需求量 $= 0.1125$ 台/万户 $\times 4.8$ 万户 $= 0.54$ 万台

x_3 市场需求量 $= 0.1299$ 台/万户 $\times 6$ 万户 $= 0.7794$ 万台

x_4 市场需求量 $= 0.1068$ 台/万户 $\times 4.5$ 万户 $= 0.4806$ 万台

2.3.2　定量预测分析法

定量预测分析法是依据调查研究所得的数据资料，运用统计方法和数学模型，近似地揭示预测对象及其影响因素的数量变动关系，建立对应的预测模型，据此对预测目标作出定量测算的预测方法。定量预测分析法主要包括时间序列分析预测法和回归分析预测法。

2.3.2.1　时间序列分析预测法

1. 时间序列分析预测法概述

时间序列预测法是指将过去的历史资料，按时间顺序加以排列构成一个数字系列，根据其动向预测未来趋势。这种方法的根据是过去的统计数字之间存在着一定的关系，这种关系利用统计方法可以揭示出来，而且过去的状况对未来的销售趋势有决定性影响。根据时间序列数据选取方式的不同可将时间序列方法分为简单平均法、移动平均法、指数平滑法、趋势延伸预测法、季节指数法等。

(1) 时间序列的变动趋势　时间序列，又称动态数列，是指将某个经济变量的观测值，按时间先后顺序排列所形成数列，时间可以是周、月、季度或年等。

在时间序列中，每个时期数据的大小都受到许多不同因素的影响，都是由许多不同的因素同时发生作用的综合结果。按照各因素的特点或影响效果来看，主要有四部分，即长期趋势变动、季节变动、周期波动和不规则变动。

长期趋势变动，它是时间序列变量在较长的持续时间内的某种发展总动向，它表示时间序列中数据随着时间的推移而逐渐发生的变动。即从长期角度看时间序列中变量数值连续不断地呈现增加或减少或平稳的趋向。它反映的是预测目标在长时期内的变动趋势，是事物本质在数量上的表现，是分析预测目标时间序列的重点。它可以反映出预测目标所存在的基本趋势，如国民生产总值、收入水平等。

季节变动，它是由于季节更换的固定规律作用而发生的周期性变动。季节变动的周期比较稳定，通常为一年。这种周期效应应该是能预见的。在上次出现后，每隔12个月又会出现。这种每年重复的周期性变动称季节变动。在这里，季节可以广泛地描述以小时、星期、月或季度为单位的循环往复的变动形式。它与气候、假期或贸易习俗有关，可用作短期预测基准。如冷饮销售最高峰是在每年夏季，商品零售额达到最高峰往往在每年的春节等。

周期波动，又称循环变动，是指时间序列在为期较长的时间内（一年以上乃至数年），呈现出涨落起伏。它与长期趋势不同，不是朝一个方向持续变动，而是呈涨落相间的波浪式的起伏变动。它与季节变动也不一样，它的波动时间较长，变动周期长短不一致，在一年以上乃至数年、数十年不等，且变动的规律性较低，上次出现后，下次何时出现就较难预料。如经济危机的变动周期为危机、复苏、高涨、萧条等循环往复的周期变动，但一次危机过后，下次何时出现较难预测。

不规则变动，又称随机变动，是指偶发事件导致时间序列中出现数值忽高忽低、时升时降的无规则可循的变动。如自然灾害、罢工、战争、动乱、政策调整等原因影响经济现象的变动，有时候，它对经济现象的影响还是较大的。对于呈现不规则变动趋势的时间序列，很难用时间序列分析法预测。这种不规则变动，在预测中往往容易形成随机误差。如进出口公司的营业额，常常受交易国之间关系的影响，往往在关系好时，营业额呈现上升趋势；反之，则下降。由于这种因素是无法预计的，应将其从以前的数据中剔除，以便能确定正常的变化。

(2) 时间序列的组合形式　用 Y 表示时间序列观察值，T、S、C、I 分别表示长期趋势变动值、季节变动值、周期波动值和不规则变动值。从以上的叙述可以看出，在各类影响因素的作用下，造成历史的时间序列数据的变化，有的具有规律性，如长期趋势变动和季节性变动；有的就不具有规律性，如不规律变动以及周期波动（从较长时期来观察也有一定的规律性，但短期的变动又是不规则的）。T、S、C、I 四种变动的综合作用构成时间序列 Y，一般综合作用有以下两种方式：

1）乘法模型公式，即 $Y = TS$。

2）加法模型公式，即 $Y = T + S + C + I$。

一般情况下，按乘法模型方式或按加法模型方式求得的预测值只是过去历史发展规律延伸的结果，在这里，不规则变动值（I）往往是一种随机变动，长期来看，多种随机变动因素对经济现象的作用刚好相反，可互相抵消。因此，除非遇到特大偶然事件，对不规则变动不予考虑也可以较准确地预见未来情况；同时，周期波动值（C）也很难精确地进行量的分析。因此，时间序列预测中主要考虑长期变动趋势（T）和季节变动值（S）。由此，实际应用中时间序列分析法定量预测的乘法模型方式和加法模型方式分别采用简化形式，具体如下：

1）乘法模型公式简化形式：$\hat{Y} = TS$。

2）加法模型公式简化形式：$\hat{Y} = T + S$。

在此基础上借助定性分析来判断 C、I 的影响，对定量分析估计值 Y 作必要调整，确定预测结果。

（3）时间序列分析法的预测程序　时间序列分析法的预测程序大体包括如下五个步骤：

1）绘制观察期数据的散点图，确定其变化趋势的类型。

2）对观察期数据加以处理，以消除季节变动、周期变动和不规则变动因素的影响，使经过处理后的数据仅包括反映长期趋势变动的影响。或消除周期变动和不规则变动因素的影响，仅包括长期趋势变动和季节变动的影响。

3）建立数学模型。根据数据处理后的长期趋势变动，结合预测的目的及期限，建立时间序列的预测模型，并对模型进行模拟运算。

4）修正预测模型。考虑季节变动、周期变动及不规则变动等因素对预测模型的影响并加以修正。

5）进行预测。采用定量分析与定性分析相结合的方式，对目标变量加以预测，并确定市场未来发展变化的预测值。

2. 简单平均法

在运用时间序列分析法进行市场预测时，最简单的方式是求出一定观察期的时间数列的平均数，以平均数为基础确定预测值的方法，统称为简单平均法。常用的有算术平均法、几何平均法、加权平均法。

（1）算术平均法　算术平均法是以观察期数据之和除以求和时使用的数据个数（或资料期数），求得平均数。

> **例 2-4**　某企业 1～6 月份的利润数分别是 400、420、430、450、460、470 万元则按简单平均法预测 7 月份的利润额。
>
> 以 1～6 月份的每月平均值作为 7 月份的预测值，则有：
> $$P = (400 + 420 + 430 + 450 + 460 + 470) 万元 \div 6 = 438.3 万元$$

（2）几何平均法　几何平均法，就是运用几何平均数求出发展速度，然后通过模型进行预测。

例 2-5　某企业 1991～2004 年的销售额资料见表 2-3，预测该企业 2005 年的销售额。

表 2-3　某企业 1991～2004 年的销售额 （单位：万元）

观察期	1991	1992	1993	1994	1995	1996	1997	1998	1999	2000	2001	2002	2003	2004
销售额	71	81	83	90	89	87	92	96	100	95	145	105	120	142

预测步骤如下：

（1）求几何平均数，即平均发展速度。若 1991 年销售额为 x_0（基期），……，2004 年销售额为 x_n（当前期），那么，其环比指数的几何平均数为：

$$G = \sqrt[n]{\frac{x_1}{x_0}\frac{x_2}{x_1}\cdots\frac{x_n}{x_{n-1}}} = \sqrt[n]{\frac{x_n}{x_0}} = \sqrt[13]{\frac{142}{71}} = 105.48\%$$

（2）利用平均发展速度进行预测。2005 年的销售额为：

$$\hat{y}_{2005} = 1.0548 \times 142\ 万元 = 149.78\ 万元$$

（3）加权平均法　加权平均法，就是在求平均数时，根据观察期各资料重要性的不同，分别给以不同的相对数后加以平均的方法。

例 2-6　某企业 2000 年 1～5 月份某产品的销售额为：800、840、860、900、980 万元，取 1 月份权数为 1，以后各期权数分别为 2、3、4、5，则按加权平均法预测下月该产品的销售额（y）为：

$$y = (800 \times 1 + 840 \times 2 + 860 \times 3 + 900 \times 4 + 980 \times 5)\ 万元 \div$$
$$(1+2+3+4+5) = 904\ 万元$$

3. 移动平均法

移动平均法是通过移动平均数来进行预测的方法。算术平均值只能说明一般情况，既看见不出数据中高点和低点，也不能反映发展过程和趋势。如果对一组数据分段平均，则是一种改进，然而分段平均使用数据减少过多，图线不准确，对事物发展过程描述不准确，最终导致预测不准确。如果分段平均法不是固定在某一段上，而是在每段间距保持不变的情况下，逐次后移一次求其平均值即求移动平均值，则效果会更好些，可以较好地说明事物发展的过程和趋势。这种取分段平均值即移动平均值的方法就是移动平均法。移动平均法既保留了原时间序列的趋势变动，又还削弱了原时间序列的季节变动、周期变动和不规则变动的影响，因此在市场预测中得以广泛地应用。常用的有一次移动平均法和二次移动平均法。

（1）一次移动平均法　一次移动平均法是依次取时间序列的 n 个观测值进行平均，并依次移动，得到一个平均数序列，且以最近 n 个观测值的平均数作为下期预测值的预测方法。其计算公式为：

$$\hat{x}_{t+1}^{(1)} = M_t^{(1)} = \frac{x_t + x_{t-1} + \cdots + x_{t-n+1}}{n} = \frac{1}{n}\sum_{i=t-n+1}^{t} x_i\ (t = n, n+1, \cdots, N)$$

式中　　　　$\hat{x}_{t+1}^{(1)}$——第 $t+1$ 期的预测值；

$x_t, x_{t-1}, \cdots, x_{t-n+1}$——序列第 $t, t-1, \cdots, t-n+1$ 期的观测值；

n——移动平均数的期数；

$M_t^{(1)}$——第 t 期的移动平均值；

N——序列中的数据个数（样本容量）。

对于 n 的确定，当时间序列呈现周期变动时，就以周期长度为 n；若无明显周期变动倾向，则要由经验判断确定，也可以对比预测值的误差，以误差较小者为好。

例 2-7 已知某企业产品 1~12 月份销售额资料（见表 2-4），试利用一次移动平均法预测该企业明年 1 月份的销售额，n 分别取 3 和 5。

表 2-4　某企业 1~12 月份销售额资料

t	x_t	$M_t^{(1)}(n=3)$	$M_t^{(1)}(n=5)$	t	x_t	$M_t^{(1)}(n=3)$	$M_t^{(1)}(n=5)$
1	240	—	—	7	238	245.33	242.8
2	252	—	—	8	248	242.00	243.2
3	246	246.00	—	9	230	238.67	242.8
4	232	243.33	—	10	240	239.33	239.2
5	258	245.33	245.6	11	256	242.00	242.4
6	240	243.33	245.6	12	236	244.00	242.0

当 $n=3$ 时，明年 1 月份的预测值为 244 万元；当 $n=5$ 时，明年 1 月份的预测值为 242 万元。

（2）二次移动平均法　二次移动平均法是利用预测变量的时间序列的一次移动平均值和二次移动平均值（即以一次移动平均值作为时间序列，计算其移动平均值）的滞后偏差演变规律建立数学方程进行预测的方法，它适用于预测具有线性变动趋势的经济变量。

二次移动平均法的预测模型为：

$$y_{t+T} = a_t + b_t T$$

其中：

$$a_t = 2M_t^{(1)} - M_t^{(2)}$$

$$b_t = \frac{2}{n-1}(M_t^1 - M_t^2)$$

$$M_t^{(2)} = \frac{1}{n}\sum M_t^{(1)} = \frac{M_t^{(1)} + M_{t-1}^{(1)} + \cdots + M_{t-n+1}^{(1)}}{n}$$

例 2-8　某企业 1999~2005 年甲产品的实际销售量见表 2-5，试用二次移动平均法（$n=3$）预测该企业 2006 年该产品的销售量。

$$a_t = 2M_t^{(1)} - M_t^{(2)} = (2 \times 1454 - 1382)万件 = 1562 万件$$

$$b_t = \frac{2}{n-1}(M_t^{(1)} - M_t^{(2)}) = (1454 - 1382)万件 = 72 万件$$

$$y_{t+T} = 1526 + 72T$$

$$y_{2006} = y_{t+1} = (1526 + 72 \times 1)万件 = 1598 万件$$

表 2-5　某企业 1999~2005 年甲产品的实际销售量　　　　（单位：万件）

年度	实际销售量	一次移动平均值	二次移动平均值	年度	实际销售量	一次移动平均值	二次移动平均值
1999	1100	—	—	2003	1382	1310	1239
2000	1170	—	—	2004	1453	1381	1310
2001	1238	1169	—	2005	1527	1454	1382
2002	1309	1239	—				

4. 平滑预测法

平滑预测法是指借助平滑技术消除时间序列中高低突变的数值，得出一个趋势数列，据以对未来发展趋势的可能水平作出估计。它可在一定程度上消除不规则变动因素带来误差的影响，对实际观察值进行某种修复处理，提高数据对长期趋势描述的可靠性。常用的是指数平滑预测法。指数平滑法是取预测对象全部历史数据的加权平均值作为预测值的一种预测方法。它适用于预测呈长期趋势变动和季节变动的事物。它可分为一次指数平滑法和多次指数平滑法两种。

（1）一次指数平滑法 它是利用本期的实际值与紧前期的估计值，通过对它们的不同加权分配，求得一个指数平滑值，并作为下一期预测值的一种方法。其预测模型为：

$$y_{t+1} = S_t^{(1)} = \alpha x_t + (1 - \alpha) S_{t-1}^{(1)}$$

其中 y_{t+1}——下一期的预测值；

$S_t^{(1)}$——第 t 期的一次指数平滑值；

x_t——观察期的实际发生值；

α——平滑系数。

平滑系数 α 的取值原则：

如果时间序列具有不规则的起伏变化，但长期趋势接近一个稳定常数，则必须选择较小的 α 值（取 0.05 ~ 0.20 之间）。

如果时间序列具有迅速明显的变化倾向，则 α 应取较大值（取 0.3 ~ 0.6 之间）。

如果时间序列变化缓慢，则应选较小的值（一般在 0.1 ~ 0.4 之间）。

初始值 $S_1^{(1)}$ 的确定：

当实际数据多于 10 个时，$S_1^{(1)} = x_1$；当实际数据少于 10 个时，用最早几期实际值的平均值作为初始值。

例2-9 已知某企业 2004 年 1 ~ 12 月份利润额（见表2-6），试计算每月利润的一次指数平滑值，并预测 2005 年 1 月份的利润额，平滑系数分别取 0.1，0.5，0.9。

表2-6 某企业 2004 年 1 ~ 12 月份利润额 （单位：万元）

月份	实际利润	一次指数平滑值 $\alpha = 0.1$	一次指数平滑值 $\alpha = 0.5$	一次指数平滑值 $\alpha = 0.9$
1	51.3	51.3	51.3	51.3
2	37.5	49.2	53.5	37.3
3	27.9	47.6	35.7	28.8
4	32.9	46.0	34.0	32.0
5	48.2	46.2	41.1	46.6
6	54.6	47.1	47.9	53.8
7	52.0	47.6	59.8	52.2
8	47.0	47.6	48.7	48.0
9	42.3	47.0	45.5	42.9
10	45.8	46.9	45.7	45.5
11	43.9	46.7	44.8	44.1
12	47.2	46.7	46.0	46.9

平滑系数分别取0.1，0.5，0.9时，2005年1月份利润额的预测值为46.7、46.0、46.9万元。

（2）二次指数平滑法　是在一次指数平滑法的基础上，对一次指数平滑值再做一次指数平滑，然后利用两次指数平滑值，通过建立数学模型进行预测。

二次指数平滑法的预测模型为：

$$y_{t+T} = a_t + b_t T$$

其中：

$$a_t = 2S_t^{(1)} - S_t^{(2)}$$

$$b_t = \frac{\alpha}{1-\alpha}(S_t^{(1)} - S_t^{(2)})$$

$$S_t^{(2)} = \alpha S_t^{(1)} + (1-\alpha)S_{t-1}^{(2)}$$

例2-10　已知某企业1999~2004年的销售额资料（见表2-7），试计算各年份销售额的一、二次指数平滑值，并预测该企业2005年的销售额。取$\alpha = 0.5$，初始值$S_1^{(2)} = S_1^{(1)}$ = 140万元。

$$a_t = 2S_t^{(1)} - S_t^{(2)} = (2 \times 169 - 164.4)万元 = 173.56万元$$

$$b_t = \frac{\alpha}{1-\alpha}[S_t^{(1)} - S_t^{(2)}] = \frac{0.5}{1-0.5}(169 - 164.4)万元 = 4.56万元$$

二次指数平滑法的预测模型为：

$$y_{t+T} = 173.56 + 4.56T$$

进行预测：$y_{2005} = y_{t+1} = (173.56 + 4.56 \times 1)万元 = 178.125万元$

则该企业2005年销售额的预测值为178.125万元。

表2-7　某企业1999~2004年的销售额　　　　　　　　（单位：万元）

年份	实际销售额	一次指数平滑值（α = 0.5）	二次指数平滑值（α = 0.5）
1999	140	140	140.0
2000	160	150	145.0
2001	150	150	147.5
2002	182	166	156.8
2003	160	163	159.9
2004	175	169	164.4

5. 季节指数预测法

季节指数预测法是以市场的循环周期为特征，计算反映在时间序列资料上的呈现明显的有规律的季节变动系数，从而达到预测目的的一种方法。运用季节指数进行预测，首先要利用统计方法计算出预测目标的季节指数，以测定季节变动的规律性；然后在已知季度的平均值的条件下，预测未来某个月（季）的预测值。测定时间序列季节指数的方法很多，这里主要介绍直接平均季节指数法。它是根据含季节变动时间序列资料，用求算术平均值的方法直接计算各月或各季的季节指数，据此达到预测目的的一种方法。其预测步骤如下：

1）收集历年（至少三年）各月或各季的统计资料（观察值）。

2）求出各年同月或同季观察值的平均数（用A_i表示）。

3）求出历年间所有月份或季度的平均值（用 B 表示）。

4）计算各月或各季度的季节指数，即 $C_i = A_i/B$。

5）根据未来年度的全年趋势预测值，求出各月或各季度的平均趋势预测值，然后乘以相应的季节指数，即可得出未来年度内各月和各季度包含季节变动的预测值。

例 2-11　某公司从 1999～2004 年，每一年各季度的纺织品销售量见表 2-8，试预测 2005 年各季度纺织品的销售量。

表 2-8　某企业 1999～2004 每一年各季度的纺织品销售量　（单位：万件）

年份	第一季度	第二季度	第三季度	第四季度	年销售量∑
1999	180	150	120	150	600
2000	210	160	130	160	660
2001	230	170	130	170	700
2002	250	180	140	180	750
2003	300	200	150	200	850
2004	400	220	160	220	1000
∑	1570	1080	830	1080	4560
平均值 A_i	262	180	138	180	$B = 190$
季节指数 C_i	1.38	0.95	0.73	0.95	—

六年各相同季节的平均销售量（A_i）：

$$A_1 = \frac{1570}{6} 万件 = 262 万件$$

$$A_2 = \frac{1080}{6} 万件 = 180 万件$$

$$A_3 = \frac{830}{6} 万件 = 138 万件$$

$$A_4 = \frac{1080}{6} 万件 = 180 万件$$

六年所有季度的平均销售量（B）：

$$B = \frac{6 年销售量总和}{4 \times 6} = \frac{4560}{24} 万件 = 190 万件$$

各季的季节销售指数（$C_i = A_i/B$）：

$$C_1 = \frac{A_1}{B} = \frac{262}{190} = 1.38$$

$$C_2 = \frac{A_2}{B} = \frac{180}{190} = 0.95$$

$$C_3 = \frac{A_3}{B} = \frac{138}{190} = 0.73$$

$$C_4 = \frac{A_4}{B} = \frac{180}{190} = 0.95$$

建立时间序列线性回归预测模型：

$$a = \frac{\sum y}{n} = \frac{4560}{24} = 190$$

$$b = \frac{\sum y \cdot t}{\sum t^2} = \frac{8760}{4600} = 1.90$$

$$y_t = 190 + 1.9T$$

用季节指数修正2005年各季度的预测值：

第一季度预测值：

$$y_{25} = (190 + 1.9 \times 25) \text{万件} \times 1.38 = 328 \text{万件}$$

第二季度预测值：

$$y_{27} = (190 + 1.9 \times 27) \text{万件} \times 0.95 = 229 \text{万件}$$

第三季度预测值：

$$y_{29} = (190 + 1.9 \times 29) \text{万件} \times 0.73 = 179 \text{万件}$$

第四季度预测值：

$$y_{31} = (190 + 1.9 \times 31) \text{万件} \times 0.95 = 236 \text{万件}$$

2.3.2.2 回归分析预测法

对市场经济活动之间的因果关系，不仅要定性分析，也要定量分析。前者是说明变量间内在依存关系的规律本质，后者是进一步说明各变量间的数量变化关系及程度。回归分析是一种重要的因果关系定量分析方法。回归分析是对具有因果关系的现象，根据大量实践数据，用一种数理统计方法建立数学模型，近似地表达变量间的平均变化关系。应用回归分析进行预测，就是分析预测对象发展变化的原因。原因称为自变量，预测对象目标为因变量，表达因变量和自变量之间平均变化关系的数学模型为回归方程。当掌握自变量发展变化的数量状态后，利用回归方程便可对因变量的变化进行定量预测。

回归分析的内容和回归分析预测的步骤包括：

（1）确立预测目标和影响因素　根据决策目的的需要，确立所要进行预测的具体目标，即确定因变量。通过市场调查和查阅资料，寻找预测目标的相关影响因素，即自变量，并从中选出主要的影响因素。

（2）进行相关分析　回归分析是对具有因果关系的影响因素（自变量）和预测对象（因变量）所进行的数理统计分析处理。只有当自变量与因变量确实存在某种关系时，拟合出的回归方程才有意义。因此，作为自变量的因素与作为因变量的预测对象是否相关，相关程度如何，以及判断这种相关程度的把握性大小，就成为进行回归分析必须要解决的问题。自变量与因变量的相关程度，影响到预测值有效性的大小。如果自变量与因变量相关程度较强，则自变量的变化对因变量的变化具有重大影响；如果自变量与因变量相关程度较弱，则自变量的变化对因变量的变化影响就小。因此，自变量与因变量之间存在显著的相关性是进行回归分析的基础。事实上，只在分析自变量与因变量之间的相关性后，才能最终确定因变量的主要影响因素，并进行回归分析。

相关分析又包括定性分析和定量分析。定性分析用于观察因变量和自变量之间变化趋势关系是否密切相互关联。定量分析是通过计算变量间的相关系数，来决定变量间的相关程度。一般是在定性分析基础上进行定量分析，仅凭定性分析是不够的。

（3）建立回归预测模型　根据主要影响因素的个数、影响因素与预测目标相关的性质以及历史统计资料，建立回归预测模型。

（4）回归预测模型的检验　回归预测模型是建立在收集来的统计数字的基础上的，而统计数字本身可能会存在各种偏差。所以，在使用回归预测模型时，要注意这些偏差的性质。这些偏差有的是属于随机误差，是偶然性的，可以用适当的数理统计方法解决；有的偏差是内在的、必然的；对这些偏差要用适当的数理统计方法判别出来，从而确定能不能用这个回归模型作出预测。对于回归系数，也只有在它与0有明显差别的情况下，用回归模型进行预测才有意义。此外，建立起的回归模型有一个假设，即认为每一个时期的误差是一个独立的偶然性误差，不受时间的影响；否则，预测对象自身相关，回归模型也是不可靠的。

（5）进行实际预测　最后一个步骤就是依据经过分析和检验后的回归预测模型，进行实际预测，并对预测的结果进行综合分析。

回归分析研究的因果关系，只涉及一个自变量，叫作一元线性回归分析；如果涉及两个或两个以上自变量，则叫多元线性回归分析。回归分析研究的因变量与自变量，其因果关系是线性的，数学模型为线性回归方程；如果因果关系是非线性的，数学模型就是非线性的，叫非线性回归分析。

1. 一元线性回归分析

一元线性回归分析是指将一个因变量依据另一（且仅一个）自变量变化看成线性关系，通过统计数据来定量分析自变量变化而导致作为预测值的因变量的变化。一元线性回归模型的一般形式为：

$$y_i = a + bx_i$$

式中　x_i——自变量；

　　　y_i——因变量；

　　　a——回归系数；

　　　b——回归系数。

例2-12　某地区人均收入与耐用消费品销售情况见表2-9，请根据人均收入的变化来预测耐用品的销售额。

表2-9　某地区1996～2004年人均月收入与有关数据计算表

年份	序号	人均月收入 x_i/百元	销售总额 y_i/10万元	计算栏（10万元）			
				$x_i y_i$	x_i^2	y_i^2	$\hat{y}_i$
1996	1	1.5	4.8	7.20	2.25	23.04	4.65
1997	2	1.8	5.7	10.26	3.24	32.49	5.53
1998	3	2.4	7.0	16.80	5.76	49.00	7.29
1999	4	3.0	8.3	24.90	9.00	68.89	9.05
2000	5	3.5	10.9	38.15	12.25	118.81	10.51
2001	6	3.9	12.4	48.36	15.21	153.76	11.69
2002	7	4.4	13.1	57.64	19.36	171.61	13.15
2003	8	4.8	13.6	65.28	23.04	184.96	14.32
2004	9	5.0	15.3	76.50	25.00	234.09	14.91
Σ	—	30.3	91.1	345.09	115.11	1036.65	91.10

依据最小二乘法原理计算参数如下：

$$b = \frac{n\sum x_i y_i - \sum x_i \sum y_i}{n\sum x_i^2 - (\sum x_i)^2} = \frac{9 \times 345.09 - 30.3 \times 91.1}{9 \times 115.11 - 30.3^2} = 2.9303$$

$$a = \bar{y} - b\bar{x} = \frac{91.1}{9} - 2.9303 \times \frac{30.3}{9} = 0.2568$$

所求得的一元线性回归预测方程为：$\hat{y} = 0.2568 + 2.9303 x_i$

预测 2005 年当人均收入为 560 元时，该耐用消费品销售额的预测值为：

$$\hat{y}_{2005} = 0.2568 + 2.9303 \times 5.6 \approx 16.67$$

$$\sigma = \sqrt{\frac{\sum (y_i - \hat{y}_i)^2}{n-2}} = 0.78$$

所以预测区间为：$16.67 \pm 2 \times 0.78$，即预测值在（15.11，18.23）范围内的概率为 95.45%。

2. 多元线性回归分析

一元线性回归分析法研究的是某一因变量与一个自变量之间的关系问题。但是，客观现象之间的联系是复杂的，许多现象的变动都涉及多个变量之间的数量关系。这种研究某一因变量与多个自变量之间的相互关系的理论和方法就是多元线性回归分析法。

多元线性回归模型的一般形式为：

$$y = a + b_1 x_1 + b_2 x_2 + b_3 x_3 + \cdots + b_k x_k \text{（假设有 } k \text{ 个自变量）}$$

其中，参数 a，b_1，b_2，$\cdots$，b_k 由下列正规方程组解得：

$$\begin{cases} \sum y = na + b_1 \sum x_1 + b_2 \sum x_2 + \cdots + b_m \sum x_m \\ \sum x_1 y = a\sum x_1 + b_1 \sum x_1^2 + b_2 \sum x_1 x_2 + \cdots + b_m \sum x_1 x_m \\ \vdots \\ \sum x_m y = a\sum x_m + b_1 \sum x_m x_1 + b_2 \sum x_m x_2 + \cdots + b_m \sum x_m^2 \end{cases}$$

标准差为：$\sigma = \sqrt{\dfrac{\sum (y_i - \hat{y}_i)^2}{n-3}}$

复相关系数为：$R = \sqrt{1 - \dfrac{\sum (y_i - \hat{y}_i)^2}{\sum (y_i - \bar{y})^2}}$

例 2-13　设某国每年小麦出口量的增长率 y 和该年小麦产量的增长率 x_1 及出口税率 x_2 有线性关系，其 1995～2004 年的样本数据见表 2-10，求样本的回归方程并预测 2005 年的小麦出口增长率。

表 2-10　多元线性回归预测模型计算表

年份	y	x_1	x_2	$x_1 y$	$x_2 y$	$x_1 x_2$	x_1^2	x_2^2	y^2	$\hat{y}_i$	$(y_i - \hat{y}_i)^2$	$(y_i - \bar{y})^2$
1995	4	2	5	8	20	10	4	25	16	2.549	2.105	49
1996	9	1	2	9	18	2	1	4	81	9.763	0.582	4
1997	12	5	1	60	12	5	25	1	144	13.55	2.403	1

（续）

年份	y	x_1	x_2	$x_1 y$	$x_2 y$	$x_1 x_2$	x_1^2	x_2^2	y^2	$\hat{y}_i$	$(y_i - \hat{y}_i)^2$	$(y_i - \bar{y})^2$
1998	16	8	1	128	16	8	64	1	256	14.507	2.229	25
1999	10	14	3	140	30	42	196	9	100	11.399	1.957	1
2000	5	7	4	35	20	28	49	16	25	6.655	2.739	36
2001	18	16	2	288	36	32	256	4	324	14.548	11.916	49
2002	14	20	2	280	28	40	400	4	196	15.824	3.327	9
2003	12	12	3	144	36	36	144	9	144	10.761	1.535	1
2004	10	19	4	190	40	76	361	16	100	10.483	0.233	1
Σ	110	104	27	1282	256	279	1500	89	1386	110.039	29.026	176

将数据代入正规方程，有：

$$\begin{cases} 110 = 10a + 104b_1 + 279b_2 \\ 1282 = 104a + 1500b_1 + 279b_2 \\ 256 = 27a + 279b_1 + 89b_2 \end{cases}$$

解这三个方程式得：

$$\begin{cases} a = 14.466 \\ b_1 = 0.319 \\ b_2 = -2.511 \end{cases}$$

回归预测方程为：$\hat{y} = 14.466 + 0.319 x_1 - 2.511 x_2$

$b_1 > 0$，$b_2 < 0$，这说明随着小麦产量增长率的提高，小麦出口量的增长率是相应提高的，而随着出口税率的提高，小麦出口量的增长率也是相应下降的。

$$R = \sqrt{1 - \frac{\sum (y_i - \hat{y}_i)^2}{\sum (y_i - \bar{y})^2}} = \sqrt{1 - \frac{29.026}{176}} = \sqrt{0.835} = 0.91$$

$$\sigma = \sqrt{\frac{\sum (y_i - \hat{y}_i)^2}{n - 3}} = \sqrt{\frac{29.026}{7}} = \sqrt{4.1466} = 2.03$$

预测当2005年小麦产量增长率 $x_1 = 10$，出口税率 $x_2 = 3$ 时，出口增长率为：

$$\begin{aligned} \hat{y}_{2005} &= 14.466 + 0.319 x_1 - 2.511 x_2 \\ &= 14.466 + 0.319 \times 10 - 2.511 \times 3 = 10.123 \end{aligned}$$

置信区间为：$10.123 \pm 2 \times 2.03$，即：$(6.063, 14.183)$

3. 非线性回归分析

在相关因素对预测目标的影响是非线性关系的情况下，就要采用非线性回归分析预测法。常见的有指数函数、双曲函数、对数函数、幂函数以及二次曲线等非线性的关系。对这些常见的非线性关系的曲线形，是先将曲线方程式化为线性回归方程，再采用最小二乘法计算回归系数，进行回归分析。

回归分析法应用过程讲究经济学理论知识、实践经验的定性分析与定量分析的结合。定量分析建立模型完全以对客观经济关系、经济活动事实的认识为基础，以经济发展的规律为前提，否则是不能正确选择因变量，也无法确定什么是影响因素，即自变量；更无从谈论变量间的因果关系。

对经济理论、经验的设想和假设进行严密的量化考核和进行验证手段的定量分析，在预测和决策中发挥重要的作用，可以用它精确、严密地分析经济关系，对经济发展趋势进行预测，对经济政策的效果予以评价。但定量分析不是万能的，它只是经验的补充，是在定性分析基础上的进一步量化。定量分析的成功取决于对所分析经济现象的认识深度和把握程度，只有这样才能将定性分析和定量分析圆满结合起来，使它们的结果能够达到一致。不能迷信方程和数据，一味地用几个统计数据得到的回归方程，试图解释复杂经济现象的所有性质是不可能行得通的。

回归分析法涉及经济活动之间的几个因素的相互关系，因此必须反复分析各因素的作用及其重要性，经过定性和定量分析的多层次交叉检验和综合，才能最终得到比较合理的预测结果。

思考与练习

1. 市场调查的概念是什么？特点有哪些？
2. 市场预测的概念是什么？如何分类？
3. 市场调查和市场预测的步骤各是什么？
4. 何谓市场预测中的定量预测模型？
5. 市场需求预测的定性分析方法有哪些？如何运用？
6. 时间序列预测方法有哪些？如何运用？
7. 回归分析预测法的内容和步骤是什么？

项目建设条件评估　第3章

通过项目产品的市场需求分析、预测和评估，若确定项目确实存在着广阔的市场前景，具有开展建设运营的必要性，接下来的工作则是分析和论证项目建设的内外部条件，研究和评估项目在生产规模、物料供应、厂址地点、企业组织、建设进度等方面的可行性和合理性。

3.1 建设项目生产规模分析

3.1.1 项目生产规模的概念

项目规模研究是建设项目可行性研究的重要内容之一。在市场分析确认市场对项目产品有较大需求量之后，为了进一步构造项目的具体方案，需要确定项目的规模。

可行性研究中的项目规模一般是指项目的生产规模，更具体地说是指项目的设计生产量。项目规模研究的目的，就是要合理选择拟建项目的生产规模，解决"生产多少"的问题。

无论是从项目产品的市场需求量及项目的宏、微观经济技术环境出发，还是从项目自身的生产技术关系着眼，每一个建设项目都存在着一个合理规模的选择问题。当单位产品的报酬一定时项目的经济效益与项目规模成正比。项目生产规模小于项目产品的市场容量，意味着放弃部分市场和相应的收益。当生产规模大于项目产品市场需求量时，则会导致开工不足、产品积压或降价销售，致使项目经济效益低下。从项目自身的生产技术关系看，不同的规模往往意味着不同的单位产品报酬。此外，项目的经济技术环境等也对项目规模的选择起着程度不同的约束作用，如经济发展规划、运输条件、协作条件、资金条件、技术水平等。总之，项目规模的合理选择是可行性研究中必须认真解决的问题，它对项目的成败起着十分关键的作用。

3.1.2 影响项目生产规模的因素

在项目评估中，确定拟建项目的生产规模，目的在于为拟建项目规划合理的规模，使其达到规模经济。一般来讲，制约和决定项目生产规模的因素主要包括以下几个方面：

（1）国家经济计划因素　经济计划是指各级政府的计划安排和规定。要使经济稳定发展，保持合理的产业结构和区域经济结构是必不可少的，而产业结构和区域经济结构是由产业投资结构和区域投资结构形成的，各级政府制订经济计划已安排了各个产业和区域的投资结构，同时包括项目的生产规模，特别是生产有关国计民生产品的大中型项目。

（2）国家产业政策因素　制定产业政策是国家加强和改善宏观调控，有效调整和优化产业结构，提高产业素质，促进国民经济持续快速健康发展的重要手段。产业政策包括产业结构政策、产业组织政策、产业技术政策、产业布局政策以及其他对产业发展有重大影响的政策和法规。确定拟建项目的生产规模要考虑国家产业政策，主要是按照产业政策所规定的投资项目的经济规模标准来确定项目的最低生产规模。在我国，投资项目小型化、分散化是工业企业达不到规模经济、生产效率低下的主要原因之一。为此，国家产业政策规定了部分规模效益比较显著、市场供需矛盾比较突出的热点产品实施固定资产投资项目的经济规模标准。如1994年3月25日国务院第16次常务会议审议通过的《90年代国家产业政策纲要》规定了17类项目的经济规模标准（年生产能力）。这里要注意的是，各个产业的经济规模会随着技术进步而有所变化，如乙烯生产项目，在我国1994年通过的《90年代国家产业政策纲要》中规定的经济规模标准是30万吨及以上，而从目前来看，经济规模标准应该是50万吨及以上。再如我国1994年通过的《90年代国家产业政策纲要》规定的小汽车生产的经济规模标准是15万辆及以上，而从目前来看，经济规模标准应该至少在30万辆及以上。

（3）市场需求量因素　市场决定项目的命运，项目产品有市场，才有必要实施该项目。市场需求量有多大，项目的生产规模就应按这个量来确定。这样，才能保证项目的顺利实施和正常生产，才不至于浪费有限资源。在这方面曾有过教训，有些企业不深入研究（甚至不去研究）项目产品的市场需求情况，盲目扩大生产规模，导致生产出的产品销不出去。不是产品大量积压，就是生产能力不能充分利用，造成了资源的浪费。发生这种情况，轻则，企业效益不佳；重则，企业破产倒闭。评估人员在确定拟建项目的生产规模时，必须对市场分析的结果进行研究，分析项目产品的市场供求关系，项目产品的市场需求量到底有多大，并把其作为制约和决定项目生产规模的重要因素。一般来讲，在市场分析阶段，通过市场调查和预测，已经明确了项目产品的市场供求情况及市场需求量。如果项目产品无市场，或者市场需求量很小，在市场分析阶段就已经否定了项目，谈不上确定生产规模的问题；如果项目产品有一定的市场需求量，就要根据规模经济理论，参照这个需求量和其他制约和决定项目生产规模的因素，确定拟建项目的生产规模。

（4）工艺设备因素　在不同的工业部门中，可供使用的加工工艺和设备，通常可以按照某种生产能力进行标准化处理。如一条装配汽车的生产线或电视机、电冰箱等的生产线，就分别有额定的生产能力；再如发电机组的发电能力，可分别用5万kW、10万kW、20万kW、30万kW和60万kW等来表示。在产业政策和其他相关规定的导向制约下，项目工艺和设备的发展越来越具有标准化、大型化的趋势。为此，确定拟建项目生产规模时，必须考虑到上述特点。如果某种适用的标准化工艺和设备所确定的生产规模不是处于规模经济区间，就应当按照其他组合方式来确定拟建项目的生产规模，使其达到规模经济。确定规模经济并不完全取决于标准化的工艺和设备因素，还需要考虑其他限制因素。

（5）资金和基本投入物因素　国内外资金的短缺和基本投入物来源的匮乏，都可能限制拟建项目的规模。这些因素往往是限制拟建项目生产规模的重要因素。

无论在什么时候，可用于投资的资金总是有限的，有时是非常短缺的。资金供给量的多少与确定多大的生产规模密切相关，即使是在工艺和设备的选择上，进行充分的比较遴选，能节约的资金也是很有限的。资金的有限性表现在自有资金不足，银根紧缩，又难以得到金融的支持。如果项目所需的设备和投入物全部或部分需要从国外进口，则又会受到外汇供给的限制。因此，如果没有投资资金的支持，则无论确定什么标准的生产规模都是难以实现的。

项目的基本投入物是指用于项目经营的主要原材料、中间产品和主要的燃料及动力等。在一定时期，资源的需求和资源的供给往往发生矛盾。因为社会生产对资源的需求是无限的，而资源的供给又必定是有限的，这就是资源的稀缺性。项目所需的基本投入物可能受到三方面的限制：

1）总的供应量满足不了项目的需要。项目所需的基本投入物种类比较多，有些基本投入物的供给量相对比较大，不会影响项目生产规模的确定，而有些或某种重要的基本投入物可能供给不足，在生产工艺、产品方案一定的条件下，这些基本投入物的供给就成了选择项目生产规模的一个重要因素。

2）基本投入物的质量满足不了项目的要求。在一定的生产工艺、设备和产品方案的条件下，对基本投入物的质量有比较严格的要求，有些基本投入物可能在数量上能满足供应，但质量上满足不了项目的要求。当然，如果全部基本投入物或部分基本投入物的质量满足不了项目的要求，那该项目的技术、工艺和设备的选择就是错误的，项目就不可行。这里讲的是在这些技术条件一定的情况下，可供基本投入物可满足质量要求的数量，这也是确定项目生产规模必须考虑的因素。

3）使用基本投入物的成本问题。虽然，基本投入物的质和量都能满足项目的要求，但可能有些基本投入物因运距长、运输成本高而影响项目的生产规模。项目所需基本投入物，也可能供应地比较集中，在一定的区域范围内基本都可以解决，也可能项目消耗的某种基本投入物的量比较大，有许多厂家来供应，而这些厂家布局比较分散，或者可能从国外进口全部或部分，这就要考虑运输成本问题。

（6）专业化分工与协作条件因素 现代化的工业，分工越来越细，专业化水平越来越高，那些大而全（或小而全）的企业，已不能适应形势发展的需要。这就是说，一个项目，往往不是独立的，需要有许多企业或单位协作配套，投产后才能正常发挥作用。这些企业有提供原辅材料的配套，有生产零部件的配套，还有动力供应、交通运输等方面的配套。所以，确定项目的拟建规模要充分考虑协作配套条件，即项目的规模要与协作配套的量相符合。规模过小，浪费了资源，协作配套企业或单位的能力或效益不能充分发挥出来；规模过大，项目的生产能力利用率低，也同样浪费了资源。

（7）其他建设因素 其他建设因素包括土地、交通、通信、环境保护等。这些因素从不同的方面制约着项目的生产规模。我国的耕地少，而项目建设需要使用土地。一方面，确定的生产规模要尽可能少占用土地；另一方面，确定生产规模要考虑可能供给的土地面积和土地质量。交通、通信等都属于基础产业，而基础产业一直是我国的"瓶颈"产业，发展相对滞后，建设现代化的工业项目，确定生产规模时也不得不考虑这些方面的制约。环境保护问题也越来越受到重视，不同的生产规模，对环境的影响也是不同的，而对因项目而出现的"三废"排放物，国家规定有排放标准，确定项目的生产规模必须要考虑这个因素。

（8）经济效益因素 经济效益是制约和决定项目生产规模的关键因素。在项目评估中，按照经济效益的高低，通常可以把项目生产规模分为以下四种类型：

1）亏损规模。即销售收入小于总成本费用的规模。

2）起始规模（或最小经济规模）。即销售收入等于总成本费用的保本最小规模。

3）合理经济规模（或适宜经济规模）。即销售收入大于总成本费用，并保证一定盈利水平的生产规模。

4）最佳经济规模。即能够产生最高经济效益的生产规模。

从以上四种类型的规模可以看出，第4）种规模是最理想的规模，因此拟建项目的生产规模最好能达到这个水平。但受许多因素的限制，这种规模一般很难达到；而第1）种和第2）种规模，都不能选择；在一般情况下，选择第3）种规模是应当优先考虑的。

3.1.3　项目生产规模的确定方法

1. 经验法

经验法是指根据国内外同类或类似企业的经验数据，考虑生产规模的制约和决定因素，确定拟建项目生产规模的一种方法。在实践中，此法应用最为普遍。

在确定拟建项目生产规模之前，首先应找出与该项目相同或类似的企业，特别是要找出几个规模不同的企业，并计算出各不同规模企业的主要技术经济指标，如财务内部收益率、投资利润率和投资回收期等。然后综合考虑制约和决定该项目拟建生产规模的各种因素，确定一个适当的规模。

2. 适者生存法

适者生存法是由美国学者斯泰勒提出来的。其具体做法是：先计算不同时间点、某行业各规模层建设项目附加价值占全行业附加价值的比重 VA_{ij}，然后计算这一比重的增长系数 $VA_{ij}t/VA_{ij}t_0$。其中，VA_{ij} 是 j 行业中 i 规模层建设项目的附加价值占全行业附加价值的比重，t_0 为基准时点，t 为后来时点。增长系数最高的规模层就是该行业的经济规模。

适者生存法的基本理论依据是应该设法寻求经营效率较高的建设项目，也就是单位产品成本较低的建设项目。这些建设项目在充分竞争的条件下，经过时间的考验，会生存下去并发展起来。因此，只要观察某行业中提供产品的各种供给规模项目组成的变化趋势，就可以得出某行业的规模与成本的关系。这种相互关系中的最佳系数即为建设项目的最佳经济规模。

适者生存法运用于建设项目的特点是：

1）它所研究的是建设项目的经济规模。它以建设项目的整体来统计产品产量，不计产品品种，不区分项目的构成和生产内容，因而这种规模的经济性既包括生产规模经济性又包括经营规模经济性。

2）这种方法是建立在完全的市场竞争基础上的，因而假定这些建设项目都处于最高效率，其单位成本都处于最低点。

3）它只能看出那些处于这些规模等级的建设项目平均成本具有下降的趋势，因而效率是较高的，并不能看出不在此规模等级内的建设项目的相对负效益状况。

4）它是对历史资料进行的统计分析，因而只能根据过去来判断目前的趋势，不能对未来作较长时间的判断。由于建设项目有一定的周期，所以难于估计即将投入使用的技术对于降低成本的影响。

3. 工程技术法

工程技术法是一种以工程技术能力平衡为基础，以最低单位成本或社会成本为衡量经济效益主要指标的确定建设项目最佳建设规模的一种定量分析方法。

工程技术法需要确定的主要内容包括：

1）在确定设备利用率的基础上，计算确定其年生产能力（即规模）。

2）确定运营过程中所需的各种消耗定额。

3）确定成本分析中的各项费用。包括直接消耗费用和间接消耗费用。

4）计算成本的资金时间价值。建设项目都有一个建设和运行过程，资金的投入和占用也有时间上的差异，这对于比较初始投入资金数额差别很大的方案，有很大的影响，所以需要作成本动态分析。

5）比较各工程技术方案，从中选出一个社会成本最低的方案。这个方案所对应的供给能力应为该建设项目的最佳经济规模。

4. 专家咨询法

专家咨询法是依靠专家们的经验判断确定建设项目经济规模的方法，其做法与一般的咨询法相同。第一步是确定咨询内容；第二步是确定专家名单；第三步是发调查表。调查表中的问题要做到能使人准确理解，从而能作出准确回答；第四步是咨询汇总处理，对咨询结果加以理解，从而能作出准确回答；第五步是咨询反馈，对咨询结果加以整理、归纳，反馈给专家，要求澄清观点。如此反复几次使问题趋于明朗化、集中化。

这种方法的特点是简便灵活、省时省钱，而且可以预测未来一段时间的趋势；它的局限性是选择的准确性取决于所聘请专家的水平和能力，使得项目规模选择受到一定人为因素的影响。

5. 分步法

分步法也叫"逼近法"，其特点是先确定起始生产规模作为所选规模的下限，确定最大生产规模作为所选规模的上限，然后在上、下限之间，拟定若干个有价值的方案，通过比较，选出最合理的生产规模。具体步骤如下：

（1）确定起始生产规模　起始生产规模也就是项目盈亏平衡时（即保本）的最小经济规模。根据项目产品的性质有以下三种确定起始生产规模的方法：

1）项目产品在国内销售，且无法用进口品替代，项目的起始生产规模主要受技术和设备的制约。在一般情况下，选择较小的生产规模，其生产技术往往比较落后，经济效益差，会带来规模不经济的效果。另一方面，在一些生产部门，可供使用的加工工艺和设备，已按一定的生产能力标准化，将生产能力较大的标准化设备用于较小的生产规模，会造成设备能力的闲置和成本费用的上升。在这种情况下确定起始生产规模时，可利用规模效果曲线，对可供选择的工艺和设备进行分析，选定其中不至于出现亏损的工艺与设备作为起始生产规模。

2）如果项目产品可以替代进口，则应将生产成本费用与进口成本进行比较，确定起始生产规模。

3）如果项目产品可以出口，则应将项目生产成本费用与换汇收入进行比较，确定起始生产规模。

（2）确定最大生产规模　在现实经济生活中，项目生产规模受到很多因素的制约。这样，就需要综合考虑各项因素对项目生产规模的限制作用，特别是要对制约项目生产规模的"瓶颈"因素进行分析。在一定的投资条件下，某个因素对项目生产规模的大小可能起决定性的作用，即成为项目生产规模的"瓶颈"。通过"瓶颈"因素的分析，可以确定在可行条件下的最大生产规模，作为所选生产规模的上限。

（3）确定合理生产规模 起始生产规模与最大生产规模确定以后，就确定了拟建项目生产规模的下限和上限，可在这之间拟定若干不同规模的比较方案。在拟定比较方案中，起决定作用的是设备能力。可以在最小和最大规模之间，选择具有不同能力的设备或者对设备进行不同的组合，以拟定出不同的生产规模方案，然后计算不同生产规模方案的成本费用和效益，再对成本费用和效益进行比较。成本费用最低、效益最好的方案应为最终确定的拟建项目的生产规模。

3.2 项目物料供应分析

3.2.1 研究项目所需的物料种类

在建设项目的可行性研究中，物料供应是比原材料供应更广泛的一个经济范畴。拟建项目的建设和生产所需要的物料，种类繁多，内容繁杂，包括主要原料、材料、辅助材料、包装材料、维修材料、配套件（元件、半成品、配件）、燃料（煤、石油、天然气、氢气及其他燃料）、水、电力、热力等。

工业建设项目按其劳动对象的不同，分为采掘工业和加工工业两大类。采掘工业的劳动对象直接取自自然界，如采矿、采煤、石油开采等一类项目；加工工业是对采掘工业的产品、农副产品进行加工，如机械制造、金属冶炼、化工、纺织、食品加工等工业建设项目。不同项目所需的资源条件及原材料供应的要求是不同的，所以各项目评价的侧重点也会有所差别，但都应根据拟建项目的具体情况进行详细的调查研究。

建设项目所需的资源或原料等一般分为以下几方面。

1. 自然资源

自然资源是工业生产的物质基础，为工业提供原料和燃料。工业的自然资源分为矿产资源、森林资源和农业资源等几类。

（1）矿产资源 矿产资源是在一定技术经济条件下，能从自然界中提取出来的并有工业价值的矿物性原料的总称。矿产资源可分为能源矿产资源、金属矿产资源、非金属矿产资源等几种。

能源矿产资源包括煤炭、石油、天然气、泥炭、油页岩以及铀、钍、锂等核能资源；金属矿产资源包括黑色金属和有色金属两类，前者以铁、锰、铬、钒、钛为主，后者有铜、铅、锌、金、银、钨、汞、铝等；非金属矿产资源包括磷、硫、硼、砷、明矾石、石灰石等。根据它们的工业用途，非金属矿产资源又分为化工原料、工业矿物原料、冶金辅助原料及建筑石料等。

（2）农业资源 农业资源（包括农作物、畜产品、水产品等）是工业、特别是轻工业的主要原料来源，我国目前约有 70% 的轻工业原料来自农业。从这个意义上讲，轻工业是农业的加工业，农作物中，其收获物主要供应用做工业原料的作物常称为工业原料作物，如纤维作物、油料作物、糖料作物、饮料作物等。

（3）森林资源　森林是地球上最重要的资源之一，它为工业提供多种宝贵的原材料，为人类经济生活提供多种食品，并具有调节气候、保持水土、防止和减轻自然灾害及净化空气、消除噪声等功能。

森林可以不断为人类提供优质木材和多种林业副产品，根据森林的利用效果可分为用材林、经济林、防护林、薪炭林等几类。

当然，随着科学技术的不断发展，还会有更多的天然资源可用做工业的资源。

2. 原材料

除采掘工业主要是以自然资源为劳动对象外，所有的生产部门都需要原材料。所谓原料，是指耗费了人类劳动而开采或创造出来的劳动对象，如采掘工业和农业的产品是加工工业的原料。所谓材料是指经过工业进一步加工过的原料，如钢材、水泥、棉纱等。原料和材料一般统称为原材料。

（1）原材料的分类及来源　原材料按其在生产过程中所起的作用，可分为主要原材料和辅助材料。凡是在生产过程中构成产品主要实体的原材料称为主要原材料；凡是参加生产过程，但不构成产品主要实体的，则称为辅助材料。辅助材料虽不构成产品主要实体，但是为生产过程所必需。它又可分为三类：一是在生产过程中被劳动资料消费的（如润滑油）；二是加于原材料之上使之发生物质变化的（如纺织上用的漂白粉）；三是帮助劳动过程进行的（如生产中照明用电）。燃料也是一种辅助材料，但由于它的消耗量大、影响大，在实际工作中将其单独列出。

工业中所使用的原材料，主要来自工业原料、农业原料和海洋资源三个方面。

工业原料包括：直接由采掘工业生产出来的原煤、原油、矿石等；由采掘工业生产出来又经加工工业加工的，如生铁、钢材等；用化学方法制造出来的合成材料，如塑料、合成橡胶等。

农业原料包括：由农业生产出来的多种植物性及动物性原料；由农业生产出来又经过加工而成为工业产品的，如食品工业的面粉、制鞋工业的皮革等。

海洋资源包括：海洋矿产资源（如海底石油）、海水化学资源（如海水中的盐类）、海洋生物资源（如贝类、鱼、虾、蟹等）。

（2）原材料在工业发展中的地位　原材料是发展工业必需的物质条件，是生产资料的重要组成部分。原材料质量在很大程度上影响到产品质量；原材料的数量会影响建设的规模；原材料的生产分布状况影响到工业布局；原材料的使用会直接影响到劳动生产率和产品成本的高低；一个国家原材料资源的特点以及对新型材料的研究和应用状况，在一定程度上决定某些工业部门的工艺特点和发展方向。例如，我国森林资源较少，但苇子、竹子、棉秆等很多，这就决定了我国造纸工业的发展应以非木质纤维为主。此外，某些重要的原材料还关系到国防工业及尖端科学技术的发展水平。

在项目评估中，对拟建项目所需要的原材料情况必须进行详细的调查研究，否则项目一旦建成而没有足够数量并符合质量要求的原材料，生产就不能顺利进行。投资的效益就不能正常发挥。

3.2.2　物料供应方案评估准则

物料是项目生产的物质基础。工业项目投产后的生产过程，实际上就是一个原材料不断被消耗，形态不断发生变化，最终转化为产品的过程，各工业部门每时每刻都在消耗种类繁多、数量巨大的原材料，原材料费用一般占工业产品成本的50%以上。随着科学技术的发展和工艺技术的进步，人们对自然资源的利用正向着广度和深度发展。很多原来只有单一用途的资源，现在又逐步发现了许多新的用途。原来只能作一次加工的原材料，现在都可以作二次甚至多次深加工。原来有些认为是废物的东西，现在已经"变废为宝"了。同时，同一种产品可以由不同种原料方案制造，同一种原料也可以制造出不同的产品。所有这些情况的变化，为产品方案的制定、物料供应方案的选择提出了更高的要求。在进行物料供应方案评估时，必须坚持以下评估准则。

1. 适用性准则

物料的投入是为了生产出能够满足社会需要的产品。不同的物料可以制造出同一种产品，但是所制得产品的品种、性能、质量却可能因物料投入方案的不同而完全不同。物料的选择应首先满足适用性的要求，即制造出的产品符合项目预定的要求。例如，木浆和草浆都可以作为造纸的原料，但是具体到在选择造纸项目的原料时，就必须首先确定项目所生产出的成品纸的性能质量要求。如果要生产计算机打印纸、电容器纸、描图纸等技术用纸或中高档文化用纸，就必须选择木浆作为原料；如果是生产一般的箱板纸或低档纸，就可选择草浆来代替木浆做原料。为了保证物料供应的适用性，在评价时就必须既要弄清楚项目产品要求的详细规格和质量，以及对副产品及"三废"排放物的要求，又要准确掌握所选择物料制造的产品、副产品及"三废"排放物的实际工业生产数据，并且以产品的实际生产需要为前提来选择物料供应的方案。

2. 可靠性准则

物料来源的可靠性是选择物料供应方案时必须考虑的重要方面。以工业项目的原材料供应为例，工业生产过程多是大批量的连续生产过程，稳定可靠地供应原材料是正常生产的基本条件。评价物料供应的可靠性，必须从宏观上和微观上两个方面来进行考查。

在宏观上，社会经济系统是一个有机的、开放型的、各个部分密切关联的大系统，任何物质生产部门都和国民经济其他部门存在着千丝万缕的复杂联系。比如发展工业项目，首先遇到的是原材料、燃料、动力的供应问题。工业原材料的来源主要有工业内部、农业、海洋资源和废弃物回收利用四个方面。就我国而言，工业原料40%来自农业，60%来自工业；就轻工业而言，70%来自农业，30%来自工业。因此，发展加工工业首先必须发展采掘工业、原材料工业和农业。农业、采掘工业、原材料工业发展的规模和速度，决定着加工工业物料供应来源的规模、质量和可靠性。因此，考查物料供应的可靠性，必须首先从宏观上把握各种物料总体规模、结构、质量及供应效率。

在微观上，为了保证物料的可靠供应，还必须落实具体的供应渠道。在项目决策时应对供应部门或者物料生产部门的供应能力作出可靠的调查与预测，最好能达成供应协议或意向书。无论是大中型项目还是小型项目，在进行可行性研究时，必须对国内外物料的供应状况、需求状况及供需变化趋势有较清楚的了解和科学的预测，得出最可靠的物料供应来源、数量、规格、成分和供应渠道，并应估计其不确定性程度，以便使项目建成后的物料供应有比较可靠的保障。

在可行性研究中，主要从落实物料供应的数量、规格、质量和价格、可供期限及供应渠道等方面来保证物料供应的可靠性。

3. 经济性准则

所谓物料供应方案的经济性，就是选择该方案所造成的项目原始投资和投产后的经营费用的高低程度。分析物料方案的经济性，不能仅看物料本身的价格高低，而是要综合分析物料供应方案的采用，对整个项目的原始投资造成的影响，对工艺技术方案及设备构成的影响，对燃料、动力及人工费用的影响等方面，选择综合经济效益最佳的方案。

由于现代科技的高速发展，生产某种产品可以选用不同的原料，与此相对应有不同的工艺技术方案，按照经济性原则，必须选择投资少、费用低、效益大的工艺方案。例如，人们日常食用的食醋，又叫乙酸，过去均由粮食经过发酵制取，现代工业则用乙烯氧化法制取乙酸。由于石油工业的发展，石油产品中所获得的大量乙烯，在催化剂条件下与氧气发生反应，生成乙醛，进而生成乙酸，从而可以工业化大规模生产乙酸，既节约了粮食，又降低了成本，使经济效益大大提高。

物料供应方案的经济性是相对的，它随着时间、地点和建厂规模的变化而变化。如1928年原苏联研究合成橡胶的原料时，采用几个方案，其中有以石油为原料，经热裂解制取丁二烯的方案；也有以淀粉为原料制取乙醇，再从乙醇制取丁二烯的方案。当时由于受工艺及设备的限制，石油热裂解方案因为流程复杂、设备庞大、成本高昂而落选，乙醇制取法却由于工艺简单、原料价格低廉而被选中。可是时至今日，情况已经完全不同，以乙醇为原料的方案已基本被淘汰，以石油为原料的热裂解方案则已被广泛采用。因此在进行物料供应方案的选择时，必须结合当时当地的实际情况进行具体分析。

有些项目的原材料需要进口，要受到国际市场的制约和外汇拥有量的影响。为了保证原材料的可靠供应和节约外汇，对于一些项目的原材料供应，要考虑国产化原则，项目所需原材料，尽量依靠国内生产；对于国内一时不能满足供应，需要进口的原材料，也要考虑尽快实现国产化的措施。

4. 合理性准则

物料供应方案的适用性、可靠性和经济性主要是从项目本身来考虑的，而合理性则是从整个国民经济的角度来考查的。所谓合理性就是资源在国民经济中利用和分配的合理程度。随着资源综合利用程度的提高、物料来源和使用的多元化，物料供应合理性的评估变得日趋复杂和重要。每一种经济资源都有多种不同的用途，并且产生不同的经济效果。随着科学技术的突飞猛进，物料供应选择的范围越来越广，而自然界的资源又是有限的，在宏观上有一个"量材使用"和"物尽其效"的合理配置问题。对于一些与国计民生有重大关系的紧缺原料，为了从宏观上保证原料分配利用的合理性，国家往往在政策上作出限制和规定，在项目的可行性研究中必须严格执行。

5. 减少能源消耗准则

能源动力是建设项目物料供应的重要内容。同时，项目建设的其他因素，如厂址选择、工艺选择、原材料投入物的方案选择等，都对能源消耗的数量和结构有重要影响。然而能源短缺是发展中国家普遍存在的问题。能源项目建设，一般投资大、周期长，能源开发往往跟不上加工工业的发展。

我国国民经济发展很快，能源紧张将是一个长期问题。因此，在进行建设项目投资时，应十分重视能源节约问题。为了保证建设项目做到合理利用能源和节约能源，原国家计委1997年2542号文件规定，基本建设新建、改建、扩建工程项目及技术改造综合性工程项目可行性研究报告中必须增列"节能篇（章）"作为可行性研究报告的组成部分，并按规定的可行性研究报告审批程序同时报批。"节能篇（章）"应提出采用合理用能的先进工艺和设备，主要产品能耗指标，要以国内先进水平或参照国际上该产品的先进能耗水平作为设计依据。凡不符合工程项目建设标准和设计规范中节能要求的工程项目，审批单位不予批准建设，对按有关规定需要咨询的项目，主要部门在审批可行性研究报告前，应委托有资格的咨询部门进行评估，咨询部门应负责审查其"节能篇（章）"，并作出评价。凡未增设"节能篇（章）"的可行性研究报告，负责审批或接受咨询单位应予以退回。新建、改建、扩建工程项目设计必须认真贯彻国家产业政策和行业节能设计规范，凡采用国家已公布的限制（或停止）生产的产业序列、规模，或行业已公布的旧工艺翻版扩产增容及选用淘汰型产品的工程设计，国家不予批准。

3.2.3 原材料供应条件评估

原材料供应条件是指项目在建成投产后生产经营过程中所需各种主要原材料、辅助材料及半成品等的供应数量、质量、价格、供应来源、运输距离及仓储设施等方面的条件，它是工业生产所必备的基本条件。每个项目所需的原材料是多种多样的，在项目评估阶段，没有必要对项目所需的全部原材料进行分析评价，应着重对几种主要的或关键性的原材料的供应条件进行分析评价。

原材料供应条件评估主要包括以下内容：

（1）分析和评价原材料的质量是否符合生产工艺的要求　在评估时，要对所需要的主要原材料的名称、品种、规格、化学和物理性质以及其他质量上的要求加以了解。一般来说，投入物的质量性能特征对特定项目的生产工艺、产品质量和资源利用程度影响极大，因此，还必须分析其是否符合特定项目对这些投入物在质量和性能上的要求。

（2）分析和评价原材料的供应数量能否满足项目的要求　对于工业项目来说，如果所需原材料没有稳定的来源和长期的供应保证，其生产将会受到极大影响。在评估时，应根据项目的设计生产能力、选用的工艺技术和使用的设备来估算所需原材料的数量，并分析预测其供应的稳定性和保证程度。

（3）分析和评价原材料的价格、运费及其变动趋势对项目产品成本的影响　一般来说，项目主要投入物的价格是影响项目经济效益的关键因素之一，所以，不但要考查主要投入物价格目前的变化动向，还要预测其未来的变化趋势；要充分估计到原材料供应的弹性和互补性，以保证原材料的合理替换和选择，这实质上是体现了资源优势利用和加工工艺的经济合理性。另外，项目所需主要原材料运输费用的高低，对项目生产的连续性和产品成本的高低都有很大的影响。运输费用的高低与运输距离的长短及采用的运输方式是密切相关的，所以就地取材、缩短距离、采用合理的运输方式，将有助于降低运输费用，从而也会减少产品成本。为此，在评估时，应分析计算其运输能力和运输费用，以作出正确的评价。

（4）分析和评价原材料的存储设施条件　原材料供应条件应包括合理的储备量，在评估时，应分析拟建项目存储设施规模是否适应生产的连续性，其原材料的储备量是否合理。

（5）如有可能，应编制原材料和能源平衡流程图或表示数量流动的图表　这些图表应当说明不同的各项原材料在何时进入到生产流程的各个部分。制造过程之外的部分也应包括进来，特别是不同的投入物的供应，投入物的运输、储藏，成品包装、产品的储运以及各不同部分的排放物等统一加以确定。

3.2.4 燃料及动力供应条件评估

1. 审查项目所需燃料的需求量和可供量

项目所需燃料种类，一般可根据项目本身生产工艺和设备选型的要求，并依据所选燃料、动力对产品生产过程、成本、质量、厂区环境、生态平衡的影响程度而定。同时，还需审查和分析燃料供应的有关政策，供应数量及供应方式。如果是消耗大宗燃料的项目（如热电厂、炼焦厂、炼油厂等），还要落实燃料的储存设施条件能否应用或具备。当前，能源供应紧张，国家对燃料、动力供应控制得比较严格，在市场中自由机动数量较少的情况下，应力求避免在燃料、动力供应短缺或不足的地区建设耗能较多的项目。如确需建设项目所需的燃料供应量，应以纳入计划为根据，以判断其保证程度。

2. 审查和评价工业用水供应条件

工业项目所需工业用水，按其使用性质可大致分为原料用水、锅炉用水、冷却用水、工艺用水和冲洗用水等。项目评估时，对项目工业用水供应条件的审查和分析，应根据对项目水源、水质的基本要求，审查正式水文地质资料和化验数据，并计算用水量、供水价格对产品成本的影响，以及生产中对工业用水的综合利用设施、污水净化设施，以及供水泵站、管网等供水设施等方面的条件是否具备和完善。

3. 审查和评价电力供应条件

电力是工业生产的主要动力。因此，对于耗电量大而又要求连续生产的工业投资项目（如冶炼铝厂），应就其电力供应条件作专题调查研究和审查分析，即不仅要审查分析项目用电总量、供电来源及可供量、备用量、输变电费用等因素，还需按生产工艺要求审查分析其日耗电量、年耗电量及其对产品成本的影响等。对于大型项目或自动化程度很高，要求起动负荷、冲击负荷大的设备，不但要计算其用电总量，还要计算其用电最大负荷（高峰负荷、设备起动负荷和对电网的冲击负荷），并注意供电的稳定性分析，对引进技术项目还应考虑其对供电质量的要求等。

4. 审查和评价其他动力供应条件

工业项目生产过程中所需的其他动力供应条件，主要是指提供汽、气等动力设施及其需求总量、供应方式，包括其对产品成本的影响等。如果消耗量大且连续性较强需要自备供应设施的项目，还需计算所需蒸汽锅炉、煤气发生器、制氧机、空气压缩机及其供应管网的投资费用，并分析其技术经济上的合理性和安全性。

3.2.5 公用设施条件评估

公用设施是指除原料、燃料等主要资源以外的工业生产规划所必不可少的基础结构，如供电、供水、供气、运输及废水、废物处理等。对所需公用设施的具体估计，虽然只能在分析和选择了建厂地区、确定了生产工艺和工厂生产能力之后才能详细计算，但在此之前还是有必要作出一般性估计。如果不考虑或者低估了公用设施的费用，就会导致投资费用及生产成本的不正确计算并影响到结论的正确性。

对公用设施的研究，除了对公用设施项目的配置和公用设施的消耗量进行估算外，还应特别重视供应的来源问题。例如，公用设施哪些可采用企业之间协作的形式，哪些需要在企业内部解决，必须通过调查研究解决。在可能条件下，应尽可能组织企业间的协作，这样可以减少公用设施的投资，从而提高项目的经济效益。

公用设施的内容很多，下面仅就主要部分作概要叙述。

1. 供水设施

工业及生活用水主要取自河流、湖泊等的地表水和地下水，极少工业用水直接采用海水。对供水设施的评估，主要是分析项目对用水量、水质、水源的要求以及供水成本的大小，以选择最佳供水方案。

用水量的估计，应包括生产过程用水、辅助用途（如冷却、生产蒸汽等）用水及一般用水。对耗水量大的项目，如钢铁厂、啤酒厂、造纸厂、化工厂等，尤应注意考查供水水源的供水能力及供水成本。水虽然是地球表面数量最大的资源之一，但分布不够平衡。特别是由于工农业生产、城市、人口的迅速发展，使耗水量惊人地剧增，致使世界上很多地区都闹水荒。在我国亦有不少地区水资源比较紧张，经常有工农业争水，工业与民用争水的现象，故项目评估时，还需注意水量的合理分配问题。

对供水设施的评估，除了分析项目本身对水源、水质、用水量等要求外，还应注意分析项目所在地的现有供水设施的情况，如供水能力、设备完好情况、供水可靠性、水质及水价等，并查清现有供水设施与项目厂址的距离、两地点的绝对标高差，以便估算供水管网的工程投资、输水能耗及经营费用。

此外，还应分析项目是否有水的循环设施，污水的净化设施等，评估时应与环境保护措施的评估结合起来评价。

2. 供电及供热设施

电力及热力是工业生产的主要动力。项目评估时，首先应弄清项目所在地的现有发电站、热电站、集中供热锅炉房、区域变电站及输电线路等主要设施的设备能力、装机容量、电压等级、供热负荷、温度及压力等资料数据，摸清电力和热力富余量及可能扩建的情况，并了解现行电价及蒸汽或热水价格等情况。然后对项目的电力和热力供应作出具体分析。

对电力的分析，必须确定电力的需要量、来源、能否取得以及供电费用等。为此必须确定最大电耗、连接负荷、高峰负荷、可能的备用要求，以及按每班和总量表示的月耗电量与年耗电量及其对产品成本的影响。对于某些大型企业的供电，对于一些消耗电量大而又要求生产连续性的项目（如铝厂、铁合金厂、特殊钢厂等），还要考虑第二电源。

对热力供应条件的分析，也要确定其总需要量，并对其供应方式（如是集中供应还是分散供应，或是从外单位购进）、供应数量、供应条件等作出评价。如果是自备设施提供热力时，应对其规模、技术条件、管网布置等是否经济合理、安全可靠进行分析评价。

3. 运输设施

运输设施是工业生产的生命线，工厂物料搬运是进行科学组织生产、调节生产的重要手段。运输是沟通工厂内外联系，解决工厂原材料、燃料、半成品和成品进、出、供、求的纽带，它与工厂的经营管理质量和产品成本大小有着直接的影响。科学地选择运输方式和有效的运输组织，是使生产连续而有规律进行的可靠保证。

（1）运输种类　运输按使用地点分为厂外运输和厂内运输两类。厂外运输是工厂为输入原材料、燃料，以及运出成品、半成品和废料而与国家或地区交通运输干线发生的联系，或工厂与其原料基地、码头、车站及其他协作单位之间发生的联系。运输的方式有铁路、公路、水路、航空、管道、架空索道、带式运输等多种。

铁路是我国货物运输的主要方式，在各省市、自治区之间已形成网络，运载能力大、效率高、运输方便、价格便宜。水路运输也是我国的重要运输方式，充分利用自然水运条件，可显著降低运输费用，而且运输量大、投资少、灵活性较大、货物种类不受限制等优点突出。公路运输具有灵活性大，投资较少，适应性强，可采用多种运输工具等特点，应用十分广泛，是大多数企业采用的主要运输方式。

厂内运输是厂区内部各组成部分之间的材料、半成品、成品等物料的运输循环系统，是实现工厂正常生产的基本手段。厂内运输方式也有铁路、道路、管道、架空索道等方式并日趋多样化。

（2）运输方式的选择 运输设施的评估，包括运输方式、运输设备的选择，运输中的装、卸、运、储各环节间的协调和组织管理，各种类型物料进、出量及其对生产过程和产品成本影响等内容。其中运输方式的选择涉及的因素很多，是运输设施评估的重点。

运输方式及其运输设备的选择，通常是根据项目的规模、生产性质、产品类型与数量、地区自然条件、经营管理等要求来决定的。

首先，运输量的大小对运输方式的选择起主要作用。一般当年运输量超过5万吨时，才考虑选用铁路运输。其次是产品的质量及其外形体积。产品单件质量及外形尺寸很大，汽车运输困难时，也可考虑敷设铁路专用线。第三是项目所在地的自然条件。如工厂临近江河海岸，可借助水运之便。此外，建厂地段的地形、地质、水文、气象条件，工厂物料储运方式及装卸工艺条件等，也对运输方式的选择有重大影响。

对运输方式的评估，必须结合当地的具体条件进行，应对各种运输方式进行技术经济比较，以选取经济合理的运输方式。进行技术经济分析时，应注意计算和评价相关运输项目的相关投资，以便使各运输方式的比较具有可比性，同时也便于安排相关项目的同步建设。

3.3 项目建厂地区及厂址分析

项目选址有新建企业和老企业扩建两种情况。新建企业的选址内容包括建厂地区选择和厂址选择两部分。建厂地区选择又称为选点（location），是按照建厂条件在较大范围内进行选择，确定项目所在的地理区域。这个地理区域有时是很大的区域，每个地区中有几个可供选择的厂址。厂址选择又称为定址（site selection），就是确定拟建项目的具体厂址，即按照建厂条件及厂址的工程费用等，从建厂地区提供的几个可选择的厂址中，通过详细的比较，确定工程项目具体坐落的位置。因此，项目选址是一个先选点后定址的过程。老企业的改扩建一般是在该企业附近选择厂址。

项目选址是项目投资决策的一个重要环节。项目选址不当，对工业布局、经济结构、基建投资、产品生产成本、生态环境乃至建成后的生产经营状况，都将产生不利影响，有些影响甚至是长期的。所以，必须从国民经济和社会发展的全局出发，运用系统观点和方法，科学合理地进行项目选址工作。

3.3.1　项目建厂地区分析

1. 建厂地区选择的准则

1）要符合国民经济发展战略规划、国家工业布局总体规划和地区经济发展规划的要求，有利于逐步实现地区经济发展的相对均衡。

我国各地区自然条件、资源情况不一，原有经济和技术基础不同，投资的效益在各地区往往相差悬殊，因此在建厂地区选择问题上，应根据各地区经济发展不平衡的客观状况，处理好项目建设对各地区的工业发展速度和效果的关系带来的影响。建设项目的建厂布局应有利于逐步实现地区经济发展的相对均衡，这种均衡的取得是通过各个时期有重点的不平衡发展逐步实现的。总之，建设项目建厂布局应有计划地均衡布置，而不能不顾经济效益为均衡而均衡。

2）在统一规划下，处理好地区生产专业化与综合发展的关系，既要促进各地区合理分工协作，也要保证各地区的综合发展。

由于各地区自然条件、经济条件的差异和自然资源分布的不平衡，加上科技的进步、运输业的发展和运费的下降使得工业生产集中化的经济效益大为提高，所以在建厂布局时必须要从有利于各地区的专业化生产出发，实行地区间的合理分工与协作。同时还必须考虑到地区综合发展问题，使各地区的经济既有工业发展重点，又有综合发展，这样才能充分发挥各地区的优势。地区分工同地区综合发展的经济合理界限，应当是保证各种产品到达消费地的全部劳动消耗量和劳动占用量最低，即不仅要考虑产品生产过程中的劳动消耗量和劳动占用量，还要考虑产品流通过程的劳动消耗量和劳动占用量。例如，某省所用煤炭是由该省自行生产供应还是由山西等产煤省供应，取决于以下因素：①两省煤炭生产过程中劳动消耗与劳动占用的差异程度；②每吨煤运输过程中劳动消耗量的多少；③两省之间运输线路状况，若要新建或扩建运输线路，其投资需要多少。综合考虑上述因素，如果山西省每吨煤炭的平均劳动消耗（包括每吨煤炭生产过程劳动消耗加上运费、运输过程中的消耗等）低于某省煤炭开采的费用，则该省的煤炭可由山西供应，否则应以就地开采为宜。当然实际中还应当考虑其他各类产品调入、调出的可能性以及各种费用的变化趋势等因素。

3）执行"控制大城市规模、合理发展中等城市、积极发展小城市"的方针，在建设项目布局时，正确处理集中和分散的关系，既要适当分散，又要适当集中、互相配合，反对过分集中和过分分散互不联系的两种倾向。所谓适当分散，是指新建项目应优先放在建设条件好而原有工业基础薄弱的中小城镇、矿产地或林区等，工业点和工业点之间应保持适当距离。适当分散建设项目的布点，可充分利用各地资源和现有中小城镇，可避免工业过分集中引起的环境问题。所谓适当集中，是指项目的布置应有一定程度的集中，即把一些相互联系、相互支援的项目分布在相距不远的地点，防止工厂区在城市郊区四面开花。分散与集中的问题还必须同城市规划结合起来，利用和改造工业城市，严格控制大城市规模，多建设中小城镇。

4）建厂地区应尽量接近原料、燃料产地和消费地区。坚持这一原则可以减少或消除原材料和产品的运输及转运、储存等各个环节的费用，对于原料运输不便、生产性和季节性较强的农产品加工的项目，接近原料地有利于密切工农关系和城乡关系。在某些情况下，很难做到既接近原料、燃料产地，又接近消费区，在具体布置建设项目时，需要根据节约社会劳动消耗的原则在其间作出选择。

5）根据项目的特点和需要，对自然条件、原材料条件、基础设施条件、各地区对项目产品需求及运输条件等进行全面的综合分析。

2. 选择建厂地区时要考虑的因素

（1）社会经济文化因素　包括工农业生产水平与生产协作条件，国家或地区的经济发展和工业布局规划，当地人口状况及劳动力资源，各种优惠、鼓励或限制政策以及土地管理和使用的有关规定，当地可能对项目建设产生影响的风俗文化等。

（2）基础设施及燃料动力条件　包括拟建地区现有的公用事业及基础设施情况，如供电、供水、供热、邮电通信及生活设施等利用的可能性，今后发展和建设规划。选择建厂地区时，应尽可能多地利用现有的社会基础设施，以减少投资，并使项目建设和生产经营能顺利进行，为此必须结合项目的生产规模、工艺特点和技术方案，对拟建地区可提供基础设施、燃料动力的数量、质量、热量值和化学组成（以确定排污量）、运输距离、运输设施以及在不同厂址的成本等进行比较分析，判断其是否能满足建厂要求。

（3）原材料、燃料产地和产品销售市场条件　由于运输费用通常是成本费用的重要组成部分，所以，建厂地区应尽量接近原料产地、燃料产地和消费地区附近。根据原材料供应状况和主要市场情况可以提出几个厂址地区方案，计算不同厂址地区方案的运费、生产和销售费用，选择费用最低的方案为最优方案。

一般地可分为以下几种情况：

1）原料投入量比成品产出量明显多的项目（如金属冶炼），宜选择在原料产地，所用原料在技术上或经济上不宜长途运输的（如制糖业），厂址也应接近原料产地。

2）大量依靠进口原材料，或产品主要供出口的工厂，建在港口附近为宜。

3）原料在加工中失重程度较小，不宜运输的项目，如专用设备制造厂或玻璃厂等，一般应接近消费区。产品易变质或农产品加工项目，工厂也应建在销售市场附近。

4）能耗大的项目，如铝、镁、钛的冶炼厂、电石厂等一般应靠近能源供应地。

5）受运输因素影响较小的项目如石油产品和石油化工产品项目，可以建在资源产地，也可以靠近消费中心建厂，或者建在两者之间的某优化点上。

6）对于某些工程技术项目，如机械制造、装配成套装置和电子装配工业企业，一般不受运输因素限制，厂址选择有较大灵活性。

7）对于不过分面向资源或市场的项目，应考虑将下列因素结合起来选择建厂地区：①距原材料和市场的距离合理；②良好的环境条件；③劳动力储备丰富；④能以合理的价格取得充足的动力和燃料；⑤运输条件良好以及具有废物处理设施等。

总之，建厂地区应在原材料和燃料动力的产区（即面向资源）或与企业有关的主要消费中心所在地（即面向市场）中进行选择。

（4）自然环境　自然环境也是影响建厂地区选择的主要方面之一，其影响因素主要包括：

1）气候条件。包括气温、湿度、日照时间、风向、降水量和飓风风险等方面。项目类型不同，气候条件对项目起作用的方式也不同。上述每一项都可以进行更详细的分析，如平均日最高气温、最低气温及日平均气温等。

2）地质条件。一般情况下，地质勘察问题对选择适当的厂址关系更大。它包括土壤条件、地下水位和一些特殊因素对厂址的危害，如地震、洪水泛滥等。

3）生态条件。有些项目可能本身对环境并没有不利的影响，但项目的建设和运行对生态环境的要求比较高。如有的项目，对加工水的用量很大，而且质量要求也很高，如果其邻近的工厂将废水排入河中，则该项目将受到损害。

3.3.2　项目厂址分析内容

不同行业项目选择厂址需要研究的具体内容、方法和遵循的规程规范不同，其称谓也不同。例如，工业项目称厂址选择，水利水电项目称为场址选择，铁路、公路、城市轨道交通项目称线路选择，输油气管道、输电和通信线路项目称路径选择等。

1. 厂址选择的基本原则

1）服从城市规划的要求。城市规划是根据每个地区特点制定的，并经国家批准实施的一种具有法律效用的建设和开发计划，不能任意破坏。

2）厂址的气候、地质、地形等自然条件要能够满足项目建设和生产的要求，使各类构筑物、建筑物、道路及场地等得到合理布置。

3）合理利用土地。我国建设用地日趋紧张，应按照土地管理法的有关规定，结合建设与生产的要求，尽量提高土地利用效率，节约使用土地，贯彻保护耕地的基本国策，尽量少占或不占耕地和农田。

4）有利于专业化协作。按照专业化协作组织工业生产，可以大大节约用地和建设投资，提高劳动生产率，因此在选择厂址时应该尽可能考虑厂际协作。

5）既考虑生产又方便生活。选择厂址时，不仅要保证生产需要，还要考虑职工生活条件，处理好生产与生活的关系。因此应当尽可能靠近已有的企业或居民点，以便于利用现有的市政及生活设施，同时厂址不宜选在影响居民生活环境卫生的上风向和现有烟尘污染较重的工厂的下风向。

6）尽可能节省投资。选择厂址时，尽量做到就地取材，就地生产，就地销售，或者尽可能靠近主要运输干道和车站，以节省运输费用或减少交通站场建设投资，以较少的投入，取得较大的产出。

7）注重环境保护和生态平衡。应全面考虑项目对周围环境的影响以及由此而要付出的代价，要注意保护风景区和名胜古迹，防止污染和破坏生态平衡。

2. 项目厂址分析的主要内容

（1）自然气候条件　由于建设项目产品性质、生产设备、工艺技术和"三废"特点，在选厂址时要特别重视自然气候条件，包括气温、湿度、日照、气压、风向、降水量（雨和雪）、雷电等。要了解历史上最高、最低和平均数据。厂址要选在城市的下风向，防止工厂的"废气"对城市的污染。易爆、易燃的工厂不宜建在引爆因素较多和极易产生雷击的地方。

（2）厂址应尽量选择在工程地质和水文地质条件较好的地段　工程地质条件评估分析时一方面要审查分析厂址所在地段的自然地理地质条件对项目建设可能产生的影响；另一方面是审查分析工程地质条件对项目建筑物的影响程度，并分析建筑物对地质构造的影响，即研究和分析工程地质条件和项目建筑物的相互影响，从而合理地选择相适应的地质条件，以保证投资项目建设和生产的稳定性。工业建设项目一般情况下都要求良好的地质条件，不应布置在断层、沙滩、溶洞、塌陷性黄土等地质恶劣地区。在山区建厂要避免有断层、滑坡、泥石流、岩溶、泥泞等不良地质地段；在黄土分布地区建厂应尽可能选在湿陷较小的地区。应当尽量回避地震活跃区，7级或7级以上的地震活跃区不应建厂。此外地基要有足够的承载能力，特别是某些项目如锻压厂等在生产过程中对地面发生很大的静压力和动压力，对地基承载力提出较高要求。某些配备地下设备的项目，还要求土壤比较干燥且不易渗水等。

水文地质条件评估分析时要全面了解厂址所在地段的地下水文形成、分布和运动规律，以及它的物理、化学性质等水文地质资料，同时，应根据项目所在地区全年不同时期的水位变化、流向、流速和水质条件，确定在施工、生产、生活等用水方面的保证程度，并由此决定其基础工程、打桩工程的设计和施工技术方案的选择。地下水位一般要低于地下室和地下管网的深度。厂区位置选择应避免洪水的威胁，一般应在该地区历史（按50年或100年一遇）最高水位以上，以确保安全。历史洪水水位较高的地区一般不宜布置建设项目。山区建厂要尽量避免选择受山洪威胁的地带。选择厂址时还应注意不能选在水库坝址的下游，如必须建在坝址下游的，则一定要选择溃坝可能淹没区范围以外的地段。地下水的水质要求不至于对混凝土产生腐蚀作用。

（3）地形地貌条件 结合项目生产规模、特点和要求，应选择合适的地形地势，使之既适应生产技术的要求，又能减少施工的土石方工程量，同时满足项目建设、生产和职工生活的要求。一般应选择平坦而略有坡度、土石方工程量较少且便于地面排水的地段。

当然，工业用地的自然坡度要和该厂选用的运输方式、工艺特点和排水坡度相适应。如果厂内有铁路运输时，场地坡度不宜大于3%，为保证地面水及时排除，地形坡度不宜小于0.4%；而对于一些利用斜坡重力运输的工厂（如水泥厂、选矿厂等），则应选址于山坡地等大斜坡上，以降低基建投资和运输费用；对安全距离要求较高的厂址，应选在山谷或丘陵地带。地形坡度还需适应生产工艺的要求。例如，黑色金属选矿厂（自流式）坡度应在17%～18%，水泥厂坡度最好为20%～30%。

（4）土地面积和形状 由于各个项目生产性质、生产规模及运输条件的不同，其所需占地面积与厂区形状大小也不相同。在节约用地的原则下，所选厂址土地面积与形状应能使各类构筑物、建筑物、道路及场地等得到合理的布置，并考虑将来有扩大建设的可能，故应有足够的面积，其形状应满足生产工艺要求，不宜过于狭长和零碎。

（5）水源和能源条件 建设项目通常需要消耗大量用水，水源选择十分重要。尤其是在我国北方地区少雨缺水，用水较紧张，矛盾比较突出，有时造成以水定厂址、定规模的局面。有的项目还对水质和水温等有特殊的、严格的要求，如造纸厂、电厂、食品厂，酿酒厂、纺织厂等，对于这些项目还应特别注意对所选地段的水质进行评价分析。总之厂址应尽量靠近水质、水量均能满足生产要求的水源，以便不建设巨大的线路和管道工程就可以取得所需的生产、生活用水，并注意工业与农业用水的协调平衡。缺水地区应尽量采用循环用水，如电厂的冷却塔用水、污水循环使用等。

所选厂址附近，应有足够可靠的能源，以保证生产正常进行。大量用电的企业（如炼铝厂、电炉炼钢厂、铁合金厂、电解厂、有机合成厂等），厂址要靠近电源，以减少能耗，节约设备投资。厂址和电源的经济距离同输电方式及电压有关。当以发电机电压直接送电时其许可距离分别为：电压10kV时，为4～5km；电压6kV时，为3～4km；电压3kV时，为1.5～2km。对于生产中不能断电的企业（如冶炼、化工等），其供电可靠性要求较高，除充足的电力供应外，还应保证连续供电，即需要双回路或自备电厂。对冶金工业的轧钢厂等，地区供电电力网要考虑满足冲击负荷的特殊要求。若采用高压输电，高压线走廊范围内，不宜设置建筑物，以免发生危险。对于生产中由于加热、干燥、动力等需要大量蒸汽和热水的企业（如染料厂、制氨厂、碱厂、胶合板厂、印染厂、造纸厂等），如果厂址距离热电厂较近，就可以方便地供汽供热。其距离热电厂的远近，由输出蒸汽压力及使用压力而定。因为输送过程中蒸汽和热水的热量会损失，所以一般输送蒸汽时最大距离不宜超过4km，正常距离为0.5~1.5km；输送热水的距离一般可达4~5km，最大可达10~12km。如无法利用热电厂的余热，则可考虑集中供热或联片供热，以节约能源、减少污染。

（6）交通运输条件和通信条件　交通运输关系到项目建设和生产所需的物资能否及时保证供应，进而关系到项目产品的生产成本和投资效益。因此，交通运输条件是项目选址必须考虑的重要条件和关键环节之一。

交通运输条件的分析，就是估算各种类型货物的运进量和运出量，分析其对生产过程与产品成本的影响，对运输方式和运输设备选择的要求，对运输过程中的装、卸、运、储各个环节间以及运输组织的要求，分析项目建设地点的现有运输条件能否满足项目建设的要求。重点应注意运输成本、运输方式的经济合理性、运输中各个环节（即装、运、卸、储等）的衔接性及运输能力等方面。

通信条件是指电话和网络系统条件。它是现代生产系统顺利运转的保证条件之一。现代社会已经步入信息社会，企业要在激烈的市场竞争中处于不败之地，必须掌握大量的经济信息，同时也要经常与客户、供应商保持密切联系，这就需要先进的通信设施为其服务。评估时，应考查厂址通信条件能否满足项目的需求。

（7）外部协作配套条件和同步建设条件　所谓外部协作配套条件是指为本项目提供零部件、半成品等的前序协作条件，或者是将本项目生产的产品进行再加工的后序协作条件。同步建设是指应考虑配套项目的同步建设和所需要的相关投资，这样才能保证项目投产后的正常运行。如水电站建设中，库区的工厂和居民的迁移以及铁路、公路等线路的改建等。评估的主要内容包括：

1）全面了解协作厂对拟建项目所需零部件、半成品、包装品的供应能力、规格、型号，交货期和运输条件，以及协作厂的地址和技术力量等，从而分析协作件的保证程度。

2）调查研究协作件的质量、价格，运输费用对项目产品质量和成本的影响。

3）分析本项目的后序协作配套条件。

4）分析拟建项目的前序项目（生产投入物的协作厂）和后序项目（使用产出物的协作厂）与本项目在建设进度、生产技术和生产能力等方面的同步及匹配问题。建设进度的同步，即相关项目同时建成投产，同时发挥经济效益。技术上的匹配，即本项目所采用的技术水平应与前序项目和后序项目在技术水平上相互适应，以充分发挥综合经济效益。生产能力匹配，即分析研究本项目与前序和后序项目生产能力之间的协调配套和相互适应问题。

（8）其他条件　某些项目对空气含尘量、电磁场、电磁波等有特殊要求，厂址选择也应满足这些特殊要求。如精密仪器厂，应选在空气洁净、气温稳定的地段。炸药厂等易燃易爆的项目厂区应分散布置，最好远离市区，以靠山为宜，与铁路、公路、高压输电线等也要保持一定距离。

另外，厂址不应位于下列地区：有用矿藏的蕴藏区和采空区（相关生产企业除外），风景区、名胜古迹和自然保护区，水土保持禁垦区，矿山作业等爆破危险区，有放射性污染或有害气体污染严重的地区，传染病、地方病等流行区，军事设防区，生活饮用水潭的卫生防护地带以及与科研、文教和民族风俗有抵触的地区。

总之，项目选址是一个非常复杂的问题，要找到各种条件都符合要求的理想厂址也是较为困难的。因此厂址选择首先要确定哪些条件要求对本项目具有决定意义，哪些是次要条件，应对其进行深入分析，并做好多方案比较。

3.3.3　项目厂址分析方法

对各备选方案进行技术经济论证并选择最佳厂址方案是项目选址工作的重要组成部分。常用的分析方法主要包括：

（1）费用比较法　即计算各方案的建设费用和经营费用，选择费用最小者为项目选址的最优方案。

1）估算各备选方案的各项建设费用、项目投产后的经营费用，列出投资与经营费用估算表（见表3-1）。

表 3-1　投资与经营费用估算表　　　　　　　　（单位：万元）

项　　目	单　位	备选方案		备选方案		备选方案		备　注
		数量	金额	数量	金额	数量	金额	
一、建设费								
1. 土石方工程								
2. 铁路专用线								
3. 厂外公路								
4. 人工构筑物								
5. 供水								
6. 排水								
7. 防洪措施								
8. 供电								
9. 区域开拓费								
10. 建材运输费								
小　计								
二、经营费								
1. 工厂物料运费								
2. 供水								
3. 排水								
4. 动力供应								
5. 其他经营费								
小　计								
合　计								

2）根据上表中的基础数据，选择一定的评价指标计算并确定最佳方案。

①静态评价指标。

追加投资回收期：
$$T = \frac{I_2 - I_1}{C_1 - C_2}$$

式中　I_2、I_1——两个对比方案的建设投资费用；

　　　C_1、C_2——两个对比方案的年度产品成本或经营费用。

比选标准：如果 $T < 0$，取投资额小的方案；

　　　　　如果 $T > T_H$（T_H 为基准投资回收期），取投资额小的方案；

　　　　　如果 $T_H > T > 0$，取投资额大的方案。

年完全费用：

$$ATC = C + E_H I = C + \frac{I}{T_H}$$

式中　ATC——年完全费用；

　　　C——年经营费用；

　　　I——初始投资费用；

　　　E_H——基准投资效果系数；

　　　T_H——基准投资回收期；$E_H = 1/T_H$。

各备选方案中年完全费用最小的备选方案为最佳方案。

②动态指标。

费用现值最小法：$PC = \sum_{t=1}^{n} (I_t + C_t)/(1 + i_c)^t$

式中　PC——方案的费用现值；

　　　I_t——该方案第 t 年的投资费用；

　　　C_t——该方案第 t 年的经营费用；

　　　i_c——基准收益率。

各方案中费用现值最小者为最优方案。

费用年值最小法：$AC = \sum_{t=1}^{n} I_t (1 + i_c)^{-t} \times \frac{i(1 + i_c)^n}{(1 + i_c)^n - 1} + C$

式中　AC——费用年值；

　　　C——年经营费用。

各备选方案中费用年值最小者为项目选址的最优方案。

（2）评分优选法　即比较各备选方案的建厂条件指标评价值，取其中最高者为最佳厂址方案。

1）根据项目特点，列出各备选方案的建厂条件指标比较表（见表 3-2）。

表 3-2　某厂厂址方案条件指标（部分）比较表

建厂条件指标	厂址方案		备注
	方案 1	方案 2	
1. 厂址位置	某市某工业区	某市某厂附近	
2. 占地面积	15 万 m²	36 万 m²	
3. 可利用固定资产原值	2900 万元	7600 万元	
4. 可利用原有生产设施	没有	生产性设施 15 万 m²，现有铸造车间 3.4 万 m²，其中可利用的 2 万 m²	
5. 交通运输条件	无铁路专用线	有铁路专用线	
6. 土方工程量	新建 3 万 m² 厂房，填方 6 万 m³	无大的土石方施工量	
7. 所需投资额	7500 万元	5000 万元	
8. 消化引进技术条件	易于掌握引进技术	消化引进需较长时间	

2）根据拟建项目对各项建厂条件的要求，评比确定各备选方案的每一项指标对项目的适应程度，并给出具体评分。第 i 方案第 j 指标的取值用 P_{ij} 表示，见表3-3。其中指标评价值的确定，有的可根据经验判断，有的可根据已知数据计算出其中一个方案指标值在总评价值中的比重。如上述方案 1 中第三项指标评价值的计算过程为：2900÷（2900 + 7600）× 100% = 27.6%。

表3-3　指标评价值表

建厂条件指标	厂址方案		指标评价值之和
	方案 1（P_{1j}）	方案 2（P_{2j}）	
1. 厂址位置	0.350	0.650	1.000
2. 占地面积	0.300	0.700	1.000
3. 可利用固定资产原值	0.276	0.724	1.000
4. 可利用原有生产设施	0.000	1.000	1.000
5. 交通运输条件	0.200	0.800	1.000
6. 土方工程量	0.100	0.900	1.000
7. 所需投资额	0.400	0.600	1.000
8. 消化引进技术条件	0.800	0.200	1.000

3）确定指标权重。根据各建厂条件指标对整个项目选址方案的重要程度，选定各指标的权重。第 j 项指标对厂址方案的影响程度，用相对权重 W_j 表示，W_j 的取值范围为 0 ~ 1，见表3-4。

表3-4　方案评价值计算表

建厂条件指标	比重因子	不同方案的指标评价值		指标评价值之和
	W_j	方案 1	方案 2	
1. 厂址位置	15%	0.0525	0.0975	0.1500
2. 占地面积	15%	0.0450	0.1050	0.1500
3. 可利用固定资产原值	10%	0.0276	0.0724	0.1000
4. 可利用原有生产设施	10%	0.000	0.1000	0.1000
5. 交通运输条件	5%	0.0050	0.0450	0.0500
6. 土方工程量	10%	0.0100	0.0900	0.1000
7. 所需投资额	15%	0.0600	0.0900	0.1500
8. 消化引进技术条件	20%	0.1600	0.0400	0.2000
合　　计	100%	0.3601	0.6399	1.0000

4）根据各备选方案各评价指标值和相对权重，计算方案总评价值，比较各方案的评价值，取其最高者为最佳厂址方案，作为推荐方案（见表3-4）。评价值计算公式为：

$$i 方案评价值 = \sum_{j=1}^{n} p_{ij}w_j$$

上表中方案 2 的得分高于方案 1，所以应选定方案 2。

（3）最小运费法（重心法）　如果建设项目投产后所需多种原材料须由各地供应，产品也将销售到多个不同地区的许多用户，运输费用将成为厂址选择中一个很重要的因素，因此可利用求重心的原理来寻找运输距离最短、运费最小的厂址方案，从而选择厂址位置。

假设已知各原材料基地及产品销售地在某一段时间内（一般可取一年）的供应量或销售量为 G_i（$i = 1$，2，3，…，n），并假设其相应的地理位置为已知，将 G_i（x_i，y_i）分别标注在直角坐标图上（见图 3-1），可利用以下公式求出重心坐标（x_0，y_0），即运费最小的最佳厂址位置：

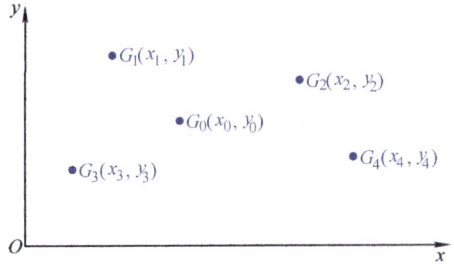

$$x_0 = \frac{\sum_{i=1}^{n} G_i x_i}{\sum_{i=1}^{n} G_i}, y_0 = \frac{\sum_{i=1}^{n} G_i y_i}{\sum_{i=1}^{n} G_i}$$

图 3-1　重心法确定厂址位置示意图

式中　x_i，y_i——表示第 i 种原料（或产品）供应（或销售）地的坐标；

$\quad\quad$ x_0，y_0——选定的厂址坐标；

$\quad\quad$ G_i——第 i 种原料（或产品）的年供应（或销售）数量；

$\quad\quad$ n——原材料供应地和产品销售地的数目。

但是按照上述方法计算出的仅是理论上运费最为经济的建厂地点，由于地形条件、运输方式、运输单价的不同，其计算结果只能作为参考依据。

（4）应用数学模型法　即以建厂投资和运输费用之和最小的地点为最优厂址位置。假设已知可能建厂的地点和数目、各地点的建厂投资费用；工厂所需原料供应地点及各地的原料供应量、各供应地的运输方式、运输单价；产品的销售地点及各销售点产品的销售量和运输单价，则可建立数学模型并求解，以得出最优厂址。其数学模型如下：

$$Z = \sum_{j=1}^{n} k_j y_j + \sum_{i=1}^{m} \sum_{j=1}^{n} C_{ij} x_{ij}$$

式中　n——可能建厂的地点数目；

$\quad\quad$ k_j——在 j 处建厂的基建投资；

$\quad\quad$ y_j——0～1 变量，只有选中时 $y_j = 1$，否则 $y_j = 0$；

$\quad\quad$ m——原料供应地点及产品销售地点的总数目；

$\quad\quad$ C_{ij}——i 地运往 j 地的原料数量（或 j 地运往 i 地的产品数量）；

$\quad\quad$ x_{ij}——i 地运往 j 地的原料单位运输成本（或 j 地运往 i 地的产品单位运输成本）。

将备选方案的相关数据代入上式，可以得到相关方程式，其中全部费用 Z 最小者，即为所求的建厂地点。

3.4　企业组织及项目建设进度分析

3.4.1　项目企业组织

建设项目的各个方面都和企业组织密切相关。其中企业组织机构和人员配置方案的规划是否合理，对项目的有效运行具有至关重要的作用。项目评估时应根据拟建项目的特点和生产运营的需要，分析其企业组织机构和人员规划配置方案的合理性和适应性。

3.4.1.1 企业组织的内涵

1. 企业组织的概念

本书中的"企业组织"是指为实现拟建项目的生产经营目标,把构成企业生产经营活动的基本因素和生产经营活动过程中的主要环节,以有秩序的、有成效的方式组织起来。它既包括劳动作业组织和生产经营组织,也包括管理组织。其中管理组织在企业组织中起着主导作用。

2. 企业组织的构成要素

一个高效率的企业组织,是由错综复杂、相互联系又相互制约的多种要素构成的一个完善的有机整体。其中最基本的要素是人员、制度和信息。这三者密切相联,缺一不可。

(1) 人员 人是企业组织的主体和第一要素。企业组织人员优化主要包括:

1) 根据组织整体目标和任务要求,将不同素质的人员配置到最合适的岗位上去,使其各尽所能,形成合理的企业人才结构,发挥整体优势。

2) 充分发挥每个成员的作用,选择合理的组织形态(即组织的规模和结构形式),适应项目生产运营的要求。

3) 选择恰当的组织激励方式,将组织成员的意志统一到企业目标上去,形成统一行动。这是实现组织成员最优化结合的支柱。

(2) 规章制度 规章制度是组织成员间的"粘合剂",是行动的准则,它使组织有秩序、有成效地活动,从而实现既定目标。

(3) 信息 企业组织必须通过信息和信息系统进行纵向和横向联系,将组织成员的活动有机地协调起来。

3. 企业组织的基本内容

1) 根据企业目标和生产经营过程的特点,划分管理层次和单位,确定组织系统,进行合理的组织结构设计,即对企业组织结构的组成因素及其联结方式的设计。包括决策组织系统的设计、生产经营指挥系统的设计、职能参谋组织的设计、信息沟通系统的设计、组织机构内每个组织体的设计等。

2) 编写组织说明书,建立各项组织制度。如工作指挥制度、协作制度、奖惩考核制度等。

3) 选择最优决策目标方式以及命令下达和信息反馈方式,运用有效的意见沟通和感情交流方式等,进行组织运行。

3.4.1.2 企业组织机构的建立

1. 企业组织建立时应遵循的原则

1) 有效性原则。即组织机构和每项组织活动都必须是有效的。

2) 专业化、系统化、多样性原则。即建立企业组织机构时,既要考虑到企业是个开放系统,又要反映企业内部的专业化分工,同时要有多样性,以适应环境变化的要求。

3) 按照管理层次建立统一命令、统一指挥的系统。

4) 确定合理管理幅度和管理层次。所谓管理幅度,即一个领导人直接指挥管理下级人员的多少。一般而言,层次越高的工作,管理幅度越小;低层次的日常性管理,管理幅度也大。管理层次的划分是根据适当的管理幅度确定的。管理幅度越大,管理层次就越少;反之,则越多。管理幅度过大,领导者难以顾及全面;管理幅度过小,管理层次过多,指挥效率低下。

5）正确划分各级领导权限，各级部门明确分工，权责对等。

6）企业组织体内各个部分统一行动，互相协调的原则。包括纵向协调和横向协调。

7）按能级原理选配人员的原则，即按每级管理层次和岗位的能级要求，配备具有相应能级的人去担任某种职务，量才施用，按需选才。

2. 企业组织机构设计的步骤

1）确定企业组织机构设计的要求。

2）收集和分析资料。

3）研究项目投产后管理工作的性质和范围。

4）提出组织结构图（草案）。

5）确定职务、岗位、权限和责任。

6）规定组织内部各单位之间协作关系和信息沟通方式。

7）按职务、岗位和能级要求选配人员。

8）根据组织原则和设计要求，组织有关专家对组织机构进行审查、评价和修改。

9）将组织机构设计方案上报主管部门审查批准。

3. 企业组织机构形式

（1）直线制　这是最早最简单的一种组织结构形式。它的特点是组织中各种职务按垂直系统直线形式排列，各级主管人员对所属下级拥有直接的一切职权，组织中每一个人只能直接向一个上级报告（见图 3-2）。其优点是结构简单，权力集中，责任分明，命令统一，联系便捷。其缺点是在组织规模较大的情况下，所有的管理职能都集中由一人承担，往往由于个人的知识及能力有限而感到难以应付，部门间的协调也比较差。一般情况下这种组织结构形式只适用于产品单一、工艺简单的小项目生产，或现场的作业管理。图中，Li 表示组织第 i 层次管理人员。

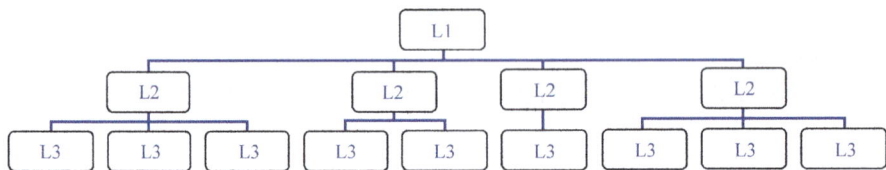

图 3-2　直线制管理组织结构图

（2）职能制　其特点是组织内除直线主管外还相应地设立一些组织机构，分担某些职能管理的业务。这些职能机构有权在自己的业务范围内向下级单位下达命令和指标（见图 3-3）。其优点是能够适应现代组织技术比较复杂和管理分工较细的特点，能够发挥职能机构的专业管理作用，减轻上层主管负担。但这种形式妨碍了组织必要的集中

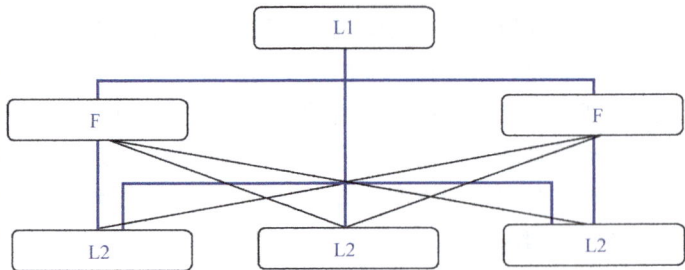

图 3-3　职能制管理组织结构图

领导和统一指挥，形成多头领导，不利于明确划分职责权限，易造成管理混乱。目前已较少采用。其中，Li 表示直线部门，F 表示职能部门。

（3）直线参谋型　这种结构形式吸收了以上两种结构形式的优点，它设置了两套系统，一套按命令统一原则组织的指挥系统，有决定权，并负全部责任；另一套按专业化原则组织的管理职能系统，仅是直线指挥系统的参谋，只能对下级机构提供建议和业务指导。其优点是领导集中，职责清楚，效率较高且组织较为稳定。它的缺点是下级部门的主动性和积极性受到限制，部门间沟通较少，不能集思广益，且系统适应性较差。这种组织形式对中小型组织比较使用，对于规模较大、决策时需要考虑多因素的组织不太适用。如图 3-4 所示。图中，Li 表示第 i 层次直线部门；Fi 表示第 i 层次起参谋作用的职能部门。

（4）直线职能参谋型组织结构　该结构结合了直线参谋型组织结构和职能型组织结构的优点，直线主管在某些特殊任务上授予某些职能部门一定的权力，使得这些部门可在权限范围内直线指挥下属直线部门。这种组织形式多用在生产企业中，可大大地提高管理有效性，如图 3-5 所示。

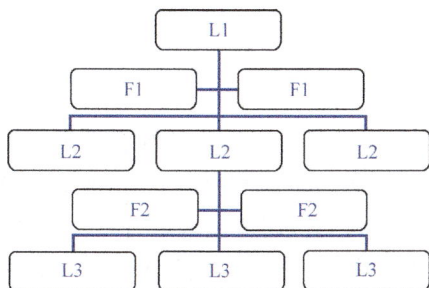

图 3-4　直线参谋型管理组织结构图

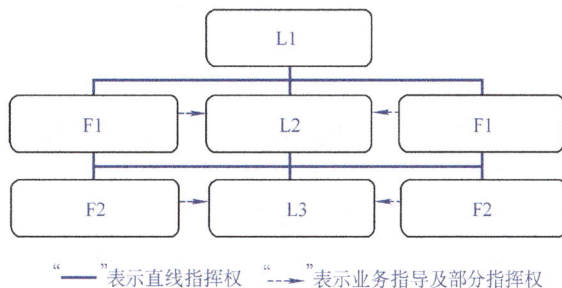

"——"表示直线指挥权　"---"表示业务指导及部分指挥权

图 3-5　直线职能参谋型管理组织结构图

（5）事业部制　该组织形式在总公司领导下设立多个事业部，各事业部有各自独立的产品和市场，独立核算。事业部内部在经营管理上拥有自主性和独立性。这种形式最突出的特点是集中决策，分散经营，即总公司集中决策，事业部独立经营，这是在组织领导方式上由集权制向分权制转化的一种改革。主要优点是组织中最高层管理摆脱了具体的日常管理事务，提高了管理的灵活性和适应性。其缺点是机构重复造成管理人员的浪费，且由于各事业部独立经营，相互配合沟通差。这种组织形式多适用于规模较大的公司组织，如图 3-6 所示。

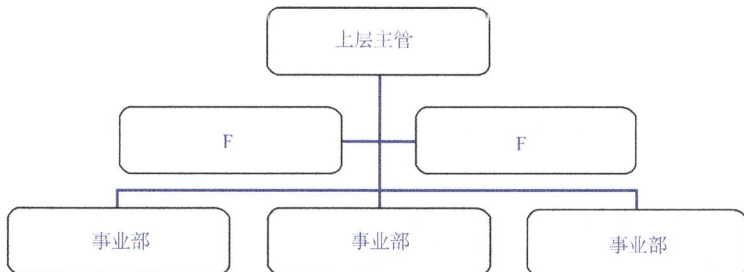

图 3-6　事业部制管理组织结构图

（6）矩阵组织形式　又称规划—目标结构。这种形式把按职能划分的部门和按产品划分的部门结合起来组成一个矩阵，使同一名员工既同原职能部门保持组织与业务上的联系，又参加产品或项目小组的工作。每个项目小组都设负责人。其优点是加强了各职能部门的横向联系，具有较大的机动性和适应性；实现了集权与分权的较优结合；有利于发挥专业人员的潜力。其缺点是这种形式实行双重领导，处理不当易造成纷争；组织关系较复杂，也易导致人心不稳，如图 3-7 所示。

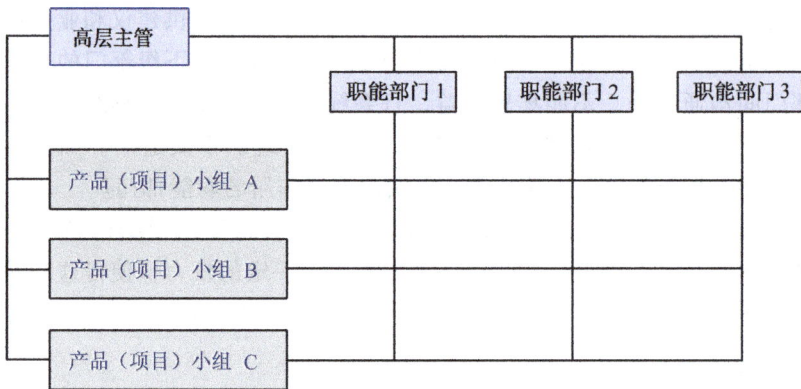

图 3-7　矩阵型管理组织结构图

（7）多维立体型组织结构　它是矩阵型组织结构和事业部制组织结构的综合发展。在这种结构形式下，每一系统都不能单独作出决定，而必须由按产品划分的部门、按职能划分的专业参谋机构、按地区划分的管理机构三方代表，通过共同的协调才能采取行动。因此，可以促使每个部门都能从整个组织的全局来考虑问题，从而减少了各部门之间的矛盾。这种组织形式最适用于跨国公司或规模巨大的跨地区公司。

3.4.1.3　人员规划方案研究

企业的组织机构确定后，必须明确在项目的不同阶段对各种不同水平人员的需求量及其来源和费用。项目评估时，应结合项目特点，分析其人员配置方法的选择是否得当，所确定的人员需求种类、需求量和职工来源是否合理。

（1）人员规划配置的依据　具体如下：

1）国家有关劳动法律、法规及规章。

2）项目建设规模。

3）生产运营复杂程度与自动化水平。

4）人员素质与劳动生产率要求。

5）组织机构设置与生产管理制度。

（2）人员配置方法　不同行业、不同岗位，人力资源配置的方法不同，主要有以下几种：

1）按劳动效率计算定员，即根据生产任务和生产人员的劳动效率计算生产定员人数。

2）按设备计算定员，即根据机器设备的数量、工人操作设备定额和生产班次等计算生产定员人数。

3）按劳动定额定员，即根据工作量或生产任务量，按劳动定额计算生产定员人数。

4）按岗位计算定员，即根据设备操作岗位和每个岗位需要的工人数计算生产定员人数。

5）按比例计算定员，即按服务人员占职工总数或者占生产人员数的比例计算所需服务人员人数。

6）按组织机构职责范围、业务分工计算管理人员的人数。

（3）人力资源配置的内容　具体包括：

1）根据行业类型和生产过程特点，研究分析其工作制度与运转班次是否合理。

2）根据精简、高效的原则和劳动定额，分析其各职能部门、各工作岗位人员数量。技术改造项目，应根据改造后技术水平和自动化水平提高的情况，优化人员配置，所需人员首先由企业内部调剂解决。

3）研究确定各类人员应具备的劳动技能和文化素质。

4）研究测算职工工资和福利费用方案是否合理。

5）研究测算劳动生产率。

6）研究员工选聘方案，特别是高层次管理人员和技术人员的来源与选聘方案。

3.4.1.4　人员培训计划

对于新建项目和技术改造项目，尤其是技术改进项目，应当制订职工培训计划。项目评估时应结合项目特点分析其人员培训计划，包括培训人数、时间、日程安排、培训目的、培训机构的选择、培训的内容和方式等。为保证项目建成后顺利投入生产运营，应重点分析生产线关键岗位的操作运行人员和管理人员培训计划。其中应特别注意以下问题：

（1）国外培训计划　主要用于培训技术人员、管理人员、关键工序操作工人和维修技工等。由于其费用较高，因此培训人数不能过多，时间不能过长。

（2）国内职工培训计划　国内培训任务量比国外大。应针对不同岗位提出不同的培训要求，以满足不同生产部门的需要。

另外，对培训人员的培训时间应与项目的建设进度相衔接，如设备操作人员，应在设备安装调试前完成培训工作，以便这些人员参加设备安装、调试过程，熟悉设备性能，掌握处理事故技能等，保证项目顺利投产。

3.4.2　项目建设进度分析

这里所谓项目建设是指从决定投资开始到项目建成、交付使用为止的整个时期，包括谈判和订立合同、项目设计、施工和试运转等阶段。项目建设进度通常是指项目实施结果的进展情况。它是一个综合概念，除了工期以外，还包括工程量、资源消耗量等因素，能全面反映项目的实施状况。所以对项目建设进度的分析也必须是综合的、多角度的。但是由于有效的工期控制才能达到有效的进度控制，进度的拖延最终一定会表现为工期的拖延，所以本章建设进度的分析重点还是在工期分析上。

项目建设进度计划编制的好坏将对项目的经济效果产生很大影响。一般情况下，建设期越短，建设资金的耗费也越少，投资效果越好。当对项目的市场、设备、技术和厂址方案等内容确定后应当根据项目建设的内容及要求安排项目建设进度表。这是建设项目经济评价的基础，也是项目评估的重要内容。

3.4.2.1　编制项目建设进度计划的内容

1. 项目建设的施工前阶段

这个时期虽然不是投资的高峰阶段，但是工作内容较多，且对其后工作影响较大，所以项目评估应对项目建设的施工前阶段有足够的重视。主要包括：

（1）建立项目建设的管理机构 即由投资方派代表组成，全面负责并承担投资风险的项目业主班子。不同的投资方式下，管理机构的组织形式可能不同。如果是原有企业进行投资建设的项目，其管理机构可以由原来企业领导班子担任；如果是不同投资方以合资方式投资的项目，可以由新成立的董事会担任管理机构；如果是政府单独投资的项目，可设立管理委员会担任管理机构。项目评估时应当根据项目投资和立项特点，分析研究拟建立的管理机构的合理性并考虑其所需时间。

（2）确定项目施工方式 施工方式不同，项目建设费用及管理方式将会有很大不同。

（3）委托设计、招标和设备订货 设计工作开展过程中，要进行必要的现场踏勘工作，应提出详细的设备订货清单和非定型设备的制造图样。当有几个设计院共同承担设计时，应由一个设计院牵头，而且还要考虑到各设计单位之间的相互衔接，并确定设计周期。

编制项目建设进度时，还应考虑到现场实际施工开始以前需要准备招标文件，开展招标活动，进行投标估价以及在设计文件的基础上进行设备询价、订货，并做好施工前准备等工作。

（4）签订合同 当设计进行到一定阶段或设计完成后，应进行项目所需技术、设备和资金等的实质性谈判，并签订各种合同。

另外，某些项目选择的工艺技术方案可能涉及与工艺提供者或发许可证者的谈判，特别是当需要发许可证者参与一定资本时，可能要花费一定时间。安排进度表时应充分考虑到这一因素。

2. 项目施工阶段

本阶段的工作内容包括：

1）土地征购。项目评估时也必须考虑到土地征购方式、费用、时间和其他附加条件对项目建设的影响。

2）监督、协调、接收设备和土建施工。

甲方要安排土建施工材料到达现场的时间。在土建施工时，要对设备、机械进行检验、安装运输，对特大型设备的运输线路进行调查，提出运输方案、落实措施，以免任何一个环节发生延误。设备基础的施工要尽可能与设备的交付时间衔接起来。对于设备的安装工作，更应详细作出时间上的安排，以确定工厂的建成和运转的期限，并对生产准备工作作出相应的进度安排。编制项目建设进度表时，应尽可能将这些相互联系的环节及其所需时间安排好。

3）生产企业行政机构的建立以及人员的招收和培训。

4）生产材料供应。一般情况下进口材料供应需要较多时间。对于国内原料，也必须仔细安排投入物的流量，以免发生误时等现象。有些原材料本身的生产也会占用大量时间。因此编制项目建设进度表时，应当予以考虑。

3. 验收和试生产

土建施工和设备安装完成以后，应组织有关部门进行竣工验收，合格后进行试生产，能达到生产能力和产品质量要求者，试生产验收合格。如果验收不合格，还要安排有关索赔事宜，估算索赔所需时间。

4. 生产前的销售准备工作

生产前的销售准备工作包括广告宣传、培训销售人员和批发商、准备销售设施（如食品低温冷藏设备）等工作。尽早进行销售准备，有助于保证产品按计划销售。否则，产品可能积压。

另外，某些项目可能涉及进口机器设备、零部件及有关工艺安排，须经上级主管部门审批。安排项目进度时，也应为此类审核批准提供足够的时间。

总之，项目建设涉及的内容很多，各阶段工作在实际进行时又经常是相互交错、相互制约的。而建设进度的安排则需要贯穿始终，既要保证项目建设有足够的时间，又要使建设期尽可能短，因此，必须依靠科学的建设进度编制方法。

3.4.2.2 进行建设项目进度分析的方法

1. 线条图法（又称甘特图法、横道图法）

线条图法是 20 世纪初由美国工程师甘特（Gantt）提出的一种在图表上用线条表示项目建设进度的方法，在工业生产、工程施工、科研等领域广泛应用。它把项目建设过程分解成不同的工作单元，用线条长度表示其所需工作时间，即线条开端表示该项工作起始时间，线条末端表示工作结束时间。从不同线条的前后位置反映各项建设工作的时间顺序关系。

这种方法绘制简单易懂，一目了然，易于掌握，但是它只能表明已有的静态状况，不能反映出各项工作之间错综复杂、相互联系、相互制约的生产和协作关系，也无法反映出项目建设的关键所在和全貌，无法进行最合理的组织安排和生产指挥。因此，这种方法一般用于内容比较简单，相互关系不太复杂的中小型建设项目，而且经常被用作总体计划。

某项目部分建设活动进度线条图见表3-5。线条图的基本形式是以横坐标表示时间，建设活动在图的左侧纵向排列，以活动所对应的线条位置表示活动的起始时间，线条的长短表示持续时间的长短。它实质上是图和表的结合形式。

表 3-5　某项目部分建设活动进度线条图

项目建设活动	项目建设时间																			
	1	2	3	4	5	6	7	8	9	10	11	12	13	14	15	16	17	18	19	20
一、签订经济合同																				
1. 签订企业合同																				
2. 技术引进合同																				
3. 设备购买合同																				
二、初步设计及审批																				
1. 工艺路线设计																				
2. 设备设计																				
3. 土建工程设计																				
三、施工图设计																				
1. 详细土建设计文件																				
2. 最终设计文件																				
四、工程施工																				
1. 场地整理																				
2. 土建工程施工																				
3. 安装工程																				

2. 网络计划法（Net Works Diagram）

（1）概念 网络计划技术产生于20世纪50年代的中后期，是一种统筹安排生产建设工作的方法。当时，传统的横道图计划方法难以解决大型复杂工程的计划问题，使得人们不得不寻求更有效的方法。于是美国杜邦化学公司在解决扩建和修理问题时，出现了"关键路线法"，即CPM（Critical Path Method）。该方法根据生产要求、劳动力、设备和物资的情况以及工艺流程排出统筹图，从中找出生产或施工中的主要矛盾线，即关键线路，及时调度，以保证或加快工作进度和质量。CPM对项目实施过程中每项活动所需时间是凭经验估计的。1958年美国海军武器部，在研制"北极星"导弹计划时，发明了计划评审技术法，即PERT（Project Evaluation Review Technique）。该方法在关键路线法的基础上，运用概率原理估算项目建设实施过程中每项活动最可能的持续时间、最短时间和最长时间等，从而分析出哪一些环节存在浮动时间，以加速整个项目的进程。在这两种常用方法的基础上，网络计划技术不断发展，出现了决策关键线路法、决策树形网络法、图示评审技术法、随机网络计划法等方法。

我国1965年开始引进网络计划技术，现在网络计划技术已在各行业，尤其是建筑业广泛采用。一些大型工程应用网络计划技术取得了良好的效果。

（2）网络计划法的优缺点 具体如下：

1）优点。该方法能全面而明确地反映出各项目工作之间的相互依赖、相互制约的关系；可以通过时间参数的计算，反映出整个工程的全貌，指出对全局性有影响的关键工程和关键线路，便于集中力量抓好主要矛盾，确保竣工日期，避免盲目施工；显示了机动时间，易于选择从何处缩短工期，及时进行动态监控，便于优化和调整；而且，它与电子计算机技术相结合，也为现代化管理创造了条件。

2）缺点。流水作业的情况很难在网络计划上反映出来，不像横道图那么直观明了，当然随着网络计划技术的发展，采用带时间坐标的网络可弥补这些不足。

（3）基本程序 运用网络计划法一般有七个阶段，见表3-6。

表3-6 网络计划法的基本操作步骤

阶 段	步 骤	阶 段	步 骤
一、准备	1. 确定网络计划目标 2. 调查研究 3. 建设方案设计	四、编制可行网络计划	10. 检查与调整 11. 编制可行网络计划
二、绘制网络图	4. 项目分解 5. 逻辑关系分析 6. 绘制网络图	五、优化并确定正式网络计划	12. 优化 13. 编制正式网络计划
三、时间参数计算并确定关键路线	7. 计算工作持续时间 8. 计算其他时间参数 9. 确定关键路线	六、实施、调整与控制	14. 网络计划的贯彻 15. 检查和数据采集 16. 调整、控制
		七、结束	17. 总结分析

其中网络图的绘制，是用箭线把所有要做的工作、先后顺序、占用时间长短以及各项工作之间的相互关系表示出来。绘制网络图时，箭尾表示工作的开始，箭头表示工作的完成，工作内容和名称写在矢箭线上面，工作的持续时间写在矢箭线下面。圆圈表示结点，表示工

作之间的联结，在时间上它表示指向某结点的全部工作完成后，该结点之后的工作才能开始。

所谓关键线路，就是由总浮动时间为零的工作所组成的，各工作总的持续时间最长的线路。关键线路决定着完成项目建设的总工期。关键线路的求法是将网络图制成之后计算各工作的总浮动时间，将总浮动时间为零的工作连接起来，得到关键线路。如图3-8中的1—3—4—6线路。关键线路上的工作成为关键工作，关键线路以外的工作成为非关键工作。

其中：箭线上 A、B、C、D、E、F、G、H 为某建设项目实施过程中的各项工作内容；箭线下数字为其工作时间。

根据项目的建设过程和工作间的时序关系，绘制网络图，计算各类浮动时间，寻找关键路线后，就可对网络图进行优化分析。由于关键线路决定总工期，因此应重点对关键线路上的各个工

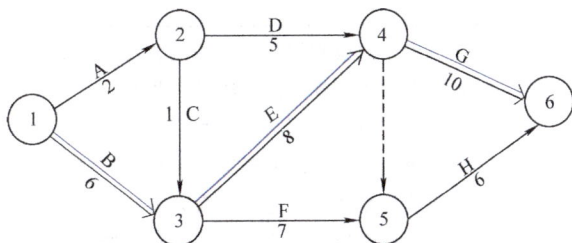

图3-8 某建设项目建设进度网络计划图

序进行分析，分析其压缩工作时间的可能性，以及将关键工序进行分解，交叉进行，以便减少总工期的可能性，同时，还要分析各类浮动时间利用的可能性及利用方式，保证人力平衡，物资供应的互相配合。通过多次调整不断输入新的信息，改善网络结构，进行多次分析计算，直至得到最满意的网络图方案，成为项目建设进度的方案。

3.4.2.3 建设项目进度分析指标

（1）某项工程活动或整个项目的持续时间 这是进度的重要指标。人们常用已经进行的工期与计划工期相比较以描述工程完成程度。

（2）按项目工程活动的结果状态数量描述工程完成程度 如对设计工作按资料数量，混凝土工程按体积，设备安装按吨位，管道、道路按长度等。

（3）已完成工程的价值量 即用已经完成的工程价值量与相应的合同价格或预算价格之比来描述工程完成程度。它将各种不同种类的分项工程统一起来，能够较好地反映工程的进度状况，这是常用的进度指标。

（4）资源消耗指标 最常用的有劳动工时、机械台班、成本消耗等。它们有较好的统一性和可比性，即各个工程活动直到整个项目都可用它们作为指标。这样可以统一分析尺度。

（5）项目的完成程度分析指标 按照统一的指标进行测算可以得到各个项目单元进度的情况，最后可以计算项目的进度，即到前锋期（即在施工项目网络进度计划中所表示的项目进度检查的日期）已完成的百分比。

1）按工期计算，项目完成程度 = 实际已使用工期/计划总工期。

2）按劳动力投入比例计算，项目完成程度 = 已投入劳动力工时/计划项目总工时。

3）按照已经完成的工程合同价格的比例计算，项目完成程度 = 已完成工程合同价格/工程总价格。

另外也可用前锋期计划的完成程度和实际完成程度的差异进行比较。

例如，某工程合同总价格为300万元，总工期为24周，按照原计划到前锋期第9周应完成100万元，而现在实际完成工程量合同价为90万元，则：

工期进度 = 9 周 ÷ 24 周 = 37.5%

项目计划完成程度 = 100 万 ÷ 300 万 = 33.3%

实际完成程度 = 90 万 ÷ 300 万 = 30%

至前锋期完成计划的程度 = 90 万 ÷ 100 万 = 90%

思考与练习

1. 项目生产规模和规模效益的概念及二者的区别与联系是什么?
2. 确定项目生产规模的方法有哪些?
3. 项目物料供应的原则有哪些?
4. 简述影响项目生产的资源与原料有哪些。
5. 选择建厂地区时应遵循什么原则? 考虑哪些内容?
6. 项目厂址选择的方法主要有哪些? 如何运用?
7. 如何规划和设计建设项目的企业组织?
8. 项目进度分析计划的主要内容和方法是什么?

建设项目环境影响评估及社会影响评价

第4章

4.1 建设项目环境影响评估的含义和要求

4.1.1 建设项目与生态环境的相互关系

所谓环境，都是相对于一定的主体或一定的中心事物而言的，与任何一个事物有关的周围空间及其组成，就构成了该事物的环境。通常所说的环境，是指以人类为主体的外部世界，是人类赖以生存和发展的各种条件的综合体。它包含大气、水、陆地、海洋、森林、生物等自然因素和社会因素，是一个综合的具有特定系统功能的复杂体系。

环境与发展是一对矛盾的统一体，它们的关系是既互相促进，又互相制约的两方面：

1）一方面，一定区域内的环境条件是构成本区域人类生存和社会经济发展的基础。区域内矿产资源、土地资源、水资源、森林资源、旅游资源及其他环境资源的丰富程度、质量水平、结构组成、空间布局、配套特征等是本地区经济发展的资源基础，直接决定着该地区社会经济发展的潜力、速度和水平；区域内环境地质体的地层岩性、结构构造、工程地质、水文地质、地形地貌等条件，直接影响到地区经济发展的投资规模和投资水平；区域内地壳稳定性、滑坡、泥石流、崩塌、陷落、地面沉降、海水侵蚀、水土流失等地质灾害的数量、规模和发育程度，直接制约着地区社会经济发展的潜力和后劲。

2）另一方面，人类对环境资源不合理的开发和利用，又会给环境造成很大的损害和破坏。过去，无论是发达国家"先污染后治理"的发展经历，还是发展中国家追赶式发展模式下的资源开发和利用方式，都对人类的生存环境造成了极大的破坏。据估测，我国目前向大气的排污量占世界总量的8.7%，每年污水排放量达400多亿立方米；每年固体废弃物达6亿多吨，历年堆存总量占地达5万多公顷。从生态环境上看，我国人均林地只是世界平均水平的15%；水土流失面积达160万平方公里以上，草原退化面积在10亿亩⊖以上；土地沙化面积4亿亩以上；还有人口的持续增长及大量贫困人口的存在，给我国生态环境产生巨大的压力，所以对我国来说，加强环境保护是一项极其紧迫而又重要的任务。因此，在建设项目的可行性研究和评估决策过程中，搞好建设项目的环境规划、环境设计、环境评价与评估，具有重大的现实意义和深远的历史意义。

⊖ 1亩 = 666.6m², 下同。

就建设项目与环境的关系而言，工程项目与环境之间是相互作用的。从环境对工程项目来看，表现为环境对工程项目的适宜性，包括积极的有利条件和消极的不利因素。从工程建设对环境来看，则体现出工程建设对环境的影响，其中既有正效应，也有负效应。

以水利水电工程为例，环境对工程建设的适宜性具体包括以下几个方面：①环境资源丰富程度。即有无工程建设所需的水资源、水能资源、矿产资源、土地资源等，以及其丰富程度、开发利用难易程度和协调配套程度。②地质体对工程建设的适宜程度。如岩体和土体结构组成，是否存在使水库发生渗漏的风化裂隙、构造裂隙、岩溶裂隙及通道；地表覆盖层的成分和厚度；地形地貌、区域构造、工程地质、水文地质条件对水电工程的满足程度。③环境灾害发育程度。对于水电工程，主要为库区流域面积内的水土流失情况；库区滑坡、泥石流、崩塌等环境灾害的规模、发生的可能性及强度；区域地壳稳定情况等。④环境污染严重程度。尤其是库区流域范围内工业及生活"三废"排放的库区水资源的污染程度。⑤社会经济发展程度。反映区域社会经济有无保障工程实施的人力、财力和物力，有无必要的交通、邮电、通信等基础设施条件。⑥环境容量饱和程度。即区域环境范围内，可供人类社会经济活动的环境容量潜力大小。具体环境质量对水利、电力工程的影响关系如图4-1所示。

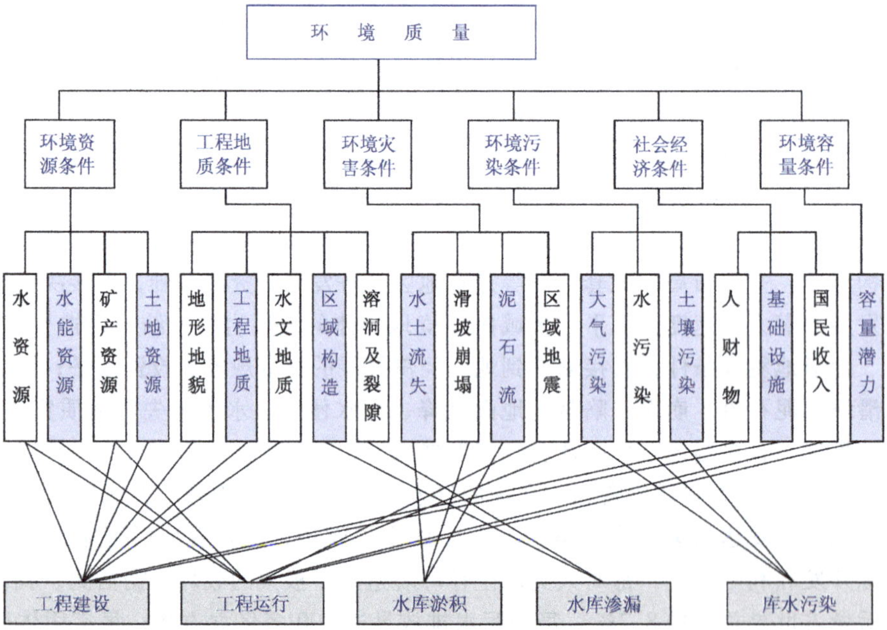

图 4-1　环境质量对工程建设和运行的影响关系图

从工程建设对环境的影响方面来看，对水利水电工程而言，最关键的部分是大坝。而对于大坝的不同位置，其影响关系是不同的：上游主要表现为环境对大坝的影响，如水土流失造成库区淤积；流域内"三废"对库水的污染；以及库区地质条件造成的库水渗漏等。大坝所在地和下游，则主要表现为大坝对环境的影响。在水利水电工程的建设和运行过程中，项目对环境的影响主要表现为正负两个方面：①正的方面。由于水库蓄水的调节作用，使下游水流变化减小，保证了充足的供水，降低了洪涝灾害；库区、湖泊和池塘的形成，增加了娱乐场所和养殖场地；电站建成发电，满足地区电力需要；水库产生重力水头，为灌溉提供便利；水库的建设和电力的供应，改善了地区投资环境，提高了地区社会经济实力等。②负的方面。水库的建设、蓄水，使上游大片土地被淹没，造成居民搬迁；淹没矿产、草场及旅游资源；建坝容易诱发地震，从而诱发滑坡、崩塌等地质灾害，产生库岸再造，加重库区淤积；水库蓄水后，水压增大，加速库水渗漏等；同时在工程的施工过程中，工程开挖可能诱发地质灾害；坝区、厂区建设，不仅要消耗大量的建材资源，占用土地资源，而且施工过程中产生的废渣也会对环境带来一定程度的影响。所有这些影响作用，都将导致环境质量受到损害。具体水利、电力工程建设对环境质量影响关系如图 4-2 所示。

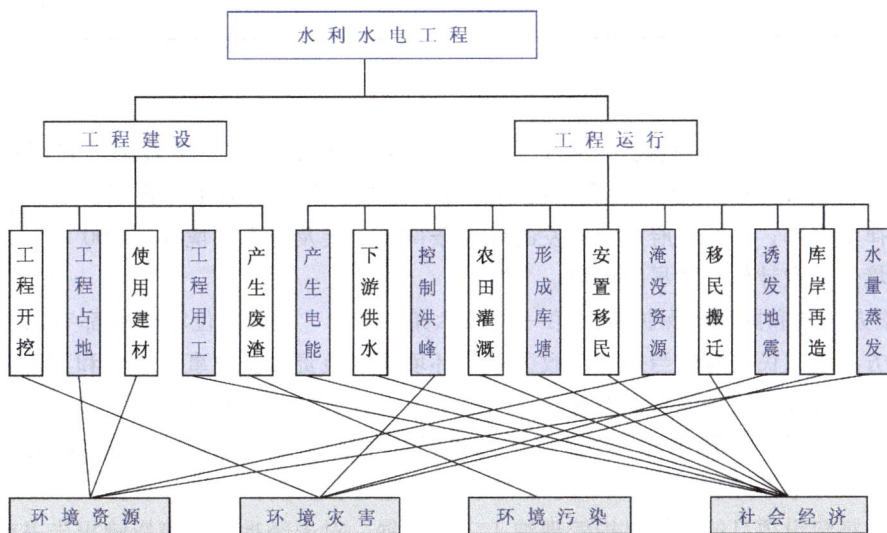

图 4-2　工程建设对生态环境质量的影响关系图

4.1.2　建设项目环境影响评价的概念

由上述建设项目与环境的相互关系可以看出，建设项目的环境评价实质上包括两个方面的评价：一方面是环境对工程建设的适宜性评价，即环境质量评价；另一方面是建设项目对环境的影响评价，即常说的环境影响评价。

所谓环境影响评价，就是在某特定环境区域内，由于某项工程项目的建设和运行，打破环境的原有构成，对该区域环境质量带来的影响所进行的分析、预测和评估，提出对工程建设环境问题的科学论断，为有关部门的工程建设投资决策提供科学依据的过程。严格来说，工程项目的环境影响评价既包括项目对环境的负作用效果评价，也包含项目对环境带来的正效益的评价两个方面的内容。由此可见，建设项目评估中所涉及的环境影响评估只分析和研究工程项目对环境的作用，而且只侧重于分析工程项目对环境带来的负作用的影响方式、影响途径、影响程度和补救措施等内容。

环境质量评价与环境影响评价组成了建设项目环境评价的内容，两者在工作的对象、目的、性质、内容、方法及作用等方面有许多不同之处。两者的区别见表 4-1。

表 4-1　环境影响评价与环境质量评价区别一览表

类别 内容	环境影响评价	环境质量评价
工作目的	为建设项目合理布局提供决策依据	为环境规划、综合整治提供科学依据
工作性质	环境影响预测	环境现状评定
工作对象	建设项目	区域性自然环境
工作特点	工程性	区域性
工作方法	收集资料类比分析或模拟实验、模型预测	环境调查与检测
工作评价作用	优化选址、制定防治对策，为设计和决策服务	摸清现状，为规划与整治服务

4.1.3　建设项目环境评估的法律要求

我国政府非常重视环境保护工作，早在 1979 年就颁发了《中华人民共和国环境保护法》（试行），并将环境保护列为我国的一项基本国策。到目前为止，我国已颁发环境保护方面的法律十多部，还有政府系统颁发的环保条例、规定及各类环境标准 300 多项，对建设项目的环境保护设计作了详尽的规定。

《中华人民共和国环境保护法》第一章第六条规定："一切单位和个人都有保护环境的义务。地方各级人民政府应当对本行政区域的环境质量负责。企业事业单位和其他生产经营者应当防止、减少环境污染和生态破坏，对所造成的损害依法承担责任。

1986 年 3 月原国家环保委、原国家计委和原国家经委联合颁发的《建设项目环境保护管理办法》第六条规定："各级计划、土地管理、基建、技改、银行、物资、工商行政管理部门，都应将建设项目的环境保护管理纳入工作计划。对未经批准环境影响报告书或环境影响报告表的建设项目，计划部门不予办理项目审批手续，土地部门不予办理征地手续，银行不予贷款；凡环境保护设计篇章未经环境保护部门审查的建设项目。有关部门不办理施工执照；物资部门不供应材料、设备；凡没有取得《环境保护设施验收合格证》的建设项目，工商行政管理部门不办理营业执照。"

同时，根据环境影响评价方面的有关规定，投资项目的环境影响评价报告，必须由取得《建设项目环境影响评价资格证书》的单位承担编制任务，否则无效。只有在建设项目环境影响评价报告经环保部门或其他主管部门批准后，才能作为设计阶段、施工阶段、验收及生产准备阶段环境管理的依据。

以上有关规定说明，如果项目可行性研究中没有环保设计和评价或者做得不符合要求，项目就不能得到审批和兴建。所以，拟建项目的环境影响评价是项目可行性研究中一项必不可少的重要内容，从而也就构成了建设项目评估的重要内容之一。

4.2　建设项目环境影响评估的内容

一般工业建设项目可行性研究中，有关环境污染问题有大环境和小环境之分。大环境是指工业建设项目在建设和运行中，可能影响到的一定区域的环境单元；小环境则是指项目的具体厂区、车间的环境污染与防治。因而，在可行性研究报告中，涉及环境污染与防治的内容包括三部分：①安全防护与工业卫生；②环境影响评价；③环境污染及治理措施。

4.2.1　项目安全防护与工业卫生

安全防护与工业卫生是从项目建设的投产期及生产期的角度来考虑的，国家还制定了一系列具体的规定、标准及规范等。

1. 安全防护的措施

（1）防火防爆　具体措施如下：

1）总图布置上，考虑功能分区和消防通道等，依据工艺与土建专业提出的火灾危险分类，房屋层数、面积及耐火等级等确定建筑物防火间距。

2）在建筑上，要依据工艺与使用要求，按有关规范确定各单项工程建筑在平面以及竖向上布置，选用有相应的耐火等级的建筑构件，确定各单项建筑的结构类型与耐火等级。

3）在电气方面，一是考虑其本身相应的防火、防爆、防雷等措施，二是保证事故照明、事故广播、疏散标志、自动报警及有关消防设施的安全供电。

4）加强油库、加油站、乙炔站、氧气站、煤气站等场地的防火防爆措施与炸药的生产、储存、运输及发放等各环节的安全技术措施。

5）各类压力容器的预防超压、预防爆炸措施。

（2）防水、防危岩、防雷电、防坠落、防机械伤害及防震等　具体措施如下：

1）防水。主要是在矿山的矿井、水电与水利工程，通过有水患地段的交通运输工程防水。如在矿山，为预防矿井突然涌水，必须采取疏水、隔水、探水、截水、堵水排水等措施。

2）防危岩。指建在危岩体附近的工程，如地下矿山的顶板管理、采空区管理、露天矿边坡处理的安全技术措施。

3）防雷电。指地面主要建构筑物要有防雷电系统与设施；主要电气设备的安全选择、接地保护及防漏电措施等。

4）防坠落。主要指对高空作业和矿山生产及水电工程中易坠落的现象要给予高度重视，如高层建筑施工防坠落措施，大坝防坠落措施等。

5）防机械伤害。主要有装载机、运输机、提升机及机械运转危险部位采取安全技术措施，防止各类机械的误操作。

6）防震。按照国家规定，凡地震烈度在六级以上地区的建构筑物，必须按相应标准设防。

2. 工业卫生防范措施

1）防尘排毒措施。凡产生有毒气体、粉尘的车间、工段场所及设备，必须采取防范措施，务必使工作场所空气中的有毒有害气体与粉尘含量控制在国家的有关规定标准以下。

2）噪声防治。噪声严重损害职工的听力及身心健康。对空压机、破碎机、铆焊、锻造等产生的极大噪声，必须采取相应的防护措施。

3）降温保暖。在高温工作点，如火法冶炼车间、锅炉房、焙烧干燥车间等地，都必须采取降温措施；在寒冷地带或寒冷季节，则必须采取保暖的措施，要使温度符合防暑防寒的有关规定。

4）辐射防护。在有辐射性的场所，必须使职工有相应的防辐射伤害装备，要采取措施，使开采、加工或使用放射性物质的活动符合放射性防护规定的要求。

5）在食品、医药等行业，不仅要注意工作环境与职工的职业卫生要求，而且还要使其产品达到相应的食品、医药等行业的卫生标准要求。

3. 可行性研究中安全防护与工业卫生的内容要求

（1）工程产生的各种危害因素状况分析　具体包括：

1）生产过程中各种易燃易爆物的种类、数量。

2）生产过程中有毒有害物质的名称、数量。

3）生产过程中可能产生的高温、高压、辐射、振动、噪声的状况。

4）洪水、雷电、低温、缺氧等自然危害因素影响分析。

5）危害因素较大的设备、数量和可能出现的伤害形式。

（2）采取的技术措施及达到的标准　建设项目根据自己的实际情况，针对本项目的危害因素，采取相应的防治措施及执行国家有关规范、标准状况。

（3）投资费用估算　为了安全防护与工业卫生而购置的监测设备、通风除尘设备、防暑降温设备、采暖设备、防辐射设备与器材以及修建有关建构筑物工程所花的投资。

4.2.2　建设项目环境影响评价

建设项目环境影响评价的内容，由于拟建项目的性质与特点，所属行业及所在地区环境状况不同而异，但一般包括四个方面内容：①对项目环境保护情况的概述。包括拟建地点周围的环境现状及所在地区对环境的要求等。②所评价项目排放有害物质的种类、数量及排放方式等。③对项目"三废"治理与综合利用方案的比较，并评选推荐方案的治理原则、措施、排放标准及预期达到的效果。④项目对周围环境影响的预计和评价。项目环境影响评价的内容和深度也会因项目发展周期阶段的不同而不同。

1. 项目建议书阶段

项目建议书中应根据拟建项目的性质、规模、建设地区的环境现状等资料，对建设项目建成投产后可能造成的环境影响进行简要说明。

1）项目所在地区环境现状。

2）项目可能造成的环境影响分析。

3）项目所在地区环保部门的意见与要求。

4）存在的问题。

2. 项目可行性研究阶段

建设项目可行性研究中，除按《建设项目环境管理办法》的规定编制环境影响报告书或环境影响报告表外，在可行性研究报告书中，还应有环境保护的专门论述。主要内容包括：

1）建设项目所在地区环境现状。

2）项目可能的污染源和污染物。

3）如有资源开发，则应论述可能引起的生态变化。

4）项目设计采用的环境保护标准。

5）控制污染和生态变化的初步方案。

6）环境保护投资估算。

7）环境影响评价结论或环境影响分析。

8）存在的问题与建议。

3. 初步设计阶段

在项目的初步设计阶段，应具体落实环境影响报告书（表）及相应审批意见所确定的各项环境保护措施。主要内容包括：

1）环境保护设计依据。

2）主要污染源和污染物种类、名称、数量、浓度或强度及排放方式。

3）规划采用的环境保护标准。

4）环境保护工程设施及其简要的处理工艺流程、预期效果。

5）对拟建项目引起的生态变化所采取的防范措施。

6）绿化设计。

7）环境管理机构及定员。

8）环境监测机构。

9）环境保护投资概算。

10）存在的问题与建议。

4.2.3 环境污染及治理措施

环境污染包括自然环境污染和社会环境污染两方面。自然环境污染主要是指人类社会生产活动对空气、土壤、河流和森林等的破坏。社会环境污染则主要是指城市膨胀、交通拥挤、垃圾堆积等。环境保护和治理就是对上述污染的治理。本书主要分析建设项目对环境的影响。

1. 造成环境污染的因素和后果

一般来讲，造成环境污染的因素主要来自以下几个方面：

1）工业生产过程中排放的污染物，如废水、废气、废渣等。

2）农业生产过程中产生的污染，如化肥、农药和森林焚烧产生的有害气体。

3）生产用能源导致的污染，如煤、石油等燃烧产生的有害气体和粉尘等。

4）人口增长过快造成的污染，如住房拥挤、交通堵塞等。

上述污染造成的后果主要有以下几方面：

1）土壤遭到破坏。土质的破坏将直接影响农作物的产量和质量。而且，有害物质向果实的渗透，还可能引起食用果实后人体的慢性中毒。

2）河流遭到破坏。向河流排放的废水和废渣，将导致水生物的大量灭亡，水产品无法食用。

3）水质下降。长期排放废水、废渣的结果，将不断污染地下水源，造成饮水中毒现象。

4）大量气态污染物和噪声，构成对人体健康的直接危害，甚至造成死亡。

2. 环境污染防治措施

在建设项目可行性研究工作中，应根据拟建项目的具体情况，选用相应的防治措施。

（1）控制污染源 通过控制污染源，使污染物的产生降低到最低限度。具体包括：

1）一切可能对环境造成污染的项目（包括新建、扩建、改建项目和技术改造项目），必须坚决执行"三废"处理工程"三同时"的规定。

2）凡产生环境污染和其他公害的单位，要限期治理。要把消除污染、改善环境、节约资源作为加强经营管理的重要内容，要推广清洁生产方式，尽量采用闭路循环工艺，大量减少"三废"排放量。

3）各行业各企业要积极研究和采用无污染或低污染的先进工艺、技术与设备，限期改造、淘汰严重污染环境的落后生产工艺与设备，推广使用环保新技术。

4）调整工业结构，对浪费资源和能源、严重污染环境的企业，特别是小造纸厂、小化工厂、小土焦厂等乡镇企业，必须限期治理或分别采取关、停、并、转的措施。

5）从国外、境外引进技术和设备时，必须遵守我国的环保法律、法规和政策，不得损害我国的环境权益；严禁将国外、境外列入危险特性清单中的有毒、有害废物和垃圾转移到我国境内处置，严格防止转移污染。

（2）控制污染排放　对污染物的排放要坚决执行环境保护标准，达标后才允许排放。污染物排放标准也应由浓度标准逐步推行总量标准，实行超标准排放收费及排污许可证制度，以限制污染物的排放。

（3）资源开发利用中，重视生态环境保护　加强资源管理和生态建设，加强森林植被的保护与管理，加强对水资源的统一规划与管理，制止乱砍滥伐森林，做好水土保持工作；农业部门要推行生态农业，控制农药、化肥、地膜对环境的污染。各主管部门进一步加强对野生动植物的管理，做好物种资源保护工作。

（4）搞好环境综合治理工作　积极推进污染的集中控制，提高治理投资效益和污染防治能力，如有色冶炼厂尾气制硫酸，火电厂的煤灰渣制砖，硫酸厂和氮肥厂的余热发电等。

（5）加强环境保护科学研究工作　一是要积极探索无毒低毒的新工艺、新技术，研究无污染或少污染的机器设备；二是要研究环境保护治理工程的新技术与新设备，以及做好环境保护的综合研究工作。

（6）其他工作　健全环保机构，严格环保执法，加强环境监测与环境管理，积极开展环保宣传与教育活动。

4.2.4　建设项目环境影响评价的程序

建设项目的环境影响评价工作，必须在项目建设前期工作的项目论证阶段进行。而在建设项目的实施过程中，配套的环境防护和治理设施也必须同项目的总体工程同时设计、同时施工、同时验收并投入运行。表4-2和表4-3反映了项目环境影响评价与工程建设程序的匹配关系。

表4-2　项目环境影响评价与工程建设程序对照表

工程建设程序	相应的环境影响评价工作
1. 现场调查研究	现场环境情况调查
2. 编制项目建议书	编制环境影响初评报告
3. 编制项目可行性研究报告	进行环境影响评价，编写报告书
4. 工程设计	监督设计，落实评价结论
5. 工程施工	监督环保设施的施工建设
6. 项目投入生产运行	进行区域环境检测

建设项目环境影响评价的工作程序，大体可以划分为四个阶段：

（1）准备阶段　本阶段的主要内容是：研究有关文件，进行初步的工程分析和环境现状调查，筛选重点评价项目，确定各单位环境影响评价的工作等级，编制评价工作大纲。

（2）评价工作阶段　本阶段的主要工作是：进一步做好工程分析和环境现状的调查研究工作，并进行环境影响的预测和评价环境影响。

（3）报告书编写阶段　本阶段的主要工作是：汇总、分析第二阶段工作所得到的各种资料、数据，给出评价结论，完成环境影响报告书的编制。

（4）运行效果的检测、检验和评估　本阶段的主要工作是：伴随着项目的建设、投产和运行，开展项目环境影响结果的检测和检验，对运行效果进行评估，并开展项目环境影响的后评价工作。

表 4-3　项目环境影响评价工作平衡关系表

评价步骤	评价时机	评价组织
1. 初步研究	在可行性研究期间	项目管理和环境研究小组
2. 影响识别（确定范围）	在可行性研究和初步设计之间	环境研究小组
3. 基础研究	在初步设计期间	环境和工程研究小组
4. 影响评价	在初步设计和最终设计之间	环境研究小组和技术专家
5. 环境对策措施	在初步设计和最终设计之间	环境研究小组协同工程研究小组
6. 方案比较	在最终设计之前	环境研究小组
7. 报告编写	在最终设计之前	环境研究小组
8. 决策	在最终设计之前	环境研究部门
9. 追踪调查	在运行开始后	项目生产运行和管理部门

4.2.5　建设项目环境影响评价报告的编写提纲

1. 总论

结合建设项目的特点，阐述编制《建设项目环境影响报告书》的目的和依据，采用的标准和控制与保护的目标。

2. 介绍建设项目概况

1）建设项目名称、建设性质。

2）建设地点。

3）建设规模。

4）产品方案及主要工艺方法。

5）主要原料、燃料、水的用量及来源。

6）废水、废气、废渣、粉尘、放射性废物等的种类、排放量和排放方式，噪声、振动数值。

7）废物回收利用、综合利用，污染物处理方案、设施和主要工艺原则。

8）职工人数和生活区布局。

9）占地面积和土地利用情况。

10）发展规划。

3. 建设项目周围地区的环境状况调查

本部分要着重说明以下内容：

1）地理位置。

2）地形、地貌、土壤和地质情况，江、河、湖、海、水库和水文地质情况、气象情况。

3）矿藏、森林、草原、水产和野生动物、野生植物、农作物情况。

4）自然保护区、风景游览区、名胜古迹、温泉、疗养区以及重要政治文化设施情况。

5）现有工矿企业分布情况。

6）生活居住区分布情况和人口密度、健康状况、地方病等情况。

7）大气、地表水、地下水的环境质量状况。

8）交通运输情况。

9）其他社会、经济活动污染、破坏环境状况资料。

4. 分析和预测建设项目对周围地区及环境的近期和远期影响

本部分内容应包括建设过程、投产、服务期间的正常和异常情况，其主要内容包括：

1）对周围地区地质、水文地质、气象可能产生的影响，防范和减少这种影响的措施。

2）对周围地区自然资源可能产生的影响，防范和减少这种影响的措施。

3）对周围地区自然保护区、风景游览区、名胜古迹、疗养区等可能产生的影响，防范和减少这种影响的措施。

4）各种污染物最终排放量，对周围大气、水、土壤、环境质量及居民生活区的影响范围和程度。

5）噪声、振动、电磁波等对周围居民生活区的影响范围和程度，以及采取的防范措施。

6）绿化措施。包括防护地带的防护林和建设区域的绿化。

7）环保措施的投资估算。

5. 环境监测的建议与对策

1）监测布点原则。

2）监测机构的设置、人员、设备等。

3）监测项目的确定。

6. 环境影响的经济损益分析

1）设置经济损益分析评价指标体系。

2）环境影响因素的经济量化。

3）建立经济评价模型。

4）分析计算结果。

7. 结论

1）环境质量影响。

2）项目建设规模、性质、选址是否合理，是否符合环保要求。

3）所采取的防治措施在技术上是否可行，在经济上是否合理。

4）是否需要再做进一步的评价和论证。

4.3　建设项目环境影响的经济损益分析

4.3.1　建设项目类型划分及对环境的影响

我国是一个大国，每年的投资建设项目很多，这些建设项目的类型是多种多样的，不同类型的建设项目，由于其建设规模不同，地域范围不同，对环境的作用方式不同，从而对环境的影响程度也不同。这就要求必须针对不同类型建设项目的特点，采用不同的评价方法和步骤，以保证评价过程的可操作性和评价结果的准确性。据此，从建设项目环境影响经济评价的角度出发，将建设项目划分为以下四种类型：

（1）面状开发工程　这类工程项目规模大，包含多种开发工程，往往是对一定范围内环境资源的全面成片开发。如城市迁建工程、城乡移民工程等。这类工程的实施，常常伴随着大量移民生产、生活设施的建设，大批工厂企业的新建、大片土地的开垦、大量矿产资源的开发、大量工业和生活"三废"的排放等，因而这类工程活动对生态环境作用的强度大、方式多、范围广，对环境的影响程度也大。进行环境影响的经济评价，客观上必须从工程实施前后环境质量水平变化的比较结果来全面衡量。

（2）网状开发工程　这类开发工程有代表性的就是区域交通工程建设。如长江三峡工程库区移民区交通建设工程，即原有交通线路的复建及新规划线路建设，包括公路、铁路、水运、航空等不同类型的交通工程，以及港口、码头、客站、机场及车船维修点等配套设施建设。这些不同类型的交通建设工程，形成了一个遍及整个区域的交通网络。这类工程活动虽然在区域内的分布密度不大，但影响范围较广，涉及评价区域的各个单元。

（3）线状开发工程　线状工程项目主要表现为交通干线及其沿线建设，如：京—九铁路、南—昆铁路、青—藏铁路等。这类工程项目建设对环境影响程度的大小，取决于工程项目的规模、线路经过地区的自然地理特征及环境质量状况。由于其线路比较长，穿越不同类型的环境单元，因而存在不同路段对环境影响程度的空间差异性。

（4）点状开发工程　这类工程项目较常见，如某个工厂的新建、单个矿山的开采等。这类工程项目影响范围较小，作用方式较少，对环境的干扰程度较低，评价也相对较容易一些。但如果是同一区域内多个矿山的成片开发，以及同一流域范围内多个水电站的梯级开发，则应根据项目的具体情况，应视为面状或线状开发工程来进行评价。

4.3.2　建设项目环境影响经济评价指标

进行建设项目环境影响的经济评价，首先必须解决环境质量的经济量化问题，这样才能够通过对工程项目实施前后环境质量指标的分析对比，确定出工程项目对环境影响的经济度量。所谓环境质量，是指在一个具体的环境区域内，环境的总体或环境的某些要素对人类的生存和繁衍以及社会经济发展的适宜程度。对于一定区域的生态环境来说，这种适宜程度包括正反两个方面：正的方面是指环境要素为人类的生存和发展所提供的优异条件；反的方面是指环境要素对人类的生存和发展所带来的制约作用。因此，要能够全面具体地反映一定区域的环境质量的好坏，必须建立一套完整的评价指标体系。它包括以下几个方面：①环境资源丰富程度；②地质体对工程建设的适宜程度；③环境灾害发育程度；④环境污染严重程度；⑤社会经济发展程度。而要从经济角度来衡量环境质量的高低，还必须使这些指标能够经济量化，这样就可以建立指标体系（见表4-4）。

表4-4　环境质量经济评价指标体系　　　　　　　　　　　（单位：万元）

大　类	指　标　组	具体指标
环境因素经济指标	环境资源利用价值	矿产资源利用价值
		土地资源利用价值
		水资源利用价值
		森林资源利用价值
		其他资源利用价值
	工程基础处理费用	地层岩性及构造基础处理费用
		地表平整基础处理费用
		地层富水基础处理费用
	环境灾害损失费用	滑坡灾害损失费用
		地震灾害损失费用
		泥石流灾害损失费用
		崩陷灾害损失费用
		地表沉降及海蚀灾害损失费用
		水土流失灾害损失费用
		其他环境灾害损失费用
	环境污染损失费用	大气污染损失费用
		水污染损失费用
		土壤污染损失费用
		噪声污染损失费用
	社会经济状况指标	工业总产值
		农业总产值
		基础设施折合值
		其他行业总产值
环境质量经济指标		$$环境质量优劣度 = \frac{工程基础处理费用 + 环境灾害损失费用 + 环境污染损失费用}{环境资源利用价值}$$ $$环境经济损益度 = \frac{环境灾害损失费用 + 环境污染损失费用}{社会经济总产值}$$

工程项目对环境的影响作用是在原环境质量背景基础上叠加的，表现为对环境资源的消耗、对环境污染的加重以及可能产生和诱发环境灾害的发生。同时，由于项目的建设和运行，也会产生经济效益和社会效益，增加评价区域内的社会经济实力。因此，在环境质量经济评价的基础上，可确定工程项目环境影响的经济评价指标如下：

$$工程项目环境影响综合经济损益度 = \frac{项目环境资源消耗费用 + 项目环境灾害损失费用 + 项目环境污染损失费用}{工程项目经济效益 + 工程项目社会效益}$$

$$工程项目投资经济损益度 = \frac{项目环境资源消耗费用 + 项目环境灾害损失费用 + 项目环境污染损失费用 + 项目建设投资费用 + 项目建设运行费用}{项目建设经济效益 + 项目建设社会效益}$$

上述指标中，工程项目环境影响综合经济损益度为主要评价指标，反映项目的建设和运行对周围生态环境的干扰和影响程度；工程项目投资经济损益度是反映在环境核算基础上，工程项目的投资经济可行性。以上评价指标应小于1，指标值越小，反映项目的环境、经济效益越好。

4.3.3　建设项目环境影响经济损益评价方法

1. 环境影响经济评价的有无对比法

由于工程建设项目是在原有环境背景基础上进行的，是在环境系统运行状态的基础上增加了工程项目的影响作用，改变了原有环境系统的运行状况，使得环境质量总体发生了变化。因而，在具体评价时，以工程项目可能影响到的区域范围作为评价单元，将没有实施本工程项目情况下研究区域的环境系统运行状态作为"无项目"，将实施本工程项目情况下研究区域的环境系统运行状态作为"有项目"，通过比较"有项目"与"无项目"情况下环境质量变化程度的经济量度，即可实现最终的评价目的。

这种评价方法是通过编制"有项目"和"无项目"情况下的工程项目环境影响经济现金流量表（见表4-5，无项目情况下格式相同）和工程项目环境影响增量现金流量表（见表4-6）来进行的。通过编制"有项目"和"无项目"情况下工程项目环境影响经济现金流量表，计算出两种状态下的环境质量优劣度指标和环境质量经济损益度指标，反映出"有项目"和"无项目"条件下区域环境质量水平；通过编制工程项目环境影响增量现金流量表，计算出工程项目环境影响综合经济损益度指标和工程项目投资经济损益度指标，可以客观地反映工程项目对环境的影响程度和项目投资的环境经济可行性。

表 4-5　工程项目环境影响经济现金流量表（有项目）　　　　（单位：万元）

序　号	年　份 指　标	建设期		运营期			合　计
		1	2	1	2	...	n
1	环境资源利用价值						
1.1	矿山资源利用价值						
⋮							
2	工程基础处理费用						
2.1	地表平整基础处理费用						
⋮							
3	环境灾害损失费用						
3.1	滑坡灾害损失费用						
⋮							
4	环境污染损失费用						
4.1	大气污染损失费用						
⋮							
5	社会经济状况指标						
5.1	工业总产值						
⋮							

计算指标：环境质量优劣度：
　　　　　环境经济损益度：

在上述报表的编制过程中，涉及大量的基础数据，在这些基础数据的确定时，应注意以下几个问题：

（1）项目前、项目后和有项目、无项目 项目前和项目后是指静态的某一时点的状态；有项目和无项目是指动态的一个系统过程。因此，项目前只反映未建项目的状态，不反映不建项目时整个计算期内评价区可能的变化状况；无项目则是指不建该项目的方案，它考虑在没有该项目情况下整个计算期内评价区可能发生的情况。同样，项目后只是指进行项目建设后环境系统整个计算期内的某一状态；而有项目则包括项目建设后的整个评价期。

表 4-6 工程项目环境影响增量现金流量表 （单位：万元）

序 号	年 份 / 指 标	建设期		运营期				合 计
		1	2	1	2	…	n	
1	增量现金数据 环境资源利用价值							
1.1	矿产资源利用价值 ⋮							
2	工程基础处理费用							
2.1	地表平整基础处理费用 ⋮							
3	环境灾害损失费用							
3.1	滑坡灾害损失费用 ⋮							
4	环境污染损失费用							
4.1	大气污染损失费用 ⋮							
5	社会经济状况指标							
5.1	工业总产值 ⋮							
6	工程项目投资							
6.1	配套环保工程投资 ⋮							
7	工程项目运行费用							
7.1	配套环保工程运行费用 ⋮							
8	工程项目经济效益							
9	工程项目环境效益							
10	工程项目社会效益							

计算指标：工程项目环境影响综合经济损益度：

工程项目投资经济损益度：

（2）现状数据 它反映建设项目实施前评价环境系统的有关数据，是单一的状态值。评价时，一般可用项目实施前一年的数据。

（3）"无项目"数据 它是指不实施该项目时，在现状基础上考虑评价期内评价环境系统质量的变化趋势，经预测得出的数据序列。

（4）"有项目"数据 它是实施建设项目后评价环境系统质量的实际数据，是一个数据序列。

（5）新增数据 它是通过"有项目"情况下评价环境系统数据减去现状环境系统数据的差额。

（6）增量数据　它是通过"有项目"情况下评价环境系统数据减去"无项目"环境系统数据的差额。

对于面状开发工程、网状开发工程，由于工程量大，覆盖面积广，对生态环境干扰程度强，应采用有无对比法，以保证评价结果的全面性和准确性。

2. 环境影响经济评价的增量评价法

工程项目对环境的影响，实际上就是工程项目在其建设和运行过程中，改变了原有环境系统各要素的构成，使原有环境系统各要素发生了或消、或涨的变化。这样，就可以通过分析计算建设项目的建设和运行对评价环境单元的贡献和损耗，比较其对环境单元各要素积极的增效作用和消极的负作用，来实现评价目的。增量评价法就是在原有环境系统基础上，分析工程项目的实施对原有环境系统单元的增效作用和损害作用，分析计算工程项目对原环境系统单元的净效用来达到评价目的的。

采用增量评价法，需要编制"工程项目环境影响经济现金流量表"（见表4-7），通过分析计算工程项目环境资源的消耗，可能诱发或产生环境灾害的损失，可能造成环境污染的损失以及项目产生的经济效益、环境效益和社会效益等评价因素值，最后计算出"工程项目环境影响综合经济损益度""工程项目投资经济损益度"等指标，来确定工程项目对环境影响的经济损益程度。

表 4-7　工程项目环境影响经济现金流量表　　　　　　（单位：万元）

序　号	年　份　　　指　标	建设期		运营期				合　计
		1	2	1	2	…	n	
1	环境资源利用价值							
1.1	矿产资源利用价值							
⋮								
2	工程基础处理费用							
2.1	地表平整基础处理费用							
⋮								
3	环境灾害损失费用							
3.1	滑坡灾害损失费用							
⋮								
4	环境污染损失费用							
4.1	大气污染损失费用							
⋮								
5	社会经济状况指标							
5.1	工业总产值							
⋮								
6	工程项目经济效益							
7	工程项目环境效益							
8	工程项目社会效益							

计算指标：工程项目环境影响综合经济损益度：
　　　　　工程项目投资经济损益度：
　　　　　配套环保工程投资经济损益度：

对于线状开发工程以及点状开发工程，由于工程量少，对生态环境的干扰相对较小，可以采用增量评价法，以减少评价工作的相对工作量。

3. 案例分析

某铁矿位于××县××区内，距县城87km。该矿品位高，质量好，具有开发利用价值。

1990 年由××省冶金设计院和××钢铁设计研究所共同完成了矿山开采的可行性研究报告，设计矿山总投资 902.88 万元，正常年利税 170 万元，基建期 2 年，生产期 15 年，经济效益和社会效益较好。该矿山地处荒山，附近无居民居住，且矿山规模较小，其建设及运营过程中所影响到的生态环境范围有限，属于典型的点状开发工程，因而运用增量评价法就其开发过程中对环境的影响进行了经济评价，评价报表见表 4-8。

表 4-8 环境影响经济评价现金流量表 （单位：万元）

指标组	指标		合计	基建期		生产期					
				1	2	1	2	3	4	5	6
环境资源消耗费用	矿产资源消耗费用		341.98			22.19	22.19	22.19	22.19	22.19	22.19
	其中	铁矿资源	332.88			22.19	22.19	22.19	22.19	22.19	22.19
		石料及土石填料	9.10	9.10							
	土地资源消耗费用		24.40	24.40							
	水资源消耗费用		22.31	2.77	2.77	2.77	1.00	1.00	1.00	1.00	1.00
环境灾害损失费用	崩塌陷落地质灾害损失		10.00								
环境污染损失费用	空气、水、土壤污染损失		57.00	1.00	3.50	3.50	3.50	3.50	3.50	3.50	3.50
矿山建设工程投资费用	总投资		797.88	398.86	398.86						
	其中	环保防灾投资	56.00		56.00						
矿山生产运行费用	运行费用		1575.00			105.0	105.0	105.0	105.0	105.0	105.0
	其中	环保防灾设备运行费用	78.75			5.25	5.25	5.25	5.25	5.25	5.25
矿山生产经济效益	总效益		2655.02								
	其中	正常生产经营效益	2517.90			167.86	167.86	167.86	167.86	167.86	167.86
		支付贷款利息	137.12			28.01	26.63	23.72	19.83	15.89	11.80
矿山生产安置效益	总效益		498.70	41.10	41.10	41.10	41.10	41.10	41.10	41.10	41.10
矿山建设社会效益	防减灾效益		402.90			26.86	26.86	26.86	26.86	26.86	26.86
	减少污染损失		396.00			26.40	26.40	26.40	26.40	26.40	26.40
	"三废"利用效益		158.55			10.57	10.57	10.57	10.57	10.57	10.57
	促进地区发展		1139.80	569.90	569.90						

指标组	指标		合计	生产期								
				7	8	9	10	11	12	13	14	15
环境资源消耗费用	矿产资源消耗费用		341.98	22.19	22.19	22.19	22.19	22.19	22.19	22.19	22.19	22.19
	其中	铁矿资源	332.88	22.19	22.19	22.19	22.19	22.19	22.19	22.19	22.19	22.19
		石料及土石填料	9.10									
	土地资源消耗费用		24.40									
	水资源消耗费用		22.31	1.00	1.00	1.00	1.00	1.00	1.00	1.00	1.00	1.00

（续）

指标组	指标		合计	生产期								
				7	8	9	10	11	12	13	14	15
环境灾害损失费用	崩塌陷落地质灾害损失		10.00									10.00
环境污染损失费用	空气、水、土壤污染损失		57.00	3.50	3.50	3.50	3.50	3.50	3.50	3.50	3.50	3.50
矿山建设工程投资费用	总投资		797.88									
	其中	环保防灾投资	56.00									
矿山生产运行费用	运行费用		1575.00	105.0	105.0	105.0	105.0	105.0	105.0	105.0	105.0	105.0
	其中	环保防灾设备运行费用	78.75	5.25	5.25	5.25	5.25	5.25	5.25	5.25	5.25	5.25
矿山生产经济效益	总效益		2655.02									
	其中	正常生产经营效益	2517.90	167.86	167.86	167.86	167.86	167.86	167.86	167.86	167.86	167.86
		支付贷款利息	137.12	7.56	3.15	0.46						
矿山生产安置效益	总效益		498.70	41.10	41.10	41.10	41.10	41.10	41.10	41.10	41.10	41.10
矿山建设社会效益	防减灾效益		402.90	26.86	26.86	26.86	26.86	26.86	26.86	26.86	26.86	26.86
	减少污染损失		396.00	26.40	26.40	26.40	26.40	26.40	26.40	26.40	26.40	26.40
	"三废"利用效益		158.55	10.57	10.57	10.57	10.57	10.57	10.57	10.57	10.57	10.57
	促进地区发展		1139.80									

计算指标：建设项目环境影响综合经济损益度：0.072

建设项目投资经济损益度：0.551

配套环保工程投资经济损益度：0.211

注：本表计算所用价格为可行性研究报告编制时间（1990年）价格。

评价结论如下：

1）该铁矿的开发利用对环境的影响总体上来说是益大于损（综合损益度为0.072），但随着矿山的不断开采，对环境的干扰不断增强，环境污染的潜在影响也逐渐表现出来，经济损益值不断增长。因此，随着生产的不断进行，应重视对采空区的处理，以及对采矿废石和选矿尾矿的管理，做好矿山的闭坑复耕工作，加强对环境的保护。

2）该矿的投资经济损益度为0.551，这说明在矿山开采过程中，将环境资源计入矿山企业的经济核算体系中，项目仍然是可行的。

3）矿山开采工程防灾降损方案经济损益度为0.211，小于矿山的投资经济损益度，这说明用于环境防灾降损方面的投资，其单位投资效益远大于矿山本身的投资效益，这将使投资决策者对环境保护和治理方案的强制规定转变为主动执行。

4.4 建设项目社会影响评价

4.4.1 建设项目社会影响评价概述

1. 建设项目社会影响评价的概念

关于建设项目社会影响评价的理论体系尚不成熟，项目社会影响评价的概念，国内外还没有统一的认识。归纳起来，目前的建设项目社会影响评价主要有四种形式：①包含在国民经济评价中的社会效益分析；②在经济评价中增加收入分配分析的相关内容；③开展项目的国家宏观经济分析；④引入社会学家参与评价的社会分析或社会影响评价。以上①~③之间的区别主要是社会影响评价仅包括社会影响效益分析，还是既有社会影响效益分析又包括经济评价。第四种广泛的社会分析或社会影响评价，理论上以社会学为基础。

分析国内外各种社会影响评价的内涵，考虑社会是由经济、政治、文化、教育、卫生等各个领域组成的，社会发展目标包括经济、政治、文化、艺术、卫生、安全、国防、环境等各个社会生活领域的目标，项目与各个社会生活领域的发展目标都或多或少有关系，社会生产的目的是满足人民不断增长的物质和文化生活需要，生产性建设项目直接为社会的生产目的服务，文化、教育、卫生领域及其管理部门的建设项目是为人民的劳动条件、劳动组织形式服务，是间接为社会的生产目的服务。因此，从理论上来说，建设项目社会影响评价的一般概念可以表述为分析评价项目对实现国家（地方）各项社会发展目标所做的贡献和影响，包括项目与当地社会环境相互影响的一种评价方法。

具体地说，建设项目的社会影响评价是指由于项目的建设与实施，对社会经济、自然资源利用、自然与生态环境、社会环境等方面的社会效益与影响的分析。社会环境包括社会福利、社会保障、社会安全稳定、文化、保健、精神文明建设、组织管理等各方面的影响，也包括项目与当地社会环境的相互影响即相互适应的分析。如项目与当地社会的生产组织结构、社会政治、生活质量、风俗习惯等各方面的相互影响如何，社会各方面对项目的执行是否有阻力、有影响，项目是否与当地社会环境相适应，当地社会环境与种种社会条件是否适应项目的生存和发展等。项目与当地社会相互影响都会以各种不同的途径和方式影响项目的社会费用与社会效益，都直接或间接地与实现社会发展目标相关联。

2. 建设项目社会影响评价的特点

建设项目社会影响评价相对于财务评价、经济评价来说，具有以下特点：

（1）宏观性 社会发展目标如经济增长目标、公平分配目标、社会安全稳定目标、就业目标、国防目标等，一般是根据国家的宏观经济与社会发展需要制定的，因而，建设项目社会影响评价必须从全社会的宏观角度考查项目的存在对社会带来的贡献和影响。

（2）间接性 建设项目的社会效益与社会影响虽然有直接的效益与影响（如创汇效益、节能效益等），但许多社会效益往往表现为间接效益或外部效益，如就业效益、对教育的影响、对文化生活的影响、对科学技术进步的影响等，所以建设项目社会影响评价具有间接效益多的特点。

（3）多目标性 财务评价、经济评价目标比较单一，主要是财务盈利和经济增长。而社会影响评价涉及社会生活各个领域的发展目标，必须分析多个目标，考虑多种社会效益和影响。

（4）长期性 财务评价、经济评价一般计算期比较短，而社会影响评价要考察近期与远期社会发展目标的实现，项目对居民健康寿命的影响，对居民文化水平、人口素质的影响，可能是几十年，甚至是几代人的问题。因而建设项目社会影响评价的效益与影响往往具有长期性。

（5）难定量性 社会效益与影响多种多样，许多效益不仅不能用货币定量，也难以用实物定量。如项目对文化的影响、对社会安全与稳定的影响、对风俗习惯的影响等，通常都不好定量。因此，建设项目社会影响评价必须用定量和定性分析相结合的方法开展评价研究。

（6）行业特征明显 经济评价可以对各行业项目使用统一的内部收益率、净现值等指标计算项目的经济效益。社会影响评价则由于项目社会效益的多样性，各行业项目对各个社会发展目标的贡献和影响有很大差异，难以使用统一量纲的指标计算综合社会效益。

3. 建设项目社会影响评价的步骤

（1）确定评价目标与范围 根据项目的主要目标与功能和国家（地区）的社会发展目标，由评价人员对主要社会因素进行分析研究，找出项目对社会各方面可能产生的影响，确定项目的评价目标。分析项目的评价目标，要判断哪些是主要的，哪些是次要的，各种影响可能波及的地区范围与边界以及时间范围。空间范围一般包括项目建设所在的社区、县及相邻的社区、县。有的水利项目涉及多省、市的广泛地区。时间范围一般是项目寿命期或预测可能影响的时间范围。

（2）选择评价指标 根据评价目标与范围，选择评价指标，包括各种效益与影响的定量分析和定性分析指标。

（3）调查研究，确定评价基准 收集项目影响区域现有社会经济、自然资源利用、社会人文情况及其他社会环境因素的资料，并预测项目影响时间范围内可能变化的程度等社会基础情况，作为评价的基准。

（4）制定备选方案 根据项目的目标，不同的建设地点、厂（场）址、不同资源、不同的工艺技术路线，提出若干可供选择的方案（或经济评价中已经设计的不同建设方案），并采取调查、访谈的方式，征求项目影响区域范围内，特别是厂（场）址周围地方政府和群众的意见。

（5）进行预测评价 具体包括：①对各选方案进行预测和计算各项社会效益和社会影响中能够定量的指标；②各项不能够定量的指标进行定性分析；③分析各项定量指标和定性指标的重要性程度；④采用多目标综合评价方法评价各方案的综合社会影响。

（6）选出最优方案 将各方案的综合社会效益及社会影响进行比较，选出最优方案，并对最优方案的不利影响及存在的问题提出补救措施与解决办法。

（7）专家论证 根据项目的具体情况，召开不同规模和层次的专家论证会，将选出的最优方案提交专家论证，充分吸收专家意见，必要时对方案进行修改和调整。

（8）评价总结 将上述调查、预测、分析、备选方案、推荐最优方案的过程进行全面分析，论证方案中的重要问题和有争议的问题，以及采取的措施、涉及的费用等，提出建设项目社会影响评价的优劣和是否可行的评价结论，形成"建设项目社会影响评价报告"，作为项目评估报告的重要组成部分上报上级审批部门。

4.4.2　建设项目社会影响评价的内容和方法

1. 建设项目社会影响评价的主要内容

广义的建设项目社会影响评价包含的范围很广，一些内容与项目国民经济评估和环境影响评估具有一定的交叉性，基于避免评估内容的重复性，此处的建设项目社会影响评价内容包括以下两个部分：

（1）项目的社会效益与影响评价　社会效益与影响是以各项社会政策为基础，针对国家与地方各项社会发展目标而进行的分析评价。其评价内容可分为三个方面、三个层次的分析。即项目对社会环境、自然资源和社会经济三个方面的效益与影响评价，对国家、地区、社区三个层次的分析。一般项目对国家与地区（省、市）的分析可视为项目的宏观影响分析，项目与社区的相互影响分析可视为项目的微观影响分析。

1）社会环境影响方面。社会环境影响方面是社会效益与影响评价的重点，包括项目对社会政治、安全、人口、文化教育等方面的影响。一般包括如下内容：对当地人口的影响；就业效益；公平分配效益（包括项目的收益在社区居民中分配是否公平，贫困户、妇女是否受益）；对当地文化教育的影响（包括文物古迹、娱乐设施）；对人民卫生保健的影响；对社会安全的影响；对社会稳定的影响；对民族关系的影响；对妇女地位的影响；对国防的影响；对提高国家国际威望的影响；对社区人民生活（如住房、生活资料供应等）的影响；对社区人民基础设施、服务设施的影响；对社区社会结构的影响；对社区生产的社会组织的影响；对社区人民生活习惯、道德规范的影响；对社区人民宗教信仰的影响；对社区人民生活质量的影响；对人际关系的影响；对社区凝聚力的影响；对社区人民生活福利、社会保障的影响；对社区其他社会影响。

2）自然资源影响方面。主要分析评价项目对自然资源合理利用、综合利用、节约使用等政策目标的效用，包括如下内容：节约自然资源综合指标，如节约土地（耕地）、能源、水资源、海洋资源、生物资源、矿产资源等；国土开发效益；自然资源综合利用效益；国土空间利用效益；其他效益。

3）社会经济影响方面。建设项目社会影响评价中的社会经济影响，主要是从宏观经济角度分析项目对国家、地区（省、市）的经济影响，包括如下内容：项目的技术进步效益；项目节约时间的效益；加快地区经济发展；促进部门经济发展；促进国民经济发展（包括改善结构、布局及提高效益等）。

（2）项目与社会相互适应性分析　项目与社会相互适应性分析以分析项目与当地社区的相互适应性为主，但大中型项目则还有适应国家、地方（省、市）发展重点的问题。这部分适应性分析的目的是使项目与社会相适应，以防止发生社会风险，保证项目生存的持续性；促使社会适应项目的生存与发展，以促进社会的进步与发展。一般可包括如下内容：①项目是否适应国家、地区（省、市）发展的重点。②项目的文化与技术的可接受性。分析项目是否适应当地人民的需要，当地人民在文化与技术上能否接受此项目，有无更好的成本低、效益高、更容易被当地人民接受的方案等。③项目存在社会风险的程度。项目有无社会风险，严重程度如何，干部与群众对项目的反映如何；他们对项目的态度如何，有无不满和反对的，特别是项目是否被贫困户、妇女与受损群众所接受，他们是否存在不满；采取什么措施防止社会风险。④受损群众的补偿问题。分析项目使谁受益、谁受损，特别是有无脆弱群体受损；分析影响受益与受损的因素，研究如何防止效益流失与减少受损群众的数量以及如何补偿的措施。⑤项目的参与水平。分析研究社区干部、群众参与项目各项活动的态度、要求，可能的参与水平，提出参与规划。⑥项目承担机构能力的适应性。分析项目承担机构的能力，是否需要采取措施提高其能力以适应项目的持续性，研究是否要建立非政府组织以协助项目承担机构的工作，以及组织机构的发展等问题。⑦项目的持续性。主要是通过分析研究项目与社会的各种适应性，存在的社会风险等问题，研究项目能否持续实施，并持续发挥效益的问题。对影响项目持续性的各种社会因素，研究采取措施解决，以保证项目生存的适应性。

2. 建设项目不同阶段社会影响评价的任务和要求

（1）项目建议书阶段的社会影响评价　在项目建议书阶段，评价人员就要对项目的社会影响开展初步评价。初步评价的主要任务包括：调查研究项目拟建地点的社会经济现状与有关社区的基本情况，明确项目的目标；明确项目的目标群体与受影响群体，预测、评价拟建项目可能产生的主要社会效益与影响，了解有关社区各群体的基本需要，主要受益群体的基本需求及其对拟建项目的态度和对项目可能产生影响的初步反应，初步预测项目的社会影响与引起的社会问题的复杂程度，项目潜在的社会风险。在此基础上，评价人员应提出项目是否需要在可行性研究与评估阶段进行详细的社会影响评价的意见，并提出项目从社会因素出发是否初步可行和提出是否批准项目建议书的意见。

（2）可行性研究与项目评估阶段的社会影响评价　对于需要开展详细社会影响评价的项目，在项目可行性研究阶段，要求全面深入地对项目的社会效益与影响及项目与社会的相互适应性进行分析研究，以增强项目的有利影响，减轻不利影响，避免社会风险。这一阶段的主要任务包括：在初步社会影响评价的基础上，对项目影响区域和目标群体或当地社区受影响群体的各子群体，进行详细、深入、系统的社会调查；将目标群体或当地社区直接受影响群体的需求、迫切需要及其社会文化特征等因素，在项目方案设计中加以考虑，以优化项目设计方案；鉴别影响项目实施及持续性的主要社会风险，提出避免或减少风险的措施建议；提出项目目标人口或受影响的社区人口参与项目活动的规划；如果项目对受影响的社区有不利影响时，提出减轻或消除这些不利影响的措施方案及对受损群体的补偿措施方案；提出适宜的项目实施战略；在上述各项工作的基础上，对项目进行详细的社会影响评价，提出评价结论，并进行分析论证。

（3）项目实施阶段的项目社会影响评价　项目实施阶段包括项目从投资建设直到项目寿命期结束的整个过程，包含了项目执行中各方面的实际工作。项目管理人员需要不断地及时了解项目的进展情况以及所遇到的问题，以便及时采取措施，解决实施过程中出现的一些新情况、新问题，保证项目尽量按计划顺利地实施。这一阶段的项目社会影响评价需要建立完善的监测评价机构和项目信息系统，通过收集项目实施过程中的相关社会影响信息，了解项目对目标群体产生的实际影响，判断项目是否在按计划进展，实施过程中是否存在制约项目持续性与有效性的社会变量，从而为项目决策者及时发现问题和解决问题提供有力的依据。

3. 建设项目社会影响评价的方法

依据建设项目社会影响评价内容，常用的评价方法包括定量评价方法、定性评价方法和综合评价方法。

（1）定量评价方法

1）就业效益。就业效益指标可按单位投资就业人数计算。即：

$$单位投资就业人数 = \frac{新增总就业人数}{项目直接投资}$$

总就业人数可分拟建项目的直接投资所产生的就业人数，与该项目直接相关项目的间接投资所新增的间接就业人数。即：

$$直接就业人数 = \frac{本项目新增的就业人数}{项目直接投资}$$

$$间接就业人数 = \frac{相关项目新增的就业人数}{相关项目投资}$$

2）收入分配效益。收入分配是否公平，不仅是经济问题，更是社会是否公平的重要问题。包括贫富分配之间、地区分配之间是否公平。我国项目社会影响评价方法设置了"贫困地区分配效益指标"，以促进国家经济在地区间合理布局，并促进国家扶贫目标的实现。计算公式如下：

$$D_i = \left(\frac{\overline{G}}{G}\right)^m \qquad F = \sum_{t=1}^{n} (CI - CO)_t D_i (1 + I_s)^{-t}$$

式中　　D_i——i 贫困地区的收入分配系数；

　　$\overline{G}$——项目评价时的全国人均国民收入；

　　G——同时期的当地人均国民收入；

　　m——国家规定的扶贫参数，反映国家对贫困地区从投资资金分配上照顾倾向的价值判断，由国家制定；

　　F——贫困地区收入分配效益，由于 D_i 为大于 1 的数，使得项目的经济净现值增值，有利于在贫困地区投资建设项目优先通过经济评价，得以被国家接受；

　　CI——现金流入量；

　　CO——现金流出量；

　　I_s——社会折现率。

3）节约自然资源效益。对于节约能源、节约耕地、节约水资源一般可采用以下公式计算：

$$项目的综合能耗 = \frac{项目的年综合能耗}{项目的年净产值}$$

$$项目单位投资占用耕地 = \frac{项目占用耕地面积}{项目总投资}$$

$$项目单位产品耗水量 = \frac{项目年耗水量}{主要产品产量}$$

（2）定性评价方法　定性评价方法即用定性分析方法进行评价。定性分析方法基本上是采用文字描述，说明事物的性质。但定性分析与定量分析的区别也不是绝对的，定性分析在需要与可能的情况下，应尽量采用直接或间接的数据，以便更准确地说明问题的性质或结论。

建设项目社会影响评价中的定性分析，往往通过制定定性分析核查提纲，以保证调查与分析的深入。分析调查提纲一般采取提问的形式，对每个需要分析的内容拟定比较全面的问题，由评价者沿着提纲的思路，深入进行分析。如项目对当地社区卫生保健的影响，可提出以下问题进行调查分析：项目是否增加了当地的医疗保健设施和当地人均医生的数量，对当地医疗保健有何有利影响；项目是否增加了当地清洁水的供应，水的分配方案群众是否满意；项目是否增加了当地人民或儿童的营养品供给，分配方案群众是否满意；以上几项如果有，是否影响人民生活习惯的改变，当地人民能否接受这种卫生习惯的改变；项目是否对当地卫生保健有不利影响，如传播某些细菌，可能引起某些疾病在人群与动物中传播；采取什么措施消除这些不利影响，这方面群众有何意见，是否存在社会风险等。

（3）综合评价方法

1）有无对比分析法。在建设项目社会影响评价中，无项目指没有拟建项目情况下研究区域的社会状况（即基准线情况）；有项目情况指考虑拟建项目建设和运营中对社会引起各种社会经济变化后的社会经济状况。有项目情况减去同时刻的无项目情况，即由于项目引起的各种影响。例如，某项目的就业影响，无项目时社区有 120 人就业，该项目实施后，社区就业人数增加到 200 人，即该项目引起的社区就业人数增加 80 人。

2）逻辑框架分析法。本方法是通过分析项目产生社会影响的因果逻辑关系，确定项目社会影响的一系列相关变化过程，从而厘清项目的目标及其相关联的假设条件（或先决条件），以改善项目的设计方案（见表 4-9）。

表 4-9 建设项目社会影响评价逻辑框架分析表

项目结构 Project Structure	指标 Indicators	考核的方法 Means of Verification	假设或先决条件 Assumption
宏观目标 Goal			
直接目标 Purpose	项目的最终状态 End of Project Status		
产出 Outputs	范围 Tots		
活动 Activities	投入/预算 Inputs/Budget		
			先决条件

上述逻辑框架分析表，其逻辑关系的方向由下至上。即一个项目的活动在什么条件下能产出什么，有了这些产出在什么假设条件下可以达到项目的直接目标，达到这一直接目标后在什么假设条件下可以达到项目的宏观经济目标。如一个水利灌溉项目投入 ×× 万元，经过选择项目地区，组织村里的人挖井等活动，假设没有病虫害、又有高质量的种子，在灌溉设备能及时维修，正常运转的情况下，可以产出优质大米 ×× t；如果产品有销路、价格也稳定，则可达到项目的直接目标，增加农业产量，增加农民收入；假设有完善的税收政策，这个项目对国家的宏观经济来说，可以达到增加税收，增加国民收入的目标。通过这种分析，明确项目产出指标的数量、质量、时间，在什么假设条件下可达到这种可以客观考核证明的

指标，则可促使我们明确项目的直接目标和广泛目标，以及达到这些目标与有关指标的关系。

3）矩阵分析总结法。将各项定量与定性分析的单项评价结果，按照评价人员研究确定的各项指标的权重排列顺序，列于矩阵表中，使各项单项指标的评价结果一目了然。然后由评价者对此矩阵表所列的指标进行分析，阐明每一指标的评价结果及其对项目的社会可行性的影响程度。最后分析归纳，指出影响项目社会可行性的关键所在，从而提出对项目社会影响评价的总结评价，确定项目从社会因素方面分析是否可行的结论（见表4-10）。

表4-10　建设项目社会影响综合评价矩阵表

顺　序	社会影响评价指标 （定量与定性指标）	分析评价结果	简要说明 （包括措施、补偿及其费用）
1			
2			
3			
4			
⋮	⋮	⋮	⋮
总结评价			

4）多目标综合评价法。多目标综合评价有多种方法，如德尔菲法、层次分析法、多层次模糊综合评判法等。评价人员可根据项目定量与定性分析指标的复杂程度，任选一种方法。各种多目标综合评价方法一般都要组织若干专家，根据国家与地方有关社会发展的政策目标，结合项目的具体情况，对各分析指标进行分析、评分，确定其在评价中的重要程度并给出相应的权重，最后计算出项目的综合社会效益与影响，得出评价结论。

4.4.3　建设项目社会影响评价案例

1. 项目概况

本案例为一个以天然气为原料年产30万t合成氨、52万t尿素的化肥项目，商品量为尿素52万t/年，建于四川省W地区，该地区无大的化肥厂，农业产值占工农业总产值一半以上，尿素市场前景很好。

（1）工厂组成　包括：①工艺生产装置：1000t/日合成氨装置；1760t/日尿素装置；②公用工程及辅助设施；③服务性设施；④场外工程；⑤生活区。

（2）基本数据　包括：①工厂定员1500人；②厂区占地450亩（约30hm²）；③建设投资135700万元，其中外汇12420万美元；④建设期利息13385.09万元，其中外汇1418.24万美元；⑤流动资金5329.61万元；⑥产品尿素售价：内销900元/t；出口或替代进口155美元/t；⑦项目全部投资内部收益率10.89%；⑧外汇借款偿还期13年，人民币借款偿还期16.5年。

2. 项目所在地自然社会和经济状况

W地区行政区划面积29500km²，北、东、西三面环山，中间地势较低。中、低山面积约占幅员的75%以上，丘陵、平坝面积不足25%。该地区工业经济基础薄弱，区内没有大型骨干企业，缺乏自身发展能力。全区人均 GDP 和人均工农业总产值位居全省倒数第二，为全国 18 个连片贫困地区之一，境内 10 个县市中，有 8 个是国家和省的定点扶持县。

3. 项目社会影响定量分析

（1）相关产业经济增长率 经测算，项目每千克普通尿素增产粮食 4.6kg，正常年份增产粮食 239.2 万 t，每千克粮食价格平均为 0.80 元。

$$相关产业经济增长率 = \frac{相关产业经济增长量}{项目建设投资} = \frac{239.2 \times 800}{135700} \times 100\% = 141\%$$

（2）就业效果 项目新增就业人数 1500 人，实现直接就业效果：

$$直接就业效果 = \frac{项目新增就业人数}{项目建设投资} = \frac{1500\ 人}{135700\ 万元} = 0.011\ 人/万元$$

（3）节能效果 根据项目合成氨和尿素生产工艺测算，单位尿素生产能耗 20.270×10^6 kJ，项目单位产值能耗为：

$$万元产值能耗 = \frac{项目年综合能耗}{项目年产值} = \frac{20.270 \times 10^6 \times 52}{52 \times 900} kJ = 22522 kJ$$

（4）节约耕地效果 本项目生产区占用耕地总面积 450 亩，计算单位生产能力占地面积和单位投资占地面积：

$$单位生产能力占地面积 = \frac{项目占用耕地面积}{项目生产能力} = \frac{450}{52} 亩/万\ t = 8.65\ 亩/万\ t$$

$$单位投资占地面积 = \frac{项目占用耕地面积}{项目建设投资} = \frac{450}{135700} 亩/万元 = 0.0033\ 亩/万元$$

（5）分配效果 根据项目生产经营状况及国家关于贫困地区企业利税分配政策，项目寿命期内职工总收入为 8160 万元，企业总得益 16527.95 万元，地方总得益 39431.59 万元，国家总得益 42290.54 万元，项目用于还款资金 160104.68 万元，项目净产值总额 266515.12 万元，可计算项目分配效果：

$$职工总收入分配效果 = \frac{职工总收入}{项目净产值总额} \times 100\% = \frac{8160}{266515.12} \times 100\% = 3.06\%$$

$$企业总收入分配效果 = \frac{企业总得益}{项目净产值总额} \times 100\% = \frac{16527.95}{266515.12} \times 100\% = 6.20\%$$

$$地方总收入分配效果 = \frac{地方总得益}{项目净产值总额} \times 100\% = \frac{39431.59}{266515.12} \times 100\% = 14.80\%$$

$$国家总收入分配效果 = \frac{国家总得益}{项目净产值总额} \times 100\% = \frac{42290.54}{266515.12} \times 100\% = 15.87\%$$

$$项目用于还款资金所占比重 = \frac{用于还款资金额}{项目净产值总额} \times 100\% = \frac{160104.68}{266515.12} \times 100\% = 60.07\%$$

（6）贫困地区收益分配系数 项目实施当年，全国人均国民收入（当年价格）为 1271 元，项目所在地区当年人均国民收入为 480.32 元。根据贫困地区收益分配系数（D_i）计算公式，在国家还没有发布 m 值的情况下，本次评价 m 值分别选取 1、1.2 和 1.5 进行计算，所对应的 D_i 分别为 2.65、3.22 和 4.13。将计算结果与该项目的财务净现金流量相乘，是该项目的经济效益增值，这样测算出的项目内部收益率分别为 27.89%、32.38% 和 40.00%。

从计算结果可以看出：①本项目所在地区人均国民收入与全国人均国民收入相比差距甚大，属于十分贫困地区，从而导致 D_i 值较大；②本项目实际的财务内部收益率为 10.89%，总借款还款期为 16.5 年（包括建设期 3 年），财务效益并不理想。但若考虑贫困地区收益分配系数时，项目的财务内部收益率成倍增加。说明国家应给予贫困地区一定的扶持政策，支持贫困地区的项目建设。

4. 项目社会影响定性分析

（1）项目配套设施影响分析 项目具体厂址选在距离 W 市中心 12 公里的规划化工园区内。由于 W 市位于三峡库区范围内，将有近二分之一的城区面积被淹没，规划的移民新区距离 W 市 15 公里，该项目的生活区就设在这里。这里社会基础设施基本上属于空白，项目难有依托。因此，必须新建全套的生活福利设施，包括职工宿舍、医院、俱乐部、商业服务楼和子弟学校等，虽然多花费一些投资，但却为三峡工程移民后的 W 市新市区建设打下基础。同样，因厂址所在地仅有一个小工厂，机械设备维修也无依托，项目必须自建包括大、中、小修的全套维修设施，这些维修设施除了为项目服务外，还可以为当地提供服务。项目需要新修公路 20 余公里，以连接老市区、新市区和长江码头等，不仅为项目服务，也可方便当地居民，改善了当地交通条件。

（2）项目技术影响分析 多年来，当地化学工业发展缓慢，生产水平和技术水平较低，化学工业产值仅有 1.5 亿元，固定资产原值不足 1.3 亿元，且都是一些小型企业，最大的一家化肥厂合成氨生产能力只有 4 万 t/年，技术水平较差。本项目是国内最大规模的化肥项目之一，引进国外先进技术，吨氨能耗低，尿素生产采用较为先进的氨气提取工艺。这些技术在该地区属于空白，本项目的建设和运行，必将产生技术扩散，有利于本地区技术水平和人员素质的提升。

（3）项目社会经济适应性分析 W 地区经济发展落后，无论从全国范围还是全省来看都属于贫困地区。本项目的建设，将大大促进本地区的经济发展。主要表现在：①地区脱贫致富和经济振兴与起飞，除了加强农业基础外，必须有一批大型骨干企业带动。本项目是本地区第一个大型项目，受到领导和群众的普遍重视，对它的期望值很高，这将有利于项目的顺利实施。②党中央、国务院对贫困地区的建设和发展高度重视，要求要针对贫困地区的自然资源状况，采取倾斜的扶持政策，有计划、有重点地安排一批能够开发和利用当地资源，带动区域经济发展的骨干项目，相应扶持政策的贯彻和落实，必将在项目审批、资金筹措等方面有益于项目的开展。③当地天然气资源丰富，可以保障项目生产的原料来源。地理位置上依临长江，不仅可以长江作为项目交通运输的主要通道，而且丰富的长江水资源可以满足项目的用水需要。

（4）项目社会文化适应性分析 近年来，该地区虽然在科技、文化、教育和卫生方面有了较大发展，但从整体上看，仍属于文化不甚发达地区。全区拥有地、县属独立科研机构 20 个，共有自然、社会科学方面的各类科技人员近 5 万人。全区共有学校 1 万余所，其中大专院校 2 所，中专 18 所，高中 65 所，初中近 400 所。另有各种文化事业机构约 1600 个，卫生机构 1300 个，病床位数 12000 余张。本项目建设和生产所需的专业技术人员，可以通过外部引进、送出培养、内部培训等方式加以解决。特别是该地区已经制定了国民经济及社会发展长远规划，要大力发展科教文化事业，除重点抓好基础教育外，积极发展职业教育，开展人才培养，提高地区整体科技水平，将大大有利于本项目的实施。

（5）项目人口适应性分析 W 地区总人口约 800 万人，其中农业人口为 740 万人，约占 92%。该地区耕地面积 720 万亩，人均不到一亩地。农村劳动力有剩余，城市也有一定的就业压力。项目设计定员 1500 人，劳动力来源可以满足；但从劳动力的素质考虑，可能有所欠缺，必须适时采取措施，采取各种方式加强培训。另外，该地区属于三峡工程移民区，本项目的实施不仅可以直接安置部分移民，还可以带动地区经济和社会发展，诱发更多的就业机会，满足移民安置的需要和解决就业压力。

5. 项目社会影响综合评价

本项目属于国家大型重点项目，不仅可以产生明显的直接经济效果、直接就业效果、耕地占用节约效果、节能效果和分配效果，而且可以促进相关产业的经济增长，产生广泛的间接就业效应和移民安置效应，有利于本地区的脱贫致富；同时，从项目配套实施影响分析、技术影响分析、社会经济适应性分析、社会文化适应性分析和社会人口适应性分析等方面来看，项目对地区人口、经济、技术、文化等方面具有较强的适应性和促进作用，有利于地区经济社会发展目标的实现，项目的社会影响评价是可行的。

思考与练习

1. 简述建设项目与环境之间的相互关系。
2. 何谓环境影响评价？它与环境质量评价有何异同点？
3. 建设项目环境影响评价的内容有哪些？
4. 建设项目环境影响评价报告包括哪些主要内容？
5. 依据建设项目的规模及对环境的作用程度，将建设项目划分为哪几种类型？
6. 举例说明建设项目环境影响经济损益分析的方法和步骤。
7. 何谓建设项目社会影响评价？试述开展建设项目社会影响评价的意义。
8. 建设项目不同阶段社会影响评价有哪些任务和要求？
9. 开展建设项目社会影响评价的主要方法有哪些？
10. 结合具体实例，分析建设项目社会影响评价的主要内容。

建设项目工艺技术方案评估

第5章

技术方案的分析是可行性研究的重要组成部分。它是项目经济评价的基础，它不仅反映了科学技术对经济发展水平的影响和制约，同时也会对整个社会的技术进步、经济增长、产业结构等方面产生不同程度的影响。

技术有广义和狭义之分。广义的技术包括设计技术、生产工艺技术、销售技术、管理技术等，狭义的技术一般包括设计技术和工艺技术。工艺技术一般又包括工艺流程、操作方法、原料配方、原材料和产品检验方法及质量标准、"三废"治理工艺方法、安全操作规程等。可行性研究中的技术方案是指狭义的技术方案，包括工艺技术方案、设备方案、总图设计方案、工业工程方案等。

技术方案的分析是指项目依据国内外同行业的技术发展现状和趋势，结合本国的国情和技术经济政策、法规，依据本项目的生产规模、设计、选择、评价和确定工艺技术方案、设备方案和其他工程方案。技术方案的分析为经济评价提供可靠基础数据，技术方案的费用将成为项目投资费用和总成本费用的主要组成内容。

5.1 建设项目技术方案评估

5.1.1 技术类型的划分和评估原则

1. 技术类型的划分

项目技术方案的分析，其实也就是项目技术的选择。在进行技术选择时，可将各种待选技术划分成若干种类型，然后根据项目的具体情况，按技术进步的基本要求，选择适合本项目技术水平和管理水平的技术。

（1）按技术占用某方面资源、信息量的多少划分 具体分为以下类型：

1）资金密集型技术。即资金占用与消耗较多的技术。资金密集型技术的特点：①资金占用多。周转较慢、资金回收期较长。②容纳劳动力较少。但它一般具有劳动生产率高、消耗低、成本低、竞争能力强等优点。因此，劳动力不足、资源缺乏的经济发达国家常把发展资金密集型技术作为一项重要政策。

2）劳动密集型技术。即劳动消耗与占用较多的技术。这种技术一般是单位劳动占用的资金较少、技术装备程度也较低的技术。劳动密集型技术的特点：①容纳和占用劳动力较多；②资金占用较少。

3）技术密集型技术。即机械化，自动化程度较高的技术。这种技术的特点：①对技术熟练程度和科学技术知识要求较高，因而可以完成常规技术、传统技术无法完成的生产技术活动，取得比传统技术和常规技术更多的产品、成果；②可以为国民经济各部门提供新技术、新材料、新能源、新工艺、新设备，并把劳动生产率提高到一个崭新的水平。资金比较充裕，人工成本比较高的经济发达国家，把发展技术密集型技术作为一项重要技术政策和措施。

4）知识密集型技术。即高度凝结先进的现代化技术成果的技术。这种技术的特点：①从事这种技术活动的多是中高级科学、技术人员和经济管理人员，连一般操作人员也都需要较高的科学技术知识和管理知识；②技术装备复杂、投资费用高，但这种技术具有占用劳动少、消耗材料少、环境污染少等特点。随着现代科学技术的发展、知识密集型技术有不断发展的趋势。

（2）从技术选择的角度来进行技术分类　具体分为以下类型：

1）资金节约型技术。由于获得某种技术需要资金，有时引进技术还需要利用外资，这里就有一个偿还本息的问题，特别是利用外资时，如企业或项目没有一定的创汇能力、产品不能出口，偿还外债就会遇到困难。对于资金缺乏的国家、地区、企业来说，应选择资金节约型技术。

2）劳动占用密集型技术。这种技术对人口稠密、就业压力大的国家和地区来说，是发挥优势的途径，也是对我国较为合适的技术选择领域。

3）设备节能型技术。这对于能源紧张的国家和地区来说，是较长时期内的技术发展战略方向。

4）物质消耗节约型技术。这是今后各国技术发展的主要方向之一。尤其对那些资源短缺的国家和地区更应严格遵守，所选技术无论在原料、材料的消耗上，还是在辅助材料，替代材料的消耗上，都应选用以节约资源为主的技术。

5）"三废"自我处理型技术。即在考虑技术结构、设备结构时，应尽量选用少"三废"或无"三废"型，少污染型的技术，这样即使出现"三废"也能自我处理。

6）生产安全型技术。技术无论其先进程度如何，首要的条件是生产必须安全，离开了这一条就失去了选择的真正意义。

2. 技术方案评估的原则

一个项目的技术不能在各方面都盲目追求先进，正确的做法是根据需要和可能合理地选择技术，即按照以下原则选择技术方案：

（1）先进的技术　先进的技术是指对当代生产的发展起主要作用，并在技术领域中属于前列的技术。先进的技术是相比较而言的，这个比较可以是国际间，也可以是国内部门间或企业间的。对于拟建项目来说，如果是引进项目，至少应该比国内现有技术先进，其前提条件是与国内的配套能力、消化能力相适应。如果是国内项目，则应该是国内已经成熟的先进技术。由于先进技术是推动经济发展最有效和最直接的动力，在选择和确定项目的技术方案时，应尽量使用先进技术。

（2）适用的技术　适用技术是指能够适应特定时空条件下的具体情况，可以较快转化为生产力并带来明显效益的技术。适用技术肯定不是落后技术，但不一定是最先进的技术。

（3）可靠的技术　可靠的技术是指经实践检验可以信赖的技术。项目采用的国内科研成果，必须经过工业试验和技术鉴定。引进的国外工艺、技术、设备，必须符合国情，必须是成熟的，需要进一步研究的技术和没有把握的技术一般不予采用。在专利技术的引进中，避免把已经失效的或者非专利技术当作专利技术来引进，影响项目效益和生存。

（4）具有经济性的技术 技术的经济性是指项目所用技术的代价小，生产成本低，投入产出关系合理，能获得较好的经济效益。

5.1.2 技术方案评估的内容

技术方案评估的主要内容是对生产工艺方案、设备选型方案和工程设计方案进行分析评价。技术评估的过程实际上就是技术选择的过程，项目技术选择的是否合理，直接决定了项目预期经济效益的实现。

1. 技术方案选择的理论

（1）从经济增长角度论述 具体如下：

1）产值标准或资金周转率标准论。在开发投资进行技术选择时，应以产值大小作为标准，选用以一定的资本能取得尽可能高的产出量的那种技术。这一理论适用于劳动力丰富而资金短缺的发展中国家。

2）社会极限生产率标准。主张应以产值、收益率、国际收支效果等综合起来的全社会极限生产率最大作为选择技术的标准。这一理论适用于那些工资低、在初级产品上具有优势的发展中国家选择有利于发展初级产品的劳动密集型技术。

3）再投资率标准论。选择技术要有长远观点，应以资本积累率或再投资率的大小和利润分配率作为选择技术的标准。因为一个国家的经济发展并不仅取决于技术进步，还取决于资本的积累率。选择能使经济长期增长的资本积累率较高的技术才是最有利的。

4）时间序列标准论。该种理论主张在不同的经济计划期内，采用上述诸理论中最适合当时条件的标准，以实现经济的最高增长。时间序列标准论实质上是综合了上述各项标准，具有一定的弹性。

（2）发展经济学理论 上述几种技术选择标准理论都是以经济增长的角度论述生产技术的选择，忽视了社会和环境评价准则，因此具有一定的局限性。发展经济学家在总结了发展中国家技术引进的实践后，提出了如下技术选择理论：

1）中间技术理论。所谓中间技术，是指介于简单的传统技术和现代化的最新技术之间的技术。由于简单的传统技术是一种过时的技术，它的使用不利于经济的长期发展和技术进步；过高的最新技术难以在发展中国家引进和消化，并且提供的就业机会相对少。因此，采用中间技术对于发展中国家创造更多的就业机会，解决资金短缺的矛盾和推广技术是十分有利的。

2）适用技术理论。所谓适用技术，是指适合本国、本地区资源状况，生产要素的现有条件，市场容量，社会文化环境等因素，能够对经济、技术和环境目标取得最优效果的技术组合。适用技术理论强调的不是技术的先进性，而是技术的效果。采用适用技术能够在一定的投资条件下，既有尽可能高的产出，又有相对较高的投资收益率，既重视当前利益，又有兼顾长期发展的效益，有利于经济的整体发展。

3）累进技术理论。所谓的累进技术是指与本国、本地区的技术水平、生产发展水平和文化教育水平相适应，能够循序渐进地促进经济发展和技术进步的技术。累进技术强调的是对于经济发展和技术进步的累进效果，而不是生搬硬套国外的先进技术。

2. 技术方案评估的内容

技术方案的分析与评估，直接关系到建设项目的设备方案选择。在具体分析评价时，应侧重于以下四个方面：

（1）技术分析评价　对备选技术方案的性质、使用条件、应用范围、投产运行的可能性、发展趋势和前景等进行详细的估计和评价。同时，还要对替代技术方案产生的可能性及其前景作出准确的预测和评价。

（2）经济分析评价　详细估算备选技术方案的投资和成本，并从国民经济角度研究引进或发展某项技术对市场供应、国家财政、国民收入、经济结构等产生何种影响和变化。

（3）环境分析评价　按照环境保护法规，分析研究备选技术方案对环境影响的方式、范围、程度以及可能采取的对策。公众和环境保护组织的反映，也是项目技术方案是否可以实施的重要因素。因此，必须对备选技术方案作出严密的环境分析评价。

（4）社会分析评价　备选技术方案必须符合国家的有关路线、方针、政策和法规。有时选择某项技术方案，并非出于精简的因素，而是出于社会因素的考虑。因此，要尽可能全面分析备选技术方案对政治体制、国防安全、劳动就业、收入分配、社会福利、文化教育、生活方式、伦理观念等社会各方面的正负影响。对有关的负面影响要提出切实可行的补救对策。

在每一个备选技术方案中，上述四个方面之间存在着相互矛盾和相互制约，这就需要在分析评价的基础上，根据有关部门的价值标准和原则，对方案进行综合的评价，选出整体上最佳的方案。

5.1.3　技术方案评估的方法

建设项目技术方案的分析评价方案很多，下面介绍几种常用的方法。

1. 专家评分法

专家评分是利用专家的经验和学识，根据预选技术方案的具体情况选出评价项目，对每个评价项目均定出评价等级标准，并用分值来表示，然后以此对预选技术方案的各个评价项目评定分值。最后将各个评价项目的分值经过运算，求出各方案的总分值，以此来决定取舍。

专家评分法的特点是通过专家评分使评价项目定量化，将多目标评价问题转化为单目标评价问题，用单一的综合评价值来评选技术方案。但也存在缺点，如评分带有很强的主观性，对有争议的项目难以进行详细客观的评价。

专家评分法按评分的计算方法不同，又分为加法评分法，连乘评分法，加乘混合评分法和加权评分法。

（1）加法评分法　设预选技术方案评价项目数为 n，其中第 j 个评价项目的得分值为 u_j；预选技术方案的总分值为 u，平均得分值为 $\bar{u}$，则技术方案的综合得分值为：

$$U_{加} = \sum_{j=1}^{n} u_j$$

$$\overline{U_{加}} = \frac{1}{n}\sum_{j=1}^{n} u_j$$

（2）连乘评分法　本方法是在对各单项指标进行定量评分的基础上，通过指标连乘的方式计算出各个备选方案的总得分，依据总分高低选择技术方案。

$$U_{乘} = u_1 u_2 \cdots u_n$$

$$U_{乘} = \sqrt[n]{u_1 u_2 \cdots u_n}$$

（3）加乘混合评分法　本方法是基于加法评分和连乘评分于一体，依据计算出的总分多少进行技术方案的取舍决策。

$$U_{加乘} = U_{加} + U_{乘}$$

$$U_{加乘} = \frac{1}{n} \sum_{j=1}^{n} u_j + \sqrt[n]{u_1 u_2 \cdots u_n}$$

上述三种方法的适用条件是：当评价项目得分差距较大，而重要性程度差异不大时，用加法评分法较好；当评价项目得分差距不大，而重要性程度差异较大时，采用连乘评分法为好；当评价项目得分差距和重要性程度差异都很小时，采用加法评分法与连乘评分法均可。

（4）加权评分法　在实际技术方案比选中，如果各评价项目重要程度相差很大，最好采用加权评分法。该方法的程序是：首先按评价项目的重要程度给出加权系数 λ_i；其次确定各技术方案对评价项目的分值 S_i；最后各评价项目权数 λ_i，乘以该评价项目的分值并加总求和，就得到预选技术方案的总分值 A：

$$A = \sum_{i=1}^{n} \lambda_i S_i$$

总分值最大的技术方案就是最优技术方案。

2. 定性描述法

本方法的评价过程包括两个步骤。首先，是对各个备选技术方案的每一单项指标的分析比较，如技术的先进程度、技术的成熟程度、技术的配套程度、技术方案的经济效果、技术方案的环境效果、技术方案的社会效果等；其次，在各方案单项因素分析评价的基础上，再加上评价者综合权衡基础上的倾向性意见。这种方法由于没有统一的评判标准，评价时主观因素较多，因而，本方法仅适用于技术方案的初步评选。

3. 多级过滤法

将社会影响、环境生态等作为制约因素，制定一个最低标准，把技术方案与各项标准相比较，进行层层筛选，在满足最低要求的前提下，最后以费用效益分析作为决策依据，对各个备选技术方案进行筛选。

4. 系统分析法

以系统分析理论为依据，运用各种系统优化方法进行综合评价。这类方法近年来有很大发展，不过尚在初步研究阶段，还未规范化和定型化。

总之，技术方案评价是一种系统研究。任何技术实践，它的经济效果不是孤立产生的，它反映社会、政治、经济、科学、技术和环境相互作用的结果。在现代社会经济条件下，作为战略决策的依据，任何规模和层次的评价都应是综合的。不仅要评价近期的、有形的、直接的效果，而且要评价远期的、无形的、间接的效果。既要有定性的分析，又要有定量的测度。

5.2　建设项目生产工艺方案评估

生产工艺方案是项目技术方案评估的深入和具体化，所谓工艺是指为生产某种产品所采用的工作流程的制造方案。采用什么样的工艺就会确定什么样的生产设备，所以工艺技术方案不仅涉及项目的投资多少，建设周期的长短，而且对未来的产品质量、产量和项目的投资效益都产生直接的影响。做好项目的工艺技术方案的分析工作，对整个技术分析都有重要意义。

5.2.1　影响项目工艺技术方案的因素

1. 需求制约

技术进步有两种模式，即由市场需求引起的技术进步和由追求科学技术的可能性引起的技术进步，分别被称为市场吸引模式和技术推进模式。有关研究表明，市场吸引模式占其中的60%～80%。市场需求因素是制约技术方案选择的重要因素。

从静态角度考查，企业的生产规模、产品品种、规格和质量要求都是由市场需求决定的，而不同的生产规模，生产不同品种、规格和不同质量要求的产品，需要采用与之相适应的生产工艺和生产设备。从动态角度考查，随着社会经济和文化的发展，市场需求的结构也在不断地发生变化。消费者对各类产品的品种、规格、性能、花色、款式和质量的要求及需求量都在不断变化，甚至还会产生新的需求源。因此，建设项目在选择技术方案时，不仅要考虑目前的市场需求状况，还要考虑各种技术方案对需求结构变化的适应能力。

2. 资源制约

主要指资金、人力资源、能源、原料、机器设备等的制约。这主要是由于不同的技术方案在项目建成后表现出不同的资源密集特性。在进行技术方案分析和选择时，必须考虑项目所可能拥有的资源条件。

资金有本国资金和外汇两种形式，通常情况下，本国资金不能替代外汇资金，所以必须分别考虑这两种形式资金的可供量，并且主要对资金密集型技术形成制约。

人力资源可分为多种层次。一般分为以下七种类型：非熟练工人，熟练工人，初级、中级、高级工程技术人员，基层管理人员和高级管理人员。在进行技术方案的选择时，特别是对于知识密集型技术和劳动密集型技术的选择，应充分考虑不同类型人力资源的可供量和质量以及工种构成和专业构成等的约束和限制。

尽管能源的类型有多种，如煤炭、石油、核能、水力等，由于时空分布不均，不同地区的能源稀缺程度是不同的，项目进行技术方案的选择时，应视具体情况区别对待。能源因素对高耗能技术制约更明显。

各种原材料、机器设备及其他生产资料可以国内生产，也可以从国外进口。进口能源、材料、设备等不仅取决于外汇资金也受限制于贸易制度，国产原材料及设备的供应则应取决于国内生产能力和技术水平。

3. 环境制约

（1）经济技术环境　经济技术环境指能使技术发挥作用的经济技术条件。包括基础设施和技术能力两方面内容。

基础设施是为生产提供一般性共同条件的设施，包括直接为生产系统提供条件的运输、通信、动力、供水、供气等设施以及厂房、仓库等，间接为生产系统运行提供条件的公用福利设施和生活服务设施。具备必要的基础设施是现代工业技术发挥作用的一个基本条件。

技术能力是指对某一生产领域有关各种知识的理解与掌握程度。具体表现为生产、投资、创新三种能力。生产能力指有效地使用某项技术的能力。投资能力指在相关领域扩大现有生产或建设新项目的能力。创新能力指发展新技术的能力。一个项目所拥有的工程技术人员、经营管理人员的额度数量、素质、经验及其所掌握的信息、资料等是构成技术能力的重要因素。考虑经济技术环境对项目技术方案选择的制约，就应懂得，只有具备了与所选技术相当的技术能力，才能发挥该技术的全部作用。

（2）社会文化环境　社会文化环境对技术方案选择的制约作用可以从两个方面来看：一方面，特定的社会制度和文化传统影响人们的价值观念，从而影响技术方案选择；另一方面，对于在特定社会文化环境中从事生产活动的企业和产业部门来说，技术方案选择必须在国家有关制度、政策、法令许可的范围内进行，必须与社会发展目标的要求相一致。

（3）自然生态环境　自然生态环境对技术方案选择的制约作用表现为：①某些技术要求在一定的自然条件下才是有效的；②任何技术的开发与采用都不应对当地的自然环境和生态系统构成不能允许的危害，使其影响人类生活、劳动和自然界生物的生存。

5.2.2　项目生产工艺技术方案分析的内容

1. 工艺方案市场需求的适应性分析

市场需求的不断变化，需求产品在花色品种、性能等方面不断适应社会需要。不同生产工艺方案，可以得到不同质量、性能和品种的产品。项目所采用的工艺方案应具有一定的应变能力，能够适应市场需求的变化，并且能随着这些变化及时调整和改变技术工艺。所选的工艺路线不仅技术上应当可靠，其产品质量能够满足用户要求，而且营运成本也最低，能取得最佳的经济效果。

2. 工艺方案成本的经济性分析

工艺成本包括原材料消耗费、能源消耗费、运转维护费、生产操作和管理人员的工资和工艺技术装备及厂房的折旧费等。在具体分析时，可通过各种预选工艺方案的单位产品的工艺成本的比较，选出技术可靠，产品质量能满足用户要求，成本最低的工艺方案。

3. 工艺方案原材料适应性分析

能否合理地利用和节约原材料、资源，应成为工艺方案选择的重要因素。不同性质的原材料资源，要求不同的工艺技术，而工艺技术的选择又必须根据具体的原材料的来源和性质来决定。如对于含有多种元素的矿产资源，就必须根据矿石的物理和化学性质选择相适应的多层次选冶分离工艺技术；对于贵重金属的加工，如选择无切削工艺技术更能充分利用和节约资源。此外，还应分析原材料供应来源是否能稳定保证，供应量能否满足需要。

4. 工艺流程的均衡协调分析

即分析每道工序、每个班组和每个车间前后工序协调和生产能力的平衡，保证全厂工艺流程的合理性。如对于由矿石准备、炼铁、炼钢、轧钢等车间组成的钢铁联合企业，由于各车间（工段）都有自己的工艺过程，这就要求在设计中，必须考虑到各车间或工段之间的生产均衡协调运转，否则就会造成生产间断、停工待料或中间产品积压等矛盾，并在经济上造成损失。

5. 工艺过程连续性分析

对于有些工序存在着间歇式和连续化生产两种工艺。一般来说，连续化生产能缩短工艺流程，相应地减少设备和场地，具有投资少、原材料及能源消耗低、生产成本低等优点。当然，连续化生产要求有较高的管理水平，但作为现代化大生产的发展方向，还是应优先选择连续化的生产工艺。

6. 工艺方案的成熟性分析

工艺方案的成熟性包括两方面含义：①选择的技术方案经实际运用并证明是行之有效的技术；②必须选择已通过中间扩大实验并经过鉴定的可靠技术。这是由于任何一项工艺技术方案，从实验室到工业性生产之间，有一个过渡过程。在实验室阶段允许失败，在工业生产上则不允许失败。所选用的工艺技术必须经实际运用证明是行之有效的，或者是通过工业性规模实验验证的。否则，不宜直接应用于生产。

7. 工艺技术方案满足产品质量要求分析

能否满足项目设计所规定的产品性能、品种、规格及质量要求，也是工艺方案选择的决定因素。尤其对于出口产品或者需要在本国市场上与进口产品竞争的产品来说更是如此。

8. 工艺技术方案的环境保护分析

在选择工艺方案时，要尽量选择那些可以减少"三废"外排，建立"闭路循环"的工艺系统，将"三废"消灭在生产过程之中，而不能在排放后治理。最好选择无污染工艺、生产无污染的新型产品等先进技术，以杜绝新污染源的形成，这也是工艺技术选择的方向。如生产过程中必须外排的"三废"等污染物质，则应在工艺中考虑相应的"三废"处理设施，达到国家允许排放标准后才能外排。

5.2.3 项目生产工艺技术方案分析方法

项目的技术方案选择是否恰当，不仅对产品的性能、质量有直接影响，而且对产品生产的经济性、技术相关性和社会环境等也有直接影响。下面介绍几种常用的工艺技术方案选择方法。

1. 规模经济法

工艺技术方案的选择，特别是工艺和设备的选择在很大的程度上取决于生产产品的数量。如汽车工业由于产量大，能保证装备的利用率，可以采用效率较高的工艺，而对于单件或小批量生产的企业来说，一般选择通用性较强的工艺，生产效率一般也较低。所以，工艺技术方案的选择与生产规模有很大的关系。

为了方便计算，把产品制造成本用工艺成本的形式来表示。按照其是否随产量变化而发生变化，将工艺成本分为变动成本和固定成本两部分，工艺成本中的变动成本部分包括原材料费、生产工人工资、燃料动力费、通用设备的维修和折旧费、通用工具的维修和折旧费等。工艺成本中的固定部分包括专用设备调整、维修和折旧费，专用工具的维修费、折旧费和管理费用等。

单位产品的工艺成本可用以下公式表达：

$$C = V - \frac{C_F}{Q}$$

式中 C——单位产品工艺成本；

V——单位产品变动成本；

C_F——生产该产品的年固定成本；

Q——该产品的年产量。

该产品的年工艺总成本可用下式计算：

$$C_m = VQ + C_F$$

式中 C_m——该产品的年工艺成本。

从以上表达式可以看出，产品的工艺成本与它的年产量有关。如果某种产品的加工方法有两种方案可供选择，那么，这两种方案的年工艺成本分别用下式计算：

$$C_{m1} = V_1 Q_1 + C_{F1}$$
$$C_{m2} = V_2 Q_2 + C_{F2}$$

根据上述函数关系可分别画出成本曲线，如图 5-1 所示。

从图上可以看出，当两个方案的年产量都等于 Q_b 时，$C_{m1} = C_{m2} = C_{mb}$，则：

$$Q_b = \frac{C_{F2} - C_{F1}}{V_1 - V_2}$$

显然，当产量 $Q < Q_b$ 时，应采用方案 Ⅰ；当 $Q > Q_b$ 时，应选择方案 Ⅱ。于是，Q_b 就成了取舍不同方案的规模经济临界产量。如果参加对比的方案不止两个，同样也可使用上述方法分别求出经济规模的临界产量。

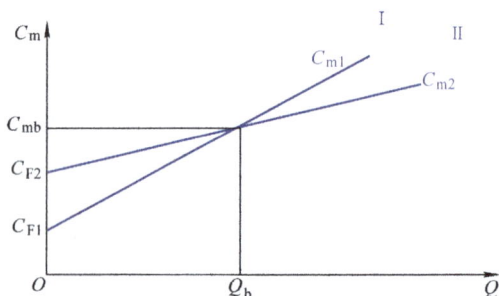

图 5-1 不同方案年工艺成本与产量关系图

2. 技术经济价值——S 图法

这种方法是首先计算拟预选方案的技术价值与经济价值，并成对标注在反映技术经济对比关系的坐标图上。然后根据坐标图上各点连线（S 曲线）的形态，结合计算出的各拟选方案综合价值，评选出最优方案。

（1）技术评价值的计算 首先确定技术性能指标，包括表示新技术使用、制造和运行状况等性能指标；其次明确评价要求，从使用者的角度上把各种技术性能区分为最低要求和期望要求。理想的方案应很好地实现使用者的全部最低要求和期望；最后进行技术评价值的评分与计算。

对评价指标（项目）按其接近理想目标的程度进行评分的等级标准分五级：不能满足要求的为 0 分，勉强过得去的为 1 分，过得去的为 2 分，好的为 3 分，很好的为 4 分。某一预选方案各指标的评分得出以后，就可用下式计算该方案的技术评价值：

$$X = \frac{\sum_{i=1}^{n} P_i}{n P_{max}} = \frac{P}{P_{max}}$$

式中 X——预选方案的技术评价值，理想技术价值为 1；

P_i——第 i 个技术性能指标（项目）的评分值；

P_{max}——评价技术性能指标，理想分值为 4 分；

n——评价技术性能项目的个数；

p——预选方案各个项目评分的算术平均值。

如果各技术性能指标（项目）重要性差别较大，则要加上加权系数用下式进行计算：

$$X = \frac{\sum_{i=1}^{n} P_i \lambda_i}{P_{max}}$$

式中　λ_i——第 i 个技术性能项目的加权系数，$\sum_{i=1}^{n} \lambda_i = 1$

（2）经济评价值的计算　经济评价的主要指标为技术方案的制造费用。预选方案的经济评价值计算如下：

$$Y = \frac{H_i}{H} = \frac{0.7 H_{允许}}{H}$$

式中　Y——预选方案的经济评价值；

　　　H_i——预选方案的理想成本；

　　　H——预选方案的实际成本；

　　　$H_{允许}$——预选方案的允许成本。

（3）综合评价　综合评价采用反映技术经济指标对比关系的 S 曲线图来判断拟选方案的综合价值大小（见图5-2）。

S 曲线图上的横坐标是技术价值 X 的数据，纵坐标是经济评价值 Y 的数据，X 和 Y 的交点 S，表示预选方案的综合评价值。图中，$X = 1.0$ 与 $Y = 1.0$ 的交点 S_{max} 表示理想方案的综合价值。坐标原点 0 至交点 S_{max} 连接的45°等分线上各点的技术价值与经济价值相同，表明技术与经济达到理想的协调。最优方案的综合价值 S 不但最靠近 S_{max}，同时技术与经济的协调程度也较好，如图5-2 中的 S_4。

同时，也可用公式计算出各个拟选方案的综合价值，取其大者为最优方案。公式计算如下：

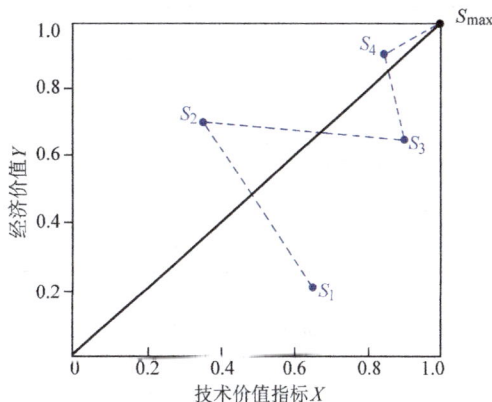

图 5-2　技术经济价值——S 曲线图

$$S = \sqrt{XY}$$

3. 费用效益分析法

本分析选优方法是通过分析和测算不同生产工艺技术方案的费用和效益水平，利用经济指标的评价和度量方法，来比较各工艺技术方案的费用和效益水平，最终达到对不同工艺方案评价选择的目的。

例5-1　某钢铁公司投资建设项目，进行生产工艺技术方案选择。要获得同样数量的钢产量，目前存在着方案 A 和方案 B 两个备选方案。选择何种方案，主要取决与不同方案的费用效益分析，当然，这里也有技术掌握的问题。如从每炉钢的冶炼时间来看，方案 B 工艺有很大的优越性（见表5-1）。

表 5-1　不同方案每炉钢的冶炼时间

年　份	方案 A	方案 B
1982	7 小时 25 分	34 分
1983	7 小时 15 分	34 分
1984	7 小时	34 分

正因为方案 B 效率高，因此国外目前应用 B 方案工艺较为普遍。如日本年产的 1 亿 t 钢中，90% 以上是采用方案 B 工艺实现的。但是，在我国，方案 A 仍占主要地位。如果从费用和效益来分析，B 工艺还有比 A 工艺节省投资的优点。以我国 1982 年的水平为例，采用 A 工艺炼钢能力的单位投资为 70 元左右，再加上废钢处理、石灰焙烧等辅助设施，炼钢能力的单位投资约为 100 元；采用 B 工艺炼钢能力的单位投资约为 50 元，比采用 A 工艺节约一半（见表 5-2、表 5-3）。

表 5-2　A 工艺方案炼钢车间的投资额

厂　名	炼钢炉公称能力	年产量/万 t	车间投资/万元	单位投资/（元/t）
鞍钢 A 工艺车间	370t×3 500t×2	120	8800	74
武钢 A 工艺车间	500t×6	220	15068	70

表 5-3　B 工艺方案炼钢车间的投资额

项目　＼　厂名	首钢 30t×3	武钢 50t×3	包钢 120t×3	攀钢 120t×3
设计产量/万 t	80～90	150	260～280	260～280
总投资/万元	3911	7276	13119	13245
炼钢单位投资/（元/t）	43～49	45～52	47～51	48～51

两种工艺在成本上的差异见表 5-4。

表 5-4　A 工艺方案和 B 工艺方案炼钢的成本指标

项目　＼　厂名	A 工艺成本指数	B 工艺成本指数	两种工艺成本指数差异	钢铁料消耗费用差额（%）	冶炼费用差额（%）
首钢	100	102.5	+2.5	+4.5	-1.9
武钢	100	104.5	+4.5	+14.1	-4.4
包钢	100	102.8	+2.8	+9.1	-2.9
平均	100	103.3	+3.3	+9.2	-2.8

再考虑两种工艺所用废钢比例：A 工艺方案为 30%；B 工艺方案为 15%。

由此可见，B 工艺炼钢成本平均比 A 工艺炼钢成本高 2%～5%，A 工艺方案因为废钢多，自然成本低些，但是从炼钢的质量和从钢铁企业总的经济效益来看，B 工艺方案要优越得多，因此，对两种炼钢工艺的选择必须作全面分析。利用有关经济评价指标，仔细分析不同工艺方案的投资和成本之后，才能得出哪种工艺费用最低。

从生产工艺的发展趋势来说，有前途的自然是 B 方案，因此我国新建钢厂都采用 B 方案工艺炼钢；但因老厂对 A 方案工艺很熟悉，故在研究钢厂的技术改造时，多数仍坚持用 A 方案工艺炼钢。这是因为 A 方案工艺改 B 方案工艺要有一个熟悉和掌握的过程，炼钢成本也有一个逐步降低的过程。

4. 差额投资收益率法

对于多种工艺技术方案都能满足相同的要求，但在投资和运行费用上有差异，可利用差额投资收益率法来进行技术方案选择，按下列差额投资收益率（R_a）的计算公式评估：

$$R_a = (C_1 - C_2)/(I_2 - I_1) \times 100\% = \Delta C/\Delta I \times 100\% > i_c(i_s)$$

式中　C_1、C_2——两个比较方案的成本；

　　　　ΔC——两个比较方案的成本差额；

　　　I_1、I_2——两个比较方案的投资额；

　　　　ΔI——两个比较方案的投资差额；

　　$i_c(i_s)$——行业基准收益率（或社会折现率）。

如果差额投资收益率大于设定的收益率 $i_c(i_s)$，则说明投资大的方案较优。

例5-2　某投资建设项目有两种锅炉可供选择，假定它们的投资分别为 54.5 万元和 34 万元。高价锅炉比低价锅炉有以下优越性：

1）热效率高，节省燃料。

2）可以连续运转。

3）操作简单。

4）修理费用少。

5）能胜任高峰超负荷。

两者在运行费用上的差异如下：

1）低价锅炉：平均热效率：65%；

　　　　　　　平均全年燃料费：13.5 万元。

2）高价锅炉：平均热效率：80%；

　　　　　　　平均全年燃料费：12 万元。

此外，高价锅炉还有以下的费用节约：

1）节约给水预热器的燃料费用 1.6 万元/年。

2）可避免的故障时间损失 5000 元/年。

3）可节约修理费 1.1 万元/年。

4）可节约动力费 3000 元/年。

假设行业基准收益率为 15%，则应该选择哪种方案？

解：由以上数据可以计算如下：

$$\Delta I = (54.5 - 34) \text{万元} = 20.5 \text{万元}$$

$$\Delta C = (13.5 - 12 + 1.6 + 0.5 + 1.1 + 0.3) \text{万元} = 5 \text{万元}$$

则差额投资收益率为：

$$R_a = \frac{\Delta C}{\Delta I} \times 100\% = \frac{5}{20.5} \times 100\% = 24.4\% > 15\%$$

计算结果表明，应选择高价锅炉的技术方案。

5.2.4 项目可行性报告中生产工艺方案的研究内容

1. 最优工艺技术方案的选定及其理由

一种产品可能存在多种生产方法，而每种生产方法所确定的工艺技术可能会有很大的不同。对不同的工艺技术方案要遵循技术方案选择的原则，分别从技术和经济两方面进行分析比较。在具体考虑项目所要达到目标和外部因素对项目选择工艺技术制约因素的基础上，提出选用工艺方案的理由和结论。

2. 生产过程的工艺流程

工艺流程是指劳动者使用生产工具改变劳动对象的形状和性能，使之具有一定使用价值的过程。在可行性研究报告中，要绘制工艺流程图来表示工艺流程。

工艺流程图一般用方框网络图表示。方框网络图的基本要素有两个，一个是方框，内部标注工序名称；一个是箭线，表示某种逻辑关系，其中箭头表示进程的指向。方框网络图的基本形式包括：串联网络系统；并联网络系统；平行单序列网络系统；会聚网络系统；发散网络系统和循环网络系统等。

例如，某客车厂生产中档和中高档客车的改扩建项目，以客车车身涂装为重点，对冲压、前处理、焊接、总装、检测等客车生产的装备和工艺进行全面改造，采用车身、底盘分体装合工艺。主要工艺流程如图5-3所示。

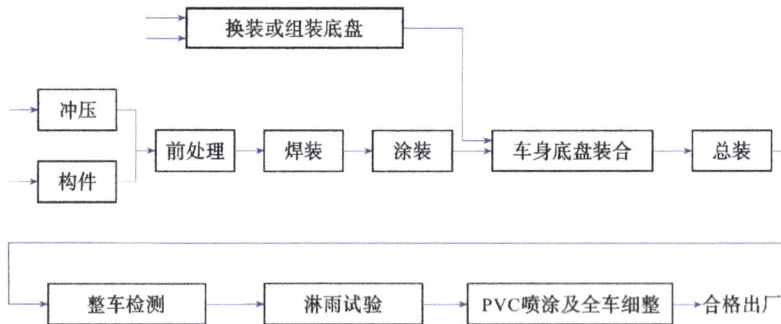

图5-3 某客车厂生产工艺流程图

在对不同的工艺流程进行合理性分析和选定时，可以利用文字、图表和指标对不同的工艺流程进行技术和经济两方面的比较分析，说明选定工艺流程的理由。

3. 主要工艺技术参数

工艺技术参数是为了保证产品质量达到技术设计和市场需求的要求，依据技术设计指标制定的各项参数。包括原材料、辅助材料的单耗定额及其质量指标；燃料、动力的单耗定额；生产过程所需要达到的各项工艺技术指标，如工序的工时定额、质量指标等。

各种主要工艺技术参数的确定不仅是工艺技术方案不可缺少的主要内容，同时也是设备方案和其他工程技术方案选择的重要依据。由于不同行业的工艺技术有很大的差异，同一项目选用不同工艺技术方案，其工艺技术参数也会有很大的不同。因此，对于不同的工艺技术的其他重要参数，凡是反映该工艺技术特征的，均应列入。

5.3　建设项目工艺设备评估

设备方案的选择和生产工艺方案的选择是相互依存的。在一些项目中，生产和操作工艺是成套供应设备的一部分，因而不必对生产工艺方案单独进行分析和研究。但是，在大多数情况下，生产工艺方案必须单独进行选择和研究。这时，应以所确定的生产工艺方案为依据，选择所需设备的数量、型号，研究最佳的设备组合，并考虑便于维护和修理，备品、备件的保证供应，操作方便，生产效率高，投资和生产成本都较经济等因素。

5.3.1　建设项目工艺设备分类

设备一般是指人们生产或生活所需的各种机械的总称。建设项目设备按其作用分为：

（1）生产工艺设备　指工业企业中用来改变劳动对象形态和性能，使劳动对象发生物理和化学变化的那部分设备。如各种机床、炉、塔等。

（2）辅助生产设备　指为主要生产车间服务的设备。如各种动力设备、运输设备、装卸设备等。

（3）科学研究设备　指实验用的各种测试设备、空调设备和计量设备等。

（4）管理设备　指生产管理用的各种计算机和其他装置。

（5）公用设备　指医疗卫生设备、炊事机械等。

5.3.2　项目设备方案选择时应重点考虑的因素

（1）综合考虑设备的技术先进性和经济合理性　一个项目所花费的投资越少越好，但不能因为节约资金而放松对设备的技术要求；也不能不考虑客观条件的限制，片面追求技术含量高的设备。而应该做到技术先进性与经济合理性相结合。

（2）重点考虑关键设备　一个项目的建成需要大量设备，但这众多设备在未来企业的生产中发挥的作用是不同的。有的处于影响企业生产、关系产品质量的关键性地位，有的处于无足轻重的地位。从这个角度出发，对不同设备要区别对待，对项目的关键设备应保证技术要求，舍得花钱买先进的设备，对一些次要设备，不必太追求技术上先进性，应多算经济账。

（3）少用或不用非标准设备　非标准设备也叫不定型设备，是生产厂家根据需要而专门生产的设备。这些非标准设备除设备价格高外，投入使用后也不易修理。在设备选择时，应尽量采用通用设备、标准化设备，除特殊需要外，一般不要用非标准设备。

（4）考虑设备的综合价格　所谓设备的综合价格是指在把设备的购买价格和使用过程的修理费用都同时考虑的情况下，设备购买者所支付的费用总和。根据这一概念，除应考虑设备价廉和物美外，还应考虑设备使用中修理方便和零配件容易购买。

5.3.3　项目设备方案分析的内容

1. 主要工艺设备选型分析

在设备方案选择中，在充分考虑生产的工艺流程、生产规模以及设备在制造、安装方面的特殊要求基础上，重点分析主要或关键工艺设备的选型。在选择主要设备时，应充分考虑项目的设计生产能力，使设备的额定生产能力略大于设计能力，否则有可能导致实际能力达不到设计能力。当然额定能力也不宜太高，以免造成浪费。

2. 设备配套情况分析

设备配套是指设备与设备之间在数量上和质量上要实现匹配，达到项目内部各工序、工段、车间之间生产能力按比例的平衡。设备配套分析包括：

（1）设备数量配套分析　即生产能力平衡分析，是指以主要工艺生产设备为中心，顺延工艺流程往前和往后分析各工序、工段、车间设备的额定生产能力的平衡。生产能力的平衡是设备得以充分利用的前提。

核定设备生产能力平衡的方法是：以项目设计生产能力为标准，除以单台设备额定生产能力后得到设备台数。如相除结果不是整数应妥善处理，要在确保设计生产能力的条件下，使设备得到充分利用。

（2）设备质量配套分析　设备质量上的配套，是指前后工序设备都是安全可靠的，如果某一工序的生产设备容易损坏，就会影响其他工序设备能力的发挥。进行设备质量配套分析，就是要分析工艺流程中的易损设备，以便设置相应替换或备用设备，避免造成因关键设备发生故障而可能出现的停产现象。

在设备配套分析中，应重视分析不同生产环节（如原材料下料及配制、热处理、质量检验和包装等环节）的设备相互配套；国内设备与进口设备的配套；生产设备与辅助设备（如供水、供电、运输设备等）的配套，多采用通用化、标准化、系列化的设备。

3. 设备的可靠性分析

设备的可靠性是指设备在规定时间和规定的使用条件下无故障运行的能力。设备可靠性要求设备平均故障间隔期越长越好。设备可靠性包括设备的稳定性、耐用性和安全性。

（1）设备的稳定性　如果设备不能稳定运转，在使用过程中经常发生故障，除浪费原材料外，还会产生大量的次品或废品，这样的设备不能选用。

（2）设备的耐用性　设备在使用过程中，由于无形损耗或有形损耗，达到一定使用年限就将淘汰。在考虑技术进步的前提下，要选用寿命长一些的设备，因为设备使用年限长，平均年折旧费就会减少，可降低产品成本。

（3）设备的安全性　设备的安全性是指设备必须具有必要的可靠的安全防护措施。有下述情况的设备不宜选择：机体单薄、运转不稳定、振幅过大、危及厂房安全的设备，可能泄露有害气体、易引起工人中毒的设备，噪声大、影响工人身心健康的设备。

4. 设备的先进性分析

设备的先进性包括以下内容：

（1）设备的功效性　设备的功效性是指设备在单位时间内生产或加工符合质量要求产品的能力。不同设备有不同表达功效的方式，如功率、行程、转数等。设备的功率高，说明设备的自动化程度高。但自动化程度高的设备往往由于受投资的限制或其他条件的制约而不能选用，对此，要综合分析后再下结论。

（2）设备的节能性　设备的节能性要求消耗同量的能源能生产出更多的产品，或生产同量的产品消耗更少的能源。能源短缺现象在我国现在或今后更长的一段时间内将是长期存在的。设备的能源消耗程度如何，是设备方案分析时应重点考虑的因素之一。

（3）设备的环保性　设备的环保性是指设备的噪声和排放的有害物质对人和环境的损

害、污染要符合国家、地区和项目本身在环境保护方面的要求。

5. 设备的成套性分析

设备的成套，标志设备的生产、销售、供应的科学管理和制造水平。设备成套供应的优点是对各工序、各设备、各环节生产能力进行了平衡，可以保证均衡生产。当然成套设备本身价格高，如果项目本身有实力组织配套，就不必采用成套设备。

（1）单机配套　一台主机设备附有工具、附件、部件、副机、控制系统等。如果项目解决了主机问题，其他设备易于解决或可灵活选用，就可采用单机配套形式。

（2）生产线配套　全部生产过程中各种设备的配套。有时也存在局部生产线配套，如装配生产线、包装生产线等的配套。

（3）项目配套　指一个完整的建设项目所需的各种设备、生产性装置、辅助性装置、运输设备、试验检测设备等的全部成套供应。项目配套可以缩短建设周期。

6. 设备的灵活性分析

（1）多规格生产　对于专业化生产的专机、专线，一般难以改变所生产的产品，灵活性差。但应做到在同类产品中有生产更多规格产品的可能性，如可以生产小型产品的也可以生产中型产品；或生产中型产品的也可以生产大型产品；或大、中、小型产品均可生产。

（2）多加工性能　在设备选择时，要选用具有多种加工性能的设备，可以使设备有更大的适应性，满足多品种生产的要求。如果为了提高设备的适应性，需要增加很多投资；这应通过技术经济分析比较才能最后确定。

（3）多品种生产　对于某些生产线，如适当增加一两个环节，不仅可生产一种产品，还可生产两种甚至多种产品，应该考虑选用这种生产线或设备方案。

5.3.4　项目设备采购方案分析

在确定设备方案后，就应着手进行采购方案的编制与分析，以保证项目取得合乎设计要求且质优价廉的设备。设备采购方案分析包括以下内容：

（1）分析设备取得的渠道　一般情况下，通用设备可以在现货市场买到或到生产厂家直接订货。在现货市场交易，设备选择余地大，资金占用时间短，这是有利的一面。但这种方式存在着价格偏高的不足和万一脱销可能延误工程进度的风险。如到厂家订货，在设备价格方面可能得到优惠，但应仔细考虑生产厂家履约能力和产品质量稳定状况等因素。另外，到厂家订货需交纳一定数量的定金，这就要占用一笔资金。对于专用设备或大型设备应通过订货渠道取得，这时就应安排好工程进度与设备到货安装周期的合理衔接问题。

（2）设备价格分析　可以通过多方询价或招标方式确定设备价格。多方询价时应注意策略性，按贸易惯例，买方主动询价，会使卖方处于有利地位；而卖方主动报价，则会使买方处于有利地位。大型技术装备的购买可通过招标方式进行，通过厂商之间的竞争，选择价格合理、质量稳定的厂商。

（3）设备付款方式分析　设备付款方式有现金交易、分期付款、预付贷款等形式。具体选择何种付款方式，应依据设备市场供应情况、设备市场竞争状态、设备购买合同条款、设备购买款数额等情况作出选择。

（4）售后服务与零部件配套情况分析　这是保证项目在投产运行期间正常生产的必要条件。为确保项目在建设期、试运转期、投产运营期设备的正常运行和维修保养，在选择供应厂商时应注意这方面因素的分析和评估。

5.3.5 项目设备方案分析的方法

设备方案的选择涉及技术、经济、社会、环境等多方面的问题，在实际开展项目设备方案选择时，应全面综合地分析和考虑各方面不同的要素，这一思路在前面的技术方案和工艺方案选择中均已述及，此处主要介绍几种常用的经济选择方法。

1. 投资回收期法

本方法是在分析不同设备方案在寿命期内收益水平的基础上，计算各方案的投资回收时间，根据其回收期的长短，进行设备方案的选择。具体公式如下：

$$设备投资回收期 = \frac{设备投资费用}{年利润或年成本节约额 + 折旧费}$$

2. 费用换算法

此法是通过比较设备的寿命周期费用来选择设备的评估方法。设备寿命周期费用包括设备购置费和运营费。

根据换算方法的不同，费用换算法可分以下几种。

（1）年费用法 年费用法是将设备的最初购置费，按复利计算原则换算为设备使用寿命期内平均每年的费用，再与年使用费用（运营费用）相加，求出设备每年的总费用。年运营成本主要包括：原材料、燃料及动力运转维修费、操作人员工资、设备折旧费等项费用。通过比较不同设备购置方案的年总费用，在其他功能相同的情况下，选择设备年总费用最低者为最佳设备方案。具体计算公式如下：

$$设备的年总费用 = 初始投资费用 \times 资本回收系数 + 年运营费用$$

$$资本回收系数 = (A/P, I, n) = \frac{i(1+i)^n}{(1+i)^n - 1}$$

式中 i——利息率或收益率；

　　　n——使用寿命期。

资本回收系数一般可查表求得。

（2）现值法 现值法是把设备每年的使用费用按寿命周期和年金现值系数，换算成相当于最初投资的数额，再加上期初设备的购置费用，得出设备寿命周期总费用（现值），从中选择寿命周期总费用最小的设备为最优设备方案。具体计算公式如下：

$$设备寿命周期总费用 = 最初投资 + 年经营费用 \times 年金现值系数$$

例 5-3 某投资建设项目需要采购一台精密机床，现有德国、日本两国制造商提供的机床可供选择，其效率相差无几，但使用年限和成本不同，具体数据见表 5-5。

表 5-5 不同供应商的设备费用数据表

可供选择的机床	使用年限	售价/万美元	年利用率（%）	年平均费用/万美元
德国制造的机床	15	12	10	0.6
日本制造的机床	8	5	10	0.9

由于两种机床的使用年限不同，则应用年费用法比较方案：

德国机床年总费用 = 12 万美元 × (A/P，10%，15）+ 0.6 万美元 =（12 × 0.131474 + 0.6）万美元 = 2.1777 万美元

日本机床年总费用 = 5 万美元 × (A/P，10%，8）+ 0.9 万美元 =（5 × 0.18744 + 0.9）万美元 = 1.8372 万美元

因此，从经济角度分析，两个方案中应选用日本制造的机床为好。

3. 费用效率分析法

这种方法主要考虑设备系统效率和设备寿命周期总费用之比值。可按下列公式计算：

$$设备费用效率 = \frac{系统效率}{寿命周期总费用}$$

上式中，系统效率是指设备的运营效率，它既可用容易计量的产量、销售收入等指标来表示，也可用难以计量的各种功能（如耐用性、舒适性、灵活性等）来表示，寿命周期总费用由设备购置费和运营费两部分构成。

费用效率就是表示每一单位费用消耗所获得的设备效益。在计算过程中，确定设备寿命周期费用比较容易，而确定系统效率一般可运用下列两种方法：

1）以一个综合要素（如设备产品产量）作为系统效率。

例5-4　某拟建项目有三种能达到同一目标的设备，这些设备的系统效率用其产品的日产量来表示，各设备的寿命期费用和日产量见表5-6。

表5-6　设备方案的产量与费用表

设备类型	日产量/(t/日)	寿命周期总费用/万元
A	580	446
B	538	455
C	566	442

根据费用效率计算公式得出：

A 设备的费用效率 = 580 ÷ 446 = 1.30

B 设备的费用效率 = 538 ÷ 455 = 1.18

C 设备的费用效率 = 566 ÷ 442 = 1.28

计算结果表明，A 设备的费用效率最高，因为该设备在同样功能条件下单位费用支出所能获得的效率最好。因此，应选择 A 设备最为经济合理。

2）以单项要素作为系统效率。

当某些设备不适宜或不能用一个综合要素来表示其系统效率时，就应根据实际情况，选用几个单项要素，邀请有关技术、经济、管理人员，运用"权重评分法"来确定设备的系统效率值。计算费用效率的步骤如下：

①确定各单项要素所占权重。

②计算各项要素的加权分值。

③汇总各设备方案的加权分值，以此数据作为该设备方案的系统效率值。

④计算各方案的费用效率。

例5-5 某拟建项目有三个设备选型方案，各设备的寿命周期费用分别为：A设备12万元、B设备12.5万元、C设备13万元。系统效率分别设有可靠性、安全性、耐用性、维修性、环保性和灵活性六个单项要素指标，各要素的权重分值计算结果见表5-7。

表5-7 各设备的系统效率权重分值计算表

单项要素	权重(%)	A设备			B设备			C设备		
		效率	得分	加权分值	效率	得分	加权分值	效率	得分	加权分值
可靠性	30	95%	9	2.7	90%	7	2.1	92%	8	2.4
安全性	15	安全	10	1.5	较好	8	1.2	一般	6	0.9
耐用性	20	13	7	1.4	18	10	2	15	9	1.8
维修性	15	一般	6	0.9	较好	8	1.2	好	10	1.5
环保性	10	有	10	1.0	无	0	0	有	10	1.0
灵活性	10	良好	9	0.9	一般		0.8	一般	6	0.6
合　计	100	—	51	8.4	—	41	7.3	—	49	8.2

根据表5-5中的数据计算，结果如下：

A设备的费用效率 = 8.4 ÷ 12.0 = 0.70

B设备的费用效率 = 7.3 ÷ 12.5 = 0.58

C设备的费用效率 = 8.2 ÷ 13.0 = 0.63

上述计算结果表明，A设备经济合理性最佳，应选择A设备方案。

5.4　建设项目工程设计方案分析

5.4.1　总图布置方案分析

通过总图布置方案分析，可以明确项目的具体构成内容及各系统之间的关系；了解各种建筑物、构筑物和土建工程的大小和位置；了解各种主要设备和装置、场内铁路、公路及其他运输设施、水、电、煤气、排水、电话、供气等管线的布置。

1. 总平面布置

总平面布置是项目的总体布局。主要任务是确定工程的厂区划分，建筑物和构筑物的位置、标高以及道路布置和绿化、安全等。厂区一般划分为生产区和生活区，建筑物和构筑物包括生产车间厂房、辅助车间厂房和服务设施。

（1）总平面布置的原则　具体有以下内容：

1）整体协调原则。总平面布置的各部分之间，包括各功能区之间、设备、建筑物和土建工程之间、厂房与厂房之间等，无论是自身特点、功能要求，还是相互联系或布局和建筑风格等，都必须通盘考虑，协调一致。

2）最短距离原则。在符合安全要求的条件下，要求各种管线的走向和运输距离最短。最短距离原则，不仅要考虑物的移动，也要考虑人的移动。动力设施要先靠近用户或负荷中心，尽量采用多管、多线的共架、共沟，堆场、仓库尽量做到堆储合一。

3）服从工艺流程走向原则。生产总工艺流程走向，是企业生产的主动脉。初级产品、中间产品、最终产品、副产品以及废物排放等在工厂各部的位置、能源、动力以及其他公用设施的安排，都要从属于生产总工艺流程。

4）节约用地原则。总平面布置应紧凑、合理、节约用地。在考虑工厂发展余地时，要避免过早占用大片土地。在满足生产、安全、环保、卫生要求的前提下，尽量考虑多层厂房或联合厂房等合并建筑，以节约用地。

5）安全和环保要求。主要的生产车间和建筑物，应考虑有良好的自然通风和采光条件；对有可能发生爆炸危险的仓库、储罐等，应布置在厂区边缘地带；对散发粉尘、有害气体的厂房、仓库或堆场，应布置在常年最小频率风向的上风侧；对可能产生噪声、振动相互干扰的厂房，也应采取措施确保安全和环保要求。

（2）总平面布置的内容　总平面布置要求通过总平面布置图直观地反映该工程项目的厂区划分，建筑物、构筑物、道路、绿化区的位置及相互关系等基本情况。

1）工业场地总平面布置。要求说明采用的工艺配置及地形资料的依据；绘制总平面布置草图，并判断其准确程度；提供可选择的总平面布置方案。

2）场地开拓和整理。说明场地平整标高的初步选定，场地的整治及主要的防护、支护工程。

3）主要工程量计算。

2. 管线布置方案

在项目总平面布置的基础上，结合工艺技术方案和设备方案，初步规划主要工程管线的布置方案，标明管线种类、管线走向和标高、敷设方式等，并估算管线投资费用。

（1）管线布置原则　具体包括：

1）直线埋设，并与道路、建筑物的轴线及相邻管线平行。

2）尽量减少管线之间及管线与道路之间的交叉，若交叉时宜直角交叉。

3）避开填土较深或土质不良地段。

4）在满足安全的条件下，架空管线应尽可能共架布置。

5）尽量避开穿过露天堆物及建筑物、构筑物的扩展用地。

6）地下管线不重叠布置。必须重叠时，其重叠长度愈短愈好，并将埋设线以及管径小而检修多的管线敷设在上面。

7）新增管线不应影响原有管线的使用。

（2）管线的种类　包括给水排水管道、供电管线、煤气管道、热力管道、压缩空气管道和其他管道。

（3）管线的敷设方式　主要的敷设方式有直埋式、地下管沟式、架空式，可根据管线的不同种类、要求和需要具体选择敷设方式。

3. 交通运输布置

交通运输布置尽可能做到短捷方便，降低成本，改善劳动条件，提高劳动生产率。

（1）运输总量的估算　根据初步估算的原材料、辅助材料、燃料、半成品、产成品及各种排出物在厂内各段的流量和流程，计算厂内运输总量及各阶段的运输量，以便设计道路、仓储及选择运输工具。

（2）运输方式和运输工具的确定　根据运输量及各段流量，确定采取铁路、公路或水运等运输方式和道路的规格并估算道路的长度；选择火车、汽车或船舶等运输工具的种类和数量。

（3）仓储设施的设计 根据运输总量及各种物料在各段路程的流量，初步规划必要的仓储设施，设置一定的装卸设备以及必要的通风、安全保卫、防火等设施。

5.4.2 土建工程方案分析

一个工程项目通常由土木工程、建筑工程和安装工程几大内容组成。这里所说的土建工程，是指土木工程和建筑工程的总称。当项目的工艺技术方案、设备方案和总平面布置确定之后，就可进行土建工程方案的设计和选择。

1. 土建工程方案设计原则

（1）符合城市发展规划的要求 各类建筑设计应充分考虑城市规划对建筑设计的要求。如对建筑物高度的限制和环境保护的要求，要与周围环境、城市面貌互相适应，以取得良好的整体协调的建筑效果。

（2）满足项目对建筑功能的要求 不同的建筑要满足不同的使用要求。例如，车间厂房应能满足工艺技术和设备对建筑的要求，有利于节约劳动、降低成本、创造良好的劳动条件；生活区建筑应能方便生活，要考虑朝向、采光和通风条件等。

（3）选择合适的建筑结构 建筑结构一般分为砖木结构、钢结构、钢筋混凝土结构和混合结构。建筑结构要求坚固耐久、安全可靠、方便施工，根据项目对建筑的要求和当地具体情况合理选用。

（4）造价要经济 土建工程要在满足功能的前提下充分考虑降低工程造价。在设计时既要方便使用，又要布置紧凑、节约面积、空间，选择合理的层高和跨度，节约用地；建筑材料选择上要因地制宜，就地取材，节约使用水泥、钢材和木材。

（5）建筑形象要美观 在满足适用、经济的前提下，要注意建筑形象的美观。通过对建筑平面布置、立面形式和装饰色调等处理使建筑形象与平面组合有机地结合，产生较好的建筑艺术效果。

2. 土建工程方案分析内容

（1）土建工程基本情况概述 具体如下：

1）拟建工程项目的自然条件。包括项目所在地区气象条件、地震烈度、工程地质、水文地质条件及场地地形地貌概况等。

2）项目所在地区建筑状况。包括所在地区工业与民用建筑特点，当地建筑材料及预制构件的来源、品种、规格、价格及供应情况等。

3）施工条件分析。内容包括当地施工单位的施工技术水平、预制能力，建、构筑物配件的制作、运输、吊装能力以及施工质量、建筑费用等。

（2）建筑结构形式的选择 具体应包括以下内容：

1）根据工艺技术要求，结合当地情况选择适合当地具体条件的建筑结构形式，并对地基基础、抗震、防腐、防水、保湿等涉及特殊建筑结构的问题提出建议。

2）阐明如工业炉、塔、井架，烟囱，大型设备基础等的结构形式及其建筑材料的选择。

（3）推荐的土建工程方案及其论证 内容包括方案比较选择情况、推荐方案的依据和理由、存在的问题及建议等。

思考与练习

1. 项目技术划分的类型有哪些？
2. 技术方案选择的原则有哪些？
3. 技术方案选择的方法有哪些？
4. 影响项目技术工艺方案选择的因素有哪些？
5. 工艺技术方案分析的意义及内容是什么？
6. 建设项目生产工艺技术方案的分析方法有哪些？
7. 设备选型分析与设备配套分析，应注意什么问题？
8. 设备方案分析内容有哪些？
9. 总平面布置的概念与原则是什么？
10. 可行性研究中进行土建工程方案选择主要包括哪些内容？
11. 某设备经济寿命为 8 年，预计年净收益 20 万元，残值为 0，若投资者要求的收益率为 20%，问投资者最多愿意出多少的价格购买该设备？若投资者决定购买该设备，设备款从银行贷款，利率 10%，五年等额偿还，投资者每年需偿还多少钱？
12. 某投资项目需要采购一台精密机床，现有两个不同国家制造商提供的机床可供选择，其效率相差无几，但使用年限及成本不同，具体数据见表 5-8，试对这两种设备进行选择？

表 5-8　两种机床的基本数据表

可供选择的机床	使用年限	售价/万美元	年利率（%）	年平均费用/万美元
A 国制造的机床	12	17	10	0.8
B 国制造的机床	7	9	10	1.0

13. 某项目有三种能达到同一目标的设备，这些设备的系统效率可用生产效率日产量表示，各类设备的寿命期费用和日产量见表 5-9，试对这三种设备进行选择。

表 5-9　三种设备的基本数据表

设备类型	日产量/(t/日)	寿命周期总费用/万元
A	582	187
B	548	523
C	576	492

建设项目投资估算与筹资方案评估

第6章

项目的建设过程，实质上就是通过资金、技术等生产要素的组合，形成一定的社会生产能力和创造效益能力的经济活动。建设项目的投资总额，就是指建设项目从建设前期准备工作开始，到项目全部建成投产为止所发生的全部投资费用和生产期所需的全部流动资金。根据原国家计委有关规定，如果建设项目初步设计总概算超过项目可行性研究报告批准的建设总投资的10%，应重新审批可行性研究报告。因此，准确、全面地估算建设项目的投资费用，是项目可行性研究的重要内容。建设项目投资估算的准确性，对项目评价和投资决策都有重大影响，因此必须慎重对待。

6.1 固定资产总投资估算

6.1.1 固定资产投资构成

固定资产投资是指为形成项目固定资产所花费的全部费用，其构成如下：

1. 建筑工程费用

建筑工程费用是指永久性和临时性（为施工服务的）建筑物和构筑物，如设备基础、办公用房、厂房、金属结构、工业窑炉、管线敷设以及场地平整等项工程的费用。

2. 设备及工器具购置费用

设备及工器具购置费用是指用于购买设备、工器具和仪器（以下简称设备）部分的费用，它主要包括：生产工艺设备、辅助设备、科学研究设备、管理设备、公用设备和检测设备等。

3. 安装工程费用

安装工程费用又称设备安装工程费用。它是指为各种机械加工、动力、起重、运输、传动、医疗、实验和检测等需要安装的设备、装置等工程费用；生产用各种介质管道的敷设、防腐、保温、送变电设备安装、电线、电缆架设等工程费用；设备安装后的调试、生产线或流程系统联动无负荷试运转等费用。

4. 工程建设其他费用

它是按规定应在项目固定资产投资中支付，并列入建设项目总概算内，除建筑工程费、设备工器具购置费和安装工程费外必须支付的费用。主要包括：土地、青苗等补偿费和安置拆迁费，建设单位管理费，研究试验费，生产人员培训费，办公及生活家具购置费，联合试运转费，勘察设计费，合同公证及工程质量监理费、施工机构迁移费，引进技术和设备的其他费用，供电贴费（电增容费）、供水贴费（水增容费）等。

上述各项费用构成项目投产后的固定资产原值的主要部分，建筑工程投资构成房屋建筑物的固定资产原值的主要部分，设备安装工程投资与设备工器具购置费构成设备的固定资产原值的主要部分。如果采取分类折旧的办法，工程建设其他费用则要分摊到前两项中；如果采取综合折旧的办法，则将工程建设其他费用直接计入固定资产原值中即可。

固定资产原值与固定资产投资之间的关系可用以下公式表达：

固定资产原值 = 固定资产投资 + 建设期资本化利息 + 固定资产投资方向调节税

6.1.2　固定资产投资估算

常用的固定资产投资估算方法主要有两种。

1. 扩大指标估算法

扩大指标估算法是套用原有同类项目的固定资产投资额来进行拟建项目固定资产投资额估算的一种方法。该方法最大的优点是计算简单，不足之处主要有两个方面：①估算值准确性较差，一般仅适用于项目规划性估算、项目建议书估算和其他临时性的估算；②需要积累大量有关的基础数据，并要经过科学系统的分析与整理。扩大指标估算法主要包括以下三种方法：

（1）单位生产能力投资估算法　单位生产能力投资估算法是指根据同类项目单位生产能力所耗费的固定资产投资额，估算拟建项目固定资产投资额的一种估算办法。其计算公式如下：

$$I_2 = I_1 \frac{P_2}{P_1} C_F$$

式中　I_2——拟建项目所需固定资产投资额；

I_1——同类项目实际固定资产投资额；

P_2——拟建项目生产规模；

P_1——同类项目生产规模；

C_F——物价换算系数。

运用该方法时，应当注意拟建项目与同类项目的可比性，其他条件也应大体相似，否则误差会很大。该方法将同类项目的固定资产投资额与其生产能力的关系简单地视为线性关系，与实际情况差距较大。就一般项目而言，在一定的范围内，投资的增加幅度要小于生产能力增加的幅度。因此，运用该方法估算固定资产投资得出的结果误差较大。

（2）指数估算法　指数估算法，亦称生产规模指数估算法，是指根据同类项目实际固定资产投资额和规模指数来估算拟建项目固定资产投资额的一种估算方法。其计算公式如下：

$$I_2 = I_1 \left(\frac{P_2}{P_1} \right)^n C_F$$

式中　n——生产规模指数（$0 < n \leqslant 1$），具体可根据不同类型企业的统计资料加以确定。

国外化工项目的统计资料表明，n 的平均值大约在 0.6 左右，故又称此法为 0.6 指数法。该方法仅适用于同类型的项目，且规模扩大的幅度不宜大于 50 倍。生产规模指数应视项目的具体情况加以确定：当依赖加大设备规格来扩大生产规模时，取 $n=0.6\sim0.7$；当依赖增加相同设备数量来扩大生产规模时，取 $n=0.8\sim1.0$；对于高温高压工业项目，一般取 $n=0.3\sim0.5$。

运用该方法进行投资估算时，同样应当注意拟建项目与同类项目的可比性，其他条件也应大体相似，否则误差会很大。该方法将同类项目的固定资产投资额与其生产能力的关系视为非线性关系，比较符合实际情况，因而投资估算值比前述方法要准确一些。

（3）比例估算法　该法是根据大量实际统计资料，对过去同类工程项目或企业进行周密的调查分析，找出主要生产设备或者主要生产车间投资占全厂总投资的比例，然后只要估算出拟建项目的主要设备或主要生产车间的投资额，即可按比例求出拟建项目的总投资。估算公式如下：

$$Y = \left(\sum_{i=1}^{n} Q_i P_i \right) / K$$

式中　Y——拟建项目投资额；

K——同类项目主要设备投资占项目总投资比例；

Q_i——第 i 种设备数量；

P_i——第 i 种设备单价（到厂价）。

> **例6-1**　某相同类型工厂主要设备投资占建设投资的52%，拟建工厂的主要设备型号Ⅰ有420件，每件平均单价7000元；主要设备型号Ⅱ有470件，每件平均单价6800元，试估算本项目投资额。
>
> $Y = (420 \times 7000 + 470 \times 6800)$ 元 $\div 52\% = 11800000$ 元 $= 1180$ 万元

2. 详细估算法

扩大指标估算法计算简单，便于操作，但得出的估算值误差较大，在项目评估阶段一般不宜采用，而应采用详细估算法进行固定资产投资估算。详细估算法是指先分别估算构成固定资产投资的各个组成部分，然后再加以汇总得出固定资产投资总额的一种估算方法。该法把整个建设项目依次分解为单项工程、单位工程、分部工程和分项工程，按下列内容分别套用有关概算指标和定额编制投资概算，然后在此基础上再考虑物价上涨、汇率变动等动态投资。

（1）建筑工程费用　建筑工程包括房屋建筑工程、大型土石方工程、场地平整以及特殊构筑物工程等。建筑工程由直接费、间接费、计划利润和税金组成。直接费包括人工费、材料费、施工机械使用费和其他直接费，可按建筑工程量和当地建筑工程概算综合指标计算。间接费包括施工管理费和其他间接费，一般以直接费为基础，按间接费率计算。计划利润以建筑工程的直接费与间接费之和为基数。税金包括营业税、城市维护建设税和教育费附加。

（2）设备及工器具购置费用　包括需要安装的全部设备、工器具及生产用家具等购置费。

（3）安装工程费　包括设备及室内外管线安装费用，由直接费、间接费、计划利润和税金四部分组成。

（4）其他费用　指根据有关规定应计入固定资产投资的除建筑、安装工程费用和设备、工器具购置费以外的一些费用，包括土地征用费、居民迁移费、生产职工培训费、联合试运转费、场区绿化费、勘察设计费等。

（5）基本预备费　指事先难以预料的工程和费用，其用途主要为：进行初步设计、技术设计、施工图设计和施工过程中在批准的建设投资范围内所增加的工程费用；由于一般自然灾害所造成的损失和预防自然灾害所采取的措施费用；验收委员会为鉴定工程质量必须开挖和修复隐蔽工程的费用。基本预备费可以"单项工程费用"总计或以工程费用与工程建设其他费用之和为基数，按照规定的预备费率计算。

6.1.3　建设期利息的估算

项目建设资金凡属借款性质的，都应按规定计算投资借款建设期利息，并计入项目的建设投资总额中。对国内外借款，无论实际按年计息，还是按季、月计息，均可简化为按年计息，即将名义利率按计息时间折算成有效年利率。

1. 国内借款

在项目建设期，由于项目正在建设，不可能有效益，所以这时每一计息期的利息加入本金，下次一并计算，其计算公式如下：

$$I_t = \left(P_{t-1} + \frac{1}{2}A_t\right)i$$

式中　I_t——建设期第 t 年的利息；

$\quad P_{t-1}$——建设期第 $t-1$ 年末贷款余额，它的构成为：第 $t-1$ 年末的贷款累计再加上此时贷款利息累计；

$\quad A_t$——建设期第 t 年支用贷款，为简化计算，假定借款发生当年均在年中支付，按半年计息，其后年份按全年计息；

$\quad i$——贷款利息率。

如果项目从不同的渠道取得投资贷款，且各种贷款的利率不同，则应分别计算不同贷款种类的建设期利息，再汇总计算建设期利息总额。另外，如果项目通过发行债券的方式筹集资金，则还需要计算建设期支付给债权人的利息，并将其计入建设期利息总额。

例6-2　某新建项目建设期为3年，在建设期第一年贷款300万元，第二年400万元，第三年300万元，年利率为5.6%，用复利法计算建设期贷款利息。

解：建设期各年利息计算如下：

$P_0 = 0，\quad A_1 = 300$ 万元

$I_1 = (P_0 + 0.5A_1)i = 0.5 \times 300$ 万元 $\times 5.6\% = 8.4$ 万元

$P_1 = P_0 + A_1 + I_1 = (300 + 8.4)$ 万元 $= 308.4$ 万元

$A_2 = 400$ 万元

$I_2 = (P_1 + 0.5A_2)i = (308.4 + 0.5 \times 400)$ 万元 $\times 5.6\% = 28.47$ 万元

$P_2 = P_1 + A_2 + I_2 = (308.4 + 400 + 28.47)$ 万元 $= 736.87$ 万元

$A_3 = 300$ 万元

$I_3 = (P_2 + 0.5A_3)i = (736.87 + 0.5 \times 300)$ 万元 $\times 5.6\% = 49.66$ 万元

建设期末累计贷款利息：$(8.4 + 28.47 + 49.66)$ 万元 $= 86.53$ 万元

---

2. 国外借款

国外借款的来源渠道很多，其借款偿还条件也各不相同。原则上应按已经明确的或预计可能的借款偿还条件（偿还方式、偿还期和宽限期等）计算。国外借款利息计算比较复杂，除利息外，通常还要另加一些贷款费用，如管理费、承诺费、代理费等。在项目评估中，为了简化一些贷款费用的计算，一般通过适当提高贷款利率的办法合并计算贷款利息和贷款费用。其计算方法可参考国内借款利息的计算。

6.1.4 预备费估算

预备费是指在投资估算时用以处理实际与计划不相符而追加的费用，包括基本预备费和涨价预备费两部分。

基本预备费主要包括在进行初步设计、技术设计、施工图设计和施工过程中，在批准的建设投资范围内可能增加的投资费用；因一般自然灾害所造成的损失和预防自然灾害而采取必要措施所支付的费用；在有关部门组织验收时、验收委员会（或小组）为鉴定工程质量而必须开挖和修复隐蔽工程而支付的费用等。

涨价预备费主要考虑因项目建设期的投入物的价格上涨而需要增加的费用。对投资项目进行评估时，一般根据当时当地的材料、设备、工资等的价格和标准作为估算的依据，在项目的实施过程中，这些费用也可能会发生变化，即投入物的价格有可能上涨，为此要考虑设置该项费用。

不同类型项目的复杂程度不同，预备费的百分比也不同。预备费的计算可考虑以下两种方法：

1）第一种方法是分别计算基本预备费和涨价预备费，前者根据项目的具体情况，如投资估算的粗略程度、不可预见因素的多寡等来确定百分比；后者可根据当时的物价上涨指数来考虑。

2）第二种方法是将基本预备费和涨价预备费两项合在一起，用一个百分比计算。计算公式为：

预备费 =（固定资产投资 + 无形资产投资 + 开办费）× 费率

这里的费率一般可取 10% ~ 20%，当然，有些特殊的项目也可以取更高的百分比。

6.2 无形资产投资与开办费估算

6.2.1 无形资产投资构成

无形资产投资是指为取得或形成无形资产而发生的投资。我国现行《企业会计制度》规定，无形资产是指企业为生产商品、提供劳务、出租给他人或为管理目的而持有的、没有实物形态的非货币性长期资产。无形资产是一种特殊的资产，与其他资产相比，具有以下特点：①不存在实物形态；②可以在较长时期内为其拥有者提供经济效益；③与特定企业或企业的有形资产具有不可分离性；④有偿取得；⑤所提供的未来经济效益具有不确定性。无形资产包括可辨认无形资产和不可辨认无形资产两大类。前者包括专利权、非专利技术、商标权、著作权、土地使用权等；后者是指外购商誉。

1. 专利权

专利权是指国家专利主管机关依法授予发明创造专利申请人对其发明创造在法定期限内所享有的专有权利，包括发明专利权、实用新型专利权和外观设计专利权。专利权是一种财产权，具有排他性，未经专利持有人许可，任何其他人或单位不得使用其专利，即不得以生产经营为目的使用其专利方法或制造、销售其专利产品，否则，将受到法律的制裁。项目建设投资中作为构成无形资产的专利权既包括外购专利权，也包括投资者自己发明创造的专利权。

2. 非专利技术

非专利技术亦称专有技术、技术秘密或技术诀窍，它是指不为外界所知，在生产经营活动中已采用了的，不享有法律保护的各种技术和经验。非专利技术一般包括工业专有技术、商业贸易专有技术、管理专有技术等。非专利技术可以用蓝图、配方、技术记录、操作方法说明等具体资料表现出来，也可通过卖方派出技术人员进行指导，或接受买方人员进行技术实习等方式表现。非专利技术具有经济性、机密性和动态性等特点。

非专利技术与专利技术均属于技术的范畴，但两者又有明显的区别：首先，就法律保护而言，专利技术受《专利法》的保护，而非专利技术则没有专门的法律予以保护，只有签订非专利技术许可证，其权利内容才能表现出来；其次，就机密性而言，专利技术是在公开后，法律才保护发明人的专利权，而非专利技术则是保密的，靠其拥有者自己保密，在向他人转让非专利技术的使用权时，则靠合同来进行保密；再次，就期限而言，各国的法律大多规定，专利技术有一定的法律期限，期满后，专利权随即终止，失去法律保护，而非专利技术则没有法律规定的期限，拥有者可以长期拥有，当然，一旦泄露，就不成其为非专利技术。

3. 商标权

商标是用来辨认特定的商品和劳务的标记。商标权是指专门在某类指定的商品或产品上使用特定的名称或图案的权利。商标经过注册，就获得了法律上的保障。商标权包括独占使用权（即商标权享有人在商标注册的范围内独家使用其商标的权利）和禁止权（即商标权享有人排除和禁止他人对商标独占使用权进行侵犯的权利）两方面权利。

作为无形资产的商标通常代表信誉较高的名牌产品。这种能够给享有者带来获利能力的商标，常常是通过多年的广告宣传和客户的依赖而建立起来的。根据商标法的规定商标可以转让，但受让人应当保证使用商标的产品质量。

4. 著作权

著作权又称版权，它是指创作者对其所创作的文学、科学和艺术等作品依法所享有的某些特殊权利。著作权包括精神权利和经济权利。精神权利也叫人身权利，是指作品署名、发表作品、确认作者身份、保护作品的完整性、修改已经发表的作品等项权利，包括发表权、署名权、修改权和保护作品完整权；经济权利也叫财产权利，是指以出版、表演、广播、展览、录制唱片、摄制影片等方式使用作品以及因授权他人使用作品而获得经济利益的权利。受版权法保护的作品应具备三个条件，即独创性、可复制性和合法化。版权有一定的期限规定，包括版权受法律保护的时间界限和著作权许可使用的期限。

5. 土地使用权

土地使用权是指国家准许某企业在一定期间内对国有土地享有开发、利用、经营的权利。根据我国土地管理法的规定，我国土地实行公有制，任何单位和个人不得侵占、买卖或以其他方式非法转让。国有土地可以依法确定给全民所有制单位和集体所有制单位使用，国有土地和集体所有的土地的使用权可以依法转让。企业取得土地使用权的方式大致有行政划拨取得、外购取得、投资者投入取得等几种。

6. 商誉

商誉通常是指企业由于所处的地理位置优越，或由于信誉好而获得的客户信任，或由于组织得当、生产经营效益高以及技术先进、掌握了生产诀窍等原因而形成的无形价值。这种无形价值具体表现在该企业的获利能力超过了一般企业的获利水平。

商誉与整体企业密切相关，因而它不能单独存在，也不能与企业可辨认的各种资产分开出售。由于有助于形成商誉的个别因素不能单独计价，因而商誉的价值只有把企业作为一个整体看待时才能按总额加以确定。

无形资产投资直接形成项目投产后无形资产的价值，并在项目投产后在一定期间内逐年摊销。

6.2.2 无形资产投资估算方法

无形资产所包括的内容较多，取得的形式多种多样，因而其计价较为复杂。我国现行财务会计制度规定，无形资产按照取得时的实际成本计价。具体计价方法如下：

投资者作为资本金或合作条件投入的，按照评估确认或者合同、协议约定的金额计价。

从企业外部购入的，按照实际支付的金额计价。

自行开发的，按照实际开发费用计价。

接受捐赠的，按照所附单据或者参照同类大型资产市价计价。

商誉只有在企业合并、接受投资和从外部购入时，方可作价入账，否则不能作为无形资产入账。

决定无形资产价格的主要因素包括：①买方使用无形资产可以获得的收益的大小，时间的长短；②无形资产的研发费用；③出让无形资产所损失的利润；④类似的替代的无形资产的价格；⑤无形资产的寿命期，如专利的有效期等。

在项目评估阶段，投资者尚缺乏详细的资料，难以对无形资产作出准确的估算，需聘请有关方面的专家，在综合各种因素的基础上作出大致的估算。首先对无形资产进行鉴别，看其是否符合相对应的无形资产的条件；然后再用一定的方法进行估价，目前除土地使用权以外，其他无形资产的估价方法比较认可的有两种，即收益现值法和现行市价法。

6.2.3 开办费的估算

1. 开办费的概念

开办费是指企业在筹建期发生的，不能计入固定资产、无形资产的非流动资产。主要包括生产职工培训费、在注册登记和筹建期间起草文件、谈判、考察等发生的各项支出，销售网的建立和广告费用以及筹建期间人员工资、办公费、培训费、差旅费、印刷费、律师费、注册登记费以及不计入固定资产和无形资产购建成本的汇兑损益和利息等项支出。

企业在筹建期间发生的下列各项费用不应计入开办费：应当由投资者自行负担的各项费用支出；为取得各项固定资产、无形资产所发生的各项费用支出；筹建期间应当计入资产价值的汇兑损益和利息支出等各项费用支出。

按现行会计制度规定，开办费在筹建期内在长期待摊费用中归集，待企业开始生产经营起一次计入开始生产经营当期的损益，不需要分期摊销。

2. 开办费的估算

开办费一般根据所评估项目筹建期间的支出、项目特有以及同类项目的经验数据加以估算。

将以上各项费用汇总可得项目建设投资总额。按估算出的各项数据填入"建设项目投资估算表"（见表6-1）。

表 6-1　建设项目投资估算表　　　　　　　　　　（单位：万元）

| 序号 | 工程或费用名称 | 估 算 价 值 | | | | | | 占建设投资的比例（%） | 备注 |
		建筑工程	设备购置	安装工程	其他费用	合计	其中外币		
1	固定资产投资								
1.1	建筑工程投资								
1.2	设备购置费								
1.3	安装工程费								
1.4	工程建设其他费用								
2	无形资产投资								
2.1	土地使用权								
2.2	其他								
3	开办费								
4	预备费								
4.1	基本预备费								
4.2	涨价预备费								
5	固定资产投资方向调节税								
	合计（1+2+3+4+5）								

6.3　项目流动资金投资估算

6.3.1　流动资金构成

流动资金是指项目建成后企业在生产过程中处于生产和流通领域、供周转使用的资金，它是流动资产与流动负债的差额。为保证企业正常生产经营的需要，必须有一定量的流动资金维持其周转。在周转过程中流动资金不断地改变其自身的实物形态，其价值也随着实物形态的变化而转移到新产品中，并随着销售的实现而回收。

根据管理方式的不同，又可将流动资金划分为定额流动资金和非定额流动资金两大类。前者是指规定有最低限度经常需要量的那部分流动资金，主要表现为储备资金、生产资金和成品资金，是企业流动资金的主要组成部分；后者是指无需规定最低需要量的那部分流动资金，主要表现为发出商品占用的资金、货币资金和结算资金。

6.3.2 流动资金投资估算

不同类型的项目，其流动资金的需要量差异较大，一般可根据项目的类型与同类项目的经验数据加以估算，流动资金常用的估算方法主要有以下几种：

1. 扩大指标估算法

流动资金的扩大指标估算法是指在拟建项目某项指标的基础上，按照同类项目相关资金比率估算出流动资金需用量的方法，又分为销售收入资金率法、总成本（或经营成本）资金率法、固定资产价值资金率法和单位产量资金率法等具体方法。

（1）销售收入资金率法　销售收入资金率是指项目流动资金需要量与其一定时期内（通常为一年）的销售收入量的比率。销售收入资金率法的计算公式如下：

$$流动资金需要量 = 项目年销售收入 \times 销售收入资金率$$

式中，项目年销售收入取项目正常生产年份的数值，销售收入资金率根据同类项目的经验数据加以确定。

一般加工工业项目多采用该方法估算流动资金。

（2）总成本（或经营成本）资金率法　总成本（或经营成本）资金率法是指项目流动资金需要量与其一定时期（通常为一年）内总成本（或经营成本）的比率。总成本（或经营成本）资金率法的计算公式如下：

$$流动资金需要量 = 项目年总成本（或经营成本） \times 总成本（或经营成本）资金率$$

式中，项目年总成本（或经营成本）取正常生产年份的数值，总成本（或经营成本）资金率根据同类项目的经验数据加以确定。

一般采掘工业项目多采用该方法估算流动资金。

（3）固定资产价值资金率法　固定资产价值资金率是指项目流动资金需要量与固定资产价值的比率。固定资产价值资金率法的计算公式如下：

$$流动资金需要量 = 固定资产价值 \times 固定资产价值资金率$$

式中，固定资产价值根据前述固定资产投资估算方法得出，固定资产价值资金率根据同类项目的经验数据加以确定。

某些特定的项目（如火力发电厂、港口项目等）可采用该方法估算流动资金。

（4）单位产量资金率法　单位产量资金率是指项目单位产量所需的流动资金金额。单位产量资金率法的计算公式如下：

$$流动资金需要量 = 达产期年产量 \times 单位产量资金率$$

式中，单位产量资金率根据同类项目经验数据加以确定。

某些特定的项目（如煤矿项目）可采用该方法估算流动资金。

2. 分项详细估算法

分项详细估算法是借助流动资产和流动负债的最低周转天数和周转次数，分项目计算流动资产和流动负债需要量，并汇总估算项目所需流动资金数量的一种方法。有关计算公式和估算表（见表6-2）如下：

$$流动资金 = 流动资产 - 流动负债$$
$$流动资产 = 应收账款 + 预付账款 + 存货 + 现金$$

$$流动负债 = 应付账款 + 预收账款$$
$$流动资金本年增加额 = 本年流动资金 - 上年流动资金$$

流动资金估算的具体步骤是首先确定各分项最低周转天数，计算出周转次数，然后进行分项估算。

表 6-2　流动资金估算表　　　　　　　（单位：万元）

序号	年份 项目	最低周转天数	周转次数	投产期		达到设计能力生产期				合计
				3	4	5	6	...	n	
1	流动资产									
1.1	应收账款									
1.2	存货									
1.2.1	原材料									
1.2.2	燃料									
	......									
1.2.3	其他材料									
	......									
1.2.4	在产品									
1.2.5	产成品									
1.3	现金									
1.4	预付账款									
2	流动负债									
2.1	应付账款									
2.2	预收账款									
3	流动资金（1 - 2）									
4	流动资金当期增加额									

（1）周转次数的计算　具体计算公式如下：

$$周转次数 = \frac{360 天}{最低周转天数}$$

各类流动资产和流动负债的最低周转天数参照同类企业的平均周转天数并结合项目特点确定，或按部门（行业）规定。确定最低周转天数时应考虑储存天数、在途天数，并考虑适当的保险系数。

（2）流动资产估算　具体内容如下：

1）存货的估算。存货是指企业在日常生产经营过程中持有以备出售，或者仍然处在生产过程，或者在生产或提供劳务过程中将消耗的材料或物料等，包括各类材料、商品、在产品、半成品和产成品等。为简化计算，项目评估中仅考虑外购原材料、燃料、其他材料、在产品和产成品，并分项进行计算。计算公式如下：

$$存货 = 外购原材料、燃料 + 其他材料 + 在产品 + 产成品$$

$$外购原材料、燃料 = \frac{年外购原材料、燃料费用}{分项周转次数}$$

（注意，对外购原材料、燃料应按种类分项确定最低周转天数进行估算）

$$其他材料 = \frac{年其他材料费用}{其他材料周转次数}$$

$$在产品 = \frac{年外购原材料、燃料动力费用 + 年工资及福利费 + 年修理费 + 年其他制造费用}{在产品周转次数}$$

$$产成品 = \frac{年经营成本 - 年其他营业费用}{产成品周转次数}$$

2）应收账款估算。应收账款是指企业对外销售商品、提供劳务尚未收回的资金，计算公式如下：

$$应收账款 = \frac{年经营成本}{应收账款周转次数}$$

3）预付账款估算。预付账款是指企业为购买各类材料、半成品或服务所预先支付的款项，计算公式如下：

$$预付账款 = \frac{外购商品或服务年费用金额}{预付账款周转次数}$$

4）现金需要量估算。项目流动资金中的现金是指为维持正常生产运营必须预留的货币资金，计算公式如下：

$$现金 = \frac{年工资及福利费 + 年其他费用}{现金周转次数}$$

年其他费用 = 制造费用 + 管理费用 + 营业费用 − （以上三项费用中所含的工资及福利费、折旧费、摊销费、修理费）

（3）流动负债估算　流动负债是指将在一年（含一年）或者超过一年的一个营业周期内偿还的债务，包括短期借款、应付票据、应付账款、预收账款、应付工资、应付福利费、应付股利、应交税金、其他暂收应付款项、预提费用和一年内到期的长期借款等。在项目评估中，流动负债的估算可以只考虑应付账款和预收账款两项。计算公式如下：

$$应付账款 = \frac{外购原材料、燃料动力及其他材料年费用}{应付账款周转次数}$$

$$预收账款 = \frac{预收的营业收入年金额}{预收账款周转次数}$$

6.4　项目筹资方案与资金使用计划方案评估

6.4.1　资金来源分析与评估

按期足额投入资金是保证项目得以顺利实施的基本前提条件。在投资估算的基础上应当分析比较各种筹资渠道，确定资金来源。

从投资者的角度来看，建设项目筹资渠道主要有两大类：一是投资者投入的资本金；二是从外部筹资。

6.4.1.1　资本金

我国实行资本金制度，资本金制度是围绕资本金的筹集、管理以及所有者的权责利等方面所作的法律规范。应当承认，资本金既体现了一定的社会关系，它也是商品经济的产物，是投资与生产经营活动得以顺利进行的基本条件。随着我国改革开放的深入和市场经济体制的确立，建立资本金制度，明确产权关系是十分必要的。

通俗地讲，资本金是投资者进行直接投资的本钱。我国《企业财务通则》规定，资本金是指企业在工商行政管理部门登记的注册资金。根据《国务院关于固定资产投资项目试行资本金制度的通知》（以下简称《通知》）的精神，从1996年开始，对各种经营性项目包括国有单位的基本建设、技术改造、房地产开发项目和集体投资项目，试行资本金制度，投资项目必须首先落实资本金才能建设。投资项目资本金，是指在项目投资总额中由投资者认缴的出资额，是项目的非债务性资金。经营性项目实行资本金制度的目的在于，深化投资体制改革，建立投资风险约束机制，有效地控制投资规模，提高投资效益。

根据《通知》规定，项目资本金可以用货币出资，也可以用实物、工业产权、非专利技术、土地使用权作价出资。对于后者，必须经过有资格的资产评估机构依照法律、法规评估作价。以工业产权、非专利技术作价出资的比例，除国家对采用高新技术成果有特别规定的外，其他均不得超过资本金总额的20%。投资者以货币方式认缴的资本金，其资金来源包括：①中央和地方各级政府预算内资金；②国家批准的各项专项建设资金；③"拨改贷"和经营性基本建设基金回收的本息；④土地出租收入；⑤国有企业产权转让收入；⑥地方政府按国家有关规定收取的各种费用及其他预算外资金；⑦国家授权的投资机构及企业法人的所有者权益（包括资本金、资本公积金、盈余公积金、未分配利润、股票上市收益资金等）；⑧企业折旧基金以及投资者按照国家规定从资本市场上筹措的资金；⑨经批准，发行股票或可转换债券；⑩国家规定的其他可用作项目资本金的资金。

资本金占总投资的比例，根据项目所在行业的不同和项目的经济效益等因素确定。其中，交通运输、煤炭项目，资本金比例为35%及以上；钢铁、邮电、化肥项目，资本金比例为25%及以上；电力、机电、建材、石油加工、有色金属、轻工、纺织、商贸及其他行业的项目，资本金比例为20%及以上。项目资本金的具体比例，可根据项目经济效益、银行贷款意愿与评估意见等情况进行核定。经国务院批准，对个别情况特殊的国家重点建设项目，可适当降低资本金比例。

在项目评估中，应当考查建设单位的资本金是否落实。

6.4.1.2　外部资金来源

1. 国内资金来源

国内资金来源渠道主要有银行贷款、国家预算拨款和发行债券等。

（1）银行贷款　银行贷款是指银行采取有偿的方式向建设单位提供的资金，包括政策性银行、商业银行和非银行金融机构提供的贷款。从我国的现实情况来看，银行贷款是项目筹资的主要渠道。

（2）国家预算拨款　国家预算拨款亦称财政拨款，是指由国家预算直接拨付给建设部门、建设单位和更新改造企业无偿使用的建设资金。根据级别来划分，国家预算拨款包括中央预算拨款和地方预算拨款。前者是指中央预算对国务院各部委管理的中央级建设单位和更新改造企业的拨款；后者是指地方预算对各省、直辖市、自治区和计划单列市管理的地方级建设单位和更新改造企业的拨款。目前，该项资金来源已处于从属的地位，一般投资项目很难得到国家预算拨款。

（3）发行债券 债券是筹资者为筹措一笔数额可观的资金，向众多的出资者出具的表明债务金额的凭证。这种凭证由筹资者发行，由出资者认购并持有。债券是表明发行者与认购者双方债权债务关系的具有法律效力的契据。根据其发行主体，债券可分为不同的类型。这里所讲的债券仅指企业债券。发行债券已成为我国投资项目的一个重要投资资金来源。

2. 国外资金来源

国外资金来源渠道主要有外国政府贷款、外国银行贷款、出口信贷、国际金融机构贷款和融资租赁等。

（1）外国政府贷款 外国政府贷款是指一国政府利用财政资金向另一国政府提供的援助性贷款。目前，尽管政府贷款在国际间接投资中并不占居主导地位，但其独特的作用和优势是其他国际间接投资形式所无法替代的。

政府间贷款是友好国家经济交往的重要形式，具有优惠的性质。但同时也应当看到，投资国的政府贷款也是其实现对外政治经济目标的重要工具，特别是西方发达国家往往打着对外经济援助的旗号干涉别国内政。政府贷款除要求贷以现汇（即可自由兑换外汇）外，有时还要附加一些其他条件。

外国政府贷款的期限一般较长，如日本政府贷款的期限为 15～30 年（其中含宽限期 5～10 年）；德国政府贷款的期限最长达 50 年（其中宽限期为 10 年）。在政府贷款协议中除规定总的期限外，还要规定贷款的使用期（亦称提取期）、偿还期和宽限期。

外国政府贷款具有经济援助性质，其利率较低或为零。如日本政府贷款的年利率为 1.25%～5.75%，从 1984 年起，增收 0.1% 的一次性手续费。德国对受石油涨价影响较大的发展中国家所提供的政府贷款的年利率仅为 0.75%。

外国政府贷款具有特定的使用范围。如日本政府贷款主要用于能源、交通、邮电、工矿、农业、渔业等方面的建设项目以及基础设施建设。德国政府贷款主要用于基础设施、社会设施和工农业等。

尽管外国政府贷款的程序较为繁杂，但因其利率极为优惠，所以应积极努力争取。

（2）外国银行贷款 外国银行贷款也叫商业信贷，是指为项目筹措资金在国际金融市场上向外国银行借入的资金。诚然，外国政府贷款和国际金融机构贷款条件优惠，但因其数量有限不易争取，因此吸收国外银行贷款已成为各国利用国外间接投资的主要形式。目前，我国接受的国外贷款以银行贷款为主。

利息是贷款银行所获得的主要报酬，利息水平直接决定于利率水平。从理论上来讲，国际间的银行贷款也主要决定于世界经济中的平均利润率和国际金融市场上的借贷供求关系，处于不断变化之中。从实际运行情况来看，国际间的银行贷款的利率比政府贷款和国际金融机构贷款的利率要高，依据贷款国别、贷款币种和贷款期限的不同而又有所差异。

对于中长期贷款，一般采取加息的办法，即在伦敦银行同业拆放利率的基础上，加一个附加利率。附加利率一般不固定，视贷款金额、期限、风险、资金供求状况、借款者信誉等，由借贷双方商定。中长期贷款的利息在计息期末（即 3 个月或 6 个月的期末）支付一次。

银行在提供中长期贷款时，除收取利息外，还要收取一些其他费用，主要包括：

1）管理费。管理费亦称经理费或手续费，是借款者向贷款银团的牵头银行所支付的费用。管理费取费标准一般为贷款总额的 0.5%～1.0%。

2）代理费。代理费是由借款者给贷款银团的代理行支付的费用。代理费多少视贷款金额、事务的繁简程度，由借款者与贷款代理行双方商定。

3）承担费。承担费是指借款者因未能按贷款协议商定的时间使用资金而向贷款银行支付的带有赔偿性质的费用。

4）杂费。杂费是指由借款人支付给银团贷款牵头银行的、为与借款人联系贷款业务所发生的费用（如差旅费、律师费和宴请费等）。杂费根据双方认可的账单支付。

国际间银行贷款可划分为短期贷款、中期贷款和长期贷款，其划分的标准是：短期贷款的期限在 1 年以内，有的甚至仅为几天；中期贷款的期限为 1 ~ 5 年；长期贷款的期限在 5 年以上。银行贷款的偿还方法主要有到期一次偿还、分次等额偿还、分次等本偿还和提前偿还四种方式。

银行贷款所使用的货币是银行贷款条件的重要组成部分。在贷款货币的选择上，借贷双方难免有分歧。就借款者而言，在其他因素不变的前提下，更倾向于使用汇率趋向贬值的货币，以便从该货币未来的贬值中受益，而贷款者则相反。

（3）出口信贷　出口信贷是一国政府为支持和扩大本国资本货物，特别是大型设备的出口，增强国际竞争力，由本国的出口信贷机构通过直接向本国出口商或国外进口商提供较低利率的贷款，或以担保、保价、利率补贴等间接方式以解决本国出口商资金周转的困难，或满足国外进口商进口本国商品支付货款需要的一种融资方式，国际上通常称官方支持的出口信贷。

第二次世界大战后，随着大型成套设备进出口的增长，世界出口信贷的规模也得到了极大的发展。目前，各国较为普遍采用的出口信贷主要有卖方信贷、买方信贷和福费廷三种方式，其中，应用最多的是买方信贷。

卖方信贷是指在大型设备出口时，为便于出口商以延期付款的方式出口设备，由出口商本国的银行向出口商提供的信贷。卖方信贷的具体操作程序是：出口商（卖方）与出口方银行签订信贷合同，取得为进口商垫付的资金；进口商在订货时，只支付一定比例的定金（一般为合同货价的 10% ~ 15%），其余货款在设备全部交付或投产后陆续偿还，同时支付延期付款利息；出口商收到货款后，再归还出口方银行贷款。

买方信贷是由出口方银行直接向进口商或进口方银行所提供的信贷。买方信贷的具体操作程序是：进口商（买方）与出口商签订贸易合同后，进口商先交相当于货价 10% ~ 15% 的现汇定金；进口商与出口方银行在贸易合同签订后至预付定金前，签订贷款协议，进口商用其所借款项，以现汇付款条件向出口商支付货款；进口商对出口方银行所提供的贷款，按贷款协议规定的条件分期偿付。

福费廷是指在延期付款的大型设备进出口贸易中，出口商将经进口商承兑的、期限在半年以上至 5、6 年的远期汇票，无追索权地售予出口商所在国的银行（或大金融公司），以便提前取得现款的一种资金融通形式。这里所讲的无追索权是指出口商将远期汇票出售后，该汇票是否遭到拒付与出口商无关，亦即在出售汇票的同时，将拒付风险也转移给银行。

（4）混合贷款、联合贷款和银团贷款　混合贷款也称政府混合贷款，它是指政府贷款、出口信贷和商业银行贷款混合组成的一种优惠贷款形式。目前各国政府向发展中国家提供的贷款，大都采用这种形式。此种贷款的特点是：政府出资必须占有一定比重，目前一般达到 50%；有指定用途，即必须进口提供贷款的国家出口商的产品；利率比较优惠，一般为

1.5% ~2.5%，贷款期也比较长，最长可达30~50年（宽限期可达10年）贷款金额可达合同的100%，比出口信贷优越；贷款手续比较复杂，它对项目的选择、评估、使用都有一套特定的程序和要求，较之出口信贷要复杂得多。

联合贷款是指商业银行与世界性、区域性国际金融组织以及各国的发展基金、对外援助机构共同联合起来，向某一国家提供资金的一种形式。此种贷款比一般贷款更具有较大的灵活性和优惠性。此种贷款的特点是：政府与商业金融机构共同经营；援助与融资互相结合，利率比较低，贷款期限比较长，有指定用途。

银团贷款也叫辛迪加贷款，它是指由一家或几家银行牵头，多家国际商业银行参加，共同向一国政府、企业的某个项目（一般是大型的基础设施项目）提供金额较大、期限较长的一种贷款。此种贷款的特点是：必须有一家牵头银行，该银行与借款人共同议定一切贷款的初步条件和相关文件，然后再由其安排参加银行，协商确定贷款数额，达成正式协议后，即把下一步工作移交代理银行，当然牵头银行也可以转化为代理银行；必须有一个代理银行，即代表银团严格按照贷款协议履行其权利和义务，并按各行出资份额比例进行提款、计息和分配收回的贷款等一系列事宜；贷款管理十分严密；贷款利率比较优惠，贷款期限也比较长，并且没有指定用途。

（5）国际金融机构贷款　向我国提供贷款的国际金融组织主要有世界银行和亚洲开发银行等。

世界银行是国际复兴开发银行的简称。世界银行贷款也是一种比较优惠的贷款，贷款资金相对比较充足，贷款期限较长，贷款利率一般低于国际金融市场利率。这种贷款一般称硬贷款。其附属机构——国际开发协会对发展中国家的贷款条件更为优惠，一般是无息的，仅收0.75%的手续费和0.50%的承诺费，期限可达50年，宽限期为10年，还可用本币归还，一般称之为软贷款。

亚洲开发银行是亚洲及太平洋地区的一个区域性国际金融组织。亚洲开发银行贷款的种类包括：

1）普通贷款，即用成员国认缴的资本和在国际金融市场上借款及发行债券筹集的资金向成员国发放的贷款。此种贷款期限比较长，一般为10~30年，并有2~7年的宽限期，贷款利率按金融市场利率，借方每年还需交0.75%的承诺费，在确定贷款期后固定不变。此种贷款主要用于农业、农林发展、能源、交通运输及教育卫生等基础设施项目。

2）特别基金贷款，即用成员国的捐款为成员国发放的优惠贷款及技术援助，分为亚洲发展基金和技术援助特别基金，前者为偿债能力较差的低收入成员国提供长期无息贷款。贷款期长达40年，宽限期10年，不收利息、只收1%的手续费。后者资助经济与科技落后的成员国为项目的筹备和建设提供技术援助和咨询等。除上述种类以外，亚洲开发银行还利用其他资金来源，向成员国建设项目提供援助性贷款。

3. 融资租赁

融资租赁亦称金融租赁或资本租赁，是指不带维修条件的设备租赁业务。融资租赁与分期付款购入设备相类似，实质上是承租者向设备租赁公司筹措设备投资的一种方式。融资租赁获得的设备的租赁费总额构成投资额，但实际付款则是在设备使用时根据租赁合同分期进行的。融资租赁既是一种筹措国内资金的方式，更是一种利用外资的方式。

在融资租赁方式下，设备（即租赁物件）是由出租人完全按照承租人的要求选定的，所以出租人对设备的性能、物理性质、老化风险以及维修保养不负任何责任。在大多数情况下，出租人在租期内分期回收全部成本、利息和利润，租赁期满后，出租人通过收取名义货价的形式，将租赁物件的所有权转移给承租人。

融资租赁的方式很多，主要有以下三种：

（1）自营租赁　自营租赁亦称直接租赁，是融资租赁的典型形式。其一般程序为：用户根据自己所需设备，先向制造厂家或经销商洽谈供货条件；然后向租赁公司申请租赁预约，经租赁公司审查合格后，双方签订租赁合同，由租赁公司支付全部设备款，并让供货者直接向承租人供货，货物经验收并开始使用后，租赁期即为开始，承租人根据合同规定向租赁公司分期交付租金，并负责租赁设备的安装、维修和保养。

（2）回租租赁　回租租赁亦称售出与回租，是先由租赁公司买下企业正在使用的设备，然后再将原设备租赁给该企业的租赁方式。

（3）转租赁　它是指国内租赁公司在国内用户与国外厂商签订设备买卖合同的基础上，选定一家国外租赁公司或厂商，以承租人身份与其签订租赁合同，然后再以出租人身份将该设备转租给国内用户，并收取租金转付给国外租赁公司的一种租赁方式。

融资租赁是一种融通资金的全新途径，是一种以金融、贸易和工业两者相结合、以租赁设备的所有权与使用权相分离为特征的新型信贷方式。就全世界而言，融资租赁已成为仅次于贷款的信贷方式。有关专家预测，在今后 10 年中，世界的租赁业将出现超过贷款筹资的趋势，是极有发展前途的朝阳产业。

此外国内外有关机构和个人捐赠也是一种筹资渠道。

6.4.2　资金成本分析

1. 资金成本的概念

企业从各种来源筹集的资金不能无偿使用，需要付出一定的代价。资金成本就是企业取得和使用资金所需支付的费用，包括资金占用费用和资金筹集费用。资金占用费用包括股息、利息、资金占用税等。资金筹集费用是指资金筹集过程中所发生的费用，包括注册费、代办费、手续费、承诺费等。

在不同条件下筹集资金的数额不相同，为了便于分析比较，资金成本通常以相对数表示。企业使用资金所负担的费用同筹集资金净额的比率，称为资金成本率（一般亦通称为资金成本）。其定义公式为：

$$资金成本率 = \frac{资金占用费用}{筹集资金总额 - 资金筹集费用} \times 100\%$$

2. 不同来源的资金成本

投资项目所投入的资金有四个基本来源，即债务、债券、股票和保留盈余，但并不是特定投资方案就有一种特定的资金来源与之相对应。一个投资项目资金的来源往往是多渠道的，因此，必须用总的资本成本作为方案的评价标准。为了计算投资项目的总资本成本，就需要研究从各种筹资渠道取得资金的资金成本。然后把各种资金成本综合为项目的实际资金成本。

在计算各种筹资渠道的资金成本时，以所得税后情况为基础表示所有款项的数量，使得求出的总资金成本建立在一个可比较的税后基础上。把每种资金的货币支付成本确定之后，再把它们综合成为加权平均资金成本，用加权平均资金成本作为有吸引力的最低收益率，也就是判断方案可否采纳的临界值。

3. 债务资金成本的计算

债务资金有许多来源。例如以普通借贷方式从银行和保险公司取得短期借款；以出售公债和抵押设备的方式从金融证券公司或从社会上取得长期贷款。就资金成本而言，长期借款、短期借款的成本计算方法是相同的。债务资金成本与其他形式的资金成本之间的主要区别在于：为借款支付的利息可以免征所得税，同时这种资金成本是以税后数据为基础计算的。

债务资金成本可以通过下列公式求得：

$$P_0 = C_0 + \frac{C_1}{(1+k)} + \frac{C_2}{(1+k)^2} + \cdots + \frac{C_n}{(1+k)^n}$$

或

$$P_0 = P_0 f + \frac{C_1}{(1+k)} + \frac{C_2}{(1+k)^2} + \cdots + \frac{C_n}{(1+k)^n}$$

式中　　　C_0——$t=0$ 时借款与发行证券费用的一项税后现金流出，$C_0 = P_0 f$；

P_0——$t=0$ 时项目筹集到的短期或长期借款；

f——借款手续费率；借款手续费包括注册费、付给银行的包销、代销等手续费等；

C_1，C_2，$\cdots$，C_n——在项目寿命期内支付的借款利息和本金的税后现金流出；

k——借款的资本成本。

计算上式中的 k 值，就可得到某种来源的借入资金的资金成本。

（1）短期借款的资金成本（k_1）　短期借款的资金成本是缴纳所得税后的实际年利率。由于支付贷款利息可以减少税前利润而少缴所得税，因此实际支付的贷款利息只是贷款利息 $\times$（1-所得税率）。设实际借款的资金成本为 k_1，令以上公式中的 $C_1 = C_2 = \cdots = C$，$C = P_0 i(1-T_e)$，$n \to \infty$ 时，则

$$k_1 = \frac{1-T_e}{1-f} i$$

式中　i——借款年实际利率；

T_e——实际所得税率。

如果借款利息支付周期比利率周期短，就必须根据名义利率计算实际利率。

设 $r=$ 借款的名义利率，$m=$ 每年计算次数，求借款的税后实际年资金成本的公式如下：

$$k_1 = \frac{[(1+r/m)^m - 1](1-T_e)}{(1-f)}$$

例 6-3　按年利率 6% 借入的资金总额为 20000 元，在借款期内每年支付利息 4 次，假设实际所得税率为 33%，$f=0$，这项借款的实际利率是多少？

由计算公式得：

$$k_1 = [(1+0.06/4)^4 - 1] \times (1-0.33) = 4.1$$

（2）债券的资金成本（k_b）　假设债券销售价格为 P_0，发行债券实际筹措的资金为 $P_0(1-f)$，若在第 t 年内支付债券本金为 F_t，利息为 I_t，则债券所得税后筹资成本可通过以

下公式求得：

$$P_0(1 - f) = \sum_{t=1}^{n} \left[F_t + I_t(1 - T_e) \right] / (1 + k_b)^t$$

如果在最后一年一次偿还本金，那么计算公式可演变为：

$$P_0(1 - f) = \sum_{t=1}^{n} \left[I_t(1 - T_e) \right] / (1 + k_b)^t + F / (1 + k_b)^n$$

式中　P_0——债券票面价格。

债券发行时，其出售的实际价格常常不同于其票面价值。如果出售时的实际价格低于其票面价值称为折价发行；出售时的实际价格高于其票面价值称为溢价发行；出售时的实际价格等于其票面价值称为平价发行。

当债券的售价与其票面价值之间存在差异时，溢价与折价必须由发行者摊还，此时把全部摊还的折扣和溢价的纳税部分作为债券期限内每年的额外支出或额外收入。为了更具体地说明这一点。令 A_t 表示年摊还额（折扣或溢价），P_0 表示债券出售时的实际价格。

$$A_t = \frac{1}{N}(F - P_0)$$

注意，如果债券以折价出售（$F > P_0$），则式中的 A_t 是正值；如果债券按溢价出售（$F < P_0$），则 A_t 是负值。由于摊还费用可以不计所得税，则包括利息在内的净现金流出是 $\left[I_t + \frac{1}{N}(F - P_0) \right](1 - T_e)$，由此可得债券的近似税后成本，可用以下公式表示：

$$k_b = \frac{\left[I_t + (F - P_0)/N \right](1 - T_e)}{P_0(1 - f)}$$

例6-4　某制造公司发行了一期债券，每张债券的票面值为1000元，年利率8%。债券10年期满。发行时每张债券的最高售价为910元。$f = 0$，设所得税率为33%，求该公司这笔新借入资本的税后实际成本是多少？

由公式可得：

$$k_b = \left[1000 \times 8\% + (1000 - 910) \div 10 \right] \times (1 - 33\%) \div 910 = 6.55\%$$

4. 权益资金成本的计算

企业资金无论采取何种方式筹集，最终必然分为两类，即债务资金和权益资金。对于股份制企业，权益资金就是股票持有者享有的权益，对于其他企业，权益资金就是因企业利润留成而拥有的自有资金。它们的资金成本是根据投资者希望从企业获得的盈利数确定的。投资者决定是否投资的判断依据是他们自己的最低可接受收益率。当预期的收益率高于他们的最低可接受收益率（MARR）时，投资者才愿意投资。

对于股份制企业，投资者购买、保持或出售股票的依据是普通股的市场价格，而这个价格是股票持有者所期望的未来收入（包括股息和出售时的股票市场价格）的现值。股票的资金成本就是能使普通股的市场价格保持不变的最小收益率。即：

$$P = \frac{C_1}{(1 + k)} + \frac{C_2}{(1 + k)^2} + \cdots + \frac{C_n}{(1 + k)^n} + \frac{S}{(1 + k)^n}$$

式中　P——投资的现值，即普通股的目前市场价格；

k——投资者最低可接受收益率，即股票资金的成本；

C——股票在投资期内第 t 年末的现金股息，$t=1，2，\cdots，n$；

S——第 n 年末股票的市场价格。

以上是计算股票资金成本的通用公式。在实际工作中，股票资金成本可采用下列方法进行简单计算。

（1）优先股成本率　计算公式如下：

$$k_p = \frac{D_p}{P_p（1-f）}$$

式中　k_p——优先股成本率；

D_p——优先股年股息支出总额；

P_p——优先股股金总额。

> **例 6-5**　如果某公司有可能出售一种股息为 9% 的优先股（票面值为 100 元），同时每张股票的净所得为 96 元，$f=0$。发行优先股股票的资本成本为：
> $$k_p = 0.09 \times 100 \div 96 = 9.38\%$$

应当注意，这项成本并不因所得税而变动，因为全部股息是从税后所得中支出的。所以，优先股的货币支付成本实际上通常比债务资本的成本要高些。

（2）普通股成本率　计算公式如下：

$$k_c = \frac{D_c}{P_c（1-f）} + G$$

式中　k_c——普通股成本率；

D_c——预计当年发放的普通股股利总额；

P_c——普通股股金总额；

G——普通股股利预计每年增长率；

f——筹资费率。

5. 综合资金成本的计算

企业从不同来源筹集资金，其成本各不相同。由于种种条件的制约，企业不可能只从某种资金成本较低的来源筹集资金，而且相反地从多种来源取得资金，以形成各种筹资方式的组合可能更为有利。这样，为了进行筹资决策和投资决策，就需要计算全部资金来源的综合资金成本率，即加权平均的资金成本率。其计算公式如下：

$$k_w = \sum_{j=1}^{n} w_j k_j$$

式中　k_w——综合资金成本率，一般指税后资金成本率；

w_j——第 j 种资金来源占全部资金的比重；

k_j——第 j 种资金来源的资金成本率，一般指税后资金成本率；

n——筹资方式的种类。

一旦各种来源的资金成本求出之后，就可以把这几种成本结合起来，利用公式求得该投资项目的平均资金成本。

例6-6 根据一个投资项目的资金来源渠道，列出其资本结构，并假设已求出各种资本的税后货币支付资金成本，利用公式最后求得该项目的加权平均资本成本。计算表见表6-3。

表6-3 建设项目综合资金成本率计算表

序号	资金来源 (1)	数量 (2)	比例（%）(3)	税后资金成本 (4)（%）	加权成本（%）(5) = (3) × (4)
1	短期借款	50	5	6.08	0.304
2	债券	100	10	5.56	0.556
3	优先股票	150	15	10.00	1.500
4	普通股票	600	60	11.56	6.936
5	保留盈余	100	10	11.56	1.156
				加权平均资金成本	10.452

6.4.3 资金筹集和使用设计方案分析评估

1. 制定资金筹措方案

资金筹措方案的编制依据是投资估算得出的有关数据。资金筹措方案包括的内容主要有：①确定项目的筹措资金渠道；②确定每个渠道所筹措的资金额。

在制定资金筹措方案时应当注意以下几点：

1）严格按照资金的需要量确定筹资额。在投资总额估算较为准确的前提下，应当根据资金的需要量来确定筹资额，既要防止"留缺口"，又要避免高估冒算。

2）认真选择筹资来源渠道。首先，要分析各种筹资来源渠道的可能性。如前所述，项目的资金来源渠道多种多样，在制定筹资方案时，应当分析各种筹资渠道是否可靠。不同的资金来源渠道对项目的限制条件不同，如拨款是一种最为理想的筹资渠道，但并不是一般项目所能争取到的。为了确保筹资来源的可靠性，建设单位要与有关资金供应方签订书面协议。其次，要分析项目的筹资成本。不同来源渠道的资金成本各不相同，而且取得资金的难易程度也不相同。在实际工作中，可供选择的筹资方案很多，往往各有其优缺点，有的资金供应较为稳定，有的取得比较方便，有的资金成本较低，有的有利于筹集巨额资金，有的有利于筹集少额资金。基于此，应考虑各种筹资渠道，实现筹资方式的最优组合，以降低综合资金成本。再次，要分析项目筹资渠道是否符合国家有关规定，以确保项目筹资渠道的合法性。

3）准确把握自有资金与外部筹资的比例。就一般项目而言，除自有资金外，还有相当数额的资金是从外部筹措的，两者的比例必须符合《国务院关于固定资产投资项目试行资本金制度的通知》中的有关规定。

4）避免利率风险与汇率风险对项目的不利影响。利用外资是项目筹资的重要渠道。在利用外资中，如筹措的是实行浮动利率的外汇贷款，则筹资者有可能面临着因利率上浮而导致的利率风险；如所筹措的外汇汇率上升，则筹资者有可能面临汇率风险。因此，正确选择筹资方式和外汇种类是十分必要的。

在项目评估中，评估人员要对上面四个方面的内容进行认真分析，确保项目资金来源的落实。

2. 制订资金使用计划

资金使用计划应根据项目实施进度与资金来源渠道进行编制。

1）根据建筑安装工程进度表，按照不同年度的工作量安排相应的资金供给量。

2）根据设备到货计划，安排设备购置费支出。

3）项目的前期费用应尽早落实。

4）在安排投资计划时，应先安排自有资金，后安排外部筹集来的资金。

在项目评估中，评估人员要对上面四个方面的内容进行认真分析，确保项目资金使用计划符合实际需要。

根据资金筹措方案与资金使用计划编制投资总额与资金筹措表（见表6-4）。

表6-4 投资总额与资金筹措表 （单位：万元）

序号	年份 内容 项目	建设期								生产期							
		第1年				第2年				第1年				第2年			
		外币	折合人民币	人民币	小计	外币	折合人民币	人民币	小计	外币	折合人民币	人民币	小计	外币	折合人民币	人民币	小计
1	总投资																
1.1	建设投资																
1.2	建设期利息																
1.3	流动资金																
2	资金筹措																
2.1	自有资金																
	其中：用于流动资金																
2.2	借款																
2.2.1	长期借款																
2.2.2	流动资金借款																
2.2.3	其他短期借款																
2.3	其他																

3. 资金使用计划方案分析评估

对资金使用计划的分析和评价，应着重从下列几个方面进行：

1）项目实施进度规划是否能与资金筹措方式和筹资规划相吻合，是否有调整和修改建议。资金使用规划能否与项目实施进度规划相衔接。

2）各项不同渠道来源的资金使用是否合理、是否符合国家规定，特别是外汇的使用是否符合国家有关政策规定和投资者签订的协议，有无外汇偿还能力。

3）投资使用规划的安排是否科学合理，是否能够达到保证项目顺利实施和资金最优利用的目的。

根据项目资金使用计划方案的结果，编制"投资来源及支用预测表"（见表6-5）和"投资使用计划表"（见表6-6）。

表 6-5　投资来源及支用预测表　　　　　　　（单位：万元）

序号	项目	投资合计	建设期				生产期			
			第1年	第2年	第3年	第4年	第1年	第2年	第3年	第4年
1	投资来源									
1.1	国家基建基金贷款									
1.2	建设银行贷款									
1.3	世界银行贷款									
1.4	发行股票									
1.5	发行债券									
1.6	银行流动资金贷款									
	……									
	合计									
2	投资支出									
2.1	土建工程									
2.2	购买设备									
2.3	生活福利设施									
2.4	前期准备费用									
2.5	不可预见费用									
2.6	流动资金									
	……									
	合计									

表 6-6　投资使用计划表　　　　　　　　　　（单位：万元）

序号	项目	合计	建设期								生产期							
			第1年				第2年……				第1年				第2年……			
			外币	折合人民币	人民币	小计	外币	折合人民币	人民币	小计	外币	折合人民币	人民币	小计	外币	折合人民币	人民币	小计
1	固定资产投资																	
1.1	权益资金																	
1.1.1	普通股																	
1.1.2	优先股																	
1.2	人民币借款																	
1.2.1	基建基金借款																	
1.2.2	银行借款																	
1.2.3	地方自筹																	
	……																	
1.3	外汇借款																	
1.3.1	国外政府贷款																	
1.3.2	国际金融机构贷款																	
1.3.3	出口信贷																	
1.3.4	外币债券																	
	……																	
2	流动资金																	
2.1	自有资金																	
2.2	流动资金借款																	

思考与练习

1. 建设项目总投资包括哪些内容？

2. 固定资产投资估算方法有哪些？

3. 无形资产如何估算？

4. 建设期利息如何计算？

5. 流动资金如何估算？

6. 筹措资金的方式有哪些？

7. 可以通过哪些渠道从国外筹措资金？

8. 出口信贷普遍采用哪几种方式？各有什么特点？

9. 制定资金筹措方案时应注意哪些问题？

10. 怎样安排资金使用计划？

11. 如何计算项目加权平均资金成本？

12. 某拟建项目年产某种产品 40 万件，调查研究表明，本地区年产该种产品 20 万件的同类项目的固定资产投资额为 1000 万元，假定不考虑物价因素的变动，试初步确定本项目的固定资产投资额？

13. 某拟建项目生产规模为年产 B 产品 500 万 t，根据统计资料，生产规模为年产 400 万 t 同类产品的企业工程费用为 3000 万元，物价上涨指数为 1.08，生产规模指数为 0.7，试估算本拟建项目所需的工程费用？

14. 某项目主要设备的种类、数量、到厂价格见表 6-7。

表 6-7　某项目设备数据表

	设备 A	设备 B	设备 C	设备 D
数量/台	10	15	8	20
价格/万元	5	11	6	7

假定同类项目主要设备占其总投资的比例为 50%，试估算本项目的总投资。

15. 某新建项目，建设期为 3 年，在建设期第 1 年贷款 300 万元，第 2 年贷款 600 万元，第 3 年贷款 400 万元，年利率为 12%，试用复利法分别计算建设期各年的贷款利息。

建设项目财务效益评估

第7章

7.1 建设项目财务效益评估概述

7.1.1 建设项目财务评价的概念

财务评价就是根据国家现行的财税、金融、外汇制度和价格体系，分析计算项目直接发生的财务效益和费用，编制财务报表，考查项目的盈利能力、清偿能力、抗风险能力及外汇效果等财务状况，据以判断项目财务上是否可行的一种经济评价方法。

项目财务效益的好坏，关系到项目建成后企业本身的生存和发展，因此，财务评价在项目评估中占有十分重要的地位，其评估结论是决定项目取舍的基本依据。

7.1.2 建设项目财务评价的原则

（1）坚持效益与费用计算口径一致的原则　财务效益评估要正确识别项目的财务效益和费用，计算口径对应一致。正确的做法是，只计算项目的内部效果，即项目本身的内部效益和内部费用，不考虑因项目存在而产生的外部效益和外部费用，避免因人为地扩大效益和费用的计算范围，使得效益和费用缺乏可比的基础，造成财务效益评估失误。

（2）坚持动态分析为主、静态分析为辅的原则　静态分析是一种不考虑资金时间价值和项目寿命期，只根据某一年或某几年的财务数据判断项目的盈利能力和清偿能力的方法。它具有计算简便、指标直观、容易理解掌握等优点。但也存在计算不够准确，不能正确全面地反映拟建项目财务可行性等缺点。而动态分析方法则可以弥补静态分析方法的不足。它强调考虑资金时间价值因素对投资效果的影响，根据项目整个寿命期各年的现金流入和现金流出情况判断项目的财务效益。尽管动态分析的计算过程复杂，但计算出的指标能够较为准确地反映拟建项目的财务效益，因此，在财务效益评估中，应坚持以动态分析为主、静态分析为辅的原则。

（3）坚持采用预测价格的原则　由于项目计算期一般较长，受市场供求变化等因素的影响，投入物与产出物的价格在项目计算期内肯定会发生某些变化，若仅以现行价格为衡量项目投入物和产出物的价值尺度，显然是不科学的。因此，在财务效益评估中，应以现行市场价格为基础预测项目生产期的价格，计算项目的效益和费用，据以对拟建项目的财务可行性作出客观的评价。

155

（4）坚持定量分析为主、定性分析为辅的原则 投资项目经济评价的本质要求是对项目建设和生产经营过程中的诸多经济因素，通过效益和费用计算，给出明确的数量概念。即对项目进行财务效益评估时，要以数据说话，做到评之有据。这就要求采用定量分析的方法对项目的财务效益进行评估。但是，一个复杂项目，总会有一些很难甚至不能数量化的经济因素，因而无法直接进行定量分析。对此，则应进行实事求是的、准确的定性分析，并与定量分析结合在一起进行评价。

7.1.3 财务评价的作用

建设项目的财务评价无论是对项目投资主体，还是对为项目建设和生产经营提供资金的其他机构或个人，均具有十分重要的作用。主要表现在以下几方面：

（1）考查项目的财务盈利能力 项目的财务盈利水平如何，能否达到国家规定的基准收益率，项目投资主体能否取得预期的投资效益；项目的清偿能力如何，是否低于国家规定的基准投资回收期，项目债权人的权益是否有保障等，是项目投资主体、债权人，以及国家、地方各级决策部门、财政部门共同关心的问题。因此，一个项目是否值得兴建，首先要考查项目的财务盈利能力等各项经济指标，要进行财务评价。

（2）用于制定适宜的资金规划 确定项目实施所需资金的数额，根据资金的可能来源及资金的使用效益，安排恰当的用款计划及选择适宜的筹资方案，都是财务评价要解决的问题。项目资金的提供者们据此安排各自的出资计划，以保证项目所需资金能及时到位。

（3）为协调企业利益和国家利益提供依据 对某些国民经济评价结论好而财务评价不可行，但又为国计民生所急需的项目，必要时可向国家提出采取经济优惠措施的建议，使项目具有财务上的生存能力。此时，财务评价可以为优惠方式及幅度的确定提供依据。

（4）为中外合资项目提供双方合作的基础 对中外合资项目的外方合营者而言，财务评价是作出项目决策的唯一依据。项目的财务可行性是中外双方合作的基础。中方合营者根据审批机关的要求，需要时还要进行国民经济评价。

7.2 建设项目财务评价基础数据的测算

7.2.1 资本性投入基础数据的测算

7.2.1.1 总成本费用及其构成

工业建设项目的总成本费用是指在项目生产经营期内发生的为组织生产和销售应当发生的全部成本和费用，通常按年反映。工业建设项目的总成本费用主要包括生产成本和期间费用。

1. 生产成本的构成

生产成本由生产过程中消耗的原材料、直接材料、直接工资、其他直接支出和制造费用构成。即包括各项直接支出和制造费用。具体内容包括：

（1）直接材料 直接材料是指项目在生产经营过程中实际消耗的原材料、辅助材料、备品配件、外购半成品、燃料、动力、包装物、低值易耗品以及其他直接材料。

（2）直接工资 直接工资包括直接从事产品生产人员的工资、奖金、津贴和补贴。

（3）其他直接支出　其他直接支出是指按照直接工资的一定百分比计算的直接从事产品生产人员的职工福利费。

（4）制造费用　制造费用是指为组织和管理生产产品和提供劳务所发生的各项间接费用。其主要包括以下几种类型：

1）间接用于产品生产的费用，包括机器物料消耗，车间生产用房屋及建筑物折旧费、修理费、经营租赁费和保险费，车间生产用的照明费、取暖费、运输费、劳动保护费，以及季节性停工和生产用固定资产修理期间的停工损失等。

2）虽然直接用于生产，但管理上不要求或核算上不便于单独核算，因而没有专设成本项目的费用，包括其设备的折旧费、修理费、经营租赁费和保险费、生产工具摊销，设计制图费和实验费以及没有专设成本项目的生产工艺用动力费等。

3）车间用于组织和管理生产的费用，包括车间人员（不包括直接生产工人）工资及福利费，车间管理用房屋及建筑物折旧费、修理费、经营租赁费和保险费，车间管理用的照明费、水费、取暖费、差旅费和办公费等。

如果企业的组织机构分为车间、分公司和总公司等若干层次，且分公司也与车间相似，是企业的一级生产单位，则分公司用于组织和管理生产的费用也应作为制造费用核算。

2. 期间费用的构成

期间费用是与生产成本相对立的概念，它是指那些不能归属于特定产品成本，而是与特定的生产经营期密切相关，直接在当期得以补偿的费用。期间费用包括销售费用、管理费用和财务费用三项内容。

（1）销售费用　销售费用是指项目产品在销售过程中所发生的有关费用，以及专设销售机构所发生的各项费用。包括为销售产品而发生的运输费、装卸费、包装费、保险费、展览费和广告费，以及为销售本项目商品而专设的销售机构（含销售网点、售后服务网点）的职工工资、福利费、类似工资性质的费用、业务费等。

（2）管理费用　管理费用是指为组织和管理企业生产经营所发生的各项费用，包括企业的董事会和行政管理部门在企业经营管理中发生的，或应当由企业统一负担的公司经费（包括行政管理部门职工工资及福利费、修理费、物料消耗、低值易耗品摊销、办公费和差旅费等）。工会经费、待业保险费、劳动保险费、董事会费、聘请中介机构费、咨询费、诉讼费、业务招待费、房产税、车船使用税、土地使用税、印花税、技术转让费、矿产资源补偿费、无形资产递延资产摊销、职工教育经费、研究与开发费、排污费等。

（3）财务费用　财务费用是指为筹集生产经营所需资金而发生的费用，包括生产经营期间发生的利息净支出、金融机构手续费及汇兑净损失等。

7.2.1.2　总成本费用的估算方法

估算总成本费用可分别采取项目成本估算法和要素成本估算法两种方法。

1. 项目成本估算法

项目成本估算法是指通过分别估算每一个具体的成本项目来估算总成本费用的方法。此法类似于实际成本计算，不仅要分年度按产品种类分别计算各主要产品的直接材料、直接工资及福利费，按车间计算制造费用，按全厂计算期间费，而且还分项计算主要产品的单位生产成本。需要进行复杂的费用归集与分配。为简化计算，可选择生产经营期内已达到设计生产能力的年份来进行细致测算，其他年份可比照该年根据各年生产负荷系数进行推算。由于该法过于复杂，通常较少采用。

2. 要素成本估算法

要素成本估算法是指通过分别对每一类费用要素进行估算并汇总来估算总成本费用的方法。其原理就是按照费用要素的内容，将分散在生产成本、营业费用、管理费用和财务费用中的相同费用要素汇总列出，它是项目评估经常采用的方法。

在本方法下，总成本费用的估算通常是通过编制总成本费用估算表（见表7-1）完成的。

表 7-1　总成本费用估算表　　　　　　　　　（单位：万元）

序号	项目 ＼ 年份	投产期		达到设计能力生产期				合计
		3	4	5	6	…	n	
1	外购原材料							
2	外购燃料动力							
3	工资及福利费							
4	折旧费							
5	修理费							
6	维简费							
7	摊销费							
8	利息支出							
9	其他费用							
10	总成本费用（1+2+…+9）							
10.1	变动成本（1+2）							
10.2	固定成本（10-10.1）							
10.3	经营成本（10-4-6-7-8）							

总成本费用的计算公式如下：

$$总成本费用=生产成本+期间费用=生产成本+销售费用+管理费用+财务费用$$
$$=外购原材料+外购燃料及动力+工资及福利费+折旧费+修理费+$$
$$维简费+摊销费+利息支出+其他费用$$

式中，其他费用是指在制造费用、营业费用、管理费用和财务费用中扣除工资及福利费、折旧费、修理费、摊销费、维简费、利息支出后的费用。

（1）外购原材料的估算方法　外购原材料（包括其他材料）可按下式估算：

$$外购原材料=\sum（某种原材料的单价×该原材料单耗定额×相关产品的年产量）$$

上式中，原材料单价根据市场调查进行预测，如采用国内供应可参照商品流通企业供应价预测；如直接进口可按到岸价，加上国内费用预测；产品单耗定额可根据产品设计的技术经济定额，参照已建企业同类产品成本的历史资料和已达到的单耗定额预测确定；年产量可根据测定的设计生产能力和投产期各年的生产负荷加以确定。

工业项目生产所需要的原材料种类繁多，在评估时，可根据具体情况，选取耗用量较大的、主要的原材料，重点估算其来源的可靠性和价格的合理性。其他材料可参照同类企业的统计资料，根据其占原材料的比例测算。

（2）外购燃料及动力的估算　可以按照外购原材料的测算方法，按外购油、煤、电给予分别测算。

（3）工资及福利费的估算　具体如下：

1）工资的估算。工资的估算可以采取以下两种方法：

①按人均年工资额和全厂职工人员数计算的年工资总额。其计算公式如下：

$$年工资成本 = 年人均工资额 \times 全厂职工定员数$$

②按照不同的工资级别对职工进行划分，分别估算同一级别职工的工资，然后再加以汇总。工资级别一般可分为高级管理人员、中级管理人员、一般管理人员、技术工人和一般工人五个级别。若有国外的技术和管理人员，需要单独列出。

2）福利费的估算。职工福利费主要用于职工的医药费、医疗经费、职工生活困难补助以及按国家规定开支的其他职工福利支出，不包括职工福利设施的支出。一般按照职工工资总额的一定比例提取。计算公式如下：

$$职工福利费 = 工资总额 \times 14\%$$

由于职工工资和职工福利费的估算是全口径的，因此在估算制造费用、管理费用、销售费用时，应扣除职工工资、职工福利费等已估算的因素，以避免重复估算。

（4）折旧费的估算　所谓折旧，就是固定资产在使用过程中、通过逐渐损耗（包括有形损耗和无形损耗）而转移到产品成本或商品流通费的那部分价值。计提折旧，是企业回收其固定资产投资的一种手段。按照国家规定的折旧制度，企业把已发生的资本性支出转移到产品成本费用中去，然后通过产品的销售，逐步回收原始的投资费用。

根据国家有关规定，计提折旧的固定资产范围是：企业的房屋、建筑物；在用的机器设备、仪器仪表、运输车辆、工具器具；季节性停用和在修理停用的设备；以经营租赁方式租出的固定资产；以融资租赁方式租入的固定资产。我国现行固定资产折旧方法，一般采用平均年限法或工作量法。

1）平均年限法。平均年限法亦称直线法，即根据固定资产的原值、估计的净残值和折旧年限计算折旧。其计算公式如下：

$$年折旧额 = \frac{固定资产原值 \times (1 - 预计净残值率)}{折旧年限}$$

上式中，固定资产原值需要根据固定资产投资额、预备费、投资方向调节税和建设期利息计算求得，具体计算公式如下：

$$某项固定资产原值 = 固定资产投资 + 建设期利息 + 预备费 + 投资方向调节税$$

预计净残值率是预计的企业固定资产净残值与固定资产原值的比率，根据行业会计制度规定，企业净残值率按照固定资产原值3%~5%确定。特殊情况，净残值率低于3%或高于5%的，由企业自主确定，并报主管财政机关备案。在项目评估中，由于折旧年限是根据项目的固定资产经济寿命期决定的，因此固定资产的残余价值较大，净残值率一般可选择10%，个别行业如港口等可选择高于此数。

折旧年限，国家有关部门在考虑到现代生产技术发展快，世界各国实行加速折旧的情况下，为能适应资产更新和资本回收的需要，对各类固定资产折旧的最短年限作出如下规定：

房屋、建筑物为20年；火车、轮船、机器、机械和其他生产设备为10年；电子设备和火车、轮船以外的运输工具以及与生产、经营业务有关的器具、工具、家具等为5年。

若采用综合折旧，项目的生产期即为折旧年限。在项目评估中，对轻工、机械、电子等行业的折旧年限，一般可确定为 8~15 年；有些项目的折旧年限可确定为 20 年；对港口、铁路、矿山等项目的折旧年限可超过 30 年。

2）工作量法。对于下列专用设备可采用工作量法计提折旧：

①交通运输企业和其他企业专用车队的客货运汽车，按照行驶里程计算折旧费。其计算公式如下：

$$单位里程折旧额 = \frac{原值 \times (1 - 预计净残值率)}{总行驶里程}$$

$$年折旧额 = 单位里程折旧额 \times 年行驶里程$$

②大型专用设备，可根据工作小时计算折旧费。其计算公式如下：

$$每工作小时折旧额 = \frac{原值 \times (1 - 预计净残值率)}{总工作小时}$$

$$年折旧额 = 每工作小时折旧额 \times 年工作小时$$

3）加速折旧法。加速折旧法又称递减折旧费用法。指在固定资产使用前期提取折旧较多，在后期提得较少，使固定资产价值在使用年限内尽早得到补偿的折旧计算方法。它是一种鼓励投资的措施，国家先让利给企业，加速回收投资，增强还贷能力，促进技术进步。因此只对某些确有特殊原因的企业，才准许采用加速折旧。加速折旧的方法很多，有双倍余额递减法和年数总和法等。

①双倍余额递减法。双倍余额递减法是以平均年限法确定的折旧率的双倍乘以固定资产在每一会计期间的期初账面净值，从而确定当期应提折旧的方法。其计算公式如下：

$$年折旧率 = \frac{2}{折旧年限}$$

$$年折旧额 = 年初固定资产账面净值 \times 年折旧率$$

实行双倍余额递减法的固定资产，应当在其固定资产折旧年限前 2 年内，将固定资产净值扣除预计净残值后的净额平均摊销。

例 7-1 某设备原值 8000 元，使用期限为 4 年，4 年末残值为 100。试用双倍余额递减法计算折旧。

$$第 1 年的折旧费 = \frac{2}{4} \times (8000 - 0) 元 = 4000 元$$

$$第 2 年的折旧费 = \frac{2}{4} \times (8000 - 4000) 元 = 2000 元$$

$$第 3 年的折旧费 = (8000 - 6000 - 100) 元 \div 2 = 950 元$$

$$第 4 年的折旧费 = (8000 - 6000 - 100) 元 \div 2 = 950 元$$

②年数总和法。年数总和法是以固定资产原值扣除预计净残值后的余额作为计提折旧的基础，按照逐年递减的折旧率计提折旧的一种方法。采用年数总和法的关键是每年都要确定一个不同的折旧率。其计算公式如下：

$$年折旧率 = \frac{2 \times (折旧年限 - 已使用年数)}{折旧年限 \times (折旧年限 + 1)} \times 100\%$$

$$年折旧额 = (固定资产原值 - 预计净残值) \times 年折旧率$$

例7-2　某设备原值8000元，使用期限为4年，4年末残值为100。试用年数总和法计算折旧。

由以上公式计算得：

$$第1年折旧费 = (8000 - 100)元 \times \frac{2 \times 4}{4 \times 5} \times 100\% = 3160 元$$

$$第2年折旧费 = (8000 - 100)元 \times \frac{2 \times 3}{4 \times 5} \times 100\% = 2370 元$$

$$第3年折旧费 = (8000 - 100)元 \times \frac{2 \times 2}{4 \times 5} \times 100\% = 1580 元$$

$$第4年折旧费 = (8000 - 100)元 \times \frac{2 \times 1}{4 \times 5} \times 100\% = 790 元$$

在项目评估中，一般采用平均年限法计算折旧费。如果项目采用综合折旧的方法，可根据固定资产原值、法定净残值率和折旧年限直接计算出各年的折旧费，这样，生产经营期各年的折旧费是相等的。需要编制固定资产折旧费估算表（见表7-2）。

表7-2　固定资产折旧费估算表　　　　　　　　　　（单位：万元）

序号	年份 项目	折旧 年限	投产期		达到设计能力生产期			
			3	4	5	6	…	n
1 1.1 1.2 1.3	固定资产合计 　原值 　折旧费 　净值							

（5）修理费的估算　修理费是指固定资产在使用过程中因为维修而发生的各项费用，包括大修理费用和中小修理费用。

现行会计制度规定，中小修理费应按实际发生额直接计入当期成本费用中；发生额比较大的大修理费用则应计入长期待摊费用，并在下一轮大修前的各年中按直线法平均摊销。

在项目评估时，由于无法确定修理费具体发生的时间和金额，只能按照折旧费的一定比例进行估算，估算比率需参照同类企业的经验数据确定。

（6）维简费的估算　维简费是指采掘、采伐工业按生产产品数量（采矿按每吨原矿产量，林区按每立方米原木产量）提取的固定资产更新和技术改造资金，即维持简单再生产的资金，简称"维简费"。企业发生的维简费直接计入成本，其计算方法和折旧费相同。采掘和采伐类企业一般不计提固定资产折旧，但采煤工业（全国统配和重点煤矿）从1985年起，改变按照吨煤从成本中提取维简费和国家拨款的办法，恢复计提固定资产折旧费。

（7）摊销费的估算　这里的摊销费是指无形资产在一定期限内所摊销的费用。无形资产摊销是指其原始价值需要在规定的年限内，按年度或产量转移到产品的成本之中，这就是所谓的无形资产摊销。企业通过计提摊销费，回收无形资产投资。无形资产摊销的方法采用直线法计算，但与固定资产不同之处在于它不需要考虑残值。

无形资产的摊销关键是确定摊销期限。对于那部分已经有法律、合同或企业立项申请书等明确规定有法定有效期和受益年限的无形资产，应按照法定有效期、合同，或者企业申请书规定的受益年限最短的原则确定摊销期限；没有规定期限的，按不少于10年的期限分期摊销。

如用各项无形资产摊销年限不同，就需要分项计算无形资产的摊销费，然后将其加总，从而求得生产经营期各年的无形资产摊销费。如果各项无形资产摊销年限相同，就可根据全部无形资产的原值和摊销年限直接计算出各年的摊销费，在这种情况下，各年的无形资产摊销费相等。无形资产摊销估算表见表7-3。

表7-3　无形资产摊销估算表　　　　　　　（单位：万元）

序号	年份 \ 项目	摊销年限	投产期		达到设计能力生产期			
			3	4	5	6	…	n
1	无形资产合计							
1.1	摊销							
1.2	净值							

（8）利息支出的估算　这里的利息支出是指在生产经营期因存在借款而发生的，计入财务费用的各项利息净支出，包括以下三项内容：

第一，在生产经营期内因存在尚未偿还的建设期借款本息而发生的利息。

第二，在生产经营期内新增加的长期借款利息。

第三，在生产经营期内因存在尚未偿还的流动资金借款而发生的利息。

前两者通常与筹集项目投资资金有关，都属于长期借款利息。由于长期借款的还本付息方式比较多，会直接影响其利息的估算方法；同时短期借款期间的长短也会影响利息的估算。为简化计算，此处假定全部长期借款均为建设借款，生产经营期内不再发生长期借款，借款本息归还的方式只有每年等额还本付息、每年等额还本照付利息和每年付息到期一次还本三种形式；假定各项借款的付息与还本均于年末发生；假定流动资金借款的取得均发生在年初。

1）长期借款利息的估算。对生产期各年的还款均按年末偿还考虑，即每年应计利息的计算公式如下：

$$每年应计利息 = 年初借款本息累计 \times 年利率$$

2）流动资金借款利息的估算。如果流动资金借款发生在年初，付息或还本发生在年末，则流动资金借款利息的计算公式如下：

$$流动资金借款利息 = (年初流动资金借款余额 + 本年发生的流动资金借款) \times 年利率$$

（9）其他费用的估算。在项目评估中，其他费用一般是根据总成本费用中前七项（外购原材料成本、外购燃料动力成本、工资及福利费、折旧费、修理费、维简费及摊销费）之和的一定比率计算的，其比率应按照同类企业的经验数据加以确定。

（10）总成本费用估算额的汇总　只要将总成本费用估算表中前9项内容加总合计，即得出生产经营期各年的总成本费用资料。

7.2.1.3　固定成本与变动成本的估算

1. 固定成本与变动成本的概念

在管理会计中，依据成本总额与产量之间的依存关系，将全部成本划分为固定成本、变动成本和半可变成本三大类。

固定成本是指在一定相关范围内不随产量发生任何变化的那部分成本，一般包括职工工资（计时工资）、职工福利费、制造费用、财务费用等；变动成本是指在一定相关范围内随产量成正比例变化的那部分成本，也叫可变成本，一般包括直接材料费、计件工资、燃料动力费等。半可变成本是指介于固定成本和变动成本之间，即随产量变化又不成正比例的那部分成本，如维护费、不能熄火的工业炉的燃料费用，都属于不论是否生产都需支付的费用，且与产量呈波动性地变化。

经过成本性态分析，可将全部成本费用最终归属于变动成本和固定成本两大类。财务评价要求完成这项成本性态分析工作，以便进一步进行项目的盈亏平衡分析。

2. 固定成本与变动成本的估算方法

从理论上看，可以运用成本性态分析的技术方法，根据同类行业的经验数据分别确定固定成本总额和单位变动成本，从而建立相关的成本性态分析模型，然后根据本项目生产经营期预测产量估算各年的变动成本总额。主要方法包括：总成本法、成本分解法、回归分析法等。

但为了简化计算，在项目评估实践中，人们往往利用总成本估算表直接估算固定成本和变动成本。方法是：将总成本费用中的前两项（即外购原材料费用和外购燃料动力费用）作为变动成本对待，而将其余各项均视为固定成本。

相关公式如下：

$$变动成本 = 外购原材料 + 外购燃料及动力$$
$$固定成本 = 总成本费用 - 变动成本$$

利用已知的固定成本和单位变动成本可以估算不同产量条件下的总成本费用，公式如下：

$$某年总成本费用 = 固定成本 + 单位变动成本 \times 该年预计产量$$

7.2.2　经营性投入基础数据的测算

1. 经营成本的含义

在项目评估中，经营成本是指项目总成本费用扣除折旧费、维简费、摊销费和利息支出以后的成本费用，它是生产经营期最主要的现金流出项目之一。经营成本作为工程经济学特有的概念，涉及项目产品生产及销售、企业管理过程中的物料、人力和能源的投入费用，能够在一定程度上反映企业的生产和管理水平。同类企业的经营成本具有可比性。在项目评估的经济评价中，主要应用于现金流量分析。

2. 经营成本的估算公式

在项目评估中，经营成本可以在总成本估算表上直接计算出来，计算公式是：

$$某年经营成本 = 总成本费用 - 折旧费 - 维简费 - 摊销费 - 利息支出$$

也可以利用固定成本、变动成本和预测产量的数据进行估算，公式如下：

$$某年经营成本 = 固定成本 + 单位变动成本 \times 该年预测产量 - 折旧费 - 维简费 - 摊销费 - 利息支出$$

7.2.3 项目产出效果基础数据的测算

7.2.3.1 销售收入的估算

1. 销售收入估算应考虑的因素

在项目评估中，销售收入是指项目销售产品（提供劳务）取得的主营业务收入，通常不包括其他业务收入。估算销售收入主要考虑产品销售价格和产品年销售量两大因素。

（1）产品销售价格 产品销售价格按照出厂价、现行市场价格、有关协议价格或综合估算价格测定，既可以为到岸价格，也可以是离岸价格。价格的基本测算原则是在现行价格水平上，充分考虑未来市场需求变化、价格弹性、产品质量、供应批量、产品市场占有率及饱和度、产品寿命周期、各种差价比价关系、通货膨胀、国际行情以及经济形势等因素对价格的影响，客观科学地测算销售价格。预测价格不宜偏高或过低。

（2）产品年销售量 产品年销售量的测算应充分考虑市场需要和项目生产能力。这里可以假定项目按市场调查和销售品种数量预测的结论确定生产规模，组织生产，则项目的预测销售量应等于项目的生产量，自动实现产销平衡，可按项目投产后达到设计能力的开工率或达产率确定年销售量。

在现实经济生活中，产量不一定等于销量，这主要是因为存货量的存在，而存货会受到市场波动的影响。但项目评估中，难以准确地估算出由于市场波动引起的存货量变化，因此做了这样的假设，即不考虑项目存货变动的情况，假设当年生产出来的产品当年全部售出，从而使项目的销售量等于项目的产量，项目的销售收入也就等于项目的产值。

2. 销售收入的估算方法

如果项目生产单一产品，则可以直接用产品单价乘以产量即可得到每年的销售收入。计算公式如下：

$$销售收入 = 产品销售单价 \times 产品年销售量$$

如用项目的产品种类比较多，就要分别计算每一种产品的年销售收入，然后再进行汇总，求出项目生产期的各年销售收入；如果产品部分销往国外，则应首先计算外汇收入，然后再按外汇牌价折算成人民币，最后与内销收入进行合并，求得项目的年销售收入总额。在这两种情况下，都需要编制产品营业收入和营业税金及附加估算表（见表7-4）。

表7-4 营业收入和营业税金及附加估算表

（外销单位：万美元，内销与小计单位：万元）

序号	项目	单位	单价 外销（外币）	单价 内销（人民币）	生产负荷××% 销售量 外销	内销	小计	销售收入 外销	内销	小计	生产负荷××% 销售量 外销	内销	小计	销售收入 外销	内销	小计	生产负荷××% 销售量 外销	内销	小计	销售收入 外销	内销	小计
1	营业收入																					
2	营业税金及附加																					
3	增值税（应交税额）																					

7.2.3.2 各项税金及附加的估算

1. 税金及附加的含义

项目评估中的税金及附加，主要指项目投产后依法交纳给国家和地方的营业税金及附加、增值税和所得税等税费。不包括直接纳入固定资产成本的固定资产投资方向调节税和直接纳入管理费用的房产税、车船使用税、土地使用税和印花税等税金。

现行会计制度规定，营业税金及附加包括营业税、消费税、城市维护建设税、资源税、土地增值税和教育费附加。在项目评估中，不需要考虑土地增值税。

增值税的情况比较复杂。过去增值税属于销售税金；在新税制下，购货发生的进项税额不构成购货成本，销货发生的销项税额不列作收入，应交税额按销项税额与进项税额的差额确定。从项目评估的角度，应交增值税可作为企业的现金流出项目，它体现了企业对国家的贡献。

所得税是指企业所得税。

2. 营业税金及附加估算的方法

（1）营业税的估算　营业税是对在中华人民共和国境内从事交通运输业、建筑业、金融保险业、邮电通信业、文化体育业、娱乐业、服务业或有偿转让无形资产、销售不动产行为的单位和个人就其营业额所征收的一种税。它具有按行业设计税目、税率，多环节总额课征，简便易行等特点。

1）纳税人。包括在我国境内提供应税劳务、转让无形资产和销售不动产的各类企业、单位和个人。

2）税目、税率。营业税共设9个税目，它们分别是：交通运输业（征收范围包括：陆路运输、水陆运输、航空运输、管理运输、装卸运输）税率为3%；建筑业（征收范围包括：建筑、安装、修缮、装饰及其他工程作业）税率为3%；金融保险业税率为5%；邮电通信业税率为3%；文化体育业税率为3%；娱乐业税率（征收范围包括：歌厅、舞厅、卡拉OK歌舞厅、音乐茶座、台球、高尔夫球、保龄球、游艺）税率为3%；服务业（征收范围包括：代理业、旅店业、饮食业、旅游业、仓储业、租赁业、广告业及其他服务业）税率为5%；转让无形资产（征收范围包括：转让土地使用权、专利权、非专利技术、商标权、商誉）税率为5%；销售不动产（征收范围包括：销售建筑物及其土地附着物）税率为5%。营业税税目、税率的调整，由国务院决定。纳税人经营娱乐业具体适用的税率，由省、自治区、直辖市人民政府按税法规定的幅度内决定。纳税人兼有不同税目应税行为的，应当分别核算不同税目的营业额、转让额、销售额（以下均称为营业额）；不分别核算营业额的，从高适用税率。

3）计税方法。纳税人提供应税劳务、转让无形资产或者销售不动产，按其营业额和规定税率计算应纳税额。应纳税额的计算公式如下：

$$应纳税额 = 营业额 \times 适用税率$$

在一般情况下，营业额为纳税人提供应税劳务、转让大型资产、销售不动产向对方收取的全部价款和价外费用。纳税人的营业额不达到财政部规定的起征点的，免缴营业税。现行规定为：按期纳税的，起征点为月销售额200~800元；按次纳税的，起征点为每次（日）销售额50元。省级地方税务机关在上述规定的幅度内，根据实际情况确定本地区适用的起征点。

4）免税、减税规定。下列项目免征营业税：托儿所、幼儿园、养老院、残疾人福利机构提供的育养服务，婚姻介绍、殡葬服务；残疾人员本人提供的劳务；医院、诊所和其他医疗机构提供的医疗服务；学校和其他教育机构提供的教育劳务，学生勤工俭学提供的劳务；

农业机耕、排灌、病虫害防治、植保、农牧保险以及相关的技术培训业务、家禽、畜牧、水生动物的配种和疾病防治；纪念馆、博物馆、文化馆、美术馆、展览馆、书画院、图书馆、文物保护单位举办文化活动的门票收入，宗教场所举办文化、宗教活动的门票收入。

营业税的其他免税、减税项目由国务院规定。纳税人兼营免税、减税项目的，应当单独核算免税、减税项目的营业税；不单独核算营业额的，不得免税、减税。

（2）消费税的估算　消费税是对工业企业、委托加工和进口的部分应税消费品按差别税率或税额征收的一种价内流转税。目前，我国只选少数消费品在征收增值税的基础上再征收消费税。

1）纳税人。纳税人包括在我国境内生产、委托加工和进口应税消费品的单位和个人。

2）税目、税率（税额）。目前，我国的消费税税目有烟、酒及酒精、化妆品、护肤护发品、贵重首饰及珠宝玉石、鞭炮焰火、汽油、柴油、汽车轮胎、摩托车、小汽车共11个。消费税的税率，按从价定率和从量定额分别采用比例税率和定额税率。消费税税率可从消费税税目税率表中查得。纳税人兼营不同税率的应税消费品时，应当分别核算其销售额或者销售数量。不分别核算应税消费品的销售额或者销售数量的，或者将不同税率的应税消费品组成成套消费品销售的，从高适用税率。

3）计税方法。消费税采用从价定率和从量定额两种计税方法计算应纳税额，一般以应税消费品的生产者为纳税人，于销售时纳税。应纳税额计算公式如下：

实行从价定率办法计算的应纳税额 = 应税消费品销售额 × 适用税率

实行从量定额办法计算的应纳税额 = 应税消费品销售数量 × 单位税额

应税消费品的销售额是指纳税人销售应税消费品向买方收取的全部价款和价外费用，不包括向买方收取的增值税税款。销售数量是指应税消费品数量。

4）减免税。除国家限制出口的应税消费品外，出口的应税消费品免征消费税。

（3）资源税的估算　资源税是国家对在我国境内开采应税矿产品或者生产盐的单位和个人征收的一种税。

1）纳税人。包括在我国境内开采应税矿产品和生产盐的各类企业、单位和个人。收购未纳税矿产品的单位为资源税的扣缴义务人。

2）税目、税额。资源税的征收范围包括：矿产品，包括原油、天然气、煤炭、金属矿产品和其他非金属矿产品；盐，包括固体盐、液体盐。单位税额可从资源税税目税额幅度表中查得。

纳税人具体适用的单位税额，由财政部根据纳税人开采、生产应税产品的资源状况，在税法规定的税额幅度内确定，并由财政部根据资源和开采条件因素的变化情况定期适当调整。

3）计税方法。资源税的应纳税额，按照应税产品的课税数量和规定的单位税额计算。应纳税额的计算公式如下：

$$应纳税额 = 应税产品课税数量 × 单位税额$$

上式中，课税数量是指纳税人开采或者生产应税产品用于销售的，以销售数量为课税数量；纳税人开采或者生产应税产品自用的，以自用数量为课税数量。纳税人开采或者生产不同税目应税产品的，应当分别核算不同税目应税产品的课税数量；不分别核算或者不能准确提供各类应税产品课税数量的，从高适用税额。

4）免税、减税规定。下列项目免税或者减征资源税：采原油过程中用于加热、修井的原油免税；纳税人开采或者生产应税产品过程中，因意外事故或者自然灾害等原因遭受重大损失的，由省、自治区、直辖市人民政府酌情给予减税或者免税；国务院规定的其他减税、免税项目。

（4）城市维护建设税的估算　城市维护建设税是为扩大城市维护和建设的资金来源而开征的一种税。

1）纳税人。包括所有缴纳增值税、消费税和营业税的单位和个人。

2）税率。城市维护建设税按照纳税人所在地区实行差别税率。项目所在地为市区的，税率为7%；项目所在地为县城、镇的，税率为5%；项目所在地为乡村的，税率为1%。

3）计税方法。城市维护建设税以纳税人实际缴纳的营业税、消费税、增值税税额为计税依据，分别与上述三种税同时缴纳，其应纳税额计算公式如下：

$$应纳税额 = （营业税 + 消费税 + 增值税）实纳税额 × 适用税率$$

（5）教育费附加的估算　教育费附加是为了加快地方教育事业的发展，扩大地方教育经费的资金来源而开征的一种费用。教育费附加收入纳入预算管理，作为教育专项基金，主要用于各地改善中小学教学设施和办学条件。

教育费附加是1986年起在全国开征的，1990年又经修改而进一步完善合理。凡缴纳营业税、消费税、增值税的单位和个人，都是教育费附加的缴纳人。教育费附加随营业税、消费税和增值税同时缴纳，由税务机关负责征收。教育费附加的计征依据是缴纳人实际缴纳的营业税、消费税和增值税的税额，征收率为3%，其计算公式如下：

$$应纳教育费附加额 = 实际缴纳的（营业税 + 消费税 + 增值税）税额 × 3\%$$

3. 增值税估算的方法

（1）增值税的含义　增值税是对在我国境内销售货物、进口货物以及提供加工、修理修配劳务的单位和个人，就其取得货物的销售额、进口货物金额、应税劳务销售额计算税款，并实行税款抵扣制的一种流转税。根据规定，在我国境内销售货物或提供加工、修理修配劳务以及出口货物的单位和个人，为增值税的纳税人。

（2）增值税的特点　具体如下：

1）对增值额计税。任何纳税人缴纳增值税，都是按其生产、经营过程中新创造的那部分价值课税，即以商品的销售额为计税依据，允许从税额中扣除上一道环节已经缴纳的税款，以实现按增值因素计税。

2）征收范围广。除农业初级产品外，对所有产品生产、批发、零售、进口以及提供加工、修理修配劳务普遍征收增值税。

3）增值税实行价外计税。即以不含增值税税额的价格为计税依据。销售商品时，开具专用发票，发票上要分别注明增值税税款和不含增值税的价格，以消除增值税对成本利润及价格的影响。

4）连续征收而不重复纳税。某一产品从生产到最后实现消费，经过许多环节，但统一实行根据增值税专用发票注明的税款进行税款抵扣的制度。

5）税负公平合理。增值税实行同一产品、同一税负，因此，不会因生产流通环节变化而影响税收负担。

（3）税率　我国现行增值税税率实行两档比例税率，即基本税率（17%）和低税率

（13%）。另外，作为特殊情况，对出口货物实行零税率。税率可以从增值税税目税率表中查得。

（4）计税方法　一般纳税人的应纳税额为，当期销项税额抵扣当期进项税额后的余额。其计算公式如下：

$$应纳税额 = 当期销项税额 - 当期进项税额$$

上式中，销项税额是指纳税人销售货物或者提供应税劳务，按照销售额和增值税率计算并向购买方收取的增值税额。销项税额的计算公式如下：

$$销项税额 = 销售额 \times 税率$$

销售额是指纳税人销售货物或者应税劳务向购买方收取的全部价款和价外费用，但是不包括收取的销项税额。

进项税额是指纳税人购进货物或者接受应税劳务所支付或者负担的增值税额。

根据《中华人民共和国增值税暂行条例》规定，购进免税农产品准予抵扣的进项税额，按买价10%的扣除率计算。

（5）出口退税　国家为了鼓励产品出口，不仅对出口给予零税率的优惠，从而使出口产品以不含税价格进入国际市场，增强产品的竞争能力，而且还对出口产品实行退税政策，这就意味着出口产品不但不计算增值税，而且进项税额照常允许抵扣，这就相当于税务部门将与消耗原材料相联系的已交纳增值税退还给出口企业。

（6）增值税在项目评估中的处理方式　在项目评估中，人们针对增值税对现金流量内容的影响提出了以下四种处理方式：

1）因为增值税属于价外税，不管是否考虑它，都不会影响净现金流量的计算结果，因此无论在现金流入还是现金流出项下均不反映任何增值税因素。这样最为简单，但不利于估算城市维护建设税和教育费附加。

2）从现实资金流动的角度看，增值税销项税额的确流入了企业，而进项税额则实在流出了企业，因此应按含税价分别计算销售收入和外购原材料燃料动力的成本。即将不含税销售收入调整为含税销售收入，将不含税成本调整为含税成本。同时，将增值税应交额列入现金流出的"应交增值税"项目。

3）不计算含税销售收入，而是将"增值税销项税"作为一项现金流入项目单独列示；与此相对应，在现金流出项目下，增设"增值税进项税额"项目，增值税应交税额仍列入现金流出的"应交增值税"项目。

4）无论是销项税额还是进项税额都不单独予以反映，而是在现金流入项目下的"其他项目"中反映它们两者的差，增值税应交税额仍列入现金流出的"应交增值税"项目。

后三种处理方法均可以在一定程度上反映现金流入与流出的真实内容，但其中第2）种方式与现行会计制度不一致，需要将不含税价调整为含税价；第3）种方式将销项税额和进项税额分别列示，比较麻烦；此外这两种方式都不利于城市维护建设税和教育费附加的估算。

第4）种方式不仅有利于估算城市维护建设税和教育费附加，而且相对比较简单。

7.2.3.3　利润总额及其分配的估算

1. 利润总额的估算

利润总额是企业在一定时期内生产经营活动的最终财务成果。它集中反映了企业生产经营各方面的效益。根据利润总额可计算出所得税和净利润，在此基础上可进行净利润的分配。在财务评价中，利润总额还是计算投资利润率、投资利税率的基础数据。

现行会计制度规定，利润总额等于营业利润加上投资净收益、补贴收入、营业外收支净额的代数和。其中，营业利润等于主营业务收入减去主营业务成本和主营业务税金及附加，加上其他业务利润，再减去主营业务费用、管理费用和财务费用后的净额。

在项目评估中，为简化计算，在估算利润总额时，假定不发生其他业务利润，也不考虑投资净收益、补贴收入和营业外收支净额，本期发生的总成本费用等于主营业务成本、营业费用、管理费用和财务费用的合计。则利润总额的估算公式如下：

$$利润总额 = 营业收入 - 营业税金及附加 - 总成本费用$$

2. 所得税的估算

根据税法的规定，企业取得利润后，应向国家缴纳所得税。

（1）纳税人　在我国境内，实行独立经营核算的各类企业或者组织者（包括国有企业、集体企业、私营企业、联营企业、股份制企业和其他组织）来源于我国境内、境外的生产、经营所得和其他所得，均应依法缴纳企业所得税。生产、经营所得，是指纳税人从事物质生产、交通运输、商品流通、劳务服务和其他规定的盈利事业取得的所得。其他所得，是指纳税人取得的股息、利息（不包括国库券利息）、租金、转让各类资产收益、特许权使用费和营业外收益等所得。

（2）计税依据　企业所得税以应纳税所得额为计税依据。纳税人每一纳税年度的收入总额减去准予扣除项目的余额，为应纳税所得额。纳税人发生年度亏损的，可以用下一纳税年度的所得弥补；下一纳税年度的所得不足弥补的，可以逐年延续弥补，但是延续弥补期最长不得超过5年。

（3）扣除项目　所得税可扣除项目包括：纳税人在生产、经营期间，向金融机构借款的利息支出，按照实际发生数扣除；向非金融机构借款的利息支出，不高于按照金融机构同类、同期贷款利率计算的数额以内的部分，可以扣除；纳税人支付给职工的工资，按照计税工资扣除。计税工资的具体标准，在财政部规定的范围内，由省、自治区、直辖市人民政府规定；纳税人的职工工会经费、职工福利费、职工教育经费，分别按照工资总额的2%、4%和1.5%计算扣除；纳税人用于公益、救济性的捐赠，在年度应纳税所得额3%以内的部分，可以扣除；其他项目，依照国家有关法规扣除。

（4）不能扣除的项目　不能扣除的项目包括：资本性开支，无形资产受让，开发支出，违法经营的罚款和被没收财物的损失，各项税收的滞纳金、罚金和罚款，自然灾害或者意外事故损失有赔偿的部分，超过国家规定允许扣除的公益、救济性的捐赠和非公益、救济性的捐赠，各种赞助支出，与取得收入无关的其他各项支出。

（5）应纳所得税额的计算方法　我国企业所得税额的计算方法是在应纳税所得额的基础上乘以所得税率，计算公式如下：

$$应纳所得税额 = 应纳税所得额 \times 33\%$$

（6）减税、免税规定　民族自治地方的企业，需要照顾和鼓励的，经省级人民政府批准，可以定期减税；符合国家有关规定的企业，可以减税或者免税。

3. 净利润分配的估算

（1）净利润的含义　净利润是指利润总额扣除所得税后的差额。计算公式如下：

$$净利润 = 利润总额 - 所得税$$

（2）净利润的分配程序　根据我国有关法规的规定，企业每年实现的净利润应首先弥补以前年度尚未弥补的亏损。如果当年企业发生亏损，或净利润小于（或等于）以前年度尚未弥补的亏损，则不存在净利润的分配问题；企业的亏损或未弥补的亏损按规定可用以后年度利润进行弥补。如果净利润大于以前年度尚未弥补的亏损，则两者之差为可供分配的净利润，应按下列顺序和标准进行分配：

1）提取法定盈余公积金（在法定盈余公积金累计达到注册资本的50%之前，按可供分配的净利润10%提取；达到注册资本的50%，可以不再提取）。

2）提取法定公益金（按可供分配的净利润5%~10%提取）。

3）提取任意盈余公积金。

4）可供投资者分配的利润，按下列顺序分配：

① 应付优先股股利。

② 提取任意盈余公积金。

③ 应付普通股股利。

④ 转作资本（或股本）的普通股股利，是指企业按照利润分配方案以分派股票股利的形式转作的资本（或股本）。企业以利润转增的资本，也在本项目核算。

⑤ 可供投资者分配的利润，为经过上述分配后未分配的利润（或未弥补亏损）。未分配利润可留待以后年度进行分配。企业如发生亏损，可以按规定由以后年度利润进行弥补。

公式表示如下：

$$净利润 - 以前年度尚未弥补的亏损 = 可供分配的净利润$$

本年净利润 + 年初未分配利润 - 以前年度尚未弥补的亏损 - 提取法定盈余公积金 - 提取的法定公益金 - 提取任意盈余公积金 = 可供投资者分配的利润

$$可供投资者分配的利润 - 应付利润 = 未分配利润$$

（3）项目评估中的净利润分配方法　在项目评估中，假定不存在年初未分配利润，也不提取任意盈余公积金，可供投资者分配的利润等于应付利润，则有关年末未分配利润的估算公式如下：

本年净利润 - 以前年度尚未弥补的亏损 - 提取法定盈余公积金 - 提取的法定公益金 - 应付利润 = 未分配利润

7.3　建设项目财务评价报表体系及评价指标

7.3.1　项目财务评价报表体系

1. 利润与利润分配表

（1）利润与利润分配表的概念　在项目评估中，利润表是指反映项目计算期内各年的收入与费用情况以及利润总额、所得税和净利润的分配情况，用以计算投资利润率、投资利税率、资本金利润率和资本金净利润率等指标的一种报表，又叫损益表。并通过这些指标的分析，了解项目的经济效益和获利能力。

（2）利润与利润分配表的编制　利润表的结构可用下列三个公式表示：

$$利润总额 = 主营业务(销售)收入 - 主营业务(销售)税金及附加 - 总成本费用$$
$$净利润 = 利润总额 - 所得税 = 可供分配利润$$
$$= 盈余公积金(含公益金) + 应付利润 + 未分配利润$$

"主营业务（销售）收入"和"主营业务（销售）税金及附加"项目应依据表7-4中的有关数据填列。"所得税"项目按照利润总额的一定比率（税率）计算，但要考虑减免所得税和弥补上年度亏损等因素。净利润等于利润总额减所得税，亦即项目投产后的可供分配利润。可供分配利润分为盈余公积金（包括法定盈余公积和法定公益金）、应付利润和未分配利润。表7-5为利润与利润分配表。

表7-5　利润与利润分配表　（单位：万元）

序号	项目 \ 年份	投产期		达到设计能力生产期				合计
		3	4	5	6	…	n	
	生产负荷（%）							
1	营业收入							
2	营业税金及附加							
3	总成本及费用							
4	补贴收入							
5	利润总额（1-2-3+4）							
6	弥补以前年度亏损							
7	应纳税所得额（5-6）							
8	所得税							
9	净利润（5-8）							
10	期初未分配利润							
11	可供分配的利润（9+10）							
12	减：法定盈余公积金							
13	可供投资者分配的利润（11-12-13）							
14	应付优先股股利							
15	任意盈余公积金							
16	应付普通股股利（14-15-16）							
17	各投资方利润分配： 　其中：××方 　　　　××方							
18	期末未分配利润（14-15-16-17）							
19	息税前利润（利润总额+利息支出）							
20	息税折旧摊销前利润（息税前利润+折旧+摊销）							

注：1. 对于外商投资项目由第11项减去储备基金、职工奖励与福利基金和企业发展基金（外商独资项目可不列入企业发展基金）后，得出可供投资者分配的利润。

　　2. 法定盈余公积金按净利润计提。

2. 现金流量表

（1）现金流量和现金流量表的概念　现金流量是现金流入量与现金流出量的统称，又叫现金流动。它是以项目作为一个独立系统，反映项目在计算期内实际发生的现金流入和现金流出的活动情况及其流动数量。项目的现金流出量是指在某一时间内发生的能够导致现金存量减少的现金流动，简称现金流出；现金流入量是指能够导致现金存量增加的现金流动，简称现金流入；在项目计算期内，某期的净现金流量是指同期现金流入与现金流出之差。现金流量只反映项目在计算期内各年实际发生的现金收支，不包括非现金收支（如折旧费、应收及应付款等）。

现金流量表是反映项目在建设期和生产服务年年限内现金流入量和现金流出量的现金活动。它是以现金流入与流出，汇总说明项目在一定期限内由营业、投资及理财活动引进资产、负债及所有者权益变动情况的报表。它是计算财务内部收益率、财务净现值和投资回收期等经济评价指标的主要信息来源。根据投资计算基础不同，现金流量表可以划分为全部投资现金流量表和自有资金现金流量表。

（2）现金流量表的编制　具体步骤和方法如下：

1）项目投资现金流量表。项目投资现金流量表是指以全部投资作为计算基础，不分投资资金来源，假定全部投资均为自有资金，因而不必考虑利息，只计算全部投资所得税前及所得税后的财务内部收益率、财务净现值及投资回收期等技术经济指标的一种现金流量表。编制该表的目的是考查项目全部投资的盈利能力，为各个投资方案（不论其资金来源构成情况如何以及利息多少）进行比较建立共同基础。因为现金流量表只计算现金收支，不计算非现金收支，因此不包括折旧和摊销费、维简费。在项目投资现金流量表中，假定全部投资均为自有资金，经营成本中不包括流动资金利息。

项目投资现金流量表的现金流入包括营业收入、回收固定资产余值（可用净残值代替）和回收流动资金等内容。现金流出包括建设投资、流动资金、经营成本、营业税金及附加、所得税等。现金流入和现金流出的有关数据可依据营业收入、营业税金及附加和增值税估算表及建设投资估算表、流动资金估算表、项目总投资使用计划与资金筹措表、总成本费用估算表和利润与利润分配表等有关报表填列。表7-6为项目投资现金流量表。

表7-6　项目投资现金流量表　　　　　　　　（单位：万元）

序号	项目　　　　年份	建设期		投产期		达到设计能力生产期				合计
		1	2	3	4	5	6	…	n	
	生产负荷（%）									
1	现金流入									
1.1	营业收入									
1.2	补贴收入									
1.3	回收固定资产残值									
1.4	回收流动资金									
2	现金流出									
2.1	建设投资									
2.2	流动资金									
2.3	经营成本									
2.4	营业税金及附加									
2.5	维持运营投资									
3	所得税前净现金流量（1−2）									
4	累计所得税前净现金流量									

（续）

序号	项目 年份	建设期 1	2	投产期 3	4	达到设计能力生产期 5	6	…	n	合计
5	调整所得税									
6	所得税后净现金流量（3 – 5）									
7	累计所得税后净现金流量									

所得税后　　　　　　　　　所得税前

计算指标：

　　财务内部收益率：

　　财务净现值（i_c = ％）：

　　投资回收期：

注：1. 本表适用于新设法人项目与既有法人项目的增量和"有项目"的现金流量分析。

　　2. 调整所得税为以息税前利润为基数计算的所得税，区别于"利润与利润分配表""项目资本金现金流量表"和财务计划表中的所得税。

2）项目资本金现金流量表。项目资本金现金流量表是指以投资者的出资额作为计算基础，从自有资金的投资者角度出发，把借款本金偿还和利息支付作为现金流出，用以计算自有资金的财务内部收益率、财务净现值等技术经济指标的一种现金流量表。编制该表的目的是考查项目自有资金的盈利能力。表7-7为项目资本金现金流量表。项目资本金现金流量表与项目投资现金流量表的现金流入项目相同，现金流出项目则包括自有资金（建设投资和流动资金）、借款本金偿还、借款利息支付、经营成本、营业税金及附加、所得税等。在项目资本金现金流量表中，流动资金利息应与固定资产投资借款利息一并列入"借款利息支付"项目中。

表 7-7　项目资本金现金流量表　　　　　　　　　　（单位：万元）

序号	项目 年份	建设期 1	2	投产期 3	4	达到设计能力生产期 5	6	…	n	合计
	生产负荷（%）									
1	现金流入									
1.1	营业收入									
1.2	补贴收入									
1.3	回收固定资产余值									
1.4	回收流动资金									
2	现金流出									
2.1	项目资本金									
2.2	借款本金偿还									
2.3	借款利息支付									
2.4	经营成本									
2.5	营业税金及附加									
2.6	所得税									
2.7	维持运营投资									

（续）

序号	项目／年份	建设期		投产期		达到设计能力生产期				合计
		1	2	3	4	5	6	…	n	
3	净现金流量（1－2）									

计算指标：

资本金财务内部收益率：

注：1. 项目资本金包括用于建设投资、建设期利息、流动资金的资金。

2. 对外商投资项目，现金流出中应增加职工奖励及福利基金科目。

3. 本表适用于新设法人项目与既有法人项目"有项目"的现金流量分析。

现金流入和现金流出的有关数据除了可依据主营业务（销售）收入和税金及附加估算表、投资总额与资金筹措表、总成本费用估算表和利润表等有关报表填列以外，还需要参考借款还本付息计算表的数据。

编制以上两种现金流量表各有其特定的目的。项目投资现金流量表在计算现金流量时，假定全部投资均为自有资金，因而不必考虑借款本金的偿还和利息的支付，为各个投资项目或投资方案（不论其资金来源如何）进行比较建立了共同的基础。项目资本金现金流量表主要考查自有资金的盈利能力和向外部借款对项目是否有利。在对拟建项目进行评估时，要分别对两种现金流量表进行审查和分析，并根据评估人员所估算的基础数据编制两种现金流量表，并计算相应的技术经济指标。

必须指出的是，项目评估中使用的现金流量表与财务会计中使用的现金流量表无论在格式、内容上，还是在作用上都存在较大的差别，不能将它们混为一谈。

3. 资金来源与运用表

（1）资金来源与运用表的概念 资金来源与运用表是指专门反映项目计算期内各年资金来源、运用以及资金盈余或短缺情况的一种报表。它可以用于资金筹措方案的选择，指导借款及偿还计划的编制，并为编制资产负债表提供依据。

（2）资金来源与运用表的编制 资金来源与运用表分为三大项，即资金来源、资金运用和盈余资金。资金来源减资金运用为盈余资金（"＋"表示当年有资金盈余，"－"表示当年资金短缺）。资金来源与运用表见表7-8。

表7-8 资金来源与运用表 （单位：万元）

序号	项目／年份	建设期		投产期		达到设计能力生产期				合 计
		1	2	3	4	5	6	…	n	
	生产负荷（%）									
1	现金流入									
1.1	利润总额									
1.2	折旧费									
1.3	摊销费									
1.4	长期借款									
1.5	流动资金借款									
1.6	其他短期借款									
1.7	自由资金									

（续）

序号	项目 \ 年份	建设期		投产期		达到设计能力生产期				合计
		1	2	3	4	5	6	…	n	
1.8	其他									
1.9	回收固定资产余值									
1.10	回收流动资金									
2	资金运用									
2.1	建设投资									
2.2	建设期利息									
2.3	流动资金									
2.4	所得税									
2.5	应付利润									
2.6	长期借款本金偿还									
2.7	流动资金借款本金偿还									
2.8	其他短期借款本金偿还									
3	盈余资金									
4	累计盈余资金									

表中的"利润总额""所得税"和"应付利润"依据利润表有关数据填列，"折旧费""摊销费"依据总成本费用估算表填列；各种"借款""自有资金""建设期利息"和"流动资金"等依据投资总额与资金筹措表填列；各种"借款本金偿还"依据借款还本付息计算表填列，"回收固定资产余值""回收流动资金"依据现金流量表（全部投资）填列。

4. 资产负债表

（1）资产负债表的概念　项目评估中的资产负债表，是指综合反映项目计算期内各年年末资产、负债和所有者权益的增减变化及对应关系的一种报表，通过分析该表可以考查项目资产、负债、所有者权益的结构是否合理，并能够据以计算资产负债率、流动比率及速动比率等指标，进行清偿能力分析。

（2）资产负债表的编制　资产负债表主体结构包括三大部分，即资产、负债和所有者权益，其平衡关系用会计等式表示如下：

$$资产 = 负债 + 所有者权益$$

项目评估使用的资产负债表见表 7-9。资产负债表中的项目，有些可依据财务基础数据估算表中的数据直接填列，有些则要经过分析整理综合后才能填列。可直接填列的项目包括："应收账款""存货"和"现金"依据流动资金估算表填列；"累计盈余资金"依据资金来源与运用表填列；各项"借款"依据投资总额与资金筹措表填列；"累计盈余公积金"和"累计未分配利润"依据利润表填列；"固定资产净值""无形资产净值"依据固定资产折旧费估算表、无形资产摊销估算表、建设投资估算表填列。需要经过分析整理综合填列的项目包括："在建工程"和"资本金"依据投资总额与资金筹措表分析整理综合后填列；"资本公积"要经过分析综合后填列。资本公积包括资本溢价和赠款两大项，具体有四个来源：①投资者实际缴付的出资额超过资本金的差额；②法定财产重估增值，即重估价值与账面净值的差额；③资本汇率折算差额，即资本账户与实收资本账户采用的折合汇率不同而产生的折合记账本位币差额；④接受捐赠的财产。

表 7-9 资产负债表 （单位：万元）

序号	项目 \ 年份	建设期		投产期		达到设计能力生产期			
		1	2	3	4	5	6	…	n
1	资产								
1.1	流动资产总额								
1.1.1	货币资金								
1.1.2	应收账款								
1.1.3	预付账款								
1.1.4	存货								
1.1.5	其他								
1.2	在建工程								
1.3	固定资产净值								
1.4	无形及其他资产净值								
2	负债及所有者权益 （2.4＋2.5）								
2.1	流动负债总额								
2.1.1	短期借款								
2.1.2	应付账款								
2.1.3	预收账款								
2.1.4	其他								
2.2	建设投资借款								
2.3	流动资金借款								
2.4	负债小计 （2.1＋2.2＋2.3）								
2.5	所有者权益								
2.5.1	资本金								
2.5.2	资本公积								
2.5.3	累计盈余公积和公益金								
2.5.4	累计未分配利润								

计算指标：1. 资产负债率（%）
      2. 流动比率（%）
      3. 速动比率（%）

5. 财务外汇平衡表

（1）外汇平衡表的概念 在项目评估中，外汇平衡表是指专门反映项目计算期内各年外汇收支及余缺的一种报表。该表可用于外汇平衡分析，适用于有外汇收支的项目财务效益分析。

（2）外汇平衡表的编制 外汇平衡表主体结构包括两大部分，即外汇来源和外汇运用，外汇平衡表见表7-10。在外汇平衡表中，外汇来源包括产品外销的外汇收入、外汇贷款和自筹外汇等，自筹外汇包括在其他外汇收入项目中。外汇运用包括建设投资中的外汇支出，进口原材料和零部件的外汇支出，在生产期用外汇支付的技术转让费，偿付外汇借款本息和其他外汇支出。各项内容需按项目收支中与外汇有关的数据填列。

表 7-10 外汇平衡表 （单位：万元）

序号	项目　　　　年份	建设期 1	2	投产期 3	4	达到设计能力生产期 5	6	…	n	合　计
	生产负荷（%）									
1	外汇来源									
1.1	产品销售外汇收入									
1.2	外汇借款									
1.3	其他外汇收入									
2	外汇运用									
2.1	建设投资中外汇支出									
2.2	进口原材料									
2.3	进口零部件									
2.4	技术转让费									
2.5	偿付外汇借款本息									
2.6	其他外汇支出									
2.7	外汇余缺									

注：1. 其他外汇收入包括自筹外汇等。
　　2. 技术转让费是指生产期支付的技术转让费。

6. 借款还本付息计算表

（1）借款还本付息计算表的概念　借款还本付息计算表是反映项目借款偿还期内借款支用、还本付息和可用于偿还借款的资金来源情况，用以计算借款偿还期指标，进行清偿能力分析的一种报表。按现行财务制度规定，归还建设投资借款的资金来源主要是项目投产后的折旧、摊销费和未分配利润等。

（2）借款还本付息计算表的编制　借款还本付息计算表包括借款及还本付息和偿还借款本金的资金来源两大部分。在借款尚未还清的年份，当年偿还本金的资金来源等于本年还本的数额；在借款还清的年份，当年偿还本金的资金来源等于或大于本年还本的数额。借款还本付息计算表见表 7-11。

表 7-11 借款还本付息计算表 （单位：万元）

序号	项目　　　　年份	利率（%）	建设期 1	2	投产期 3	4	达到设计能力生产期 5	6	…	n
1	借款及还本付息									
1.1	年初借款本息累计									
1.1.1	本金									
1.1.2	建设期利息									
1.2	本年借款									
1.3	本年应计利息									
1.4	本年还本									
1.5	本年付息									
2	偿还借款本金的资金来源									
2.1	利润									

（续）

序号	项目 年份	利率（%）	建设期 1	建设期 2	投产期 3	投产期 4	达到设计能力生产期 5	达到设计能力生产期 6	达到设计能力生产期 …	达到设计能力生产期 n
2.2	折旧									
2.3	摊销									
2.4	其他资金合计（2.1 + 2.2 + 2.3 + 2.4）									

在项目的建设期，"年初借款本息累计"等于上年借款本金和建设期利息之和；在项目的生产期，"年初借款本息累计"等于上年尚未还清的借款本金。

"本年借款""本年应计利息（建设期利息）"按照投资总额与资金筹措表填列；"本年应计利息（生产期利息）"可以根据当年的年初借款本息累计与贷款年利率的乘积求得；"本年还本"根据当年偿还借款本金的资金来源填列；"利润"根据利润表填列，"折旧"和"摊销"根据总成本估算表填列。

7.3.2 项目财务评价指标体系

7.3.2.1 财务效益分析指标体系的分类

财务效益分析结果的好坏，一方面取决于基础数据的可靠性；另一方面则取决于所选取的指标体系的合理性。只有选取正确的指标体系，财务效益分析结果才能与客观实际情况相吻合，才具有实际意义。财务效益分析指标是指用于衡量和比较投资项目可行性优劣，以便据以进行方案决策的定量化标准与尺度，它是由一系列综合反映长期投资的效益和项目投入产出关系的量化指标构成的指标体系。

财务效益分析指标体系根据不同的标准，可作不同形式的分类。

1）按是否考虑货币时间价值因素，可分为静态指标和动态指标，分类结果如图 7-1 所示。

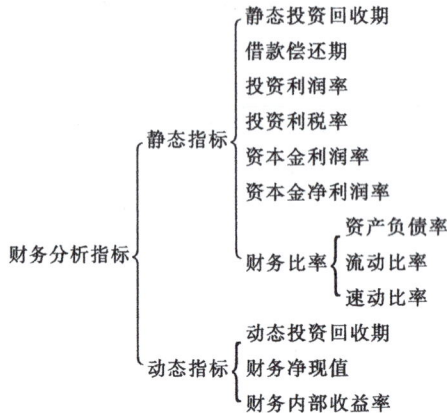

图 7-1 财务效益分析指标分类（一）

2）按指标的性质，可分为时间性指标、价值性指标和比率性指标，分类结果如图 7-2 所示。

3）按财务效益分析的目标，可分为反映盈利能力的指标、反映清偿能力的指标和反映外汇平衡能力的指标，分类结果如图7-3所示。

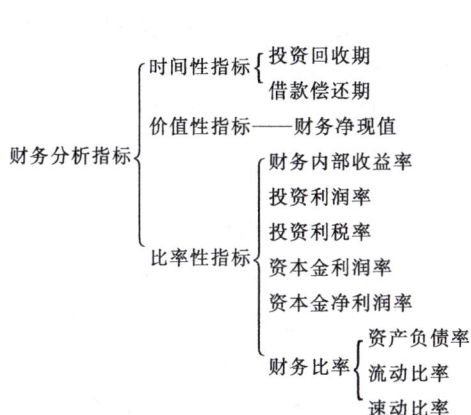

图 7-2　财务效益分析指标分类（二）　　　图 7-3　财务效益分析指标分类（三）

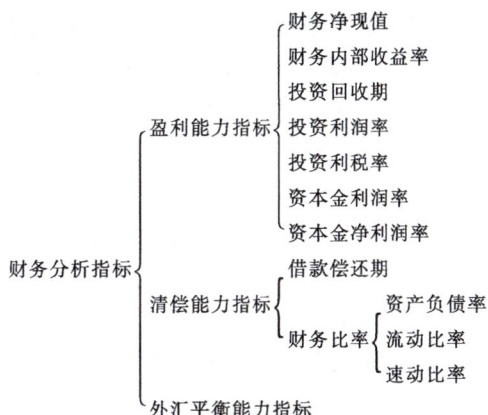

上述指标可以通过相应的基本财务报表直接或间接求得，这些指标同基本报表的关系见表7-12。

表 7-12　财务评价指标与基本报表的关系

财务分析	基本报表	静态指标	动态指标
财务现金流量分析	项目投资财务现金流量表	静态投资回收期	动态投资回收期 财务内部收益率 财务净现值 财务净现值率
	项目资本金财务现金流量表		财务内部收益率 财务净现值
财务平衡分析	利润与利润分配表	投资利润率 投资利税率 资本金利润率	
	资金来源与运用表	固定资产投资借款偿还期	
	资产负债表	资产负债率 流动比率 速动比率	
外汇效果分析	外汇流量表		财务外汇净现值 财务换汇成本 财务节汇成本
其他分析		价值指标或实物指标	

7.3.2.2　反映项目盈利能力的指标

反映项目盈利能力的指标包括两大类，即静态指标和动态指标。

1. 静态指标的计算与分析

静态指标是指在计算时不考虑货币时间价值因素影响的指标，主要包括投资利润率、投资利税率、资本金利润率、资本金净利润率和静态投资回收期等，可以根据建设项目投资估算表、投资总额与资金筹措表、利润表和现金流量表中的有关数据计算。

（1）投资利润率　投资利润率是项目的年利润总额与总投资之比，计算公式如下：

$$投资利润率 = \frac{年利润总额}{总投资} \times 100\%$$

上式中的年利润总额，可选择正常生产年份的年利润总额，也可以计算出生产期平均年利润总额，即用生产期利润总额之和除以生产期。选择前者还是后者，根据项目的生产期长短和年利润总额波动的大小而定。若项目生产期较短，且年利润总额波动较大，原则上要选择生产期的平均年利润总额；若项目生产期较长，年利润总额在生产期又没有较大的波动，可选择正常生产年份的年利润总额。总投资为建设投资、建设期利息和流动资金之和。计算出的投资利润率要与规定的行业标准投资利润率或行业的平均投资利润率进行比较，若大于或等于标准投资利润率或行业平均投资利润率，则认为项目是可以考虑接受的。

（2）投资利税率　投资利税率是项目的年利润总额、销售税金及附加之和与项目总投资之比，计算公式如下：

$$投资利税率 = \frac{年利税总额}{总投资} \times 100\%$$

上式中的年利税总额，可以选择正常生产年份的年利润总额与销售税金及附加之和，也可以选择生产期平均的年利润总额与销售税金及附加之和。选择前者还是后者，依据项目生产期长短和利税之和的波动大小而定，选择原则与计算投资利润率中的选择同理。式中的总投资也是建设投资、建设期利息和流动资金之和。计算出的投资利税率若大于或等于规定的行业标准投资利税率或行业的平均投资利税率，则认为项目是可以考虑接受的。

（3）资本金利润率　资本金利润率是项目的年利润总额与项目资本金之比，计算公式如下：

$$资本金利润率 = \frac{年利润总额}{资本金} \times 100\%$$

上式中的年利润总额是选择正常生产年份的年利润总额，还是选择生产期平均年利润总额，原理同于投资利润率的计算。式中的资本金是指项目的全部注册资本金。计算出的资本金利润率若大于或等于行业的平均资本金利润率或投资者的目标资本金利润率，则认为项目是可以考虑接受的。

（4）资本金净利润率　资本金净利润率是项目的年税后利润与项目资本金之比，计算公式如下：

$$资本金净利润率 = \frac{年税后利润}{资本金} \times 100\%$$

上式中的年税后利润是选择正常生产年份的税后利润，还是选择生产期平均年税后利润，原理同于投资利润率的计算。式中的资本金也是指项目的全部注册资本金。资本金净利润率应该是投资者最关心的一个指标，因为它反映了投资者自己的出资所带来的净利润。

（5）静态投资回收期　具体如下：

1）静态投资回收期的概念。静态投资回收期一般简称投资回收期，记作 P_t，是指在不考虑货币时间价值因素条件下，用生产经营期回收投资的资金来源抵偿全部原始投资所需要的时间，一般用年表示。

由于回收投资的资金来源这个概念不容易掌握，不如引入净现金流量的概念来解释投资回收期更为准确。重新定义的静态投资回收期是指以投资项目净现金流量抵偿原始总投资所需要的全部时间。其表达式如下：

$$\sum_{t=1}^{P_t} NCF_t = 0$$

式中　P_t——静态投资回收期；

　　　NCF_t——项目计算期第 t 年的净现金流量。

如果用 CI_t 表示项目计算期第 t 年的现金流入，CO_t 表示项目计算期第 t 年的现金流出，n 代表项目计算期终结点，则净现金流量的计算公式如下：

$$NCF_t = CI_t - CO_t \quad (t = 1, 2, 3, \cdots, n)$$

定义中提到的原始总投资等于建设投资与流动资金投资之和。

2）静态投资回收期的计算。如果某投资项目满足以下特殊条件，即原始投资均集中发生在建设期内，投产后若干年（假设为 M 年）内每年的净现金流量相等，项目这些年累计的净现金流量大于或等于原始总投资，则可用下式直接计算出不包括建设期的投资回收期：

$$\text{不包括建设期的投资回收期} = \frac{\text{原始总投资}}{M \text{年内每年相等的净现金流量}}$$

若生产期净现金流量不符合应用简化公式的条件，就必须利用现金流量表通过计算累计净现金流量来计算包括建设期在内的投资回收期。

如果在现金流量表上"累计净现金流量"一栏中能找到零，则零所对应的年份即为所求的该项目包括建设期在内的投资回收期；如果在现金流量表上"累计净现金流量"一栏中只能找到负值和正值，找不到零，则必须按下列公式计算包括建设期在内的投资回收期：

$$\text{投资回收期} = \frac{\text{累计净现金流量第一}}{\text{次出现正值的年份}} - 1 + \frac{\text{上年累计净现金流量的绝对值}}{\text{当年净现金流量}}$$

如果在现金流量表上"累计净现金流量"一栏中只能找到负值，既找不到零，也找不到正值，则意味着该项目的投资不可能全部得到回收。计算出的投资回收期如果小于或等于行业规定的标准投资回收期或行业平均投资回收期，则认为项目是可以考虑接受的。

2. 动态指标的计算与分析

动态指标是指在计算时考虑货币时间价值因素影响的指标，主要包括财务净现值和财务内部收益率，根据现金流量表计算。

（1）财务净现值　在财务效益分析时，财务净现值是指在项目计算期内，按行业基准折现率或设定折现率计算的各年净现金流量现值的代数和，简称净现值，记作 NPV。其表达式如下：

$$NPV = \sum_{n=1}^{n} (CI - CO)_t (1 + i_c)^{-t}$$

式中　i_c——设定的折现率。

净现值的计算值可能有三种情况：即 $NPV > 0$、$NPV = 0$、$NPV < 0$。当 $NPV > 0$ 时，说明

项目用其净效益抵付了相当于用折现率计算的利息以后，还有盈余，从财务角度考虑，项目是可以考虑接受的。当 $NPV=0$ 时，说明拟建项目的净效益正好抵付了用折现率计算的利息，这时，判断项目是否可行，要看分析所选用的折现率。在财务效益分析中，若选择的折现率大于银行长期贷款利率，项目是可以考虑接受的；若选择的折现率等于或小于银行长期贷款利率，一般可判断项目不可行。当 $NPV<0$ 时，说明拟建项目的净效益不足以抵付用折现率计算的利息，甚至有可能是负的效益，一般可判断项目不可行。

财务净现值指标计算简便，只要编制了现金流量表，确定好折现率，净现值的计算仅是一种简单的算术方法。另外，该指标的计算结果稳定，不会因算术方法的不同而带来任何差异。但财务净现值指标有两个缺陷：①需要事先确定折现率，而折现率的确定又是非常困难和复杂的，选择的折现率过高，可行的项目可能被否定；选择的折现率过低，不可行的项目就可能被选中，特别是对那些投资收益水平居中的项目。所以，在运用财务净现值指标时，要选择一个比较客观的折现率，否则，评价的结果往往"失真"，可能造成决策失误。②财务净现值指标是一个绝对数指标，只能反映拟建项目是否有盈利，并不能反映拟建项目的实际盈利水平。为了克服财务净现值指标所带来的评价方案或筛选方案所带来的不利影响，在财务效益分析中，往往选择财务内部收益率作为主要评价指标。

（2）财务内部收益率　财务内部收益率是指项目投资实际可望达到的报酬率，即能使投资项目的净现值等于零时的折现率，又叫内部报酬率，简称内部收益率，记作 IRR。显然，内部收益率满足下列等式：

$$\sum_{t=0}^{n}(CI-CO)_t(1+IRR)^{-t}=0$$

财务内部收益率与财务净现值的表达式基本相同，但计算程序却截然不同。在计算财务净现值时，预先设定折现率，并根据此折现率将各年净现金流量折算成现值，然后累加得出净现值。在计算财务内部收益率时，要经过多次试算，使得净现金流量现值累计等于零。财务内部收益率的计算比较繁杂，一般可借助计算机完成。如用手工计算时，应先采用试算法，后采用插值法。

运用手工计算项目财务内部收益率的基本步骤是：

1）用估计的某一折现率对拟建项目整个计算期内各年财务净现金流量进行折现，并求出净现值。如果得到的财务净现值等于零，则所选定的折现率即为财务内部收益率；如所得财务净现值为一正数，则再选一个更高一些的折现率再次试算，直至正数财务净现值接近零为止。

2）在第一步的基础上，再继续提高折现率，直至计算出接近零的负数财务净现值为止。

3）根据上两步计算所得的正、负财务净现值及其对应的折现率，运用插值法计算财务内部收益率。因为内部收益率与净现值之间不是线性关系，内部收益率与净现值之间关系如图7-4所示，如果两个折现率之间的差太大，计算结果会有较大的误差，所以，为保证计算的准确性，一般规定，选定的两个折现率之差不应大于5个百分点，

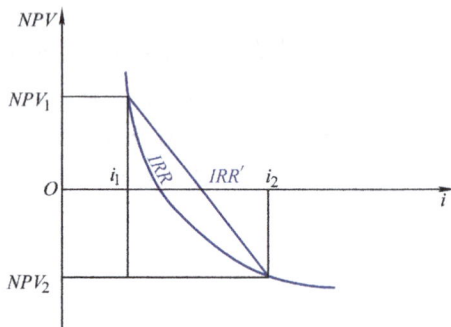

图 7-4　净现值与折现率的相互关系图

最好为 1~2 个百分点。

插值法是将试算法得出的数据代入有关公式计算财务内部收益率的一种近似计算的方法。插值法的计算公式如下：

$$IRR = i_1 + \frac{NPV_1}{NPV_1 + |NPV_2|}(i_2 - i_1)$$

计算出的财务内部收益率若大于或等于国家规定的基准折现率或投资者的目标收益率，则说明项目的盈利能力超过或等于国家规定的标准或投资者的目标收益率，因而项目是可以考虑接受的。财务内部收益率表明项目的实际盈利能力或所能承受的最高利率，是一个比较可靠的分析评价指标，一般可作为主要分析评价指标。

必须指出的是，内部收益率的数学表达式的解可能是一个高次方程之解。其计算结果可能是以下几种情况：①出现唯一解，则内部收益率是唯一的；②出现多个解，则内部收益率有多种情况，即有多个内部收益率；③无实数内部收益率（即无解），即现金流量有不确定的内部收益率。

由于内部收益率可能出现多根与无解的计算结果，因此在使用内部收益率指标时，需持慎重态度。如果拟建项目有多个内部收益率或无实数内部收益率，则利用内部收益率指标进行财务效益分析就会导致投资决策误入歧途。在这种情况下，应当改用别的指标。

为了说明内部收益率出现多根或无解的条件，有必要了解常规项目与非常规项目的区别。常规项目是指计算期内各年净现金流量在开始一年或数年为负值，在以后各年为正值的项目；非常规项目是指计算期内各年净现金流量的正负符号的变化超过一次的项目。一般来讲，常规项目有唯一实数内部收益率；非常规项目则可能会出现多个内部收益率或无实数内部收益率。

（3）动态投资回收期 动态投资回收期是指在考虑货币时间价值的条件下，以投资项目净现金流量的现值抵偿原始投资现值所需要的全部时间，记作 P_t'。其表达式如下：

$$\sum_{t=1}^{P_t'} (CI - CO)_t (1 + i_c)^{-t} = 0$$

动态投资回收期的计算，只能通过现金流量表计算折现净现金流量和累计折现净现金流量求得。

如果在现金流量表上"累计折现净现金流量"一栏中能找到零，则零所对应的年份即为所求的该项目包括建设期在内的动态投资回收期；如果在现金流量表上"累计折现净现金流量"一栏中只能找到负值和正值，找不到零，则必须按下列公式计算包括建设期在内的动态投资回收期：

$$P_t' = 累计折现净现金流量开始出现正值的年份 - 1 + \frac{上年累计折现净现金流量的绝对值}{当年折现净现金流量}$$

如果在现金流量表上"累计折现净现金流量"一栏中只能找到负值，既找不到零也找不到正值，则意味着该项目的投资不可能全部得到回收。

计算出的动态投资回收期若小于或等于行业标准动态投资回收期（若有地话）或行业平均动态投资回收期，则认为项目可以考虑接受。

7.3.2.3 反映项目清偿能力的指标

反映项目清偿能力的指标包括借款偿还期、资产负债率、流动比率和速动比率。

（1）借款偿还期　借款偿还期是指用可用于偿还借款的资金来源还清建设投资借款本金所需要的全部时间。偿还借款的资金来源包括折旧费、摊销费、未分配利润和其他收入等。借款偿还期可利用借款还本付息计算表的有关数据计算。

借款偿还期的计算公式如下：

$$借款偿还期 = \frac{偿还借款本金的资金来源}{大于年初借款本息累计的年份} - 开始借款的年份 + \frac{年初借款本息累计}{当年实际偿还本金的资金来源}$$

对于涉及外资的项目，还要考虑国外借款部分的还本付息，应按已经明确的或预计可能的借款偿还条件（包括偿还方式及偿还期限）计算。国外借款往往采取等本偿还或等额偿还的方式，借款偿还期限往往都是约定的，无需计算，或者由贷款方提出，或者由评估人员根据贷款方提出的条件和项目的具体情况（如每年的外汇收入等）进行分析来确定。

计算出借款偿还期后，要与贷款机构的要求期限进行对比，等于或小于贷款机构提出的要求期限，即认为项目是有清偿能力的。否则，认为项目没有清偿能力，从清偿能力角度考虑，项目是不可行的。

（2）资产负债率、流动比率和速动比率　资产负债率、流动比率和速动比率（简称"三率"）全部依据资产负债表的有关数据计算。在计算"三率"时，既可以计算计算期内前几年（一般考虑为10年）的"三率"，也可以计算整个计算期内各年的"三率"。评估人员可根据项目的实际情况来掌握，但必须能反映出各种比率所要说明的问题。

1）资产负债率。资产负债率是反映项目各年所面临的财务风险程度及偿债能力的指标。计算公式如下：

$$资产负债率 = \frac{负债合计}{资产合计} \times 100\%$$

作为提供贷款的机构，可以接受100%以下（包括100%）的资产负债率，大于100%，表明企业已资不抵债，已达到破产的警戒线。

2）流动比率。流动比率是反映项目各年偿付流动负债能力的指标。计算公式如下：

$$流动比率 = \frac{流动资产总额}{流动负债总额} \times 100\%$$

计算出的流动比率，一般应大于200%，即1元的流动负债至少有2元的流动资产作后盾，保证项目按期偿还短期债务，这是提供贷款的机构可以接受的。

3）速动比率。速动比率是反映项目快速偿付流动负债能力的指标。计算公式如下：

$$速动比率 = \frac{流动资产总额 - 存货}{流动负债总额} \times 100\%$$

计算出的速动比率，一般应接近于100%，即1元的流动负债有1元的速动资产以资抵偿，这是提供贷款的机构可以接受的。

7.3.2.4　外汇平衡分析

涉及外汇收支的项目，应进行财务外汇平衡分析，考查各年外汇余缺程度。首先根据各年的外汇收支情况，编制外汇平衡表，然后进行分析，考查计算期内各年的外汇余缺程度。一般要求，涉及外汇收支的项目要达到外汇的基本平衡，如果达不到外汇的基本平衡，项目评估人员要提出具体的解决办法。

思考与练习

1. 什么是财务评价？
2. 财务评价应遵循的原则是什么？
3. 财务效益分析的作用是什么？
4. 进行财务数据估算应遵循哪些原则？
5. 总成本费用包括哪些内容？
6. 进行财务评价需要利用哪些基本报表？它们各自反映的内容是什么？
7. 利润表的主要作用是什么？
8. 在项目财务评价时，涉及哪几种现金流量表？它们各有什么特点和用途？
9. 在财务评价中包括哪几种基本报表，它们之间的相互关系如何？
10. 试述财务评价的指标体系？
11. 净现值指标有哪些优缺点？
12. 内部收益率指标有哪些优缺点？
13. 怎样计算内部收益率？
14. 某建设项目的现金流量见表 7-13，折现率为 10%，试计算：
1）静态投资回收期。
2）动态投资回收期。

表 7-13 现金流量表

时间	0	1	2	3	4	5	6	7	8	9	10
现金流量/万元	−100	−150	30	80	80	80	80	80	80	80	80

15. 表 7-14 ~ 表 7-16 是某项目财务评价的部分报表，求该项目第 5 年、第 6 年的所得税额。（设所得税率为 33%，长期借款年利率为 10%）

表 7-14 借款还本付息计算表 （单位：万元）

序号	项目 \ 年份	1	2	3	4	5	6
1	借款及还本付息						
1.1	年初借款本息累积		2100	4410			
1.2	本年借款	2000	2000	2000			
1.3	本年应计利息	100	310	541			
1.4	本年还本						
1.5	本年付息						
2	偿还借款本金来源						
2.1	利润						
2.2	折旧						
2.3	摊销						

表 7-15　总成本费用估算表　　　　　　　　（单位：万元）

序号	项目 \ 年份	4	5	6
1	外购原材料	300	400	400
2	外购燃料动力	400	500	500
3	工资及福利费	160	200	200
4	修理费	280	280	280
5	其他费用	80	80	80
6	折旧	600	600	600
7	利息			
7.1	长期借款利息			
7.2	流动资金借款利息	50	50	50
8	总成本费用			

表 7-16　损益表　　　　　　　　（单位：万元）

序号	项目 \ 年份	4	5	6
1	销售收入	3000	3200	3200
2	销售税金及附加	200	260	260
3	总成本费用			
4	利润总额			
5	弥补以前年份亏损			
6	所得税			
7	税后利润			
8	可供分配利润			
8.1	盈余公积金			
8.2	未分配利润			

16. 某工厂建厂投资分两期，即第 1 年年初投资 1995 万元，第 3 年年初投资 1000 万元，此投资项目使用期为 5 年，每年销售收入 1500 万元，成本支出 500 万元，若企业的基准收益率为 10%，求此方案的净现值率。

建设项目国民经济效益评估

8.1 建设项目国民经济效益评估概述

8.1.1 国民经济效益评价的概念

国民经济效益评价是按照资源合理配置的原则，从国家整体角度考查项目的效益和费用，用货物影子价格、影子工资、影子汇率和社会折现率等经济参数，分析、计算项目对国民经济带来的净贡献，评估项目的经济合理性，为项目的投资决策提供依据。

项目的国民经济评价在项目决策中有着重要的作用。很显然，项目的财务评价和国民经济评价结果有时是矛盾的，一般地说，应以国民经济评价的结论作为项目或方案取舍的主要依据。也就是说，经过项目财务评价和国民经济评价以后，有可能出现以下四种情况：

1）财务评价为可行，国民经济评价也可行，项目可行。

2）财务评价为不可行，国民经济评价为可行，这时候有两种处理办法：一种是重新考查投资方案，改进使之财务上可行；另一种是如果该项目是关系到国计民生，对国家有重大意义的项目，那么以国家给项目企业补贴的办法，弥补项目财务上的不可行。

3）财务评价为可行，国民经济评价为不可行，则项目不可行。这时候可以通过改进使项目的国民经济评价也可行，或者放弃该项目。

4）财务评价为不可行，国民经济评价也为不可行，项目不可行。

8.1.2 项目国民经济评价与财务评价的关系

在很多情况下，国民经济评价以财务评价为基础和前提，国民经济评估是企业财务评估的完善与深化，两者的主要联系表现为都是对项目成本效益的分析评价，企业财务效益评估所用的数据，加工整理后便构成国民经济效益评估的数据，评估的方法也大致相同。项目国民经济评价与财务评价的共同之处在于：首先，它们都是经济效果评价，都使用基本的经济评价理论和方法，都要寻求以最小的投入获得最大的产出，都要考虑资金的时间价值，采用内部收益率、净现值等经济盈利性指标进行经济效果分析；其次，两种评价都要在完成产品需求预测、工艺技术选择、投资估算、资金筹措方案等可行性研究内容的基础上进行。它们之间的主要区别如下：

（1）评价角度的不同　财务评估是从企业角度分析项目对企业产生的财务效果，偏重于项目盈利水平及偿债能力的评价；国民经济评估从国家角度评价拟建项目对国民经济所产生的效应，偏重于净效益和纯收入的分析，它不但要评估项目对国民经济的贡献，还应分析国民经济为项目所付出的代价。

（2）评价任务的不同　企业财务效益评估可为项目选定和生产规模方案的选择提供财务数据，但不能为重大项目的决策服务；而国民经济效益评估可以用于拟建项目的择优及拟建项目生产规模的选择，是重大项目决策的主要依据。另外，企业财务效益评估主要关心项目的筹资来源和还本付息能力；而国民经济效益评估则主要关心项目是否应当兴建，以及拟建项目应有多大的生产规模。

（3）评价范围的不同　企业财务效益评估范围较为狭窄，一般只限于项目和企业本身，而且只考虑项目直接的可用货币度量的财务效益；国民经济效益评估的面较宽，不仅要考虑项目对国民经济和社会可用货币度量的直接影响，还要考虑间接的、外部的、相关的以及不能用货币度量的影响。所以国民经济效益评估在定量分析之外，还应进行一些定性分析，以便对项目作出全面评价。

（4）项目费用与效益范围划分的不同　企业财务效益评估将项目的全部支出都作为费用，列为项目的成本或项目的资金流出；而国民经济效益评估则扣除了其中的转移支付如税金、补贴、利息等，同时，国民经济效益评估不考虑过去已经发生的沉没成本。因此，在进行国民经济效益评估时，首先应对成本与效益的内容进行鉴别，使它们评估的内容能体现各自的角度。

（5）使用价格体系的不同　在企业财务效益评估中，投入产出物以市场价格为基础计价，这种价格一般称为财务价格；在国民经济效益评估中，要用既能反映投入产出物的价值，又能反映这种资源稀缺程度的影子价格进行评估。影子价格的运用可以使有限的资源得到最优利用，从而带来最好的效益增长。鉴于影子价格是对资源进行最优配置的一种价格，因此在国民经济效益评估中对一般的通货膨胀不予考虑，而企业财务效益评估则必须考虑通货膨胀的影响。

（6）依据评价参数的不同　在企业财务效益评估中，一般采用国家统一颁发的各行业的基准内部收益率作为计算和评价项目经济效益的依据；在国民经济效益评估中，则使用统一规定的理论利率作为评估依据，这种理论利率一般又称为社会折现率或经济折现率。对于涉及进出口的物品，企业财务效益评估要运用法定汇率或挂牌汇率，国民经济效益评估则要运用影子汇率或市场汇率。企业财务效益评估中，其基本资料是根据财务数据编制的财务现金流量表；而在国民经济效益评估中，基本资料是根据影子价格和国民经济原则编制的国民经济效益费用流量表。

（7）评价对象的不同　在一般情况下，对于没有财务收入的项目，不进行企业财务效益评估，如防洪工程、环保工程、水土保持工程等无须进行企业财务效益评估；但是，不管有无直接财务收入，一些重大的有关国计民生的项目，投入产出物财务价格明显不合理的项目，特别是对能源、交通基础设施和农林水利项目，以及某些国际金融组织的贷款项目和某些政府贷款项目，应按要求进行国民经济效益评估。另外，财务评价有两个方面，一是盈利能力分析，另一是清偿能力分析；而国民经济评价则仅作盈利能力分析，不作清偿能力分析。

8.1.3 项目国民经济评价的作用

1. 国民经济效益评价是宏观上合理配置资源的需要

项目的国民经济评价是从国民经济的角度对项目得失，即其盈利水平作出评价，有利于全社会合理配置资源。国家的资源，如资金、外汇、土地、劳动力以及其他自然资源等总是有限的，必须在资源的各种相互竞争的用途中作出选择，而这种选择必须借助于国民经济评价，从国家整体的角度来考虑。把国民经济作为一个大系统，项目的建设作为这个大系统中的一个子系统，项目的建设与生产，要从国民经济这个大系统中汲取大量的投入物，同时也向国民经济这个大系统提供一定数量的产出物。国民经济评价就是评价项目从国民经济中所汲取的投入，与向国民经济提供的产出物对国民经济这个大系统经济目标的影响，从而选择对大系统目标最有利的项目和方案。因此，国民经济评价是一种宏观评价，对于建设社会主义市场经济，宏观评价具有十分重要的意义。只有多数项目的建设符合整个国民经济发展的需要，才能在充分合理利用有限资源的前提下，使国家获得最大的净效益。

2. 国民经济效益评价是真实反映项目对国民经济净贡献的需要

项目经济评估包括财务评估与国民经济评估。财务评估是对项目在财务上的盈利性和财务收支上的清偿能力进行分析与评价。由于财务评估是站在企业的角度对项目的评价，而企业利益并不总是与国家利益相一致的，如税金对于企业是费用支出，而对于国家则不是费用支出；同时，由于种种原因，项目的投入物和产出物的财务价格往往严重背离资源的真实价值，不能真实反映项目对国民经济的真实贡献，所以，必须通过国民经济评估才能清楚一个项目对国民经济整体的净贡献。

3. 国民经济评价有利于项目投资决策科学化

（1）有利于引导投资方向　运用经济净现值、经济内部收益率等指标及体现宏观意图的影子价格、影子汇率等参数，可以起到鼓励或抑制某些行业或项目发展的作用，促进国家资源的合理分配。

（2）有利于控制投资规模　国家可以通过调整社会折现率这个重要参数来调控投资总规模，当投资规模膨胀时，可以适当提高社会折现率，控制一些项目的通过。

（3）有利于提高计划质量　项目是计划的基础，有了足够数量经过充分论证和科学评价的备选项目，才便于各级部门从宏观经济角度对项目进行排队和取舍。财务评价和国民经济评价均可行的项目，才可以通过。

8.2 建设项目国民经济评价效益与费用的确定

划分投资项目的费用与效益，是相对于项目的目标而言的。国民经济评价是从整体国民经济增长的目标出发，以项目对国民经济的净贡献大小来考查项目，所以，国民经济评估中的费用和效益比财务评估中的成本和效益的范围要宽得多。

8.2.1 项目效益的确定

1. 项目经济效益的概念

项目国民经济效益，是指项目对国民经济所作的贡献。这种效益不但包括项目本身所获得的利益，而且还包括国民经济其他部门因项目存在而获得的利益。所以，效益不仅是指项目自身的直接效益，而且还包括项目所产生的外部的间接效益。

2. 项目国民经济效益的识别

（1）直接效益的识别 直接效益是指由项目产出物产生并在项目范围以内以影子价格计算的经济效益。它是项目产生的主要经济效益。根据产出物的具体情况，直接效益的确定也有所不同。

1）项目投产以后增加总的供给量，即增加了国内的最终消费品或中间产品。此时项目直接效益表现为增加该产出物数量满足国内需求的效益。

2）项目投产以后减少了其他相同或类似企业的产量，即从整个社会来看没有增加产品的数量，只是项目投产后产品数量代替了其他相同或类似企业的等量产品。这时项目的直接效益是被替代企业因为减产而节省的资源价值，即项目产出物替代其他相同或类似企业的产出物，使被替代企业减产从而减少国家有用资源耗费（或损失）的效益。

3）增加出口或减少进口的产出物。增加出口就是项目投产以后增加国家出口产品的数量，其效益可看作是增加出口所增收的国家外汇。减少进口是指项目投产以后，其产品可以替代进口产品，减少国家等量产品的进口，其效益可看作是减少进口所节约的外汇效益。

（2）间接效益的识别 间接效益（亦称外部效益）是指由项目引起的而在直接效益中未得到反映的那部分效益。如在建设一个钢铁厂的同时，又修建了一套厂外运输系统，它除为钢铁厂服务外，还使当地的工农业生产和人民生活得益，这部分效益即为钢铁厂的外部效益。又如某水泵厂生产一种新型节能水泵，用户可得到较低的运行费用的好处，但由于种种原因，这部分效益未能在水泵厂的财务价格中全部反映出来，即未能完全反映到水泵厂的直接效益中。因此，这部分节能效益就是水泵厂的外部效益。

8.2.2 项目费用的确定

1. 项目国民经济费用的概念

项目国民经济费用，是指项目存在而使国民经济所付出的代价。不论哪个部门或单位，因为项目建设而损失的价值都视作项目的费用。项目的费用不仅包括本身的直接费用，而且还包括外部的间接费用。对项目的投入物来讲，费用还是一个机会成本的概念。投入物作为一种稀缺的资源，它有许多种用途，投到一个项目上去，就失去了其用于别的用途获得效益的机会，那么，这种投入物投入到项目上国民经济所付出的代价，就是放弃其他使用机会而获得的最大效益。但要注意的是，投入物作为其他用途的机会一定是切实可行的，不但要在技术上可行，而且要在经济等方面可行。

2. 项目国民经济费用的识别

（1）直接费用的识别 直接费用是指项目使用投入物所产生并在项目范围内以影子价格计算的经济费用。它是费用的主要内容。根据投入物的具体情况，直接费用的确定也有所不同。

1）因项目存在而增加项目所需投入物的社会供应量。此时，项目直接费用表现为其他部门为供应本项目投入物而扩大生产规模所耗用的资源费用。

2）减少对其他相同或相似企业的供应，即项目的投入物是减少对其他企业的供应而转移过来的。此时项目直接费用表现为减少对其他项目（或最终消费者）投入物的供应而放弃的效益，即项目的投入物单位使用量在其他企业所获得的效益与项目所转移过来的投入物总量的乘积。其他企业的效益应用影子价格计算。

3）增加进口或减少出口的投入物。增加进口就是因为项目存在而使国家不得不增加进口，以满足其对投入物的需要，其费用可看作是国家为增加进口而多支付的外汇。减少出口是指因项目使用了国家用来出口的商品作为投入物，从而减少了国家的出口量，其费用是国家因减少出口而损失的外汇收入。

（2）间接费用的识别　间接费用（亦称外部费用）是指由项目引起的，而在项目的直接费用中未得到反映的那部分费用。例如，工业项目产生的废水、废气和废渣引起的环境污染及对生态平衡的破坏，项目并不支付任何费用，而国民经济付出了代价。工业项目造成的环境污染对生态的破坏是一种外部费用，一般较难计算，除按环保部门规定征收的排污费计算外，也可以用被污染的农作物和江河湖泊的水产品或森林的价值损失作为项目污染和对生态环境破坏所造成的损失。如果环境污染给国民经济造成的损失很明显，且难以计量，则可根据国家的控制污染要求进行定性分析。

3. 转移支付的处理

转移支付是指财务效益评估中某些费用和效益以货币形态在项目与社会经济实体之间相互转移，而不同时发生资源相应变动的经济现象。某些在财务效益评估中出现的费用和收入，并不伴有相应的资源投入和资源产出，不影响社会资源最终的增减，只反映对资源分配的控制权和使用权从项目转移给其他社会实体，或者从其他社会实体转移给项目。项目与其他社会实体之间这种并不伴随有资源变动的纯粹货币性质的转移，即转移支付，它包括税金、补贴、国内借款利息及土地费用等项内容。在国民经济效益评估中，对上述转移支付应予以剔除。

（1）税金　从企业角度来看，税金是企业实际支出的金额，应计入成本。但实质上，税收是调节分配的一种手段。从国民经济角度看，税收实际上并未花费国家任何资源，它只是企业和税收部门之间的一项资金转移。无论国家是否豁免税金，都不减少国民经济花费在该项目上的代价，或腾出任何资源可供其他之用。所以，在国民经济效益评估中，不管税金的具体形式如何，不管是哪一个税种的税金，都是转移支付，而不是一项经济费用。

（2）补贴　补贴可看作是一种与税金相反的转移支付，是国家为了鼓励生产和使用某些原材料或产品，用采取优惠的方式给生产者或使用者以价格上的优待。从生产者或使用者角度分析，补贴无疑是一项净收益。但从社会资源实际消耗的角度看，补贴并没有减少社会费用，即没有减少使用资源的真实成本，不代表社会资源的增减，只是货币在政府和项目之间的转移。所以在国民经济效益评价中，补贴既不作为费用，也不作为效益。

（3）利息　借款利息分国内借款利息和国外借款利息。项目支付的国内借款利息，是国民经济内部企业与银行之间的资金转移，并不涉及社会资源的增减变化，所以，在项目国民经济效益评估中，国内借款利息既不列为费用，也不列为效益。但是，项目支付的国外借款利息，则是支付给外国的有关金融机构，造成国内资源向国外转移，是国民经济的一项损失，应列为项目的费用。

（4）土地费用　土地费用是项目建设征购土地的实际支付，是项目转移给地方政府、村镇集体、其他企业或农民的货币资金。从国民经济全局看，土地费用的支付并没有造成资源的增加或减少，因此，在国民经济效益评估中不能列为费用。但土地作为一项资源有它的机会成本，即被项目占用后就不能作其他用途，国民经济为此付出了一定的代价，因此，应将土地的机会成本列为国民经济费用。

在国民经济评估时，应复核在可行性研究报告的国民经济评价中，是否已从项目原效益和费用中剔除了这些转移支付，以影子费用形式作为项目的计算是否正确。

8.2.3　项目国民经济评价的方法

1. 在财务效益评价基础上进行国民经济效益评价

投资项目的国民经济评价在财务评价基础上进行，主要是将财务评价中的财务费用和财务效益调整为经济费用和经济效益，即调整不属于国民经济效益和费用的内容；剔除国民经济内部的转移支付；计算和分析项目的间接费用和效益；按投入物和产出物的影子价格及其他经济参数（如影子汇率、影子工资、社会折现率等）对有关经济数据进行调整。具体步骤如下：

（1）效益和费用范围的调整　由于财务效益评估和国民经济评估对费用和效益的含义及划分范围不同，这样在国民经济评估中就应对费用和效益进行识别和划分。

1）剔除已经计入财务效益和费用中的国民经济内部的转移支付，如税金、补贴、国内借款利息等。

2）识别项目的外部效益和外部费用，对能定量的应进行定量计算，不能定量的，应作定性描述。

（2）效益和费用数值的调整　根据收集来的数据资料，结合费用和效益的计算范围，将各项投入物和产出物的现行价格调整为影子价格。价格调整对合理地进行费用效益计算，正确地进行国民经济效益评估都是至关重要的。

1）建设投资的调整。剔除属于国民经济内部转移支付的引进设备、材料的关税和增值税，并用影子汇率、影子运费和贸易费用对引进设备价值进行调整；对于国内设备价值，则用其影子价格、影子运费和贸易费用进行调整。根据建筑工程消耗的人工、建材、其他大宗材料、电力等，用影子工资、货物和电力的影子价格调整建筑费用，或通过建筑工程影子价格换算系数直接调整建筑费用。若安装费中的材料费占很大比重，或有进口安装材料，也应按材料的影子价格调整安装费用。用土地的影子价格代替占用土地的实际费用。剔除涨价预备费。调整其他费用。

2）流动资金的调整。调整由于流动资金估算基础的变动引起的流动资金占用量的变动。

3）经营费用的调整。对财务评价中的经营费用，可将其划分为可变费用和固定费用，然后再按如下方法进行：可变费用部分按原材料、燃料、动力的影子价格重新计算各项费用；固定费用部分应在剔除固定资产的折旧费、无形资产摊销及流动资金利息后对维修费和工资进行调整，其他费用则不用调整。其中，维修费按调整后的固定资产原值（应扣除国内借款建设期的利息及投资方向调节税）和维修费率重新计算；工资则按影子工资换算系数进行调整。最后再通过加总得到经营费用。

4）销售收入调整。先确定项目产出物的影子价格，然后重新计算销售收入。

5）在涉及外汇借款时，用影子汇率计算外汇借款本金与利息的偿付额。

在价格调整的基础上计算费用和效益，不仅包括直接费用和直接效益的计算，而且包括间接费用和间接效益的计算。费用、效益计算是否全面、正确，直接关系到评价指标能否反映国民经济效益的大小，并进而决定国民经济效益评估结论是否真实客观。

（3）编制表格与计算指标　编制项目的国民经济效益费用流量表（全部投资），并据此计算全部投资的经济内部收益率和经济净现值指标。对使用国外贷款的项目，还应编制国民经济效益费用流量表（国内投资），并据此计算国内投资的经济内部收益率和经济净现值指标。

对于产出物出口（含部分出口）或替代进口（含部分替代进口）的项目，要求编制经济外汇流量表、国内资源流量表，计算经济外汇净现值、经济换汇成本、经济节汇成本。

2. 直接进行国民经济效益评价

1）识别和计算项目的内部效益，对那些为国民经济提供产出物的项目，首先应根据产出物的性质确定是否属于外贸货物，再根据定价原则确定产出物的影子价格。按照项目的产出物种类、数量及其逐年的增减情况和产出物的影子价格计算项目的内部效益。对那些为国民经济提供服务的项目，应根据提供服务的数量和用户的受益计算项目的内部效益。

2）用货物的影子价格、土地的影子费用、影子工资、影子汇率、社会折现率等参数直接进行项目的投资估算。

3）流动资金估算。

4）根据生产经营的实物消耗，用货物的影子价格、影子工资、影子汇率等参数计算经营费用。

5）识别项目的外部效益和外部费用，对能定量的应进行定量计算，对难以定量的，应作定性描述。

6）编制有关报表，计算相应的评价指标。根据计算出来的项目寿命期各年的费用和效益，编制国民经济效益费用流量表，据以计算经济内部收益率、经济净现值等评价指标。涉及产品出口创汇或替代进口节汇的项目，还要编制经济外汇流量表，据以计算经济外汇净现值、经济换汇成本或经济节汇成本等外汇效果指标，并根据指标计算结果予以分析评价，得出国民经济效益评估结论。

8.3　国民经济评价基础数据的调整

8.3.1　投资项目的调整

1. 固定资产投资的调整

应按财务评价的固定资产投资构成逐项调整。

1）从财务评价的投资中剔除设备和材料的进口关税和增值税等转移支付。

2）用影子汇率、影子价格和运输费与贸易费用，调整国内外设备的购置费及其安装费和其他费用。如调整引进设备价值，需要调整汇率和国内运输费与贸易费用；而调整国内设备则需采用设备影子价格计算设备本身价值和影子运费及贸易费用。

3）调整建筑费用。一种是采用直接调整"三材"（钢材、木材和水泥）费用，还有其他用量大的大宗材料和建筑用电等费用，分别采用影子价格与实际财务价格调整与计算建筑费用；另一种是可直接运用国家统一颁发的建筑工程影子价格换算系数，调整建筑工程费用。

4）安装费用的调整，可按照主要安装材料（如钢材）采用材料影子价格进行调整；如使用引进的安装材料，还要采用影子汇率进行调整。

5）土地费用的调整，按项目占用土地的机会成本重新计算。

6）其他费用调整，如其他国外费用则采用影子汇率进行调整，剔除涨价预备费。

上述调整原则，可用固定资产投资调整情况表（见表 8-1）综合说明。在完成各项调整数值后，将调整后的各项数值列入国民经济评价投资调整计算表。

2. 流动资金的调整

按流动资金构成或经营成本逐项调整。调整由于流动资金估算基础的变动引起的流动资金占用量的变动。

1）首先剔除作为转移支付的非定额流动资金（如货币资金、结算资金）部分，因为它们未造成国家资源的实际消耗或增加。

2）按影子价格进行详细的分项调整。

3）亦可按调价后的销售收入、经营成本或固定资产价值乘以相应的资金率进行粗略估算的调整。这时须注意剔除非定额流动资金部分。将调整后的流动资金各项数值列入国民经济评价流动资金调整计算表和国民经济评价投资调整计算表。

表 8-1　固定资产投资调整情况表

项目	设备购置费	安装工程费	建筑工程费	其他工程费
第一部分 工程费用				
1. 主要生产装置	汇率调整 扣除关税、增值税 国内设备费用调整	汇率调整 扣除关税、增值税 国内安装材料费用调整	"三材"价格调整 国内运费调整 贸易费用调整	汇率调整
2. 辅助生产项目	国内设备费用调整	国内安装材料费用调整	同上	
3. 公用工程项目	同上	同上	同上	
4. 服务性工程	不调整	同上	同上	
5. 生活福利设施	不调整	同上	同上	
6. 厂外工程	国内设备费用调整	同上	同上	
第二部分 预备费用				汇率调整 土地费用调整 不调整基本预备费 剔除涨价预备费

注：国内设备和安装材料费用调整包括运输费和贸易费用的调整。

8.3.2　成本项目的调整

按财务评价的经营成本进行分解，分别调整可变成本与固定成本。可以先用货物的影子价格、影子工资等参数调整费用要素，然后再加总得到经营费用。

1）可变成本部分按原材料、燃料、动力的影子价格重新计算各项费用。

2）固定成本部分应剔除折旧费和流动资金利息，并计算固定资产和流动资金的资金回收费用来代替。

3）对维修费和工资进行调整，而其他费用不予调整；维修费可按调整后的固定资产原值（扣除国内借款的建设期利息和投资方向调节税）和维修费率重新计算。

4）工资则按工资换算系数计算出影子工资。

5）其他费用不予调整。

调整后的各项费用编制国民经济评价经营费用调整计算表。

8.3.3　收益项目的调整

1. 销售收入的调整

先确定项目产出物的影子价格，重新计算销售收入。

1）根据项目规定的生产规模（产量）采用影子价格计算出产品的销售收入。

2）产出品的影子价格确定，应根据项目产品的货物类型，按规定的不同定价原则进行测算。

3）产品品种较多时，可用影子价格重新计算销售收入，列入国民经济评价销售收入调整计算表。

2. 固定资产余值和流动资金的回收额调整

应按照调整后的固定资产原值和流动资金进行计算。

在涉及外汇借款时，应用影子汇率计算外汇借款本金与利息的偿付额。

8.4　国民经济效益评估的价格调整

开展建设项目国民经济效益评估时，必须用影子价格来反映项目投入和产出的价值量。影子价格是指当社会经济处于某种最优化状态时，能够反映社会劳动消耗、资源稀缺程度和对最终产品需求情况的价格。即作为影子价格必须能够反映这种资源的社会必要劳动消耗——价值，反映这种资源的稀缺程度——供求关系和反映对最终产品的需求情况——资源配置效果。在开展项目评估时，一般项目产出物的影子价格用消费者支付意愿来反映，项目投入物的影子价格用机会成本反映。为了保证评估过程的可操作性，货物的影子价格一般用该货物的国际市场价格来代替。

在开展项目国民经济效益评估时，一般只对以下四类投入物和产出物进行价格调整：①在销售收入、生产成本、投资成本中占较大比重的投入物和产出物；②可以参与进出口贸易的投入物和产出物；③国内价格和国际价格有较大差距的投入物和产出物；④政府或上级部门已有规定影子价格或转换系数的投入物和产出物。同时，可以将项目的所有投入物和产出物划分为外贸货物、非外贸货物、特殊投入物、资金和外汇五类，分类进行价格调整。

8.4.1　外贸货物影子价格的确定

外贸货物的影子价格，是以口岸价格（视同国际市场价格）为基础计算的。由于项目所在地距离口岸有远有近，项目使用的原料、设备及产品距离市场有远有近，所以，要对口岸价格予以调整计算。计算结果，投入物为到厂影子价格，产出物为出厂影子价格。

1. 投入物的影子价格计算

（1）直接进口产品（国外产品）　计算式如下：

影子价格 = CIF(到岸价格) × 影子汇率 + 项目到口岸的国内运费和贸易费用

例 8-1 项目使用的某种原材料为进口货物，其到岸价格为 100 美元/单位，项目离口岸 500km，该材料影子运费为 0.20 元/（单位·km），贸易费用为货价的 6%，外汇的官方汇率为 6.56（下同）。试计算该投入物（原材料）的影子价格。

影子价格 = 100 美元/单位 × 6.56 元/美元 + （500 × 0.2 + 100 × 6.56 × 6%）元/单位
= 795.36 元/单位

（2）间接进口产品（国内产品，如木材、钢材、铁矿、矽矿等，以前进口过，现在也大量进口的产品）计算式如下：

影子价格 = CIF × 影子汇率 + 口岸到原用户的运输费用及贸易费用 - 供应厂到用户的运输费用及贸易费用 + 供应厂到项目的运输费用及贸易费用

例 8-2 浙江某木器厂所用木材由江西某林场供应，现拟在江西某地新建木器厂并由江西林场供应木材，那么浙江某木器厂所用木材只能通过上海进口供应。木材进口到岸价为 180 美元/m³。上海离浙江木器厂 200km，江西林场离浙江木器厂 500km、距离拟建项目 200km。木材影子运费为 0.20 元/（m³·km），贸易费用为货价的 6%。试计算拟建项目耗用木材的影子价格。

影子价格 = [180 × 6.56 + （200 × 0.20 + 180 × 6.56 × 6%）-
（500 × 0.20 + 180 × 6.56 × 6%）+
（200 × 0.20 + 180 × 6.56 × 6%）] 元/m³
= 1231.65 元/m³

（3）减少出口产品（国内产品，如石油、可出口的煤炭和有色金属等，以前出口过，现在也能出口）计算式如下：

影子价格 = FOB（离岸价格）× 影子汇率 - 供应厂到口岸的运输费用及贸易费用 + 供应厂到项目的运输费用及贸易费用

例 8-3 上海市某一拟建项目，耗用可供出口的淮南煤矿的原煤，其离岸价格为 40 美元/t。淮南煤矿离口岸 200km，距离上海 500km。原煤影子运费为 0.20 元/（t·km），贸易费用为货价的 6%。试计算该拟建项目耗用原煤的影子价格。

影子价格 = [40 × 6.56 - （200 × 0.20 + 40 × 6.56 × 6%）+
（500 × 0.20 + 40 × 6.56 × 6%）] 元/t
= 322.40 元/t

2. 产出物的影子价格计算

（1）直接出口产品（外销产品）计算式如下：

影子价格 = FOB × 影子汇率 - 项目到口岸的运输费用及贸易费用

例 8-4 某项目的产出物为出口产品，其离岸价为 20 美元/单位。项目离口岸 200km，影子运费为 0.20 元/单位·km，贸易费用为货价的 6%。试计算该产出物的影子价格。

影子价格 = （20 × 6.56 - 200 × 0.20 - 20 × 6.56 × 6%）元/单位
= 83.33 元/单位

（2）间接出口产品（内销产品，替代其他货物使其他货物增加出口）　计算式如下：

影子价格 = FOB × 影子汇率 − 原供应厂到口岸的运输费用及贸
易费用 + 原供应厂到用户的运输费用及贸易费用 −
项目到用户的运输费用及贸易费用

例 8-5　某项目所需的某种原材料原由江苏某厂供应，现在改由浙江某新建供应厂供应，致使原江苏某厂增加出口。该原材料离岸价格为 300 美元/t，影子运费为 0.20 元/t·km。江苏供应厂离口岸 300km，江苏供应厂离项目所在地 200km，浙江供应厂离项目所在地 150km。贸易费用为货价的 6%。试计算该原材料的影子价格。

$$影子价格 = [300 \times 6.56 - (300 \times 0.20 + 300 \times 6.56 \times 6\%) +$$
$$(200 \times 0.20 + 300 \times 6.56 \times 6\%) -$$
$$(150 \times 0.20 + 300 \times 6.56 \times 6\%)] 元/t$$
$$= 1799.92 \; 元/t$$

（3）替代进口产品（内销产品，以产顶进，减少进口）　计算式如下：

影子价格 = CIF × 影子汇率 + 口岸到用户的运输费用及贸易费用 −
项目到用户的运输费用及贸易费用

例 8-6　原某厂所需的原材料为进口货物，现在某地新建项目生产此种原材料并由新项目供应，该原材料的进口到岸价为 100 美元/单位，影子运费为 0.20 元/单位·km，原某厂到口岸的距离为 200km，到新建项目的距离为 100km，贸易费用为货价的 6%。试计算新建项目生产该原材料的影子价格。

$$影子价格 = [100 \times 6.56 + (200 \times 0.20 + 100 \times 6.56 \times 6\%) -$$
$$(100 \times 0.20 + 100 \times 6.56 \times 6\%)] 元/单位$$
$$= 676.00 \; 元/单位$$

8.4.2　非外贸货物影子价格的计算

1. 投入物影子价格的确定

1）能通过原有企业挖潜增加供应量的投入物，确定影子价格时，首先对该投入物的可变成本进行分解，求出其出厂影子价格；再加上生产厂家到项目的运输费用及贸易费用，即为该种投入物的影子价格。

2）在拟建项目计算期内需通过增加投资扩大生产规模来满足拟建项目需要的投入物，计算其影子价格时，应首先对其全部成本（包括可变成本和固定成本）进行分解，求出其出厂影子价格，再加上从生产厂家到项目的运输费用和贸易费用即可。当难以获得分解成本所需要的资料时，可参照国内市场价格定价。

3）项目计算期内无法通过扩大生产能力增加供应量（减少原用户的供应量）的投入物，确定其影子价格时，可取国内市场价格、国家统一价格加补贴（若有时）中较高者，再加上从生产厂家到项目的运输费用和贸易费用即可。

2. 产出物影子价格的确定

1）增加供应量满足国内消费的产出物，其影子价格的确定方法为：供求均衡的，按财务价格定价；供不应求的，参照国内市场价格并考虑价格变化的趋势定价，但不应高于相同质量产品的进口价格；无法判断供求情况的，取上述价格中较低者。

2）不增加国内供应数量，只是替代其他相同或类似企业的产品，致使被替代企业停产或减产的产出物，影子价格的确定方法为：若项目产出物与被替代产品质量相同，按被替代产品相应的可变成本分解定价；提高产品质量的，原则上按被替代产品的可变成本加提高质量而带来的国民经济效益定价，其中提高产品质量带来的效益，可近似地按国际市场价格与被替代产品的价格之差确定。产出物按上述原则定价后，再计算出厂影子价格。

为简化调价工作，对某些常用外贸货物，则可直接用其国内市场价格乘以国家定期公布的相应的影子价格换算系数计算求得。

3. 非外贸货物的成本分解

用成本分解法对某种货物进行分解，得到该货物的分解成本是确定非外贸货物影子价格的一种重要方法。成本分解原则上应是对边际成本而不是对平均成本进行分解。如果缺乏资料，也可分解平均成本。必须用新增投资来增加项目所需投入物供应的，应按其全部成本（包括可变成本和固定成本）进行分解；可以发挥原有企业生产能力增加供应的，应按其可变成本进行分解。成本分解的步骤为：

1）按费用要素列出某种非外贸货物的财务成本、单位货物的固定资产投资额及占用的流动资金，并列出该货物生产的建设期限及建设期各年投资比例。

2）剔除上述数据中包括的税金。

3）按影子价格计算的有关方法规定，对外购原材料、燃料和动力等投入物的费用进行调整。其中有些可直接使用给定的影子价格或换算系数。对重要的外贸货物应自行测算其影子价格。重要的非外贸货物可留待第二轮分解。有条件时，也应对投资中某些占比例大的费用项目进行调整。

4）工资及福利费和其他费用项目原则上不予调整。

5）计算单位货物总投资（包括固定资产和流动资金）的资金回收费用（M），对折旧和流动资金利息进行调整。计算式如下：

$$M = (I - S_v - W)(A/P, \ I_s, \ n_2) + (W + S_v)i_s$$

因 $I = I_F + W$

故 $M = (I_F - S_v)(A/P, \ I_s, \ n_2) + (W + S_v)i_s$

当 $S_v = 0$ 时，则 $M = I_F - (A/P, \ I_s, \ n_2) + Wi_s$

式中 I——换算为生产期初的全部投资；

I_F——换算为生产期初的固定资产投资，按可变成本分解时，I_F 为零；

W——流动资金占用额；

S_v——计算期末回收的固定资产余值；

i_s——社会折现率；

n_2——生产期。

I_F 计算公式如下：

$$I_F = \sum_{t=1}^{n_1} I_t(F/P, i_s, n_1 - t) = \sum_{t=1}^{n_1} I_t(1 + I_s)^{n_1 - t}$$

式中 I_t——建设期第 t 年调整后的固定资产投资；

n_1——建设期。

6）必要时对上述分解成本涉及的非外贸货物进行第二轮分解。

例8-7　某项目需要某种主要原材料，被视为非外贸货物，在进行项目国民经济评价时，需要将其作为主要投入物的该货物的财务成本费用进行分解，以求得它的影子价格。由于缺乏边际成本费用资料，故采用平均成本费用进行分解。经调查可知生产该种货物的单位（t）固定资产投资为1426元，单位产品占用流动资金192元。有关财务成本费用见表8-2。

表8-2　某主要原材料财务成本构成表

项　目	单　位	耗用量	耗用金额/元
1. 外购原材料、燃料、动力			798.83
1.1 原料 A	m³	5.2	463.37
1.2 原料 B	t	0.3	24.64
1.3 燃料 C	t	1.5	75.12
1.4 燃料 D	t	0.07	13.14
1.5 电力	MWh①	0.35	32.64
1.6 其他			110.31
1.7 铁路货运			67.24
1.8 汽车货运			12.37
2. 工资			59.24
3. 职工福利费			8.19
4. 折旧费			56.20
5. 大修理费			24.24
6. 利息支出			8.36
7. 其他支出			27.52
单位成本费用			982.58

① 1kWh＝1度，1MWh＝1千度，下同。

成本分解步骤如下：

第一步：进行投资调整并计算资金回收费用。

（1）固定资产形成率为96%，则每吨固定资产投资为：

$$1426 元 \div 96\% = 1485.4 元$$

（2）其中建设工程费用占20%，将建筑费用按钢材、水泥、木材的影子价格分别调整后，单位固定资产投资调高到1623.5元。建设期为2年，各年投资均等，社会折现率为10%，换算生产期初单位固定资产投资：

$$I_F = \sum_{t=1}^{n_1} I_t(1+I_s)^{n_1-t} = \left[\frac{1623.5}{2} \times (1+0.1) + \frac{1623.5}{2}\right]元 = 1704.7 元$$

（3）项目生产期为20年，不考虑资产残值回收的年资金回收费用：

$$M = I_F(A/P, I_s, n) + Wi_s$$
$$= 1704.7 元 \times (A/P, 10\%, 20) + 192 元 \times 0.1$$
$$= 1704.7 元 \times 0.1175 + 192 元 \times 0.1 = 219.5 元$$

（4）扣除原财务成本费用中的折旧和利息，单位固定成本调高额为：

$(219.50 - 56.20 - 8.36)$ 元 $= 154.94$ 元

第二步：对外购原料、燃料及动力进行调整。

（1）外购原料 A 为外贸货物，属直接进口，CIF 价为 55 美元/m³，当时影子汇率为 6.56 元人民币/美元，项目地处口岸附近，故运费不作考虑，贸易费率为 6%，则 A 原料成本费用为：

$[(55 \times 6.56 \times 5.2) \times (1 + 6\%)]$ 元 $= 1988.73$ 元

A 原料成本费用调高额为：$(1988.73 - 463.37)$ 元 $= 1525.36$ 元

（2）外购燃料 C 被视为非外贸货物，影子价格 82 元/t，则单位成本调高为：

$(82 \times 1.5 \times 1.06 - 75.12)$ 元 $= 55.26$ 元

（3）外购燃料 D 为外贸货物，且可以出口，FOB 价格减运费和贸易费后为 130 美元/t，则其成本费用调高额为：

$(130 \times 6.56 \times 0.07 - 13.14)$ 元 $= 46.56$ 元

（4）已知当时电力分解成本费用为 0.18 元/kW·h，则电力影子价格成本费用调高额为：

$(0.35 \times 1000 \times 0.18 - 32.64)$ 元 $= 30.36$ 元

（5）铁路货物运价换算系数为 2.6，则成本费用调高额为：

$(67.24 \times 2.6 - 67.24)$ 元 $= 107.58$ 元

（6）汽车货物运价换算系数为 1.05，则其成本费用调高额为：

$(12.37 \times 1.05 - 12.37)$ 元 $= 0.62$ 元

（7）原料 B 为非外贸货物，可通过老企业挖潜增加供应，此处按可变成本费用进行第二轮分解：

1）编制原料 B 财务成本费用表（可变成本费用部分）（见表 8-3）。

表8-3 原料 B 财务成本费用表（可变成本费用部分）

项目	单位	耗用量	耗用金额/元
a	m³	0.020	1.12
b	t	0.004	1.87
c	t	0.015	0.56
d	t	0.140	0.83
电力	MWh	0.070	4.51
铁路货运			0.18
汽车货运			0.09
其他			9.32
可变成本合计			18.48

2）a 为外贸货物，CIF 价为 52 美元/m³，贸易费用率 6%，则其成本费用调高额为：

$[52 \times 6.56 \times 0.02(1 + 0.06) - 11.2]$ 元 $= -3.97$ 元

3）b 为外贸货物，其换算系数为 1.75，贸易费率 6%，则其成本费用调高额为：

$(1.87 \times 1.75 \times 1.06 - 1.87)$ 元 $= 1.60$ 元

4）c为非外贸货物，影子价格为76元/t，贸易费用率6%，则其成本调高额为：

$(76 \times 0.015 \times 1.06 - 0.56)$元 $= 0.65$元

5）d为非外贸货物，价格换算系数为1.72，贸易费用率6%，则其成本费用调高额为：

$(0.83 \times 1.72 \times 1.06 - 0.83)$元 $= 0.68$元

6）电力为非外贸货物，影子价格取0.18元/kWh，则成本费用调高额为：

$(70 \times 0.18 - 4.15)$元 $= 8.45$元

7）铁路货运换算系数为2.6，则其成本调高额为：

$(0.18 \times 2.6 - 0.18)$元 $= 0.29$元

8）其他项目均不作调整，这样综合上述原材料B的分解，可变成本费用为：

$(-3.97 + 1.60 + 0.65 + 0.68 + 8.45 + 0.29 + 18.48)$元 $= 26.18$元

将26.18元作为B原料的影子价格，再加上6%的贸易费用为27.75元，该项成本调高额为：

$(27.75 \times 0.3 - 24.64)$元 $= -16.31$元

第三步：综合以上五项，计算成本调高额。

$(154.94 + 1525.36 + 55.26 + 46.56 + 30.36 + 107.58 + 0.62 - 16.31)$元 $= 1904.37$元

于是，分解成本费用为：$(982.56 + 1904.37)$元 $= 2886.93$元

即该项目所需非外贸货物单位影子价格为2886.93元。

8.4.3　特殊投入物影子价格的确定

1. 劳动力的影子价格计算

劳动力的劳务费用按影子工资计算。影子工资用劳动力的社会成本来度量，即该劳动力没有被本项目使用时，其在原岗位上为社会创造的净效益，另外还包括社会为劳动力就业而付出的，但职工又未得到的其他花费如搬迁费、培训费、城市交通费等等。

影子工资 = 名义工资 × 影子工资换算系数

2. 土地的影子费用计算

在财务效益评估中，土地征购及迁移等费用都作为支出，计入固定资产投资中。而从国民经济角度看，这笔费用除居民搬迁等系社会为项目增加的资源消耗仍应计为项目的费用外，其余支出均系国民经济内部的转移支付，在国民经济效益评估中不应列为费用。国民经济效益评估中的土地费用，应能反映该土地不用于本项目所能创造的净效益（即土地的机会成本）以及社会为此而增加的资源消耗（如居民搬迁等）。

实际工作中，土地的影子费用应根据具体情况来定。若项目占用的土地是没有什么用途的荒山野岭，国家不会因此而遭受任何损失，不会因此而增加资源消耗，则土地影子费用可视为零；若项目占用经济用地，则无论该土地原用于农业、工业或商业，项目占用之后都会使国家损失一部分效益。在这种情况下，土地的影子费用为因项目占用土地而损失的原用于农业、工业或商业所产生的净效益（即土地的机会成本）与搬迁费之和；若项目占用居住用地，则土地的影子费用包括为原住户购置新居住用地的机会成本，以及原住户搬迁而实际花费的搬迁费。

在国民经济效益评估中，对土地影子费用有两种处理方式：①计算项目占用土地期间逐年净效益的现值之和，作为土地费用计入项目投资中；②将逐年净效益的现值换算为年等值效益，作为项目每年的投入。通常采用第一种方式。举例说明见例8-8。

例8-8　某工业项目建设期为3年，生产期17年，拟占用水稻耕地2000亩。占用前3年每亩平均产量为0.5t，收购价1200元/t，出口口岸价格预计180美元/t。估计该地区的水稻年产量以4%的速度递增，水稻生产成本调价后按收购价的40%计算。美元市场汇率为6.56元人民币，i_s 为8%。则土地机会成本计算如下：

（1）每吨稻谷按口岸价格计算的产地影子价格：

口岸价格折合人民币：(180×6.56) 元/t $= 1180.80$ 元/t

贸易费用：$(1180.80 \times 6\%)$ 元/t $= 70.85$ 元/t

运输费用：(18.8×1.84) 元/t $= 34.59$ 元/t

（距离按500km计算，铁路运价为18.8元/t，换算系数为1.84）

产地影子价格：$(1180.80 - 70.85 - 34.59)$ 元/t $= 1075.36$ 元/t

（2）每吨稻谷的生产成本：

按收购价格40%计算：$(1200 \times 40\%)$ 元/t $= 480$ 元/t

（3）生产每吨稻谷的净效益：

$(1075.36 - 480)$ 元/t $= 595.36$ 元/t

（4）20年内每亩土地的净效益现值：

$$\sum_{t=1}^{20} 595.36 \times 0.5 \times \left(\frac{1+4\%}{1+8\%}\right)^t 元/亩 = 2367.38 元/亩$$

（5）项目占用2000亩土地20年内净效益现值：

(2367.38×2000) 元 $= 4734760$ 元

国民经济效益评估中，选取该项数值为占用土地的机会成本，因占用农田不发生搬迁费，故以上计算的土地机会成本也就是该项目的土地影子费用。

8.5　建设项目国民经济评价报表体系及评价指标

8.5.1　项目评价报表体系

1. 国民经济效益分析辅助报表

为了调整投资、销售收入、经营费用，计算经济换汇成本或经济节汇成本，在国民经济效益分析中需要编制4个辅助报表，即出口（替代进口）产品国内资源流量表、国民经济效益分析投资调整计算表、国民经济效益分析销售收入调整计算表和国民经济效益分析经营费用调整计算表。

（1）出口（替代进口）产品国内资源流量表　涉及产品出口创汇及替代进口节汇的项目，需要编制出口（替代进口）产品国内资源流量表，以便计算经济换汇成本或经济节汇成本指标，其格式见表8-4。

上表具有两个功能：①汇总计算期内各年国内资源的消耗价值量，包括全部投资中的国内投资、经营费用中的国内费用和其他国内投入价值；②依据汇总的国内资源流量总额和设定的社会折现率，计算国内资源流量现值和出口产品中国内投入现值。各项国内资源消耗价值量依据各对应的辅助报表填列，或直接填列，或经过分析、综合整理后填列，如建设投资中的国内投资依据建设项目投资估算表填列。

表8-4　出口（替代进口）产品国内资源流量表　　　（单位：万元）

序号	项目 年份	建设期		投产期		达到设计能力生产期				合计
		1	2	3	4	5	6	…	n	
	生产负荷（%）									
1	建设投资中国内投资									
2	流动资金中国内投资									
3	经营费用中国内投资									
4	其他国内投入									
5	国内资源流量合计 (1+2+3+4)									

国内资源流量现值（i_c = %）

出口产品中国内投资现值：

（2）国民经济效益分析投资调整计算表　编制国民经济效益分析投资调整计算表，主要为了调整投资（包括建设投资和流动资金）中价格不合理的部分，以确定国民经济效益分析中的投资额，其格式见表8-5。

表8-5　国民经济效益分析投资调整计算表　　　（单位：万元）

序号	项目	财务效益分析				国民经济效益分析				国民经济效益分析比财务效益分析增减（±）
		合计	其中			合计	其中			
			外汇	折合人民币	人民币		外币	折合人民币	人民币	
1	建设投资									
1.1	固定资产投资									
1.1.1	建筑工程									
1.1.2	设备									
	其中：(1) 进口设备									
	(2) 国内设备									
1.1.3	安装工程									
	其中：(1) 进口材料									
	(2) 国内部分材料及费用									
1.1.4	其他费用									
	其中：(1) 土地费用									
	(2) 涨价预备费									
2	流动资金									
3	合计									

该表是用于财务效益分析中投资各项金额的比较调整投资的，列出财务效益分析中投资各项的金额，再列出国民经济效益分析中调整以后的投资各项的金额，看国民经济效益分析比财务效益分析中的投资各项金额的增减情况。一般来讲，可能调整的建设投资项目中包括建筑工程，设备、安装工程和其他费用；可能调整的流动资金项目中主要是存货。该表财务效益分析中的金额依据建设项目投资估算表和流动资金估算表填列，国民经济效益分析中的金额通过调价计算得出，国民经济效益分析比财务效益分析增减是国民经济效益分析中各项与财务效益分析中对应各项之差。差为正值表示该项投资调增，差为负值，表示该项投资调减。

（3）国民经济效益分析销售收入调整计算表　编制国民经济效益分析销售收入调整计算表，主要为了调整在效益中占较大比重的产出物的价格，以合理确定国民经济效益分析中的内部效益，其格式见表8-6。

表8-6　国民经济效益分析销售收入调整计算表　　　　（销售收入单位：万元）

序号	产品名称	年销售量					财务效益分析					国民经济效益分析						
		单位	内销	替代进口	外销	合计	内销		外销		合计	内销		替代进口		外销		合计
							单价	销售收入	单价	销售收入		单价	销售收入	单价	销售收入	单价	销售收入	
1	投产第1年负荷(%)																	
	小计																	
2	投产第2年负荷(%)																	
	小计																	
3	正常生产年份(%)																	
	小计																	

在该表中，国民经济效益分析的数据与财务效益分析相对应。财务效益分析中的数据依据产品销售（营业）收入和销售税金及附加估算表填列。国民经济效益分析中的数据依据该表中所列的销售量和影子价格计算结果填列。若拟建项目的产品单一，可不编制该表。

（4）国民经济效益分析经营费用调整计算表　编制国民经济效益分析经营费用调整计算表，主要为了调整在费用中占较大比重的投入物的价格，以合理确定国民经济效益分析中的内部费用，其格式见表8-7。

表8-7　国民经济效益分析经营费用调整计算表

序号	项目	单位	年耗量	财务效益分析		国民经济效益分析	
				单价	年经营成本	单价（或调整系数）	年经营费用
1	外购原材料						
2	外购燃料和动力						
2.1	煤						
2.2	水						
2.3	电						
2.4	汽						

（续）

序号	项目	单位	年耗量	财务效益分析		国民经济效益分析	
				单价	年经营成本	单价（或调整系数）	年经营费用
2.5	重油						
3	工资及福利费						
4	修理费						
5	其他费用						
6	合计						

在该表中，国民经济效益分析的数据与财务效益分析是对应的。财务效益分析中的数据依据总成本费用估算表填列。国民经济效益分析中的数据依据该表中所列的年耗量和影子价格计算结果填列。

2. 国民经济效益分析基本报表

在国民经济效益分析中需要编制国民经济效益费用流量表和经济外汇流量表。

（1）国民经济效益费用流量表　编制国民经济效益费用流量表，主要用于计算经济内部收益率和经济净现值等评价指标，进行国民经济盈利能力分析。根据投资计算基础不同，需要编制两个国民经济效益费用流量表，即国民经济效益费用流量表（全部投资）和国民经济效益费用流量表（国内资金）。

1）国民经济效益费用流量表（全部投资）。国民经济效益费用流量表（全部投资）不分投资资金来源，以全部投资作为计算基础，用以计算全部投资的经济内部收益率和经济净现值等评价指标，考查项目全部投资的国民经济盈利能力，为各个投资方案（不论其资金来源如何）进行比较建立共同基础，其格式见表8-8。

表 8-8　国民经济效益费用流量表（全部投资）　　　　（单位：万元）

序号	年份 项目	建设期		投产期		达到设计能力生产期				合计
		1	2	3	4	5	6	…	n	
	生产负荷（%）									
1	效益流量									
1.1	产品销售（营业）收入									
1.2	回收固定资产余值									
1.3	回收流动资金									
1.4	项目间接效益									
2	费用流量									
2.1	建设投资									
2.2	流动资金									
2.3	经营费用									
2.4	项目间接费用									
3	净效益流量（1－2）									

计算指标：

1. 经济内部收益率

2. 经济净现值（$i_e = $　%）

注：生产期发生的更新改造投资作为费用流量单独列项或列入建设投资项中。

该表中的效益流量和费用流量中的内部效益和内部费用依据前述的辅助报表的各对应项目填列。外部效益和外部费用则要依据所鉴别的外部效益和外部费用中可定量的部分填列。

2）国民经济效益费用流量表（国内资金）。国民经济效益费用流量表（国内资金）从国内投资角度出发，以国内投资额作为计算基础，把国外借款本金偿还和利息支付作为费用流量，用以计算国内投资的经济内部收益率和经济净现值等评价指标，考查国内资金的国民经济盈利能力，其格式见表8-9。

表 8-9　国民经济效益费用流量表（国内资金）　　　　（单位：万元）

序号	年份 项目	建设期		投产期		达到设计能力生产期				合计
		1	2	3	4	5	6	...	n	
	生产负荷（%）									
1	效益流量									
1.1	产品销售（营业）收入									
1.2	回收固定资产余值									
1.3	回收流动资金									
1.4	项目间接效益									
2	费用流量									
2.1	建设投资中国内资金									
2.2	流动资金中国内资金									
2.3	经营费用									
2.4	流至国外的资金									
2.4.1	国外借款本金偿还									
2.4.2	国外借款利息支付									
2.4.3	其他									
2.5	项目间接费用									
3	净效益流量（1－2）									

计算指标：

经济内部收益率：

经济净现值（$i_c =$　%）：

国民经济效益费用流量表（国内资金）与国民经济效益费用流量表（全部投资）的效益流量项目相同，金额也相同。费用流量的建设投资和流动资金中只包括国内投资，另外，增加了流至国外的资金、国外借款本金偿还和国外借款利息支付。效益流量和费用流量中的各项依据对应的辅助报表或依据分析、整理、综合后的数据填列。

（2）经济外汇流量表　涉及产品出口创汇及替代进口节汇的项目，还要编制经济外汇流量表用以计算经济外汇净现值、经济换汇成本和经济节汇成本等指标，进行外汇效果分析，其格式见表8-10。

该报表可在财务外汇平衡表的基础上进行分析、整理和综合后的数据填列。

表8-10　经济外汇流量表　　　　　　　　　（单位：万元）

序号	年份 项目	建设期		投产期		达到设计能力生产期				合计
		1	2	3	4	5	6	…	n	
	生产负荷（%）									
1	外汇流入									
1.1	产品销售外汇收入									
1.2	外汇借款									
1.3	其他外汇收入									
2	外汇流出									
2.1	建设投资中外汇支出									
2.2	进口原材料									
2.3	进口零部件									
2.4	技术转让费									
2.5	偿付外汇借款本息									
2.6	其他外汇支出									
3	净外汇流量									
4	产品替代进口收入									
5	净外汇效果									

计算指标：

　经济外汇净现值（i_c =　%）：

　经济换汇成本或经济节汇成本：

注：技术转让费是指生产期支付的技术转让费。

8.5.2　项目评价指标体系

国民经济效益分析包括国民经济盈利能力分析和外汇效果分析，以经济内部收益率为主要评价指标。根据项目特点和实际需要，也可计算经济净现值等指标。产品出口创汇及替代进口节汇的项目，要计算经济外汇净现值、经济换汇成本和经济节汇成本等指标。此外，还可对难以量化的外部效果进行定性分析。

1. 国民经济盈利能力分析指标

进行国民经济盈利能力分析需要计算经济内部收益率和经济净现值等指标。

（1）经济内部收益率　经济内部收益率是项目在计算期内各年经济净效益流量的现值累计等于零时的折现率，它是反映项目对国民经济净贡献的相对指标。其表达式如下：

$$\sum_{t=1}^{n} (B - C)_t (1 + EIRR)^{-t} = 0$$

式中　$EIRR$——经济内部收益率；

　　　B——效益流量；

　　　C——费用流量；

　　　$(B - C)_t$——第 t 年的净效益流量；

　　　n——计算期。

经济内部收益率等于或大于社会折现率，表明项目对国民经济的净贡献达到或超过了要求的水平，这时应认为项目是可以考虑接受的，或者与目标经济收益率（也称最低预期资本回收率、资本机会成本）进行比较，大于等于目标经济收益率，就判断项目是可以考虑接受的。按照亚洲开发银行现行的做法，经济内部收益率一般应该在 10% ~ 12%。如果确实可以证明某一项目具有很好的社会效益，经济内部收益率也可以低于 10%。

（2）经济净现值（ENPV）　经济净现值是指用社会折现率将项目计算期内各年的净效益流量折算到建设期初的现值之和，它是反映项目对国民经济净贡献的绝对指标。其表达式如下：

$$ENPV = \sum_{t=1}^{n} (B - C)_t (1 + i_s)^{-t}$$

式中　$ENPV$——经济净现值；

$(B - C)_t$——第 t 年的净效益流量；

i_s——社会折现率。

经济净现值等于或大于零，表示国家为拟建项目付出代价后，可以得到符合社会折现率要求的社会盈余，或除得到符合社会折现率的社会盈余外，还可以得到以现值计算的超额社会盈余，这时就认为项目是可以考虑接受的。

2. 外汇效果分析指标

涉及产品出口创汇及替代进口节汇的项目，应进行外汇效果分析，计算经济外汇净现值、经济换汇成本、经济节汇成本指标。

（1）经济外汇净现值（ENPV）　经济外汇净现值是反映项目实施后对国家外汇收支直接或间接影响的重要指标，用以衡量项目对国家外汇真正的净贡献（创汇）或净消耗（用汇）。经济外汇净现值可通过经济外汇流量表计算求得，其表达式如下：

$$ENPV = \sum_{t=1}^{n} (FI - FO)_t (1 + i_s)^{-t}$$

式中　$ENPV$——经济外汇净现值；

FI——外汇流入量；

FO——外汇流出量；

$(FI - FO)_t$——第 t 年的净外汇流量；

n——计算期。

当有产品替代进口时，可按净外汇效果计算经济外汇净现值。

（2）经济换汇成本和经济节汇成本　当有产品直接出口时，应计算经济换汇成本。它是用货物影子价格、影子工资和社会折现率计算的，为生产出口产品而投入的国内资源现值（以人民币表示）与生产出口产品外汇净现值（通常以美元表示）之比，亦即换取 1 美元外汇所需要的人民币金额，是分析评价项目实施后项目产品在国际上的竞争力，进而判断其产品是否出口的指标。其表达式为：

$$经济换汇成本 = \frac{\sum_{t=1}^{n} DR_t (1 + i_s)^{-t}}{\sum_{t=1}^{n} (FI' - FO')_t (1 + i_s)^{-t}}$$

式中　DR_t——项目在第 t 年为出口产品投入的国内资源价值（包括投资、原材料、工资、其他投入及贸易费用），计量单位为人民币元；

FI'——生产出口产品的外汇流入，计量单位为美元；

FO'——生产出口产品的外汇流出（包括应由出口产品分摊的建设投资及经营费用中的外汇流出），计量单位为美元；

n——计算期。

当有产品替代进口时，应计算经济节汇成本，它等于项目计算期内生产替代进口产品所投入的国内资源的现值与生产替代进口产品的经济外汇净现值之比，即节约1美元外汇所需的人民币金额。其表达式为：

$$经济节汇成本 = \frac{\sum_{t=1}^{n} DR_t''(1 + i_s)^{-t}}{\sum_{t=1}^{n} (FI'' - FO'')_t(1 + i_s)^{-t}}$$

式中　DR_t''——项目在第 t 年为生产替代进口产品投入的国内资源价值（包括投资、原材料、工资、其他投入及贸易费用），计量单位为人民币元；

FI''——生产替代进口产品所节约的外汇，计量单位为美元；

FO''——生产替代进口产品的外汇流出（包括应由替代进口产品分摊的建设投资及经营费用中的外汇流出），计量单位为美元。

经济换汇成本或经济节汇成本（元/美元）小于或等于影子汇率，表明该项目产品出口或替代进口是有利的。

思考与练习

1. 什么是国民经济评价？
2. 国民经济评价与财务评价的主要区别是什么？
3. 在国民经济评价时为什么要用影子价格？
4. 为什么要以口岸价格为基础确定货物的影子价格？
5. 在国民经济评价中，什么样的产出物和投入物需要进行价格调整？
6. 为什么用分解成本法调整非外贸货物的价格？
7. 节汇成本和换汇成本的含义是什么？
8. 国民经济评价的基本报表有哪些？
9. 国民经济评价中转移支付如何处理？
10. 建设项目生产中需要某种材料 B。已知这种材料只需要挖掘现有生产企业生产潜力便可满足供应，由于缺少其边际成本的资料，故只对可变成本进行分解，具体成本构成资料见表8-11。试测算材料 B 的影子价格。

说明：a 为外贸货物，到岸价为 50 美元/m³；b 为非外贸货物，其测算价格为 25.05 元/t；c 为外贸货物，影子价格为 74 元/t；d 为外贸货物，可以出口，出口离岸价扣减贸易费用和运输费用后为 120 美元/t；影子汇率为 6.56 元/美元；贸易费用率为 6%；电力的分解成本为 0.3 元/kWh；火车货运价格换算系数为 2.41；汽车货运价格的换算系数为 1.04；其他费用不作调整。

表 8-11 材料 B 的财务成本表（可变成本部分）

项　　目	单　　位	耗用量	金　额/元
原料 a	m³	4.42	704.53
原料 b	t	0.25	412.37
原料 c	t	1.40	21.64
原料 d	t		65.82
电力	MWh	0.07	13.04
火车货运		0.33	28.74
汽车货运			94.31
其他			59.24
可变成本合计			9.37
			1049.06

11. 已知某拟建项目规划建设在口岸附近，建设期为 3 年，生产期 17 年，占用水稻耕地 1000 亩，占用前 3 年平均亩产为 0.5t，每吨收购价格 1000 元，该地区水稻种植为一年两收，出口离岸价格预计为 180 美元/t。设该地区的水稻年产量以 4% 的速度递增，水稻调价后的生产成本按收购价格的 40% 计算。按上述数据计算该土地的机会成本。

建设项目风险和不确定性评估

第9章

9.1 建设项目风险和不确定性评估概述

9.1.1 建设项目的风险和不确定性

当财务评估和国民经济评估均显示项目为可行时,则要对项目可能存在的风险因素和不确定因素进行估计,并说明这种风险和不确定性一旦出现,将对项目财务上和国民经济上的影响程度。

所谓风险是指人们在事先能够预计采取某种行动,可能发生的所有或好、或坏的后果,以及每种后果出现的可能性大小。所谓的不确定性,是指人们在事先只知道所采取行动的所有可能结果,而不知道它们出现的可能性,或者两者都不知道。事实上,可行性研究是对未来项目的估计,而未来的情况是千变万化的,除了经济因素外,在政治、文化、社会、道德、风俗等方面的变化都会影响到可行性研究财务评价和国民经济评价的准确性,存在着很大的风险和不确定性。风险分析和不确定性分析的目的就是估计出这些因素变化对项目的可行性的影响,保证项目在一个相当的变化范围内仍然可行。

风险分析是指对项目总投资及效益由随机性的原因引起的变化进行分析的方法。不确定性分析则是指项目总投资和效益的变化是由不可预知的,也是不可预估的,非概率的因素引起的不确定性情况的分析。可行性研究中,风险分析和不确定性分析不是设法避免这些风险和不确定性因素,而是确定这些因素与项目盈利能力的相关性及影响程度。

9.1.2 导致建设项目存在风险和不确定性的原因

风险因素和不确定性因素在前面的叙述中已有说明。归纳起来,导致风险因素和不确定性因素产生的原因主要有以下几个方面:

1)市场价格的波动。市场结构状况的变化,通货膨胀,开工率因其他非经济因素达不到设计水平等对评价中数字的影响,这使得项目评价具有相当风险性和不确定性。

2)由于市场调查的不真实。夸大的市场需求量,导致过大地确定工厂生产能力,而可能带来的风险因素。

3)科学技术以不可预估的速度发展,使得工艺更新,而使项目工艺陈旧带来的风险。

4)材料和投入物估计过于乐观,引起的不确定因素和风险因素。

5）投资企业的不同类型本身所包含的风险因素和不确定性。如开采矿山的风险性。

6）因建厂地区和厂址周围政治、地理、经济文化等的改变，而引起的风险和不确定性。

7）项目建设方案中，寿命期过长，而带来的项目风险性。

8）工厂组织和管理结构不合理或管理水平低下，带来的风险和不确定性因素。

因此，任何一个项目可行性研究，在其财务评价和国民经济评价以后必须进行风险性和不确定性分析。由于风险性和不确定性均造成项目的实际结果不同于预测结果，所以从经济上把两者结合起来考虑。

风险分析和不确定性分析主要有概率分析、盈亏平衡分析、敏感性分析等，其中盈亏平衡分析只用于财务评价。

9.2 建设项目风险分析

风险分析又称为概率分析，是一种定量地分析投资方案经济效益风险性大小的方法。概率分析在制订项目规划过程中进行，其目的在于改进成本估计的准确性，从而提高盈利率预测的准确性。概率分析不仅试图从乐观、悲观的估计中来预测变量，而且显著地扩大范围，并且测定每一变量值发生的可能性，这样的做法显然要求评价人员具有特别的判断素养。

概率分析常用的有分析法（如贝叶斯分析法）、模拟法（如蒙特卡洛模拟技术）、期望值法、标准差与变异系数法等。

概率分析比较明显的例子是水利项目，其效益主要表现在灌溉、发电和防洪。效益的大小在很大程度上取决于水位，而水位的高低不是一成不变的。这就需要根据历史统计资料作出判断，给出各种水位出现的概率，进行概率分析。通常把以客观统计数据为基础的概率称为客观概率；以人为预测和估计为基础的概率为主观概率，确定主观概率应十分慎重，否则会对分析结果产生影响。

9.2.1 期望值分析法

1. 期望值分析法的一般过程

目前，可行性研究中若使用概率分析方法，主要是计算项目净现值的期望值，以及净现值大于或等于零时的累计概率，也可以通过模拟法测算项目评价指标（如内部收益率）的概率分布，为项目决策提供依据。

期望值法的分析步骤如下：

1）确定各分析因素的可能状态变量。

2）确定各分析因素处于某一状态下的概率值。

3）计算各可能状态发生条件下的净现值。

4）计算各状态的加权净现值。

5）计算项目净现值的期望值。

6）计算净现值大于或等于零的累计概率。

2. 本研究方法案例分析

例9-1 某项目年产量为150万件,设产品销售价格、销售量与经营成本相互独立。投资、产品售价和年经营成本可能发生的数值及概率见表9-1~表9-3。

表9-1 项目投资状态数据表

年 份	投资/万元			
	1		2	
可能发生情况	Ⅰ	Ⅱ	Ⅰ	Ⅱ
数值	1000	1200	2000	2400
概率	0.8	0.2	0.7	0.3

表9-2 项目产品销售状态数据表

年 份	产品售价/(元/件)		
	3~12		
可能发生情况	Ⅰ	Ⅱ	Ⅲ
数值	5	6	7
概率	0.4	0.4	0.2

表9-3 项目经营成本状态数据表

年 份	年经营成本/万元		
	3~12		
可能发生情况	Ⅰ	Ⅱ	Ⅲ
数值	150	200	250
概率	0.2	0.6	0.2

净现值期望值的计算步骤:

第一步,先求各年净现金流量 Y_t 的期望值 $Z(Y_t)$。

$Z(Y_1) = (-1000 \times 0.8 - 1200 \times 0.2)$ 万元 $= -1040$ 万元

$Z(Y_2) = (-2000 \times 0.7 - 2400 \times 0.3)$ 万元 $= -2120$ 万元

$Z(Y_{3\sim12}) = [150(5 \times 0.4 + 6 \times 0.4 + 7 \times 0.2) - (150 \times 0.2 + 200 \times 0.6 + 250 \times 0.2)]$ 万元 $= 670$ 万元

第二步,计算净现值 NPV 的期望价 $E(NPV)$(按照折现率10%计算)。

$$E(NPV) = \left(\sum_{t=1}^{12} Z(Y_t)(1+i)^{-t} \right) 万元 = 704.35 万元$$

例9-2 某项目需投资20万元,建设期为一年。根据预测,项目生产期的年收入(各年相同)为5万元、10万元和12.5万元的概率分别为0.3、0.5和0.2。在每一收入水平下生产期为2年、3年、4年和5年的概率分别为0.2、0.2、0.5和0.1。按照折现率10%计算。

以年收入10万元,生产期4年的事件为例,计算各可能发生事件的概率和净现值(其他计算方法同,此处略去)。

事件发生的概率 $= P(A = 10$ 万元 $) \times P(N = 4$ 年 $) = 0.5 \times 0.5 = 0.25$

净现值 $= -200000$ 元 $\times \dfrac{1}{(1+0.10)} + 100000$ 元 $\times$

$$\left[\frac{1}{(1+0.10)^2} + \frac{1}{(1+0.10)^3} + \frac{1}{(1+0.10)^4} + \frac{1}{(1+0.10)^5} \right]$$

$= 106300$ 元

计算结果如图 9-1 所示。

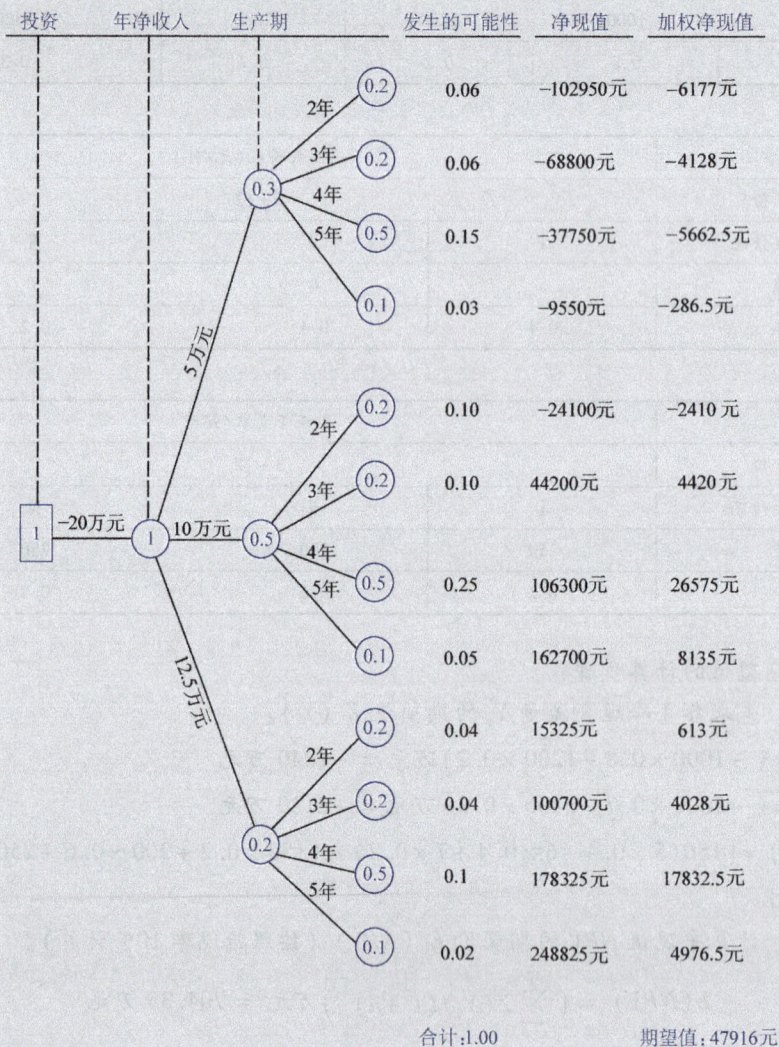

图 9-1　净现值期望值计算

列出净现值的累计概率表（见表 9-4），或绘制出净现值累计概率图（见图 9-2）。

由图 9-1 或表 9-4 可得：$P(NPV \geq 0) = 1 - P(NPV < 0) = 1 - 0.4 = 0.6$

根据计算结果，这个项目的净现值的期望值为 47916 元，$P(NPV \geq 0)$ 为 0.60，说明项目存在着一定的风险性。

表 9-4 项目净现值累计概率计算表

净现值/元	累计概率
-102950	0.06
-68800	0.12
-37750	0.27
-9550	0.30
-24100	0.40
44200	0.50
106300	0.75
162700	0.80
15325	0.84
100700	0.88
178325	0.98
248825	1.00

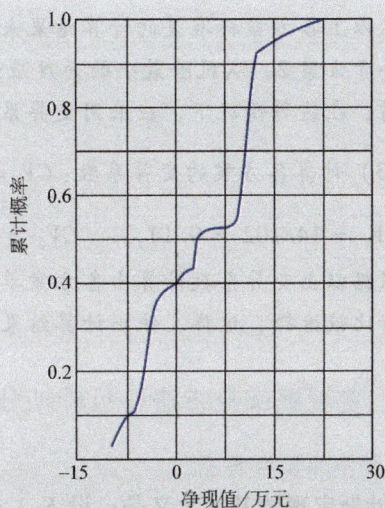

图 9-2 净现值累计概率图

9.2.2 标准差与变异系数分析法

期望值法在分析项目的盈利水平时，同时考虑了项目各个可能状态的净现值状况和每一状态出现的可能性大小，使问题的分析更符合项目的实际运行过程。但在有些情况下，仅仅依据期望值的大小，来对不同的项目或方案进行分析比较时，会出现错误的结论，此时，应采用标准差与变异系数分析法，来对不同的项目或方案进行风险的比较和选优。

例 9-3 某投资建设项目设计了两个不同的投资方案，各方案又面临着市场需求量大、市场需求量中等、市场需求量小三种可能出现的市场形势，具体各方案的有关数据见表 9-5，试对本项目各方案进行比较选择。

表 9-5 各方案基本数据一览表

市场需求情况 盈利 概率 方 案	需求量大 0.3	需求量中等 0.5	需求量小 0.2
方案 1	102 万元	100 万元	80 万元
方案 2	250 万元	105 万元	-50 万元

（1）计算各方案的期望值：

方案 1：$(E_1) = (0.3 \times 102 + 0.5 \times 100 + 0.2 \times 80)$ 万元 $= 102$ 万元

方案 2：$(E_2) = [0.3 \times 250 + 0.5 \times 105 + 0.2 \times (-50)]$ 万元 $= 117.5$ 万元

从以上各方案期望值的计算结果来看，方案 2 的收益期望值大于方案 1，应选择方案 2。

（2）计算各方案的标准差：$\sigma = \sqrt{\dfrac{1}{n}\sum_{i=1}^{n}(x-\bar{x})^2}$

计算结果得：$\sigma_1 = 14$，$\sigma_2 = 104.67$。

从以上各方案标准差的计算结果来看，方案1的标准差小于方案2，说明方案1的风险要小于方案2，从风险最小的角度应选择方案1。这样，两种分析方法的评价结论出现了矛盾，在这种情况下，应采用变异系数法来进行比较选择。

（3）计算各方案的变异系数：$CV = \dfrac{\sigma}{E}$

$CV_1 = 14/102 = 0.14$，　　$CV_2 = 104.67/117.5 = 0.89$。

根据以上变异系数计算出各方案单位期望值的标准差值，利用该值的大小，来对各方案进行比较选择，这样，依据计算结果，可以选择方案1。

9.2.3　主观概率分析法（贝叶斯分析法）

1. 基本原理与特点

贝叶斯定理的基本含义是：设 E_1，E_2，E_3，…，E_i，…，E_N 是 N 个互不相容的完备事件系，B 为某一特定事件，并且已知在 E_i 发生的条件下 B 发生的条件概率 $P(B/E_i)$，而且也知道 E_i 发生的概率 $P(E_i)$，则在已知 B 发生的条件下，任何一事件 E_i 发生的条件概率 $P(E_i/B)$ 可由以下公式计算：

$$P(E_i/B) = \frac{P(B/E_i)P(E_i)}{\sum P(B/E_i)P(E_i)} \quad (i = 1,2,3,\cdots,N)$$

由贝叶斯定理的基本含义可知，贝叶斯定理的分析过程实际上就是新信息对先验概率的修订。如果假设 $\{E_1, E_2, E_3, \cdots, E_i, \cdots, E_N\}$ 为项目预测可能发生的各种自然状态。如不同的产品销售价格、不同的收益水平等，$\{P(E_1), P(E_2), P(E_3), \cdots, P(E_i), \cdots, P(E_N)\}$ 为各个状态可能发生的概率，又称先验概率。事件 B 为实际调查工作所获得的新信息（如市场需求的增加、用户的增加、压缩投资等），$\{P(B/E_1), P(B/E_2), P(B/E_3), \cdots, P(B/E_i), \cdots, P(B/E_N)\}$ 为在各自然状态发生条件下，事件 B（信息事件）发生的概率。这样，当实际调查中 B 信息事件出现，就可以对原始估计概率进行修订，得到在事件 B 发生条件下，各种自然状态可能出现的修订后概率，即后验概率。

贝叶斯分析方法的特点如下：

1）用后来得到的信息资料，修订原来的估计概率，使分析结果更加准确。

2）可以进行序列采样，不断地分析下去，使分析结果越来越接近实际结果。

3）通过后验预分析需要不断获得新信息，不论通过市场调查、建小型试验厂开展工业性试验，或进行咨询等，都需要花费新的投资。这样就必须要权衡得失，有必要对信息本身的价值进行估算，确定是否开展新信息的调查咨询。

4）序列采样的分析结果可以不断地提高分析结果的准确性，但在实际分析工作中，并非采样次数越多越好，要分析采样次数的经济合理性，确定序列采样进行到何种程度比较合理。

2. 具体案例分析

例 9-4　某项目计划生产一种新产品，经济评价人员在进行决策之前，预测到本产品市场需求情况可能出现三种自然状态（Q），即市场需求情况好、市场需求情况中等、市场需求情况差。所估计到这三种情况发生的概率及相应的盈利情况见表9-6。为了提高决策的可靠性，可以花60万元投资，委托某经济研究所进行市场调查，虽然不知道这个调查结果的准确性，但可以根据该研究所以往调查的统计资料（这种调查结果与实际情况还有一定的差距），其概率分布见表9-7，问项目管理人员在取得这两项资料后，应如何作出决策。

表9-6　项目产品市场状态及盈利水平数据表

市场状态	概率 $P(Q)$	每年可获得盈利/百万元
Q_1	0.25	+15
Q_2	0.30	+1
Q_3	0.45	−6

表9-7　经济研究所市场调查准确率统计概率表

项　目		实际结果（概率 $P(S/Q)$）		
		Q_1（好）	Q_2（中等）	Q_3（差）
调查结果	S_1（好）	0.65	0.25	0.10
	S_2（中等）	0.25	0.45	0.15
	S_3（差）	0.10	0.30	0.75
合　　计		1	1	1

（1）计算联合概率：$P(Q) \times P(S/Q)$，计算结果见表9-8。

表9-8　各状态联合概率计算结果表

项　目	Q_1（好）	Q_2（中等）	Q_3（差）	调查结果的边际概率 $P(S)$
S_1（好）	0.1625	0.0750	0.0450	0.2825
S_2（中等）	0.0625	0.1350	0.0675	0.2650
S_3（差）	0.0250	0.0920	0.3375	0.455

（2）根据上述原理，计算各状态的后验概率：$P(Q/S)$，具体计算结果见表9-9。

表9-9　各状态后验概率计算结果表

项　目	条件概率 $P(Q/S)$			合　计
	Q_1（好）	Q_2（中等）	Q_3（差）	
S_1（好）	0.575	0.266	0.159	1
S_2（中等）	0.236	0.509	0.255	1
S_3（差）	0.055	0.199	0.746	1

（3）计算各状态的盈利期望值：$R \times P(Q/S)$，具体计算结果见表9-10。

表9-10　各状态盈利期望值计算表

项　目	Q_1（好）	Q_2（中等）	Q_3（差）	合　计
	15	2	−6	
S_1（好）	8.625	0.266	−0.954	7.937
S_2（中等）	3.540	0.509	−1.530	2.519
S_3（差）	0.825	0.199	−4.476	−3.452

（4）依据计算结果进行决策。

1）是否需要委托调查。

不调查时的期望值：$[15 \times 0.25 + 1 \times 0.3 + (-6) \times 0.45]$百万元$= 1.35$百万元

调查时的期望值：$(7.937 + 2.519 - 3.452 - 0.6)$百万元$= 6.404$百万元

由以上计算结果可知，应委托该研究所开展市场需求情况的调查工作。

2）是否投资建设该新产品项目。

根据以上分析计算结果可以看出，当该研究所调查的结果为市场需求好或中等时，其期望盈利值均大于0，只有当市场需求情况为差时，其期望盈利值才小于0。故本项目可作出如下决策：当研究所的市场调查结果为好或中等时，就决策投资高新产品项目；如果调查结果为市场需求情况为差时，则不投资该新产品项目。

9.2.4　客观概率分析法

1. 客观概率分析方法的基本思路

客观概率分析方法最常用的就是蒙特卡洛模拟技术。

蒙特卡洛模拟技术也称为模拟抽样法或统计实验法，是一种以数量统计理论为指导的风险分析技术，它的实质是按一定的概率分布产生随机数的方法，来模拟可能出现的随机现象。由于，各自变量参数的状态概率值是通过大量的客观统计抽样得到的，所以又称为客观概率法。

在建设项目的经济评价中，评价指标Z（可代表任意评价指标，如内部收益率、净现值、投资回收期等）是自变量X_i（X_1，X_2，X_3，$\cdots$，X_i，$\cdots$，X_m）（可分别代表项目产品产量、产品销售价格、投资额、建设期、生产成本等）的多元函数。即：

$$Z = f(X_1, X_2, X_3, \cdots, X_i, \cdots, X_m)$$

根据大量的统计资料，分别确定各个自变量参数的概率分布，并根据每一个自变量的概率分布情况，确定其所产生随机数的分布，在此基础上，分别随机取得各个自变量的一个样本值，来计算一次目标函数值；这样，经过大量的模拟计算，便可以得到关于目标函数的大量的计算结果值，并可以得到目标函数不同取值范围的概率分布，据此可以得到本项目目标函数的风险分析结果。

2. 具体案例分析

例9-5　某新产品投资建设项目，通过大量的市场上同类产品的调查资料，得到该产品市场销售价格及生产成本统计概率见表9-11、表9-12，为了简化分析问题的复杂程度，本例题的目标函数（利润值），只考虑产品成本和售价两个自变量，试分析确定本项目产品的利润水平。

表9-11　产品价格的统计概率数据表

价格/(元/t)	概率	累计概率	价格/(元/t)	概率	累计概率
10.50	0.05	0.05	13.50	0.35	0.80
11.50	0.15	0.20	14.50	0.15	0.95
12.50	0.25	0.45	15.50	0.05	1.00

表 9-12　产品成本的统计概率数据表

成本/(元/t)	概　率	累计概率	成本/(元/t)	概　率	累计概率
7.5	0.15	0.15	9.5	0.30	0.85
8.5	0.40	0.55	10.5	0.15	1.00

（1）绘制各参数的概率分布图。

依据上述统计数据，可绘制出该项目产品价格和成本的概率分布图如图 9-3，图 9-4 所示。

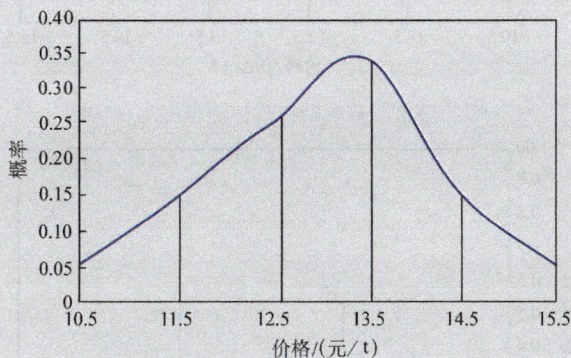

图 9-3　项目产品的销售价格概率分布图

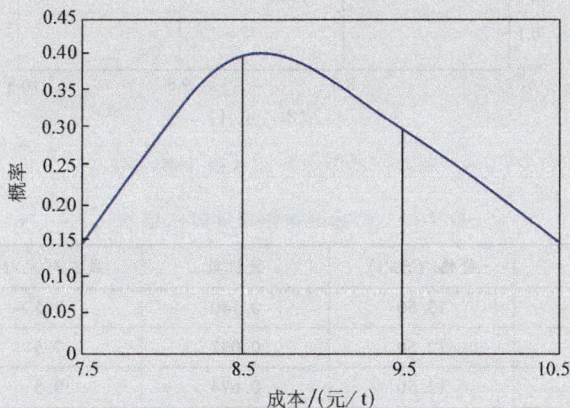

图 9-4　项目产品的生产成本概率分布图

（2）变量产生随机数。

为了模拟计算的需要，使变量的连续分布离散化（采用中值法），并利用累计概率的方法产生随机数，具体各变量随机数分布情况如图 9-5、图 9-6 所示。

（3）目标函数的模拟计算。

依据各个自变量累计概率分布图纵坐标上的间隔区间大小和分布所确定的随机数，分别进行自变量选取和目标函数值的模拟计算，20 次模拟计算结果见表 9-13。

（4）目标函数的概率分布。

依据上述目标函数的模拟计算结果，对其各盈利状态值进行概率统计分析，具体分析结果见表 9-14。

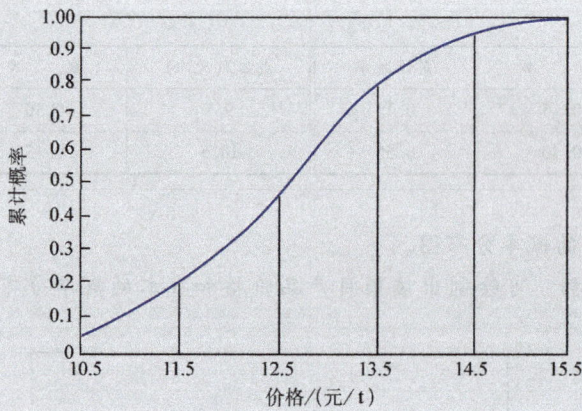

图 9-5 项目产品的销售价格累计概率分布图

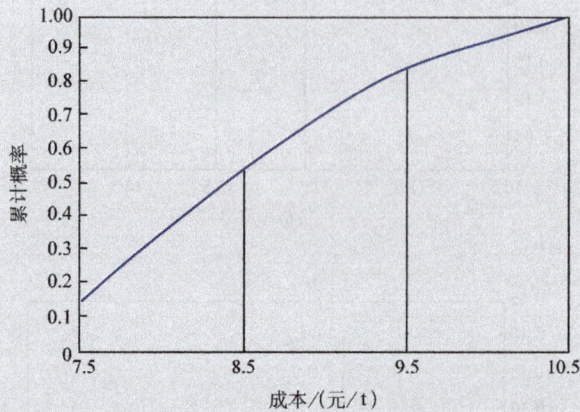

图 9-6 项目产品的生产成本累计概率分布图

表 9-13 目标函数模拟计算结果表

样本	随机数	价格/(元/t)	随机数	成本/(元/t)	利润/(元/t)
1	0.488	13.50	0.140	7.5	6.00
2	0.332	12.50	0.097	7.5	5.00
3	0.274	12.50	0.674	9.5	3.00
4	0.557	13.50	0.783	9.5	4.00
5	0.931	14.50	0.679	9.5	5.00
6	0.986	15.50	0.767	9.5	6.00
7	0.682	13.50	0.031	7.5	6.00
8	0.179	11.50	0.615	9.5	2.00
9	0.881	14.50	0.867	10.5	4.00
10	0.834	14.50	0.227	8.5	6.00
11	0.913	14.50	0.209	8.5	6.00
12	0.327	12.50	0.503	8.5	4.00
13	0.077	11.50	0.704	9.5	2.00
14	0.552	13.50	0.165	8.5	5.00

（续）

样本	随机数	价格/（元/t）	随机数	成本/（元/t）	利润/（元/t）
15	0.890	14.50	0.299	8.5	6.00
16	0.518	13.50	0.145	7.5	6.00
17	0.587	13.50	0.421	8.5	5.00
18	0.802	14.50	0.815	9.5	5.00
19	0.829	14.50	0.949	10.5	4.00
20	0.770	13.50	0.278	8.5	5.00

表 9-14　目标函数模拟计算概率统计数据分布表

利润/（元/t）	样本数	统计概率	利润/（元/t）	样本数	统计概率
0	0	0.00	5	6	0.30
1	0	0.00	6	7	0.35
2	2	0.10	7	0	0.00
3	1	0.05	8	0	0.00
4	4	0.20	总计	20	1

（5）不同模拟次数的结果比较。

在上述模拟计算的基础上，增加模拟计算的次数，分别统计调查20个、40个、200个、1000个样本数据，并与实际结果进行比较，比较结果见表9-15。可以发现，随着模拟次数的增加，模拟结果与实际值的误差不断缩小，因此，采用本分析方法，要求模拟次数必须达到一定的规模，才能保证分析结果的准确性。

表 9-15　不同模拟次数计算结果与实际结果对比表

利润/（元/t）	真实值	20 个样本	40 个样本	200 个样本	1000 个样本
0	0.0075	0.00	0.00	0.000	0.001
1	0.0375	0.00	0.02	0.065	0.038
2	0.1025	0.10	0.10	0.080	0.122
3	0.1950	0.05	0.10	0.150	0.169
4	0.2500	0.20	0.25	0.260	0.248
5	0.2300	0.30	0.27	0.255	0.233
6	0.1275	0.35	0.20	0.125	0.127
7	0.0425	0.00	0.03	0.055	0.048
8	0.0075	0.00	0.03	0.010	0.005
期望值	4.10	4.75	4.52	4.20	4.08

9.3　盈亏平衡分析和敏感性分析

9.3.1　项目盈亏平衡分析

1. 盈亏平衡分析概述

盈亏平衡分析主要是通过确定项目的产量盈亏平衡点，分析、预测产品产量（或生产能力利用率）对项目盈亏的影响，达到盈亏平衡点时的产量（生产能力利用率）越低，说明该项目抗风险能力越强。具体建设项目的盈亏平衡点的求法有公式法和做图法两种。

（1）公式法　根据盈亏平衡分析的基本原理，当用实物产量来表示盈亏平衡点时，基本的假设可包括在下列方程式中（年度数据）：

$$产品销售收入 = 产品生产总成本 + 销售税金及附加$$

$$产品销售收入 = 产品销售数量 \times 单位产品销售价格$$

$$产品生产总成本 + 销售税金及附加 = 固定成本 + 单位可变成本 \times 销售数量 + 单位产品销售税金及附加 \times 销售数量$$

则可得到盈衡平衡时产量如下：

$$BEP（产量）= \frac{固\quad定\quad成\quad本}{单位产品销售价格 - 单位产品可变成本 - 单位产品销售税金及附加}$$

以 X 代表在盈亏平衡点上的生产（销售）量，Y 代表销售收入，F 代表固定成本，P 代表单位产品销售价格，T 代表单位产品销售税金及附加，V 代表单位产品可变成本，可得出如下的表达式：

销售收入：$Y = PX$

生产成本：$Y = VX + F + TX$

则　　　$PX = VX + F + TX$

$$BEP(X) = \frac{F}{P - V - T}$$

同样，根据以上关系式，可以推出盈亏平衡时，生产能力利用率计算公式如下：

$$BEP（生产能力利率）= \frac{年固定成本}{年产品销售收入 - 年可变总成本 - 年销售税金及附加} \times 100\%$$

由以上盈亏平衡分析公式可知，盈亏平衡点决定于固定成本与单位销售价格和单位可变成本之差两者间的关系。这样，从盈亏平衡分析中就可以得出以下几个结论：

1）一个高的盈亏平衡点是不方便的，因为它使企业经受不住生产（销售）水平的变化。

2）固定成本越高，盈亏平衡点越高。

3）单位产品销售价格和可变生产成本之间的差额越大，盈亏平衡点越低，在这种情况下，固定成本被单位销售价格和可变单位成本之间差额吸收的比值越小。

（2）做图法　以上计算求解过程也可以通过对收入函数和成本函数进行做图的方法来解决，如图9-7所示。

以上情况只是一种理想状态，实际上无论是生产成本，还是销售收入

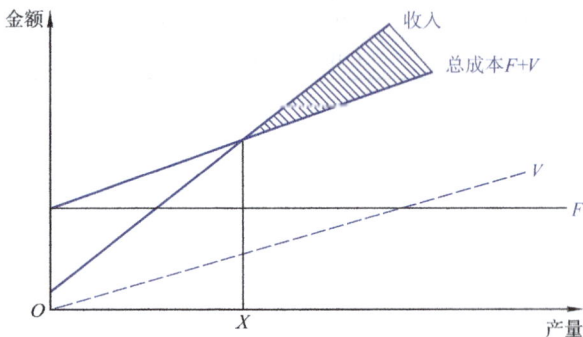

图9-7　理想状态下的盈亏平衡分析图

与实际生产数量（销售数量）并不成直线函数关系，而是一种曲线函数关系，即存在着一种规模效益的问题如图9-8所示。

由图9-8可以看出，当产量、成本和盈利三者的关系呈非线性关系时，可能出现几个平衡点，一般把最后出现的盈亏平衡点叫做盈利限制点。显然，只有当产量 X 在 X_1 ~ X_2 之间时，才能盈利，并可以找到最大盈利所对应的产量 X_{max}。此外，在平衡点以后，当销售收入等于变动成本时，就达到开关点（SDP）。这时的销售收入只能补偿变动成本，亏损额正好等于固定成本。开关点对应的产量叫开关点产量。意思是说当产量达到开关点产量时，如果还继续提高产量，那么所造成的亏损比当初停止所造成的损失更大。因此，企业应停止进一步扩大产量。

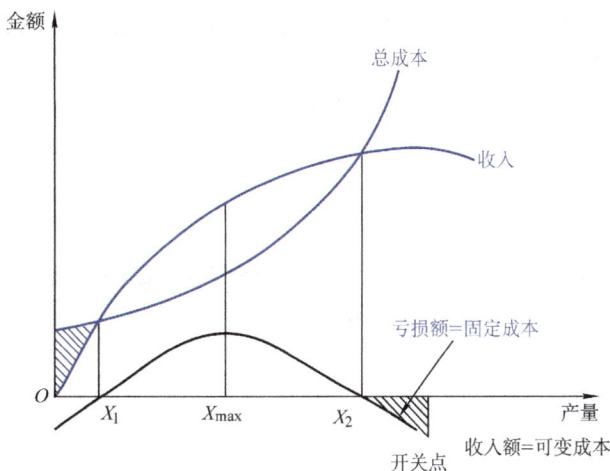

图9-8 实际状态下的盈亏平衡分析图

（3）盈亏平衡分析的应用条件 以上盈亏平衡分析过程存在着许多假设条件，只有这些条件具备，分析过程才具有实际意义。这些条件包括：

1）生产成本是生产数量和销售数量的函数（如设备利用方面）。

2）生产量等于销售量。

3）每批生产量的固定成本是相等的。

4）单位变动成本与生产量成比例地变化，因而生产成本也与产量成比例地变化。

5）各时期一种产品或产品组合在任何产量（销量）水平的单位售价是相等的。因此销售收入是单位销售价格和销售量的直线性函数。

6）应该采取某一正常生产年度的数据。

7）单位销售价格的水平，可变的和固定的生产成本应保持不变。

8）只制造单一的产品，或如果制造几种类型的产品，应将其组合转化为单一的产品。

9）各时期的产品组合应保持相同。

2. 盈亏平衡分析的优缺点

（1）盈亏平衡分析的优点 简便易行，可用产品销售量、单位变动成本、单位售价、生产能力利用率表示，因而它在项目评估的不确定性分析中具有多种用途。

1）在已知单位产品变动成本 V、固定总成本 F 和单位售价 P（不含税）的情况下，可测定保本量，然后再利用市场预测资料，判断项目的风险程度。即：

$$XV + F = PX$$

$$X = \frac{F}{P - V}$$

2）在已知 X、P 和 F 的情况下，可以求得单位变动成本 V，即：

$$XV + F = PX$$

$$V = \frac{PX - F}{X}$$

可与实际可能发生的 V 比较，看该项目能否达到盈亏平衡的要求，有无成本过高的风险。

3）当已知 X、V、F 的情况下，可求得保本时的销售单价 P，即：

$$XV + F = PX$$

$$P = \frac{VX + F}{X}$$

将其与市场预测中得到的价格信息相比较，就能判断项目在价格方面所能承受的风险。

4）当已知保本量和设计产量指标时，还可求盈亏平衡时的生产能力利用率指标（BEP）。

$$生产能力利用率（BEP）= \frac{保本量}{设计年产量} \times 100\%$$

BEP 值越小，表明企业只要利用较少的生产能力就可以保本，等于说明企业有较大的承受风险能力。

（2）盈亏平衡分析法的缺点 具体有以下几点：

1）进行的是静态分析，没有考虑到货币的时间价值。

2）假设条件过多，实际情况往往不符合这种假设。

3）无法确定在各种情况下项目的盈利大小。

4）只能用于财务评价，不能用于国民经济评价。

9.3.2 项目敏感性分析

1. 敏感性分析的基本过程

当不能对参数值作出准确的估计，而仅仅能对其盈亏值大小作出判断时，可应用盈亏分析；如果要进一步分析这些参数的估算误差的影响，则尚须进行敏感性分析。敏感性分析的目的是考查与评价有关的主要因素发生变化时，对项目净效益的影响程度，从而找出敏感因素。所谓主要因素系指产品产量（生产负荷）、产品价格、主要原材料或动力价格、可变成本、固定资产投资、建设工期及外汇牌价等。最常用的敏感性分析是分析全部投资内部收益率指标对以上诸因素的敏感程度。列表表示某种因素单独变化或多种因素同时变化时引起内部收益率变动的幅度，必要时也可分析这些敏感因素对静态投资回收期和借款偿还期的影响。

为求出内部收益率达到临界点（财务内部收益率等于财务基准收益率或经济内部收益等于社会折现率）时，某种因素允许变化的最大幅度，需绘制敏感性分析图。具体做法是：以全部投资内部收益率为纵坐标，以几种不确定因素的变化率（百分数）为横坐标，根据敏感性分析表中所计算的数据绘图（见图9-9），标出财务基准收益率水平线或社会折现率水平线。

图中某种因素对全部投资内部收益率的影响曲线，与基准收益率线或社会折现率线的交点（临界点），为允许该种因素变化的最大范围，即极限变化。变化幅度超过这个界限，项目就不可行。如果发生这种极限变化的可能性很大，表明项目承担的风险很大。这个极限对于决策十分重要。

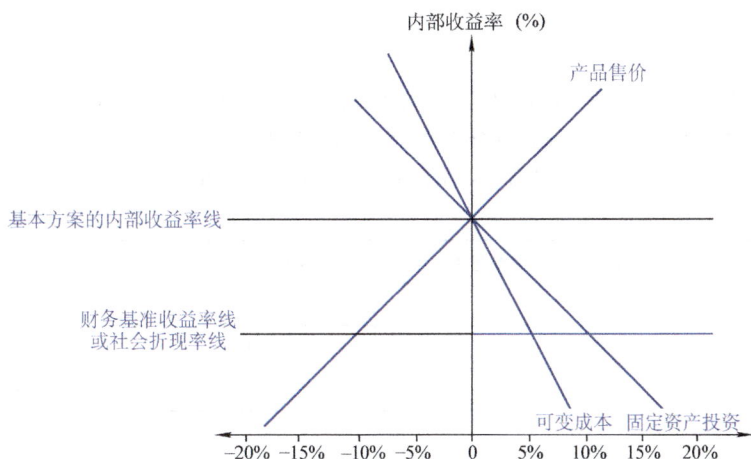

图 9-9　建设项目敏感性分析图

2. 敏感性分析方法的优缺点

（1）敏感性分析方法的优点　具体有以下几点：

1）可以进行动态分析。

2）计算在不确定性因素变化的情况下，项目净现值和内部收益率会发生什么变化，便于决策者清楚地看到项目的风险所在，提高决策的慎重性。

（2）敏感性分析方法的缺点　主要表现为：

敏感性分析主要的缺点是工作量非常大，因此任何一个因素的变化都需要计算变化后的内部收益率值，相当于对项目重新评价一次，因而，要进行敏感性分析，必须借助于计算机进行分析。

（3）敏感性分析方法的作用　主要包括：

1）通过项目的敏感性分析，确定出项目的最敏感因素和敏感界限，在项目运行中可以实行重点管理。

2）通过敏感性分析，可以得到不同投资方案或投资项目的敏感性程度，即项目的风险性大小或对风险的承受能力大小，因而，可以通过敏感性分析，进行投资方案或投资项目优化。

思考与练习

1. 导致投资项目存在风险和不确定性的因素有哪些？
2. 举例说明利用项目净现值的期望值进行投资风险分析的过程和步骤。
3. 如何利用标准差以及变异系数法，进行项目风险方案选优？
4. 简述如何运用贝叶斯法进行项目风险分析的原理和步骤。
5. 举例分析说明，运用客观概率法进行项目风险分析的具体过程。
6. 盈亏平衡分析的原理及过程是什么？
7. 盈亏平衡分析的优缺点是什么？

8. 利用盈亏平衡分析进行投资项目不确定性分析时应符合哪些假设条件？

9. 何为敏感性分析？进行敏感性分析可以解决哪些问题？

10. 利用标准差及变异系数法分析以下两方案（见表9-16）在风险承受能力上的优劣。

表9-16　各方案分析资料一览表　　　　　　　　（单位：万元）

项　目 方　案	需要量大 0.3	需要量中等 0.5	需要量小 0.2
方案一	150	120	100
方案二	230	110	－70

11. 某项目设计年生产能力为30万件产品，每件售价10元，单位产品可变成本8元/件，年固定费用为40万元。试分别计算以产量、销售收入、生产能力利用率、产品价格表示的盈亏平衡点。

12. 某建设项目达产后年产某产品10万台，每台售价800元，单台成本500元，项目投资8800万元，销售税金及附加10%，项目寿命期15年，行业平均投资利润率为15%。选定产品售价、投资、成本、产量四个变动因素，各按±10%和±20%的幅度变动，试对该项目的投资利润率作敏感性分析。

建设项目总评估   第10章

以前各章分别论述建设项目各个分项评估的基本内容、基本方法和指标体系。实践证明，仅有分项评估是不够的，在此基础上还必须进行总评估，才能为投资决策提供可行的依据。总评估是项目评估全过程的最后一个阶段，是对拟建项目进行评估的总结，从总体上判断项目建设的必要性、技术的先进性、财务和经济的可行性，进而提出结论性意见和建议。

10.1　建设项目总评估概论

10.1.1　项目总评估的概念

项目总评估是项目评估全过程的最后一个阶段，是对拟建项目进行评估的总结，从总体上判断项目建设的必要性、技术的先进性、财务和经济的可行性，进而提出结论性意见和建议。因而，项目总评估是在建设项目的分项评估基础上，对项目进行全面权衡，从总体上把握项目的可行性和合理性，并提出方案选择和项目决策的结论性意见，撰写项目评估报告，为项目投资或贷款决策提供书面依据的综合性评估。

项目总评估的内容包括必要性评估结论、项目产品市场评估结论、建设条件和生产条件评估结论、技术评估结论，以及财务、经济可行性评估结论等。进行项目总评估一般遵循如下程序：整理有关资料、确定分项内容、进行分析论证、提出结论与建议、编写评估报告。编写项目总评估报告的要求包括：结论要科学可靠、建议要切实可行，对关键内容要作重点分析，语言要简明精炼。

10.1.2　项目总评估的作用

1. 对分项评估的补充和完善

项目总评估是在项目分项评估的基础上进行的，但决不是项目分项评估的简单汇总。项目评估尤其是大型项目的评估通常是按一定程序由几个或多个评估人员共同完成的。由于内容复杂，时间跨度大，评估中容易出现遗漏，甚至出现数据的前后矛盾。例如，一些评估人员在分项评估时往往只重视项目本身的必要性、可行性和预期效益，忽视对投资企业的分析，不知道其经营管理状况，领导班子的素质，技术力量，设备利用率，该项目对整个企业的影响，企业前景等具体情况如何；只分析项目立项建设的有利因素和好处，忽视项目立项建设的不利条件和缺点；只重视对近期市场的预测，忽视对项目建设投产后市场供求变化的动态分析。在总评估时，将各分项评估结果前后联系起来，可以及时发现和修正分项评估中的错误和遗漏，然后根据决策的需要进行纠正和补充分析研究，从而使整个评估更加完善。

2. 对分项评估的综合协调

项目评估工作是一项内容繁多、涉及面广的工作，是由多个子系统构成的一个复杂系统。前述各章从不同的角度分别阐述了从各个方面评估项目的具体内容。同时也应当看到，判断拟建项目是否可行是一个复杂的多层次的论证过程，需要评估的内容较多。从评估的角度来看，既有宏观评估，也有微观评估；从评估的内容来看，既有项目（或企业）概况评估、项目必要性评估、建设生产条件评估和技术评估；也有财务效益分析、国民经济效益分析，必要时还要进行社会效益分析；从评估的方法来看，既有定量方法，也有定性方法；从评估的指标来看，既有静态指标，也有动态指标。通过对项目各个分项内容的评估，可以从不同的角度了解项目的可行性程度。但同时也应当看到，各个分项内容具有一定的独立性，且具有较强的专业性，亦即尚未形成完整的结论性意见。因此，需要在各分项评估的基础上进行综合分析，提出结论性意见，给投资项目决策者提供一个简明直观的判断依据。

3. 对不同方案进行比较选择

通过总评估，项目评估人员还可根据投资方案中存在的问题，提出一些改进性意见。国外开发银行在项目评估中总结出"重新组合"这样一个概念，即对项目的某些内容加以修改，重新组合项目。例如，某投资项目其他各分项内容评估的结论都认为项目是可行的，不足之处是该项目的财务效益较差（如财务净现值小于零、财务内部收益率小于基准收益率等）。进一步深入分析表明，该项目财务效益较差的原因是项目生产规模较小，没有达到规模经济。针对这一问题，项目评估人员可以提出"重新组合"的建议，扩大该项目的生产规模，使其财务效益得以提高，进而使项目可行。当然，生产规模的扩大，必然会涉及一系列的问题，如市场问题、技术问题，项目评估人员应当提出相应的解决措施。"重新组合"要求项目评估人员有较高的素质，确实能够提出切实可行的建议，使投资资金充分发挥其应有的效益。

4. 对项目得出综合性的评估结论

对项目从整体上形成一个科学的结论性意见是十分重要的。项目各分项评估的结论一般有两种情况：一是各分项评估的结论一致，即其结论都认为是可行的或不可行的；二是各分项评估的结论相反或具有一定的差异，即有的分项评估的结论认为项目是可行的，而有的分项评估的结论则认为项目是不可行的，这种"可行"与"不可行"在程度上也往往有一定的差异。第一种情况的总体结论比较容易得出，第二种情况的总体结论则不易得出，应当加以综合分析论证，才能得出正确的结论。在现实经济生活中，有不少项目属于第二种情况。因此，需要在各分项评估的基础上进行总评估，得出总体评估的综合性科学结论。

5. 对项目提出建设性的建议

项目评估是一项技术性强、涉及面广的活动，应当充分发挥项目评估人员的主观能动性，对项目提出一些建设性的建议。如前所述，项目评估工作是在可行性研究报告的基础上进行的，可行性研究报告是投资者取舍项目和有关政府部门审批项目的重要依据，也是项目评估工作的重要依据。项目评估人员应当对可行性研究报告进行全面细致的审查分析，提出自己的独立意见。但项目评估人员又不能完全拘泥于可行性研究报告，简单地提出项目可行与否的结论性意见，而是应当针对可行性研究报告中存在的问题，并结合项目的具体情况，作进一步的调查研究与分析论证，才能得出科学的结论。

总之，对项目进行总评估是十分必要的，是协调各个分项评估结论和提出综合评估结论的客观需要。

10.2　建设项目总评估的内容

10.2.1　项目建设必要性评估

项目建设是否必要，是从项目的产出或发挥作用的角度判断项目是否有必要进行建设。项目的产出，按其具体用途划分，可能是生产资料或者消费资料，或者是某种基础设施提供的供生产或生活消费的公共服务，这类项目的作用就是能对社会增加产品和劳务的供应，有些改建和更新改造项目，本身并无产出，甚至也不增加企业的产出，但它的功能在维持和改造企业方面发挥着重要作用。因此，项目所能发挥的作用能否为社会和企业所需要，决定着项目建设是否必要。评估过程中应重点考查项目的建设是否符合国家的建设方针和投资方向。具有建设必要性的项目应具备以下条件：

1）符合国家的产业政策。

2）符合国民经济长远发展规划的要求。

3）有利于国民经济结构和产业结构的调整。

4）符合地区经济发展、布局和行业改造等方面的要求。

5）有利于新技术和新产品的开发。

6）有利于为社会提供短缺的商品。

7）有利于提高产品质量。

8）能否适应社会需要或市场需求，是否有足够的消费市场。

9）是否满足了改善投资结构和经营环境的需要。

10）是否适应了企业改良的需要等。

10.2.2　项目建设和生产条件评估

项目是否具备建设条件和生产条件，是从项目的投入和运营条件的角度判断项目顺利建设和正常生产的可能性。主要包括以下几方面的内容：

（1）项目建设条件分析　主要包括：

1）项目建设资金分析，如建设资金来源的可能渠道，各渠道资金来源的可行性、可靠性和合理性等。

2）建设力量分析，如对于大型项目、高薪技术产业或技术复杂的项目，对设计、施工及施工承包单位的可能性等。

3）建设物资供应分析，如建筑材料的供应能否满足项目建设的需要，国产设备的制造和供应能否满足工程施工进度的要求，进口设备的采购方式有无限制等。

4）建设场地分析，如建设场地能否满足项目总平面布置的要求，预计填挖土石方的工程量是否便于施工等。

（2）项目生产条件分析　主要包括：

1）资源分析，如矿产资源的分析，水资源的分析，农产品资源的分析等。

2）原材料供应分析，如对原材料供应的数量、质量、价格及运输储存等项内容的分析。

3）燃料动力供应分析，如燃料种类的选择及供应问题，工业用水、生活用水的供应问题，电力供应问题和其他动力供应问题的分析。

（3）项目配套条件分析　主要包括：

1）配套项目与拟建项目在技术上是否配套。

2）配套项目与拟建项目在生产能力上是否配套。

3）配套项目与拟建项目是否同步建设等。

（4）项目厂址方案分析　主要包括：

1）厂址方案是否符合国家的区域经济发展的方针和政策。

2）是否充分体现了接近市场和资源的原则。

3）是否适当利用了区域投资的聚集效益。

4）是否满足建设、生产和生活的需要。

5）是否贯彻了节约用地的原则。

6）是否从工程地质、水文地质、交通运输和水、电、气等配套条件等方面分析了所选择厂址的合理性。

7）是否达到了环境保护的要求等。

10.2.3　项目的技术方案评估

项目的技术方案是否可行，是从项目内部的技术因素角度判断项目的可行性。项目的技术方案是否可行是一个专业性很强的问题。对一个技术比较复杂的项目开展技术分析，是一项难度较大的工作，但必须依据先进适用性、安全可靠性和经济合理性的原则，抓住项目的基本技术和重点技术问题作出必要的判断，其主要内容有：

（1）工艺分析　主要包括：

1）工艺流程是否均衡协调和整体优化。

2）工艺种类是否与可能取得的主要原材料和加工对象的特性相适应。

3）工艺性能是否具备适应市场变化的应变能力。

4）工艺种类是否便于资源综合利用和利于环境保护。

（2）设备分析　主要包括：

1）所选设备是否符合工艺流程的要求。

2）各台设备之间的协作配套是否良好。

3）设备系统的生产能力是否与项目设计生产能力相吻合。

4）设备是否具有良好的互换性。

5）设备性能是否可靠等。对于进口设备，还要注意分析进口设备的必要性，进口设备之间的配套性，进口设备与国产设备之间的配套问题，进口设备与生产厂房之间的配套问题，进口设备的维修及零部件供应问题，进口设备的费用及支付条件等。

（3）软件技术分析　对引进软件技术的内容要结合其引进方式开展分析，主要包括：

1）专利技术引进的分析。

2）专有技术引进的分析。

3）商标引进的分析。

4）国外技术服务的分析。

（4）项目的总平面规划分析　根据项目总平面规划的总体协调原则、最短距离原则、服从工艺流程走向原则、立体发展原则、留有扩展余地原则对项目的总平面布置进行分析。总平面布置的主要内容包括：

1）总职能布置图。

2）物料流程图。

3）物料流量图。

4）生产线路图。

5）运输布置图。

6）公用设施及消防布置图。

7）内部通信布置图。

8）实体布置图。

（5）项目的生产规模分析　生产规模是生产要素的集合，从其结果来看，则是这些生产要素能够生产出的产品数量。

1）对生产规模的分析，首先要对制约生产规模的有关因素，如市场容量及产品竞争能力、建设生产及协作条件、项目采用技术及产品的特点、规模经济等进行具体分析。

2）其次要通过技术经济分析方法，确定合理的生产规模，或通过多方案的比较，选择其中最佳经济规模。

10.2.4　项目的投资效益评估

1. 投资估算与资金筹措

其包括拟建项目的整个投资的构成，各项投资估算，资金的筹措方式、计划和各项来源的落实情况，对可行性研究报告中有关数据的修改理由。

2. 财务基础数据的估算

其包括计算期、汇率、销售收入、销售税金及附加、总成本费用、利润、所得税的估算依据和结果。对可行性研究报告中有关数据的修改理由。

3. 财务效益分析

计算一系列技术经济指标，并用这些指标分析、评价项目财务角度的可行性。指标包括反映项目盈利能力的指标、反映项目清偿能力的指标和反映项目外汇效果和抗风险程度的指标。

4. 国民经济效益分析

鉴别和度量项目的效益和费用，调整价格，确定各项投入物和产出物的影子价格，计算相应的一系列技术经济指标，并用这些指标分析、评价项目国民经济角度的可行性。

5. 不确定性分析

进行盈亏平衡分析、敏感性分析和概率分析，分析拟建项目的风险程度，提出降低风险的措施。

10.2.5　项目是否可行和方案是否优化的综合性意见

如果在评估中涉及各种方案的比较选择，还要总结出选择方案的结果。有时在项目可行性研究报告中往往提出若干个不同的方案。各个方案的投资额、资金筹措条件、建设条件和生产条件、技术水平、生产规模、收入、总成本费用以及产品质量均可能有所不同，进而导致财务效益、国民经济效益出现差异。在项目评估中，应对可行性研究中提出的各个方案或评估时拟定的若干个有价值的方案进行比较，从中遴选出最优方案。

经过综合分析判断，提出项目是否值得实施，或选择最优方案的结论性意见，并就影响项目可行性的关键性问题提出切实可行的建议。

10.3　建设项目总评估的步骤和方法

10.3.1　项目总评估的步骤

项目评估工作是多层次、全方位的技术经济论证过程，涉及众多的学科，需要各方面的专家通力合作才能完成。进行项目总评估一般应遵循如下程序：

（1）整理有关资料　在进行项目总评估之前，项目评估小组的有关人员已分别对各分项内容进行了评估。在总评估阶段，应对各分项内容评估所得出的结论进行检查核实，整理归类，在此基础上初步整理出书面材料，并由评估小组集体讨论，为编写项目评估报告提供基础资料。

（2）确定分项内容　项目评估分项内容的确定是一项十分重要的工作，既要注意其规范性，也要注意项目自身的特点，并将两者有机地结合起来，亦即确定项目的分项内容时，要根据国家有关部门制定的评估办法中规定的标准来分类，同时又不能简单机械行事，应充分考虑项目的具体情况。对于大型或特大型投资项目，可额外增加一些分项内容；对于小型项目，则可以将有关分项内容加以合并，亦可取消一些分项内容。

（3）进行分析论证　在上述两项工作的基础上，项目评估人员进行综合分析论证，判断项目的可行性。在这一阶段，要做好分析对比和归纳判断两项工作。

可行性研究是项目评估的主要依据，项目评估主要是对可行性研究的审查和再研究。两者在确定分项内容、选用分析方法以及结论与建议等方面往往存在一定的差异。在这一阶段，应将两者进行对比分析，如发现错误，应予以纠正。

在对比分析的基础上，应进行归纳判断，亦即将各分项评估的结论分别归纳为几大类，以利于判断项目建设的必要性，技术的先进性，财务、经济等方面的可行性，同时也有利于方案的比较选择。

（4）提出结论与建议　提出结论与建议是项目总评估最为重要的环节。评估人员根据各分项评估的结论，得出总体结论。当各分项评估的结论相一致时，则各分项评估的结论即为总评估的结论；当各分项评估的结论不一致时，则应进行综合分析，抓住主要方面，提出结论性意见。如有些项目从国民经济的角度来看是必要的，市场前景也比较乐观，但原材料和能源供应有困难，或项目所采用的技术比较落后，在未找出解决问题的办法之前，该项目应予以否决。项目评估人员还应当根据项目存在的问题，提出建设性建议，供投资者与有关部门参考。

（5）编写评估报告　编写评估报告是项目总评估的最后一项工作，也是其最终成果，其编写要求和格式将在后面作详细的阐述。

10.3.2　项目总评估方法

建设项目总评估强调的是从总体、全面和综合的角度来论证项目的合理性和可行性，通常所采取的综合分析方法有以下几种：

（1）经验分析法　根据我国开展项目评估的经验，总评估时首先必须分析拟建项目是否必要，建设条件和生产条件是否具备。上述两个条件缺一不可，只要其中有一个条件不可行，就可确认该项目不可行。其次必须分析拟建项目的国民经济效益和社会效益。除有特殊要求的项目外，凡达不到规定标准的，一般可以判断为不可行。在项目有建设的必要性、具备条件、具有较高的国民经济效益和社会效益的前提下，如果其他方面有的不符合建设要求，需要具体分析。如果项目的国民经济效益好，但企业财务效益不佳，需要进一步分析是价格政策、税收政策造成的，还是企业规模不经济或设计不合理等内部原因造成的，在此基础上根据具体情况提出建议。如果项目本身的建设条件、生产条件具备，但配套项目暂未落实，需要向有关部门调查了解具体原因，在此基础上根据具体情况建议有关部门加快配套项目的建设，或推迟主体项目的建设时间。

（2）分等加权法　如果投资项目有多种方案，其中每种方案都有自己的长处和短处，为了综合地评价各种因素的作用，可采用分等加权的方法。这种方法首先要列出项目决策的各种因素，并按重要程度确定其权数。例如，将相关配套项目建设方案这一影响因素的权数定为1，再将其他各种因素与之相比较，分别确定其权数，如确定是否具有先进、适用、经济、安全可靠的工艺的权数为2，筹资方案是否落实、贷款能否如期偿还的权数为3，建设单位的资信情况为4，是否具有较高的投资效益的权数为5，是否具备建设条件的权数为5，项目建设是否必要的权数为6等。权数要由有经验的专业管理人员、工程技术人员和领导干部共同研究确定。其次，要列出可供选择的各个厂址。如有甲、乙、丙、丁四个方案，究竟选择哪一个方案，需要权衡各种影响因素的利弊得失后才能确定。每个因素对各个方案的影响，可能有好有差，可按其影响的不同程度划分为几个等级，如最佳、较好、一般、最差，并相应地规定各等级的系数为4、3、2、1。如"是否具备建设条件和生产条件"这一因素，甲方案最佳，其系数为4；乙方案较好，系数为3；丙方案一般，系数为2；丁方案最差，系数为1。确定了权数和等级系数后，将两者相乘就可以计算出该因素下各方案的得分数，将每一个方案在各因素下所有得分相加，其中得分最多的就是所要选择的较佳方案。

（3）专家意见法　征求专家对方案总评估的意见有两种方法：一种是请专家来开会讨论，在充分发表意见的基础上，逐渐达到对方案总评估的共同认识，最后形成结论性的意见。另一种是特尔菲法。这种方法是先向有关专家提供各方案的分项评估结论及其必要的背景材料，请专家分别写出方案比较和总评估的书面意见；然后把这批专家的意见集中整理（不署名）后，再请第二批专家加以评论，也分别写出自己的书面意见，把这些评论和意见整理（也不署名）后，反馈给第一批专家，请他们再发表意见。经过几次反馈后，往往能使预测比较深入、正确。这种方法有利于避免专家间不必要的相互影响和迷信权威的不足。

（4）多级过滤法　对于具体建设项目的评估与决策，实际上是一个多目标的优化和选择过程。不同的建设方案，往往表现出针对不同方面目标的优劣程度上的差异，使得项目方案的选择具有了一定的难度。多级过滤法就是将建设项目所要满足的所有目标按照重要程度进行排序，然后就各个方案针对各项目标能否满足做出判断，能够通过目标最多的方案就是最佳方案，从而对建设项目的优劣做出评估。

（5）一票否决法　一票否决法是将建设项目所要满足的所有目标根据其重要程度划分为两类：一类是必须满足的目标，如环境目标、社会效益目标、国民经济效益目标等，这类目标具有严格的标准，一旦项目不能满足其中的任何一个目标，项目的可行性就被否定；第二类是非强制性目标，即容许在一定范围内变动的目标，这类目标一般为次要目标。这样，可以对建设项目依次来评判能否满足所有必须满足的指标，如果出现不能满足的目标，项目便被否决；如果这类目标全部满足，在此基础上，再根据项目满足第二类目标的程度，对项目做出最终的评估。由于一票否决法与多级过滤法具有一定的类似性，因此，实际评估中经常将两种方法结合起来应用。

10.3.3　项目总评估的要求及评估报告

1. 编写项目总评估报告的要求

（1）结论要科学可靠　项目评估是一项十分严肃的工作，小则关系到投资者的切身利益，大则关系到地区或国家的发展，项目评估人员应坚持科学、公正的态度，实事求是地评估项目，在此基础上进行总评估，提出科学的结论。

（2）建议要切实可行　在总评估中，项目评估人员还应当根据项目的具体情况，提出切实可行的建议，以确保项目的顺利实施和按期投入运行。

（3）对关键内容要作出重点分析　通过总评估可以发现，某些关键性的内容对于项目的正常实施与投产运营具有十分重要的作用。对于这类内容，项目评估人员要予以特别重视，在总评估中要对此作重点分析，以便引起投资者与有关部门的重视。

（4）语言要简明精练　总评估具有总结的性质，没有必要面面俱到。而应当简明扼要，语言要精练，避免使用高度专业化的术语，以便于决策人员的准确理解。为了表达准确、科学，应尽量使用数据和指标说明问题，对于难以量化的内容，要作定性分析，用文字加以说明。

2. 项目总评估报告的格式

项目总评估报告是项目评估工作人员汇总评估结果的书面文件，也是项目投资决策的重要依据。评估报告的格式应视项目的类型、规模以及复杂程度等有所不同。对于大型的复杂项目，要编写详细的评估报告；对于小型的简单项目，可编写简要评估报告。一个项目的评估报告一般包括以下几个部分：

（1）项目评估报告的正文　评估报告在正文之前一般应有一个"提要"，简要说明评估报告的要点，包括企业和项目概况、项目的必要性、市场前景、主要建设内容、生产规模、总投资和资金来源、财务效益、国民经济效益、项目建议书、可行性研究报告和其他有关文件的批复时间和批文号等。其目的就是使阅读者对项目的总体情况有一个大致的了解。

在"提要"之后，一般应按如下顺序编写评估报告：

1）投资者概况。主要论述投资者的企业法人资格、注册资本、法定地址、在所在行业的地位、信誉、资产负债情况、人员构成、管理水平、近几年经营业绩和投资者的发展规划与拟建项目的关系等，考查投资者是否有实施同类项目的经验，以判断投资者是否具备实施拟建项目的能力。

2）项目概况。主要论述项目提出的背景和依据、项目的地理位置、主要负责人、注册资本、产品方案和生产规模以及投资效益情况。

3）项目建设必要性分析。要从宏观和微观两方面分析，以考查拟建项目是否有实施的必要，如果是多方案比较，还要进一步说明选择实施方案与项目建设必要性有何关系。

4）市场分析。要求对现有市场必须进行充分的论证。所考查的市场范围决定于项目产品销售市场覆盖面，通过项目产品竞争能力的分析，判断项目产品是否有市场，建议项目适宜的生产规模。

5）建设条件分析。考查项目的选址、工程地质、水文地质、交通运输条件和水、电、气等配套条件。另外，还要考查工程项目实施的计划和进度。

6）生产条件分析。考查项目所需投入物的来源、运输条件、价格等方面的因素，包括项目所需要的矿产资源、主要原材料、辅助材料、半成品、零配件、燃料和动力等的产地、用量、供应厂家、运输方式、质量和供应的保证程度以及价格合理性等。

7）生产技术、工艺技术和设备分析。包括拟建项目所需技术的总体水平、技术的来源、项目总图布置、生产工艺流程和设备选型分析、生产规模和产品方案分析。另外，还要考虑环境保护问题。

8）组织机构和人员培训。包括拟建项目的组织机构设计和人员的来源配套及培训计划。

9）投资估算与资金筹措。包括拟建项目的整个投资的构成，各项投资估算，资金的筹措方式、计划和各项来源的落实情况。对可行性研究报告中的有关数据的修改理由。

10）财务基础数据的估算。包括计算期、汇率、销售收入、销售税金及附加、总成本费用、利润、所得税的估算依据和结果。对可行性研究报告中的有关数据的修改理由。

11）财务效益分析。计算一系列技术经济指标，并用这些指标分析、评价项目财务角度的可行性。指标包括反映项目盈利能力的指标、反映项目清偿能力的指标和反映项目外汇效果的指标。

12）国民经济效益分析。鉴别和度量项目的效益和费用，调整价格，确定各项投入物和产出物的影子价格，计算相应的一系列技术经济指标，并用这些指标分析、评价项目国民经济角度的可行性。

13）不确定性分析。进行盈亏平衡分析、敏感性分析和概率分析，分析拟建项目的风险程度，提出降低风险的措施。

14）总评估。提出项目是否值得实施，或选择最优方案的结论性意见，并就影响项目可行的关键性问题提出切实可行的建议。

（2）项目评估报告的主要附表　项目评估报告中的主要附表包括投资估算、资金筹措、财务基础数据、财务效益分析和国民经济效益分析的各种基本报表和辅助表格。

（3）项目评估报告的附件　项目评估报告的附件主要包括以下几个方面：

1）有关项目资源、市场、工程技术等方面的图表、协议、合同等。

2）各种批复文件，如项目建议书、可行性研究报告批复文件、规划批复文件（如选址意见书等）等。

3）证明投资者经济技术和管理水平等方面的文件，包括投资者的营业执照、近几年的主要财务报表、资信证明材料等。

思考与练习

1. 何谓项目总评估？项目总评估有何作用？
2. 项目总评估的主要内容有哪些？
3. 项目总评估的常用方法有哪些？各种方法的具体分析过程如何？
4. 编写项目总评估报告有哪些要求？
5. 项目总评估报告的编写包括哪些内容？

建设项目后评估　第11章

11.1　建设项目后评估概述

11.1.1　项目后评估的概念

1. 项目后评估的含义

国内外理论与实践工作者对建设项目后评估的理解有多种。本书所指项目后评估为：在项目建成投产并达到设计生产能力后，通过对项目准备、决策、设计、实施、试生产直至达产后全过程进行的再评估，衡量和分析其实际情况与预计情况的偏离程度及产生的原因，全面总结项目投资管理经验，为今后项目准备、决策、管理、监督等工作的改进创造条件，并为提高项目投资效益提出切实可行的对策措施。

2. 项目后评估与其他评估的区别

项目后评估有别于项目可行性研究、项目前评估、项目中间评估、竣工验收、项目审计检查和项目监理。

（1）与项目可行性研究、项目前评估相比　区别如下：

1）评估目的和在投资决策中的作用不同。项目可行性研究和前评估的目的在于评估项目技术上的先进性和经济上的可行性，重点分析项目本身的条件对项目未来和长远效益的作用和影响，其作用是为项目投资决策提供依据，直接作用于项目投资决策。项目后评估侧重于项目的影响和可持续性分析，目的是总结经验教训，改进投资决策质量，间接作用于投资决策。

2）所处阶段不同。项目可行性研究和前评估属于项目前期工作，决定着项目是否可以上马，项目后评估是项目竣工投产并达到设计生产能力后对项目进行的再评估，是项目管理的延伸，在项目周期中处于"承前启后"的位置。

3）比较参照的标准不同。项目可行性研究和前评估依据国家、部门颁布的定额标准、国家参数。后评估虽然也参照有关定额标准和国家参数，但主要是采用实际发生的数据和后评估时点以后的预测数据，直接与项目前评估的预测情况或其他国内外同类项目的有关情况进行对比，同时参照进行后评估时颁布的各种参数，检测差距，分析原因，提出改进措施。

4）评估的内容不同。项目可行性研究和前评估主要分析研究项目建设条件、工程设计方案、项目的实施计划和项目的经济社会效益等，侧重对项目建设必要性和可能性的评估及未来经济效益的预测。后评估主要内容除了针对前评估上述内容进行再评估外，还包括对项目决策、项目实施效率、项目实际运营状况、影响效果、可持续性等进行深入分析。

5）组织实施上不同。项目可行性研究和前评估由投资主体或投资计划部门组织实施，后评估由投资运行的监督管理机构为主，组织主管部门会同其他相关部门进行或者由单设的独立后评估机构进行。

6）评估的性质不同。项目前评估是以数量指标和质量指标为依据，以定量评估为主的侧重经济评估的行为，而项目后评估是以事实为依据，以法律为准绳，包括行政、经济法律内容的综合性评估。但近年来，部分发达国家的项目前评估内容中也逐渐包括了环境和社会影响预测评估的综合性内容。

（2）与项目中评估相比　区别如下：

1）目的和作用不同。项目中评估的目的在于检测项目实施状况与预测目标的偏离程度，分析其原因，并将信息反馈到项目管理机构，以改进项目管理。项目中评估是一个连续过程，它能及时向管理者提出反馈意见以使合理措施得以贯彻实施；后评估的目的在于分析研究项目前期工作、项目实施、项目运营全过程中项目实际情况与预测目标的偏差程度及其原因，并提出改进措施，将信息反馈到计划、银行等投资决策部门，为制定投资计划和政策的以及改进项目管理提供依据。项目后评估已无法挽回项目实施产生的损失，只能改进今后的投资决策和管理效益。

2）所处的阶段不同。项目中评估是在项目实施过程中的评估，也就是在项目开工后至项目竣工投产之前对项目进行的再评估；而项目后评估在项目实施过程完毕后，即在项目运营阶段进行。

3）选用的数据参数不同。中期评估数据收集较为简单，仅限于项目内部，并以日常管理的信息系统的资料为评估依据；而后评估除以中期评估所用信息数据作为重要基础外，还要利用前期评估及生产组织经营情况等作为重要的信息来源。

4）组织实施不同。项目中评估不需要一个相对独立的机构来组织实施，其组织管理机构可以设在项目管理机构内，人员也可以由项目管理人员承担。而后评估的组织和实施则必须保持相对独立性，一般不能由本项目管理人员进行。

5）评估的内容不同。项目中评估的内容范围限定在项目实施阶段，其重点在于诊断和解决项目进行中发生的问题或争端，推动和保证项目的有效进行。而后评估内容范围较广泛，且重点放在项目运营阶段、项目影响及可持续性再评估上。

6）评估结果的使用范围不同。中期评估的建议仅限于具体项目本身，对其他项目意义不大；而后评估则要在项目运营一段时间后对项目立项、实施的全过程进行检查，不仅可以提高本项目在运营阶段的管理水平，更重要的是为今后同类其他项目的投资决策和管理提供建议。

（3）与项目竣工验收、审计检查及项目监理相比　区别如下：

1）竣工验收以项目设计文件为龙头，注重移交工程是否依据其要求按质、按量、按标准完成，在功能上是否形成生产能力，产出合格产品，它仅是后评估内容中对建设实施阶段进行评估的环节之一。项目经过竣工验收，对固定资产投资效果进行了考核和评估，完成了后评估的前期工作。主要由相关的政府监督管理部门进行。

2）审计检查是以项目投资活动为主线，注重于违法违纪、损失浪费和经济财务方面的审查工作，经过审计检查的项目，其财务数据更为真实可靠。重大损失浪费的暴露，将为后评估工作提供重要的分析线索，如果对基本建设项目的事后审计能扩展到项目决策审计，设计、采购和竣工管理审计，以及项目效益审计的领域，那么后评估工作和审计工作将可能合作进行，世界银行业务评估局对完成项目的后评估就是以项目审计评议方式进行的。

3）监理与后评估的目的和时间均不同。其主要目的是在项目从开工到竣工投产的整个实施过程中控制项目资源的使用和进程及其实施的质量，为项目管理者及时提供工程进度和工程中出现的问题的信息。它跨越从工程开工到竣工投产的整个实施阶段，期间连续不断地按照工程进度表和设计要求对施工和项目投入进行监测和评估。一般来说，监理的数据是后评估的重要基础资料。

11.1.2　项目后评估的特点

（1）公正性和独立性　公正性标志着后评估及评估者的信誉，避免在发现问题、分析原因和作结论时作出不客观的评估。独立性是指项目后评估应从第三者的角度出发，独立地进行，特别要避免项目决策者和管理者自己评估自己的情况发生。公正性和独立性应贯穿后评估的全过程。

（2）可信性和透明性　后评估的可信性取决于评估的独立性、评估者丰富的经验、资料信息的可靠性和评估方法的适用性。为增强评估者的责任感和可信度，评估报告中应注明评估者的名称或姓名，说明所用资料的来源或出处，报告的分析和结论采用的依据以及评估所采用的方法。后评估往往引起公众对国家预算内资金和公众储蓄资金的投资决策活动及其实施效果的关注和更有效的社会监督。所以，后评估的透明度越大，可信度越高。

（3）现实性　项目后评估分析研究的是项目实际情况，是在项目开始运营后的一定时期内，根据企业的实际经营结果及在此基础上重新预测的数据进行的，而项目可行性研究和前评估分析研究的是项目预测情况，依据历史和经验性资料，具有预测性。

（4）实用性　后评估报告必须具有可操作性，即较强的实用性，才能使后评估成果对决策产生作用。因此，后评估报告应能满足多方面的要求，报告编写过程中尽量回避大量专业性太强的用语，同时应突出重点，并提出具体的措施和要求。

（5）反馈性　后评估的最终目标是将后评估的结果反馈到决策部门，作为新项目的立项和前评估的基础，以及调整投资规划和政策的依据。因此，反馈性是后评估最主要的特点。

（6）探索性　项目后评估要分析企业现状，发现问题并探索未来发展方向，因而要求项目后评估人员具有较高的素质和创造性，把握影响项目效益的主要因素，并提出切实可行的改进措施。

11.1.3　项目后评估的作用

项目后评估是项目管理工作的延伸，是项目管理周期中一个不可缺少的重要阶段。它在提高项目决策科学化水平，促进投资活动规范化，弥补拟建项目缺陷，改进项目管理和提高投资效益等方面发挥着极其重要的作用。具体表现在以下几个方面：

（1）总结项目管理的经验教训，提高项目管理水平　项目管理是一项十分复杂的活动，项目后评估通过对已经建成项目实际情况的分析研究，总结项目管理经验，指导未来项目管理活动，从而提高项目管理水平。

（2）提高项目决策科学化水平　通过完善的项目后评估制度和方法体系，一方面可以增强前评估人员的责任感，提高项目预测的准确性；另一方面可通过项目后评估的反馈信息，及时纠正项目决策中存在的问题，从而提高未来项目决策的科学化水平。

（3）监督和改进项目本身，促使项目运营状态正常化　把项目后评估纳入基本建设程序，决策者和执行者预先知道自己行为和后果要受到事后的评估和审查，就会努力做好工作，起到监督和检查的作用。通过项目后评估还可以比较项目投产初期和达产时期的实际情况与预测状况的偏离程度，并探索导致偏差的原因，针对项目实际效果反映出的各阶段存在的问题，提出切实可行的改进措施，从而促使项目运营状态的正常化。

（4）为银行部门及时调整信贷政策提供依据　通过项目后评估可及时发现项目建设资金使用过程中存在的问题，分析研究贷款项目成功或失败的原因，从而为银行部门调整信贷政策提供依据，确保投资资金的按期回收。

（5）为国家投资计划、政策的制定提供依据　通过项目后评估不仅能够对具有共性或重复性的决策起示范和参考的作用，并可为项目评估所涉及的评估方法、参数以及有关的政策、法规的不断完善和补充提供修正依据和建议，发现宏观投资管理中的不足。而且国家还可根据后评估反馈的信息，合理确定投资规模和投资流向，协调各产业、各部门之间及其内部的各种比例关系。

11.1.4　项目后评估的种类

从不同的角度出发，项目后评估可分为不同的种类。

1. 根据评估的时点划分

（1）项目跟踪评估　也有的称为"中间评估"或"过程评估，On-going Evaluation"。是指在项目开工以后到项目竣工验收之前任何一个时点所进行的评估。其目的或是检查项目评估和设计的质量，或是评估项目在建设过程中的重大变更（如项目产出品市场发生变化、概算调整、重大方案变化、主要政策变化等）及其对项目效益的作用和影响；或是诊断项目发生的重大困难和问题，寻求对策和出路等。这类评估往往侧重于项目层次上的问题。如建设必要性评估、勘测设计评估和施工评估等。

（2）项目实施效果评估　世界银行和亚洲开发银行称之为"PPAR：project performance audit report"。是指在项目竣工以后一段时间之内所进行的评估（一般生产性行业在竣工以后1~2年左右，基础设施行业在竣工以后5年左右，社会基础设施行业可能更长一些）。其主要目的是检查确定投资项目或活动达到理想效果的程度，总结经验教训，为完善已建项目、调整在建项目和指导待建项目服务。一般意义上的项目后评估即为此类评估。这类评估要对项目层次和决策管理层次的问题加以分析和总结。

（3）项目效益监督评估　是指在项目实施效果评估完成一段时间以后，在项目实施效果评估的基础上，通过调查项目的经营状况，分析项目发展趋势及其对社会、经济和环境的影响，总结决策等宏观方面的经验教训。行业或地区的总结都属于这类评估的范围。

2. 根据评估的内容划分

（1）目标评估　一方面有些项目原定的目标不明确，或不符合实际情况，项目实施过程中可能会发生重大变化，如政策性变化或市场变化等，所以项目后评估要对项目立项时原定决策目标的正确性、合理性和实践性进行重新分析和评估；另一方面，项目后评估要对照原定目标完成的主要指标，检查项目实际实现的情况和变化并分析变化原因，以判断目的和目标的实现程度，也是项目后评估所需要完成的主要任务之一。判别项目目标的指标应在项目立项时就确定了。

（2）项目前期工作和实施阶段评估　主要通过评估项目前期工作和实施过程中的工作实绩，分析和总结项目前期工作的经验教训，为今后加强项目前期工作和实施管理积累经验。

（3）项目运营评估　通过项目投产后的有关实际数据资料或重新预测的数据，研究建设项目实际投资效益与预测情况或其他同类项目投资效益的偏离程度及其原因，系统地总结项目投资的经验教训，并为进一步提高项目投资效益提出切实可行的建议。

（4）项目影响评估　分析评估项目对所在地区、所属行业和国家产生的经济、环境、社会等方面的影响。

（5）项目持续性评估　指对项目的既定目标是否能按期实现，项目是否可以持续保持产生较好的效益，接受投资的项目业主是否愿意并可以依靠自己的能力继续实现既定的目标，项目是否具有可重复性等方面作出评估。

3. 根据评估的范围和深度划分

1）大型项目或项目群的后评估。

2）对重点项目中关键工程运行过程的追踪评估。

3）对同类项目运行结果的对比分析，即进行"比较研究"的实际评估。

4）行业性的后评估，即对不同行业投资收益性差别进行实际评估。

4. 根据评估的主体划分

（1）项目自评估　由项目业主会同执行管理机构按照国家有关部门的要求编写项目的自我评估报告，报行业主管部门、其他管理部门或银行。

（2）行业或地方项目后评估　由行业或省级主管部门对项目自评估报告进行审查分析，并提出意见，撰写报告。

（3）独立后评估　由相对独立的后评估机构组织专家对项目进行后评估，通过资料收集、现场调查和分析讨论，提出项目后评估报告。通常情况下项目后评估均属于这类评估。

11.2　建设项目后评估的内容、方法和程序

由于建设项目的类型、规模、复杂程度以及项目后评估的目的不同，每个项目后评估的内容、程序和方法并不完全一致，但国外实践经验表明，要成功地推行项目后评估，发挥其职能和作用，必须有相对稳定的内容、程序和方法。

11.2.1　项目后评估的内容

不同类型、不同时点的项目后评估在评估内容和深度上是有差别的。这里结合国外先进经验和我国的实际情况，仅就一般工业项目后评估的基本内容进行探讨。项目后评估是以项目前评估所确定的目标和各项指标与项目实际实施结果之间的对比为基础。因此，项目后评估的基本内容大体上与前评估的内容类似。

1. 项目前期工作的后评估

项目前期工作的质量对项目成功与否影响重大。因此前期工作后评估是整个项目后评估的重点。其任务是评估项目前期工作的实绩,分析和总结项目前期工作的经验教训。其意义在于分析研究前期工作失误在多大程度上导致项目实际效果与预测目标的偏差及其原因,从而为今后加强项目前期工作管理积累经验。主要有以下几方面内容:

(1) 项目筹备工作的评估 从分析项目筹建计划入手,重点考核和评估项目筹备工作效率,并总结其经验教训。具体应考查:项目筹建机构、领导班子及其他人员构成、素质情况;各项工作制度和岗位责任明确落实情况;筹建机构的设立情况及选择机构的具体方式(招标或行政指定等)。

(2) 项目决策的评估 具体包括:项目可行性研究单位资格及委托方式审查;项目可行性研究的依据、实际经历的时间、研究的内容和深度等;项目决策程序、决策效率和质量如何等。

(3) 厂址选择的评估 具体包括:厂址的选择是否符合国家建设布局及城镇建设规划的要求;是否有利于环境保护和维护生态平衡;工程地质、水文地质等自然条件是否符合建厂和实际生产经营的要求;是否有利于开展生产技术协作的要求;多方案比较及选择情况;厂址选择对项目实际投资效益的影响等。

(4) 征地拆迁工作的评估 具体包括:征地拆迁工作进度是否按计划要求完成;征地标准、数量及拆迁过程等是否符合相关规定。

(5) 勘察设计工作的评估 具体包括:勘察设计单位资格和信誉状况及设计单位配合组织情况;委托设计合同;设计的效率及其对项目建设的影响;设计的质量、依据、标准、规范、定额等是否符合国家规定,是否满足建设单位和施工单位的实际需要;设计方案在技术上的可行性和经济上的合理性。

(6) 委托施工的评估 具体包括:招标投标方法及过程是否合规;施工队伍的资格审查情况及总、分包形式的运用;施工合同及合同执行情况。

(7) 土地开发工作的评估 具体包括:工作是否按计划完成及其原因;费用开支是否符合国家的有关规定。

(8) 资金落实情况的评估 具体包括:自筹资金来源是否正当、可靠,是否做到先存后用;社会集资额目标是否完成,是否有国家有关部门批准的文件;银行贷款资金及与银行签订的有关合同情况;资金总额是否符合项目开工建设的要求,有无追加投资,原因何在。

(9) 物资落实情况的评估 具体包括:主要建筑材料在开工前是否落实,供货货源和合同规定的时间是否适应建设进度的需要,实际供货是否违约、违约原因及其给项目建设带来的影响;项目所需成套设备到货情况,有无盲目订货现象;各类物资订货时是否遵循了事先调查、货比三家的原则,实际货款有无超出计划(预测)的规定,其原因何在。

2. 项目实施的后评估

项目实施阶段是项目财力、物力集中投入和消耗过程,也是固定资产逐步形成时期,它对项目能否发挥投资效益有着十分重要的意义。项目实施后评估的任务是评估项目实施过程中各主要环节的工作实绩,分析和总结项目实施管理中的经验和教训,其意义在于分析和研究项目实际投资效益与预计投资效益的偏差在多大程度上是由项目实施过程中造成的,原因何在。主要有以下几方面内容:

（1）项目开工的评估　具体包括：项目开工条件、手续是否齐备；项目实际开工时间与计划的开工时间是否相符，提前或延迟的原因及其对项目投资效益发挥的影响。

（2）施工项目组织与管理的评估　具体包括：施工组织方式是否科学合理；施工项目经理承包责任制的实际绩效；施工项目进度、控制方法及其成效，施工进度提前或延误的原因、补救措施及其成效；施工项目成本及其控制；施工技术与方案的制定依据及其对施工项目进度和成本的影响。

（3）项目建设资金供应与使用情况的评估　具体包括：建设资金供应状况；建设资金运用和占用情况是否符合规定；考核和分析全部资金的实际使用效率。

（4）项目建设工期的评估　具体包括：各单位工程实际开、竣工日期、提前或推迟的原因以及与计划工期或同类项目产生偏差的原因；建筑安装单位工程的施工工期；投产前生产准备工作情况及其对建设工期的影响。

（5）项目建设成本的评估　具体包括：主要实物工程量的实际数量是否超出预计数量及其原因；设备、工器具购置数量，其他基本建设费用中的土地征用数量以及项目临时设施工程的建设数量等是否与预计情况相符，导致不符的原因及对建设成本的影响；主要材料实际消耗量、材料实际购进价格及其对建设成本的影响；各项管理费用的取费标准。

（6）项目工程质量和安全情况的评估　具体包括：实际工程质量状况及是否达到设计规定或其他同类项目质量标准，原因何在；设备及其安装工程质量能否保证投产后正常生产的需要；有无重大质量事故、产生事故的原因及造成的经济损失；工程安全情况，发生安全事故的原因及其影响。

（7）项目变更情况的评估　具体包括：项目范围变更与否、变更原因及其影响；项目设计变更与否、变更原因及其影响。

（8）项目竣工验收的评估　具体包括：项目竣工验收组织工作及其效率；项目竣工验收的程序；项目竣工验收标准及其对项目投资效益的影响；项目竣工验收各项技术资料的完备性及整理、立档、保存等情况；项目投资包干、招标投标的特色、有关合同执行情况、合同不能履行的原因；收尾工程和遗留问题的处理情况及其对项目投资效益的影响。

（9）同步建设的评估　具体包括：相关项目在时间安排上是否同步，不同步的原因及对项目投资效益的影响；建设项目所采用的技术与前序、后序项目的技术水平是否同步，不同步的原因及对项目投资效益的影响；相关项目之间的实际生产能力的协调、配套状况，不配套的原因何在，及其对项目投资效益的影响；建设项目内部各单项工程之间工程建设速度、技术水平、生产能力配套状况及原因。

（10）项目生产能力和单位生产能力投资的评估　衡量项目实际生产能力通常从设备的负荷能力、各主要生产车间平衡后生产能力、辅助工程和配套工程及设施的适应生产能力等方面进行。具体包括：项目实际生产能力与设计生产能力的偏差情况、产生原因及对项目投资效益的影响；项目实际生产能力与产品实际成本的关系及项目所形成的生产规模是否处在最优的经济规模区间；项目实际生产能力与产品实际市场需求量的关系；项目实际生产能力与实际原材料来源和燃料、动力供应及交通运输条件是否相适应，对项目投资效益的影响；实际单位生产能力投资与预计的或其他同类项目实际的单位生产能力投资的偏离程度及原因。

3. 项目运营的后评估

项目运营阶段是实现和发挥项目投资效益的阶段，在整个项目中占有十分重要地位。项目运营后评估是通过项目投产后的有关实际数据资料或重新预测的数据，研究建设项目实际投资效益与预测情况或其他同类项目投资效益的偏离程度及其原因，系统地总结项目投资的经验教训，并为进一步提高项目投资效益提出切实可行的建议。主要有以下几个方面内容：

（1）企业经营管理状况的评估　具体包括：企业投产以来经营管理机构的设置与调整情况（包括领导班子和人员配备）；经营管理的主要策略及其实施的效果；现行管理规章制度情况等。

（2）项目产品方案的评估　具体包括：项目投产后到项目后评估时点为止的产品规格和品种的变化情况；产品方案调整的次数、依据及其对项目投资效益的影响；现行的产品方案能否适应消费对象的消费需求；产品销售方式的选择及其对产品销售的影响。

（3）项目达产年限的评估　具体包括：计算项目实际达产年限；与设计的或前评估预测的达产年限进行比较，计算实际达产年限的变化情况及其原因；项目超前或拖延达产年限的变化所带来的实际效益或损失等。

（4）项目经济效益后评估　即财务后评估和国民经济后评估。其评估的内容与项目前评估无大的差别，但项目后评估时应注意：

1）项目前评估采用的是预测值，项目后评估则采用实际值，并按统计学原理加以处理；对后评估时点以后的流量作出新的预测。

2）当财务现金流量来自财务报表时，对应收而未实际收到的债权和非货币资金都不可计为现金流入，只有当实际收到时才作为现金流入。同理，应付而实际未付的债务资金不能计为现金流出，只有当实际支付时才作为现金流出。必要时，要对实际财务数据作出调整。

3）对项目后评估采用的财务数据要剔除物价上涨的因素。

项目经济后评估主要包括以下几方面内容：

1）项目财务后评估包括盈利能力再分析、清偿能力再分析和敏感性再分析。盈利能力再分析通过测算财务内部实际收益率和实际财务净现值等指标，将项目运行的经济结果与项目前评估的相应指标进行对比分析，并与行业基准收益率或项目贷款利息率、社会折现率或中央银行的同期贴现率等进行对比，用以评估项目实际经济效益的好坏。清偿能力再分析主要通过项目的损益与利润分配表和资产负债表中的相关数据考查如负债资产比率等指标，用以鉴别项目是否具有财务上的持续能力。敏感性再分析是指在后评估时点以后的敏感性分析，主要通过对成本和销售收入两个因素的分析来评估项目的持续性。

2）项目国民经济后评估是从国家或地区的整体角度考查项目的费用和效益，采用国际市场价格、价格转换系数、实际汇率和贴现率等参数对后评估时点以前各年度项目实际发生的效益和费用加以核实，并对后评估时点以后的效益和费用进行重新预测，计算出主要评估指标如经济内部收益率（EIRR）等，将之与前评估的结论相比较，分析项目的决策质量，并对项目的效益作出评估，以指明项目的持续性和重复的可能性。

（5）对项目可行性研究水平进行综合评估　主要包括：考核项目实施过程的实际情况与预测情况的偏差；考核项目预测因素的实际变化与预测情况的偏离程度；考核可行性研究各假设条件与实际情况的偏差；考核实际投资效益指标与预测投资效益指标的偏离程度；考核项目实际敏感性因素和敏感性水平；对可行性研究深度进行总体评估。根据国外项目后评估情况，并结合我国的实际，可行性研究深度的评估标准可参考表11-1中数据。

表 11-1 可行性研究深度评估标准表

预测情况与实际情况的偏离程度	可行性研究深度水平
<15%	深度符合要求
15%～20%	相当于预测可行性研究水平
25%～35%	相当于编制建议书阶段的预测水平
>35%	深度不合格

4. 项目影响后评估

（1）经济影响后评估 主要分析评估项目对所在地区、所属行业和国家产生的经济方面的影响。进行经济影响再评估要注意把项目效益评估中的国民经济再评估区分开来，避免重复计算。评估的内容主要包括分配、就业、国内资源成本（或换汇成本）、技术进步等。由于经济影响再评估的部分因素难以量化，一般只能做定性分析，一些国家和组织把这部分内容并入社会影响评估的范畴。

（2）环境影响后评估 是指遵照国家环保法的规定，根据国家和地方环境质量标准和污染物排放标准以及相关产业部门的环保规定，对照项目前评估时批准的《环境影响报告书》，重新审查项目环境影响的实际结果，审核项目环境管理的决策、规定、规范、参数的可靠性和实际效果。同时对未来进行预测。对有可能产生突发性事故的项目，要有环境影响的风险分析。主要包括：

1）污染控制。具体包括：项目的废气、废水和废渣及噪声是否在总量和浓度上都达到了国家和地方政府颁布的标准；项目选用的设备和装置在经济和环保效益方面是否合理；项目的环保治理装置是否做到了"三同时"并运转正常；项目环保的管理和监测是否有效等。

2）对地区环境质量的影响。环境质量评估要分析对当地环境影响较大的若干种污染物，这些物质与环境背景值相关，并与项目的"三废"排放有关。环境质量指数是主要的衡量指标之一。

3）自然资源的利用和保护。资源利用分析的重点是节约能源、节约水资源、节约土地和资源的综合利用等。对于上述内容的管理条例和评估方法，世行和各国的环保部门大都已制定了有关的规定和办法，项目后评估原则上应按这些条例和方法进行分析。

4）对生态平衡的影响。项目对生态平衡的影响主要包括：人类、植物和动物种群，特别是珍稀濒危的野生动植物；重要水源涵养区；具有重大科教文化价值的地质构造、气候；可能引起或加剧的自然灾害和危害等。

5）环境管理。包括环境监测管理、"三同时"和其他环保法令、条例的执行；环保资金、设备及仪器仪表的管理；环保制度和机构、政策和规定的评价；环保的技术管理和人员培训等。

项目环境影响后评估应侧重分析随着项目的进程和时间的推进所发生的变化，此外项目所在地区的环境背景差别很大，工程废弃物各不相同，因此，评估者要分析特定项目的这些不同点，找出影响因素中不同因子，赋以权重系数进行综合评价。

（3）社会影响后评估 是对项目在社会经济、发展方面有形和无形的效益与结果的一种分析，重点评估项目对国家（或地区）社会发展目标的贡献和影响，包括项目本身和对周围地区社会的影响。评估的内容包括持续性、机构发展、参与、妇女、平等和贫困六个方面。当然，根据项目需要和各国的现状，应区别不同情况分类进行重点的要素评估。具体内容包括：

1）就业影响，包括项目的直接就业效果和间接就业效果。

2）居民的生活条件和生活质量，包括居民收入的变化；人口和计划生育；住房条件和服务设施；教育和卫生；营养和体育活动；文化、历史和娱乐等。

3）地区收入分配影响，即项目对当地公平分配和扶贫政策的影响。

4）项目实际受益者范围及其受益程度、受益水平和反应等。

5）当地妇女地位、民族状况和宗教信仰等。

6）地方社区的发展，包括项目对当地城镇、地区基础设施建设和未来发展的影响。

7）当地政府和居民对项目参与程度。

5. 项目持续性评估

项目持续性评估是指项目建设完成投入运行之后，项目的既定目标是否能按期实现，项目是否可以持续保持产生较好的效益，接受投资的项目业主是否愿意并可以依靠自己的能力继续实现既定的目标，项目是否具有可重复性等方面作出评估。主要包括：

（1）政府政策因素　包括参与该项目的政府部门各自作用和目的、对项目目标的理解是什么；根据这些目的所提出的条件和各部门的政策是否符合实际，如果不符合实际，需要做哪些修改，政策的多变是否影响到该项目的持续性。

（2）管理、组织和参与因素　如项目管理人员的素质和能力、管理机构和制度、组织形式和作用、人员培训等对持续性影响。

（3）经济财务因素　在持续性分析中应注意：

1）评价时点之前的所有项目投资都应作为沉没成本不再考虑。项目是否持续的决策应在对未来费用和收益的合理预测以及项目投资的机会成本（重估值）基础上作出。

2）要通过项目的资产负债表等来反映项目的投资偿还能力，并分析和计算项目是否可以如期偿还贷款和它的实际还款期。

3）通过项目未来的不确定性分析来确定项目持续性的条件。

（4）技术因素　主要包括技术因素对于项目管理和财务持续性的影响，在技术领域的成果是否可以被接受并推广应用。对照前评估确定的关键技术内容和条件，分析当地实际条件是否满足所选择技术装备的需求，并分析技术选择与运转操作费用的关系，新产品的开发能力和使用新技术的潜力等。

（5）社会文化因素　主要分析项目的施工、建设和运行，对所在地区风俗习惯、宗教信仰、文化水平、教育程度、技术水平等方面带来的影响，以及这种影响对项目未来的持续发展，地区社会经济的持续发展的作用情况。

（6）环境和生态因素　这两部分的内容与项目影响评估的有关内容类同。但是持续性分析应特别注意这两方面可能出现的反面作用和影响，从而可能导致项目的终止以及值得今后借鉴的经验和教训。

11.2.2　项目后评估的指标体系

1. 项目后评估指标体系设置的原则

根据项目后评估的性质和特点，其指标体系的设置应遵循以下原则：

（1）全面性和目的性相结合　项目后评估的指标要能全面地反映建设项目从准备阶段到投产运营全过程的状况。但并不是越多越好，而是要围绕后评估目标有一定针对性。

（2）可比性　项目后评估指标与前评估、项目实施过程中的有关指标以及国内外同类项目的有关指标应基本一致。例如，进行宝钢一期工程后评估时，为与韩国浦项钢铁厂进行比较，必须使项目投资成本、能源、原材料消耗等方面具有一致的计算基础和计算范围。

（3）动态指标与静态指标相结合　静态指标将资金看作为静止的实际数值，使用简单，计算方便，但不能真实反映项目运营的生命期内的实际经济效果。动态指标考虑了资金的时间价值，能够真实地反映项目的实际经济效果，但计算较复杂。进行项目后评估时，应将上述两类指标结合起来使用。

（4）综合指标与单项指标相结合　综合指标是反映建设项目功能、利润、工期、投资总额、成本等经济效果的指标等。它能够全面地、综合地反映项目整体经济效益高低，在项目后评估中起主导作用。单项指标是从某一方面或某一角度反映项目实际效果大小的指标，如评估设计方案时所用的工程量等。由于综合指标受到很多因素的影响，使用它时有可能掩盖某些不利因素和薄弱环节，因此还需要用一些单项指标来补充综合指标的不足。同时，综合指标也可以克服一些单项指标反映问题的片面性。

（5）微观投资效果指标与宏观投资效果指标相结合　整个国民经济和各部门、地区、企业在根本利益上是一致的。因此在设置后评估指标体系时，既要有考核和分析项目实际微观投资效果的指标，又要有项目实际宏观投资效果的指标。

2. 项目后评估的主要评估指标

项目后评估指标种类较多，从项目运行全过程来看，可以分为项目前期工作和实施阶段后评估指标、项目运营阶段后评估指标、项目影响后评估指标等。

（1）项目前期工作和实施阶段后评估指标　主要包括：

1）实际项目决策周期。指建设项目从提出项目建议书到项目可行性研究批准所实际经历的时间，是表示项目决策效率的一个指标，一般以月来表示。

2）项目决策周期变化率。表示实际项目决策周期与预计项目决策周期相比的变化程度的指标。指标大于零时，表明实际决策周期长于预计决策周期；反之，则表明短于预计决策周期。其计算公式如下：

$$\frac{项目决策周}{期变化率} = \frac{实际项目决策周期（月数）- 预计项目决策周期（月数）}{预计项目决策周期（月数）} \times 100\%$$

3）实际设计周期。指从委托设计合同生效之日起至设计完毕并提交建设单位所实际经历的时间，一般也以月来表示。

4）设计周期变化率。表示实际设计周期与预计（合同）设计周期相比偏离程度的指标。该指标大于零时，表明实际设计周期长于预计（或合同）设计周期。反之，则表明短于预计（或合同）设计周期。计算公式如下：

$$设计周期变化率 = \frac{实际设计周期 - 预计（或合同）设计周期}{预计（或合同）设计周期} \times 100\%$$

5）实际建设工期。指建设项目从开工之日起至竣工验收止所实际经历的有效日历天数，它不包括开工后停建、缓建所间隔的时间。实际建设工期是反映项目实际建设速度的指标。

6）竣工项目定额工期率。它反映项目实际建设工期与国家统一制定的定额工期，或与设计确定的、计划安排的计划工期偏离程度的指标。通过它可对竣工项目实际建设速度作出正确的评估，其计算公式如下：

$$竣工项目定额工期率 = \frac{竣工项目实际工期}{竣工项目定额（计划）工期} \times 100\%$$

7）单位工程平均定额工期率。是考核建筑安装各单位工程施工平均速度的一项指标。计算公式如下：

$$单位工程平均定额工期率 = \frac{各竣工单位工程实际日历工期合计}{各竣工单位工程定额（计划）日历工期合计} \times 100\%$$

8）实际建设成本，是除项目竣工后所结余的资金外，竣工项目包括物化劳动和活劳动消耗在内的实际劳动总消耗。

9）实际建设成本变化率。它是反映项目实际建设成本与批准的概（预）算所规定的建设成本偏离程度的指标，它可反映项目概（预）算的实际执行情况。计算公式如下：

$$实际建设成本变化率 = \frac{实际建设成本 - 预计建设成本}{预计建设成本} \times 100\%$$

该指标大于零，表明项目实际建设成本高于预计或计划建设成本。反之，则表明低于预计或计划建设成本。

10）实际工程合格品率。它是指实际工程质量达到国家（或合同）规定的合格标准的单位工程个数占验收的单位工程总个数的百分比。合格率越高，表明工程质量越好。计算公式如下：

$$实际工程合格品率 = \frac{实际单位工程合格品数量}{验收鉴定的单位工程总数} \times 100\%$$

11）实际工程优良品率。它是指达到国家规定的优良品的单位工程个数占验收的单位工程总数的百分比，是衡量实际工程质量的一个指标。优良品率越高，工程质量越好。计算公式如下：

$$实际工程优良品率 = \frac{实际单位工程优良品个数}{验收鉴定的单位工程总数} \times 100\%$$

12）实际返工损失率。它是指项目累计质量事故停工返工增加项目投资额与项目累计完成投资额的百分率，是衡量项目因质量事故造成实际损失大小的相对指标。计算公式如下：

$$实际返工损失率 = \frac{项目累计质量事故停工返工增加投资额}{项目累计完成投资额} \times 100\%$$

13）实际投资总额。它是指项目竣工投产后重新核定的实际完成投资额，包括固定资产投资和流动资金投资。实际投资总额可以静态法计算，也可用动态法计算。

14）实际投资总额变化率。它是反映实际投资总额与项目前评估中预计的投资总额偏差大小的指标，有静态实际投资总额变化率和动态投资总额变化率之分。计算公式分别如下：

$$静态实际投资总额变化率 = \frac{静态实际投资总额 - 预计静态投资总额}{预计静态投资总额} \times 100\%$$

$$动态实际投资总额变化率 = \frac{动态实际投资总额 - 预计动态投资总额}{预计动态投资总额} \times 100\%$$

该指标大于零，表明项目的实际投资额超过预计或估算的投资额；反之，则表明少于预计或估算的投资额。

15）实际单位生产能力投资。它是反映竣工项目实际投资效果的一项综合指标。实际单位生产能力投资越少，项目实际投资效果越好；反之，项目实际投资效果越差。其计算公式如下：

$$实际单位生产能力投资 = \frac{竣工验收项目（或单项工程）实际投资总额}{竣工验收项目（或单项工程）实际形成的生产能力} \times 100\%$$

（2）项目运营阶段后评估指标 主要包括：

1）实际达产年限。是指建成项目从投产之日起到实际产量达到设计生产能力止所经历的全部时间。如果进行项目后评估时，项目尚未达到设计生产能力，那么实际达产年限的计算应分几个步骤进行：首先，计算投产以后各年项目实际达到的生产能力水平；其次，计算项目投产后生产能力实际达到的年平均增长率；再次，根据测定的生产能力平均年增长率，计算投产项目可以达到设计能力的年限。计算公式如下：

$$设计生产能力 = 第一年实际产量 \times \left[1 + 平均年生产能力增长率^{(n-1)} \right] \quad （n 为实际达产年限）$$

2）实际达产年限变化率。它是反映实际达产年限与设计规定的达产年限偏离程度的一个指标。计算公式如下：

$$实际达产年限变化率 = \frac{实际达产年限 - 设计达产年限}{设计达产年限} \times 100\%$$

该指标大于零，表明实际达产年限长于设计规定的达产年限。反之，则表明短于设计达产年限。

3）超前达产年限实际效益和拖延达产年限实际损失。前者是指项目提前达到设计生产能力而带来的实际经济效益增加的指标，超前达产年限越长，效益越大。后者是衡量项目未按设计规定达产能力而造成实际经济损失大小的指标。拖延达产年限越长，损失越大。其计算公式分别如下：

$$超前达产年限的实际效益 = \sum（年实际产量 - 年设计产量）\times 单位产品销售利润$$

$$拖延达产年限损失 = \sum（年设计产量 - 年实际产量）\times 单位产品销售利润$$

4）实际产品价格变化率。是衡量项目前评估价格预测水平的指标。它可以部分解释实际投资收益与预测投资收益产生偏差的原因，并为重新预测项目生命期内产品价格提供依据。其计算可以分三步进行：首先，计算投产后各主要产品价格年变化率。计算公式如下：

$$实际产品价格年变化率 = \frac{实际产品价格 - 预测产品价格}{预测产品价格} \times 100\%$$

其次，加权法计算各年平均产品价格变化率，计算公式如下：

$$产品平均年价格变化率 = \sum 产品价格年变化率 \times 该产品产值占总产值比率$$

再次，计算考核期实际产品价格变化率，计算公式如下：

$$实际产品价格变化率 = \frac{各年产品平均价格变化率之和}{考核年限}$$

5）实际产品成本变化率。它是衡量项目前评估成本预测水平的指标。可以部分地解释实际投资效益与预测效益偏差的原因，也是重新预测项目生命期内产品成本变化情况的依据。其计算也可以分三步进行：首先，计算各主要产品从投产到后评估时点的成本年变化率。计算公式如下：

$$主要产品成本年变化率 = \frac{实际产品成本 - 预测产品成本}{预测产品成本} \times 100\%$$

其次，用加权法计算各年主要产品平均成本变化率。计算公式如下：

$$主要产品平均年成本变化率 = \sum \frac{产品成本}{年变化率} \times \frac{该产品成本占}{总成本的比率}$$

再次，计算考核期实际产品成本变化率。计算公式如下：

$$实际产品成本变化率 = \frac{各年产品成本年平均变化率之和}{考核期年限}$$

6）实际销售利润。它是综合反映项目实际投资效益的主要指标之一。其计算公式如下：

$$实际销售利润 = \frac{销售}{收入} - \frac{销售}{税金} - \frac{产品销}{售成本} - \frac{其他销}{售费用} - \frac{销售产品的}{技术转让费}$$

7）实际销售利润变化率。它是用来衡量项目实际投资效益和预测投资效益偏离程度的综合反映项目实际投资效益的主要指标之一。其计算可以分为两步进行：第一步，计算考核期各年实际销售利润变化率，计算公式如下：

$$各年实际销售利润变化率 = \frac{该年实际销售利润 - 预测年销售利润}{预测年销售利润} \times 100\%$$

第二步，计算各年平均销售利润变化率，即实际销售利润变化率。其计算公式如下：

$$实际销售利润变化率 = \frac{各年实际销售利润变化率之和}{考核期年限}$$

该指标大于零，表明项目投产后各年或各年平均实际销售利润额超过预测年销售利润额；反之，则表明少于预测年销售利润额。

8）产品销售数量对销售利润的影响额。反映实际产品销售数量对实际产品销售利润的影响程度，其计算公式如下：

$$产品销售数量对销售利润的影响额 = \sum (预测年产量 - 实际年产量) \times 单位产品销售利润率$$

9）产品品种变化对销售利润的影响额。反映实际产品品种变化对实际产品销售利润的影响程度，其计算公式如下：

$$产品品种变化对销售利润的影响额 = \sum 产品的设计产量 \times 单位产品销售利润 -$$

$$\sum 实际产品销售利润$$

10）产品价格变化对销售利润的影响额。反映实际产品价格变化对实际产品销售利润的影响程度，其计算公式如下：

$$\begin{matrix}产品价格变化对\\销售利润的影响额\end{matrix} = \sum （预测单位产品价格 - 实际销售价格）\times$$

$$产品销售数量$$

11）单位产品生产成本对销售利润的影响额。反映实际单位产品生产成本变化对销售利润的影响程度。其计算公式如下：

$$\begin{matrix}单位产品生产成本对\\销售利润的影响额\end{matrix} = \sum \left(\begin{matrix}实际销售产品\\单位生产成本\end{matrix} - \begin{matrix}预测单位\\生产成本\end{matrix}\right)\times 产品销售数量$$

12）实际投资利润率。是指项目达到设计生产能力后的年实际利润总额与项目实际投资总额的比率。当达产后各年的实际利润总额变化幅度较大时，应计算各年平均利润总额与实际总投资的比率。其计算公式如下：

$$实际投资利润率 = \frac{年实际利润额或年平均实际利润额}{实际投资总额}\times 100\%$$

13）实际投资利润率变化率。它是衡量项目实际投资利润率与预测投资利润率或国内外其他同类项目实际投资利润率偏离程度的指标。计算公式如下：

$$\begin{matrix}实际投资利\\润率变化率\end{matrix} = \frac{实际投资利润率 - 预测（其他项目）投资利润率}{预测（其他项目）投资利润率}\times 100\%$$

该指标大于零，表明项目实际投资利润率高于预测或其他同类项目投资利润率；反之，则表明低于预测或其他同类项目投资利润率，项目实际投资效益较差，需要进一步分析其原因。

14）实际投资利税率。它是指项目达到设计生产能力后实际年利税总额与实际总投资的比率，表明单位实际投资实现利税的能力。其计算公式如下：

$$实际投资利税率 = \frac{实际年利税总额或年平均利税总额}{实际投资总额}\times 100\%$$

15）实际投资利税率变化率。它是衡量项目实际投资利税率与预测投资利税率或国内外其他同类项目实际投资利税率偏差的指标。其计算公式如下：

$$\begin{matrix}实际投资利\\税率变化率\end{matrix} = \frac{实际投资利税率 - 预测（或其他项目）投资利税率}{预测（或其他项目）投资利税率}\times 100\%$$

该指标大于零，表明项目实际投资利税率高于预测或其他同类项目投资利税率；反之，则表明低于预测或其他同类项目投资利税率。

16）实际净现值。实际净现值的计算是依据项目投产后年实际的净现金流量或根据实际情况重新预测的项目生命期内各年的净现金流量，并按重新选定的折现率，将各年净现金流量折现到建设期初的现值之和。计算公式如下：

$$RNPV = \sum_{i=1}^{n}(RCI - RCO)_t(1 + i_k)^{-t}$$

式中　$RNPV$——项目实际的净现值；

RCI——项目实际的或根据实际情况重新预测的年现金流入量；

RCO——项目实际的或根据实际情况重新预测的年现金流出量；

i_k——根据实际情况重新选定的折现率；

n——项目生命期；

t——考核期的某一具体年份，$t = 1$，2，$\cdots$，n。

该指标大于零，表明项目除按重新选定的折现率作为收益率取得实际收益外，还有额外收益。实际的净现值总额越大，项目实际投资效益越好；该指标等于零，说明项目实际收益率水平正好等于重新选定的折现率；该指标小于零，说明项目实际收益率水平低于选定的折现率，项目实际投资效益较差。

17）实际的净现值变化率。它是衡量项目实际净现值与前评估预测净现值或其他同类项目实际的净现值偏离程度的指标。计算公式如下：

$$实际净现值变化率 = \frac{实际净现值 - 预测（或其他项目）净现值}{预测（或其他项目）净现值} \times 100\%$$

该指标大于零，表明项目实际的净现值大于预测或其他同类项目净现值；反之，则表明小于预测或其他同类项目净现值。

18）实际的净现值率。它是衡量项目实际动态投资效果的一个相对指标，表明单位实际投资现值实际带来的净现值的多少。计算公式如下：

$$实际净现值率 = \frac{实际净现值}{动态实际投资总额} \times 100\%$$

19）实际的净现值率变化率。它是衡量项目实际净现值率与预测净现值率，或其他项目实际的净现值率偏差大小的指标。其计算公式如下：

$$实际净现值变化率 = \frac{实际净现值率 - 预测（或其他项目）净现值率}{预测（或其他项目）净现值率} \times 100\%$$

20）实际投资回收期。它是以项目实际产生的净收益或根据实际情况重新预测的项目净收益抵偿实际投资总额所需要的时间。有实际的静态投资回收期和实际的动态投资回收期之分。实际的静态投资回收期（P_{Rt}'）是以各年项目净收益总和来回收实际投资总额所需要的时间。其计算公式可表示如下：

$$\sum_{t=1}^{P_{Rt}'} (RCI - RCO)_t = 0$$

实际动态投资回收期 P_{Rt}' 是以项目各年净收益现值抵偿动态实际投资总额所需要的时间，根据现金流量法，其计算公式可表示如下：

$$\sum_{t=1}^{P_{Rt}'} (RCI - RCO)_t / (1 + i_R)^t = 0$$

21）实际投资回收期变化率。它是衡量实际投资回收期与预测投资回收期或其他同类项目实际投资回收期或部门基准投资回收期偏离程度的指标。其计算公式如下：

$$\frac{实际投资}{回收期变化率} = \frac{实际投资回收期 - 预测（或其他项目或基准）投资回收期}{预测（或其他项目或基准）投资回收期} \times 100\%$$

有静态实际投资回收期变化率和动态实际投资回收期变化率之分。

该指标大于零,表明项目实际投资回收期比预测或其他同类项目或基准投资回收期长;反之,则表明短于预测或其他同类项目或基准投资回收期。

22)实际内部收益率(RIRR)。它是根据实际发生的年净现金流量和重新预测的项目生命期各年净现金流量现值总和等于零时的折现率。其计算公式可表示如下:

$$\sum_{t=1}^{n} (RCI - RCO)_t (1 + i_{RIRR})^{-t} = 0$$

式中　i_{RIRR}——以实际内部收益率作为折现率。

RIRR 若大于重新选定的折现率或行业、部门基准收益率或银行贷款利率,则该项目实际经济效益较好;反之,则较差。

23)实际内部收益率变化率。它是衡量项目实际内部收益率与预测内部收益率或其他同类项目内部收益率偏离程度的指标。其计算公式如下:

$$实际内部收益率变化率 = \frac{项目实际内部收益率 - 预测(或其他项目)内部收益率}{预测(或其他项目)内部收益率} \times 100\%$$

该指标大于零,表明项目实际内部收益率高于预测或其他同类项目内部收益率;反之,则表明小于预测或其他同类项目内部收益率。

24)实际借款偿还期。它是衡量项目实际清偿能力的一个指标。是指在国家财政规定和项目具体财务条件下,根据项目投产后实际的或重新预测的可用作还款的利润、折旧或其他收益额偿还固定资产投资实际借款本息所需要的时间。其计算公式如下:

$$I_{Rd} = \sum_{t=1}^{P_{Rd}} (R_{RP} + D_R' + R_{RO} - R_{Rr})_t$$

式中　I_{Rd}——固定资产投资借款实际本金利息之和;

　　　P_{Rd}——实际借款偿还期;

　　　R_{RP}——实际的或重新预测的年利润总额;

　　　D_n'——每年实际可用于偿还借款的折旧;

　　　R_{RO}——每年实际可用作偿还借款的其他收益;

　　　R_{Rr}——还款期的年实际企业留利。

25)实际借款偿还期变化率。它是衡量项目实际借款偿还期与预测借款偿还期或其他同类项目借款偿还期偏离程度的指标。其计算公式如下:

$$实际借款偿还期变化率 = \frac{实际借款偿还期 - 预测(或其他项目)借款偿还期}{预测(或其他项目)借款偿还期} \times 100\%$$

该指标大于零,表明项目实际偿还期比预测或其他同类项目借款偿还期长;反之,则表明短于预测或其他同类项目借款偿还期。

(3)项目影响后评估阶段评估指标　具体如下:

1)社会贡献率。社会贡献率是衡量企业运用全部资产为国家或社会创造或支付价值的能力。其计算公式为:

$$社会贡献率 = \frac{企业社会贡献总额}{平均资产总额} \times 100\%$$

上式中，企业社会贡献总额即企业为国家或社会创造或支付的价值总额，包括工资、劳保退休统筹及其他社会福利支出、利息支出净额、应缴增值税、应缴产品销售税金及附加、应缴所得税及其他税收、净利润等。

2）社会积累率。社会积累率是衡量企业社会贡献总额中多少用于上缴国家财政。其计算公式为：

$$社会积累率 = \frac{上缴国家财政总额}{企业社会贡献总额} \times 100\%$$

上式中，上缴国家财政总额包括应缴增值税、应缴产品销售税金及附加、应缴所得税及其他税收等。

3）环境影响指标。环境影响指标主要是用来衡量项目对当地环境的影响程度。通常需从污染控制、对地区环境质量的影响、自然资源的利用和保护情况、对生态平衡的影响、环境管理情况等方面视建设项目的具体情况选择定性和定量分析的指标。特别是工业项目，必须结合其生产工艺特点、原材料和产品的特性来确定具体的影响因子。一般情况下，对废水的污染控制情况，可以考虑用化学需氧量（COD）、生化需氧量（BOD）、水质中的悬浮物（SS）含量等指标来衡量其对环境的影响。其中，COD 是在一定条件下，用强氧化剂（$K_2Cr_2O_7$、$KMnO_4$）氧化水中有机物和其他一些还原性物质时所消耗氧化剂的量，BOD 是指有机污染物经微生物分解所消耗溶解氧的量，SS 是指水样通过孔径为 $0.45\mu m$ 的滤膜截留在滤膜上并于 $103\sim105℃$ 烘干至恒重的固体物质。这些都是衡量水体水质污染程度的重要指标。对涉及化石燃料燃烧项目的工业废气对环境的影响还需考虑排放气体中的总悬浮颗粒物（TSP）、硫氧化物、氮氧化物等污染物的浓度。其中，总悬浮颗粒物是指能悬浮在空气中，空气动力学当量直径 $\leq100\mu m$ 的颗粒物，是大气质量评价中的一个通用的重要污染指标，其浓度可以每立方米空气中总悬浮颗粒物的毫克数表示。由于 SO_2 在各种大气污染物中分布最广、影响最大，因此，在硫氧化物的检测中常常以 SO_2 为代表。氮氧化物主要检测一氧化氮和二氧化氮。对环境噪声影响进行后评价时首先应分析项目的噪声来源及产生的噪声类别，在此基础上，确定相应的指标以衡量噪声的强度和分布情况。比如，高速铁路项目可以采用时段总量评价法进行后评价，运用 LAmax 和累积百分声级 L10 声级作为评价指标。进行环境影响后评价时，应依据《大气污染物综合排放标准》《环境空气质量标准》《锅炉大气污染物排放标准》《污水综合排放标准》《农田灌溉水质标准》《铁路边界噪声限值及其测量方法》限值标准和《声环境质量标准》《土壤环境质量标准》《城市区域环境振动标准》等标准。

4）单位投资就业人数。单位投资就业人数是衡量项目对就业的直接影响，其计算公式为：

$$单位投资就业人数 = \frac{新增就业人数}{项目总投资}$$

上式中，新增就业人数包括项目及其相关的新增就业人数；项目总投资包括直接和间接的投资。

以上所列评估指标仅供一般工业项目后评估参考。在进行某一建设项目后评价时，应针对不同的项目类型和后评估分析的具体需要设置符合项目特点的科学合理的指标体系。

11.2.3 项目后评估的方法

项目后评估的具体方法很多。总体上要坚持定量分析和定性分析相结合。在实际后评估过程中，最基本的评估方法主要有以下几种：

1. 前后对比和有无对比法

对比法则是项目后评估方法论的一条基本原则，包括前后对比、预测和实际发生值的对比、有无对比等。对比的目的是找出变化和差距，为提出问题和分析原因找到重点。

（1）前后对比法（Before and After Comparison）　是指将项目可行性研究与评估时所预测的效益和项目竣工投产运营后的实际结果相比较，找出差异并分析原因。这种对比用于揭示计划、决策和实施的质量，是项目后评估应当遵循的原则之一。

（2）有无对比法（With and Without Comparison）　是指将项目实际发生的情况与无项目可能发生的情况进行对比，以度量项目的真实效益、影响和作用。对比的重点是要分清项目本身作用与项目以外的作用。这种对比用于项目的效益评估和影响评估，是项目后评估的一个重要方法论原则。"有"与"无"指的是评估的对象。有无对比的关键是要求投入的代价与产出的效果口径一致，也就是说，所度量的效果要真正归因于项目。但是，很多项目，特别是大型工程项目，实施后的效果不仅仅是项目的效果和作用，还有项目以外多种因素的影响，因此，简单的前后对比不能得出真正的项目效果的结论，必须采用有无对比的方法才能判定项目的真实效果。例如，某水利建设项目大大超过了前评估的目标值。但是期间当地农村实行了联产承包责任制改革，即使没有这个项目，该地区的农产品价格也会提高。因此后评估的任务就是要剔除那些非项目因素，对归因于项目的效果加以正确的定义和度量。理想的做法是在该项目受益地区之外选择一个类似的"控制地区"（Control Area），然后加以比较得出正确结论。项目的有无对比是项目实际效果与无项目实际或可能产生的效果的对比。有无对比需要大量可靠的数据，最好有系统的项目监测资料，也可引用当地有效的统计资料。

通常项目后评估要对比分析的数据和资料主要包括：项目前的情况、项目前预测的效果、项目实际实现的效果、无项目时可能实现的效果、无项目的实际效果等。在进行对比时，先要确定评估内容和主要指标，选择可比的对象，通过建立比较指标的对比分析表，用科学的方法收集资料。

2. 逻辑框架法

逻辑框架法（Logical Framework Approach，LFA）是美国国际开发署在1970年开发并使用的一种设计、计划和评估的工具，用于项目的规划、实施、监督和评估。逻辑框架是一种综合、系统地研究和分析问题的思维框架，有助于对关键因素和问题作出系统的合乎逻辑的分析，它主要应用问题树、目标树和规划矩阵三种辅助工具，将内容相关、必须同步考虑的动态因素组合起来，帮助分析人员理清项目中的因果关系、目标—手段关系和外部制约条件，从设计、策划到目的、目标等方面来评估一项活动或工作。

LFA为项目计划者和评估者提供一种分析框架，用以确定工作的范围和任务，并通过对项目目标和达到目标所需的手段进行逻辑关系的分析。它的基本模式是由4×4的矩阵组成（见表11-2），横行代表项目目标的层次，包括达到这些目标所需的方法（垂直逻辑），竖列代表如何验证这些目标是否达到（水平逻辑）。

表 11-2　逻辑框架法的分析评估模式表

层次描述	客观验证指标	验证方法	重要假定条件
目标	目标的衡量标准	检测和监督手段及方法	实现目标的主要条件
目的	目的的实现指标	检测和监督手段及方法	实现目的的主要条件
产出	产出物定量指标	检测和监督手段及方法	实现产出的主要条件
投入	投入物定量指标	检测和监督手段及方法	落实投入的主要条件

　　逻辑框架法把目标及因果关系划分为四个层次，即目标、目的、产出和投入。目标（goal）通常是指宏观计划、规划、政策和方针等，这个层次目标的确定和指标的选择一般由国家或行业部门负责。可用"问题树"和"目标树"的方法进行项目目标层次的分析。目的（objectives or purposes）是指项目的直接效果和作用，一般应考虑项目为受益目标群带来社会和经济等方面的成果和作用。这个层次的目标由项目和独立的评估机构来确定，指标由项目确定。产出（outputs）即项目的建设内容或投入的产出物，一般要提供项目可计量的直接结果。投入（inputs）是指项目的实施过程及内容，主要包括资源的投入量和时间等。

　　以上四个层次由下而上形成了三个垂直逻辑关系。第一级是资源投入与产出之间的关系；第二级是产出与社会或经济的变化之间的关系；第三级是项目的目的对整个地区或整个国家更高层次目标的贡献关联性。

　　垂直逻辑分清了项目层次关系，每个层次水平方向的逻辑关系则由客观的验证指标、指标的验证方法和重要的假定条件构成，从而形成了表 11-2 中的逻辑框架。其中客观验证指标（Objective Verifiable Indicators）包括数量、质量、时间和人员客观的可度量的验证指标，一般每项指标应具有三个数据：原有预测值、实际完成值、预测和实际间的差距值；验证方法（Means of Verification）包括主要资料来源（监督与检测）和验证多采用的方法；重要的假定条件（Important Assumptions）主要是指可能对项目的进展或成果产生影响，而项目管理者又无法控制的外部条件即风险。包括政府政策失误或变化、管理部门体制问题、自然灾害等。

　　由于逻辑框架法能更明确地阐述项目设计者的意图，分析各评估层次间的因果关系，明确描述后评估与其他项目阶段的联系，并适应不同层次的管理需要，所以目前它已成为国外后评估的主要方法。

3. 成功度法

　　成功度法评估即通常所称的打分法。是依靠评估专家或专家组的经验，综合后评价各项指标的评估结果，对项目的成功程度作出定性的结论。它是以逻辑框架法分析的项目目标的实现程度和经济效益分析的评估结论为基础，以项目的目标和效益为核心进行的全面系统的评估。

　　（1）项目成功度的标准　项目评估的成功度一般可分为五个等级（见表 11-3）。

　　（2）项目成功度的测定步骤和方法　具体如下：

　　1）评估人员首先根据具体项目的类型和特点，确定评定成功度的指标（见表 11-4）并分析其与项目相关的程度，将之分为"重要""次重要""不重要"三类，只需测定"重要"和"次重要"的项目内容。一般项目实际需测定 10 项左右指标。

表 11-3 项目成功度等级标准表

等级	内容	标 准
1	完全成功	项目各项目标都已全面或超额实现；相对成本而言，项目取得巨大效益和影响
2	成功	项目的大部分目标都经实现；相对成本而言，项目达到了预期的效益和影响
3	部分成功	项目实现了原定的部分目标；相对成本而言，只取得了一定的效益和影响
4	不成功	项目实现的目标非常有限；相对成本而言，几乎没有产生正面效益和影响
5	失败	项目的目标是无法实现的；相对成本而言，项目不得不终止

表 11-4 项目成功度评估表

项目实施评估指标	相关重要性	成功度
经济适应性		
扩大生产能力		
管理水平		
对贫困的影响		
人力资源：教育		
人力资源：健康		
人力资源：儿童		
环境影响		
对妇女的影响		
社会影响		
机构制度的影响		
技术成功度		
进度		
预算成本控制		
项目辅助条件		
成本—效果分析		
财务回报率		
经济回报率		
财务持续性		
机构持续性		
项目的总持续性		
总成功度		

2）采用打分制测定各项指标，即将上述评定标准的第 2~5 的四个等级分别用 A、B、C、D 表示。通过指标重要性分析和单项成功度结论的综合，可得到整个项目的成功度指标，也用 A、B、C、D 表示，填在表的最后一行（总成功度）的成功度一栏内。

11.2.4 项目后评估的程序

1. 提出问题

深入了解项目及其所处环境，区分评估提出单位所关心问题的主次关系，从而明确后评估的具体研究对象、评估目的及具体要求。

2. 制订后评估计划

1）建立后评估组织机构，配备项目后评估人员。

2）确定后评估内容范围与深度，选择评估标准。使用不同的评估标准，评估结论可能不同。例如，要评估一个技师培训班的效果。该培训班的毕业率是10%，中途就业率是90%。如果以最终的毕业为标准，那么这个培训班是糟糕的，因为其毕业率是很低的。如果以就业率为标准，那么这个培训班又可以被认为是很成功的，因为其就业率高达90%。显然，评估结论依赖于所使用的评估标准，因此要慎重选择评估标准。

3）选定评估方法。也即确定评估策略。在具体进行项目后评估时，面临着方法的选择问题。由于各种方法内容、要求以及比较的重点不同，如果选择不当，势必影响后评估的质量。因此在进行后评估时正确选择后评估方法极为重要。

3. 调查收集和整理资料

主要任务是制定详细调查提纲，确定调查对象和调查方法并开展实际调查和资料收集工作。

需要收集的资料和数据主要包括：项目建设资料、国家经济政策资料、项目运营状况的有关资料、反映项目实施和运营实际影响的有关资料、本行业有关资料、与后评估有关的技术资料及其他资料等。可以采用专题调查会、固定程式意见征询、非固定程式的采访、实地观察法、抽样法等方法进行资料收集。

现场调查前应事先做好充分准备，明确调查任务，制订调查提纲。调查任务一般要回答以下问题：项目基本情况（项目实施情况及目标是否合理等），目标实现程度（原定目标的实现程度、目标实现的关键因素等），项目产生的经济、环境和社会等方面的影响和作用等。常用的调查方法有：直接观察法、报告法、采访法和被调查者自填法、专门调查法等。

资料的整理是根据调查过程中获得的大量原始资料进行加工汇总，使其系统化、条理化、科学化，以得出反映事物总体综合特征资料的工作过程。资料整理工序一般有三个步骤：科学的统计分组，这是资料整理的前提；科学的汇总，这是资料整理的中心；编制科学的统计表，这是资料整理的结果。

4. 分析研究

围绕项目后评估内容，采用定量分析和定性分析相结合的方法，发现问题，提出改进措施。常用的分析研究方法除了前文所述三种主要方法外，也经常借助一些基本的统计分析和市场预测的方法，如经验判断法、历史引申法、回归分析法等。

通过分析研究，主要回答以下问题：

1）总体结果。项目的成功度及其原因；项目的投入与产出是否成正比；项目是否按时并在投资预算内实现了目标；成功和失败的主要经验教训。

2）可持续性。项目在维持长期运营方面是否存在重大问题。

3）方案比较选择。进行多方案比较，判断是否有更好的方案来实现上述成果。

4）经验教训。项目的经验教训及其对未来规划和决策的参考意义。

具体内容详见"项目后评估内容"。

5. 撰写后评估报告

项目后评估报告是项目后评估工作的最后成果，是评估结果的汇总，应真实反映情况，客观分析问题，认真总结经验。另一方面，后评估报告是反馈经验教训的主要文件形式，必须满足信息反馈的需要。因此，后评估报告要有相对固定的内容格式，便于分解，便于计算机输入。对项目后评估报告编写有以下要求：

1）报告文字准确清晰，尽可能不用过分专业化的词汇。

2）报告应包括以下部分：

①摘要。

②总论：进行项目后评估的目的；项目后评估报告编制单位；项目后评估组织与管理；项目后评估开始、完成时间；项目后评估的资料来源；后评估方法说明以及项目总体情况介绍等。项目总体情况介绍包括项目名称、构成、所有制、地区、生产规模、投资总额、投资实际资金来源；项目开工、竣工日期及投产时间；项目设计单位、可行性研究单位；项目决策单位和决策时间；项目目标等。

③评估内容。

④主要变化和问题、原因分析。

⑤经验教训。

⑥结论和建议：以上各项分析的基本结论，包括项目准备、决策、实施、运营各阶段的主要经验教训；对可行性研究水平的综合评价；项目发展前景；为提高项目未来经济、环境和社会效益的主要对策和措施等。这些内容既可以形成一份报告，又可以单独成文上报。

3）报告的研究和结论要与问题和分析相对应，经验教训和建议要把评估的结果与将来规划和政策的制定及修改联系起来。

11.3　建设项目后评估的组织与实施

11.3.1　项目后评估的组织机构

1. 项目后评估组织机构的基本要求

根据项目后评估的概念、特点和职能，我国项目后评估的组织机构应符合以下两方面的基本要求：

（1）满足客观性、公正性要求　这要求后评估组织机构要排除人为的干扰，独立地对项目实施及其结果作出评论。

（2）具有反馈检查功能　即要求后评价组织机构与计划决策部门具有通畅的反馈回路，以使后评估有关信息迅速地反馈到决策部门，达到后评估的最终目的。

2. 项目后评估机构设置

根据上述要求，我国项目后评估的组织机构不应该是项目原可行性研究单位和前评估单位，也不应该是项目实施过程中的项目管理机构。可以是以下一些单位：

（1）国家计划部门项目后评估机构　负责组织国家计划内投资项目的后评估工作，尤其是对国民经济有重大影响的项目。其组织机构的设置应独立于现行负责计划工作的各司局。对有些重大项目，还应向全国人民代表大会提交项目后评估报告。

（2）国务院各主管部门项目后评估机构　负责组织本部门投资项目的后评估工作，其组织机构的设置应独立于部门内各司局，直接向部长或副部长负责。

（3）地方政府项目后评估机构 负责组织本省市区的投资项目后评估工作，可以设立在各省市区负责计划工作的部门之内，直接向当地负责计划工作的部门领导人负责，甚至直接向省长、副省长负责。

（4）银行项目后评估机构 负责组织本行投资贷款项目后评估工作，其机构设置应独立于各业务部门，直接向董事会或行长、副行长负责。

（5）其他投资主体的项目后评估机构 其他投资主体是指一些自负盈亏的从事投资活动的金融公司、信托投资公司等。其项目后评价组织机构主要负责本单位投资项目的后评价工作，它应独立于各业务部门，而直接向董事会或总经理负责。

从国外的情况来看，项目后评估工作开展比较顺利的国家或国际机构，都设置了相对独立的项目后评估组织机构。世界银行项目后评估组织机构是与其他业务部门完全独立的"业务评议局"（Operation Evaluation Department，简称 OED）。"业务评议局"只对银行执行董事和行长负责，可独立地对项目执行结果作出结论，将信息反馈到银行最高决策机构。

印度也有相对独立的项目后评估组织机构，负责国家项目后评估的组织机构是项目评议组织（PEO），项目评议组织设在计划委员会内，直接向计划委员会副主席报告工作；负责各地方项目后评估的组织机构是邦评议组织（SED），设在邦计划厅内，邦评议组织直接向计划大臣提交报告。

总的来讲，国外项目后评估组织机构设置的基本特点是：组织机构相对独立，并且每个组织机构只负责自己投资项目的后评估组织工作。这对我国相应机构的设立具有借鉴意义。

11.3.2 项目后评估的实施

1. 项目后评估的资源要求

项目后评估投入的资源主要包括后评估人员、一定的经费和时间。

（1）项目后评估人员 项目后评估对评估人员素质要求较高。原则上讲，项目后评估人员要既懂投资，又懂经营；既懂技术，又懂经济。当然这样的全面人才在现实中不多见。这个问题通常可以通过组建具有上述各方面知识结构的后评估小组来解决。项目后评估小组一般应由以下人员组成：经济学家、技术人员、项目管理人员、经营管理人员、市场预测人员、财务与统计分析人员、社会学家。

我国目前项目后评估人员数量与其需求相比存在明显的不足。为了全面推广项目后评估，应当也必须着手进行项目后评估人员的培养工作，可以由国家有关机构组织短期培训，也可以通过大专院校等进行长期培养。

（2）项目后评估经费 项目后评估投入经费的数量视项目规模大小而不同。根据国外项目后评估的经验和我国的具体情况，我国项目后评估的取费标准大约是：

大中型项目：0.2%～1.5%；

小型项目：1.5%～3.0%。

项目后评估不像项目可行性研究或前评估那样，其经费可以纳入固定资产投资总额，因此要解决好由谁来支付这笔经费的问题。显然由国家额外提供全部项目后评估经费是不可能的，只能是由项目单位或企业来承担。

（3）项目后评估的时间安排 根据项目后评估的内容要求，要全面评估项目投资的实绩、系统地总结项目管理经验，项目后评估需要经历一个较长的时期。对于每一个具体项目，由于项目规模大小、复杂程度、投入人力的多少、组织机构对后评估内容的具体要求等的不同，后评估的时间要求也不完全一致。就一般工业项目而言，从项目后评估课题的提出到提交项目后评估报告大约需 3 个月时间。各阶段时间应当合理安排，以保证后评估工作进度。

2. 项目后评估对象的选择

从理论上讲，对所有竣工投产的投资项目都要进行后评估，项目后评估应纳入项目管理程序之中。但是，由于我国现阶段客观条件不成熟，不可能对所有投资项目都及时地进行后评估。这样，我国项目后评估应分两阶段实施：第一阶段，可选择一部分对国民经济有重大影响的国家投资的大中型项目进行后评估，以把握项目投资效益的总体状态；第二阶段，待条件成熟后，全面开展对所有投资项目的后评估工作。

现阶段，我国选择项目后评估对象时应优先考虑以下类型项目：

1）项目投产后本身经济效益明显不好的项目。

2）国家急需发展的短线产业部门的投资项目，其中主要是国家重点投资项目，如能源、通信、交通运输、农业等项目。

3）国家限制发展的长线产业部门的投资项目。

4）一些投资额巨大、对国计民生有重大影响的项目。这类项目后评估报告应提交全国人民代表大会，审查结果应向全国人民公布。

5）一些特殊项目，如国家重点投资的新技术开发项目、技术引进项目等。

3. 项目后评估时机的选择

由于对项目后评估认识不同和经济体制的不同，世界各国项目后评估时机的选择也不同。根据项目后评估的概念和作用以及我国的实际情况，我国一般生产性行业项目后评估通常应选择在竣工项目达到设计生产能力后的 1~2 年内进行，基础设施行业在竣工以后 5 年左右，社会基础设施行业可能更长一些。主要考虑到项目达产后，企业供、产、销基本上步入正轨，建设、生产中各方面的问题也能得到充分体现，可以对项目实际产出影响进行综合评价，进而对经营管理现状进行诊断，并提出改进意见等。当然项目后评估时机的选择也不能千篇一律。

思考与练习

1. 何谓项目后评估？它与项目前评估、中评估、竣工验收和审计检查等的区别？

2. 项目后评估的特点及作用是什么？

3. 项目后评估有哪些具体内容？

4. 项目后评估指标体系的设置原则是什么？一般情况下，可以选择哪些指标进行项目后评估？各指标如何计算？

5. 项目后评估常用的方法有哪些？

6. 一般情况下，项目后评估按照怎样的程序进行？

7. 如何选择项目后评估组织机构？项目后评估实施过程中应当注意哪些问题？

建筑项目评估案例分析及案例练习

第12章

建设项目评估是投资建设项目决策的重要环节。为了使读者对一般投资建设项目的评估过程及报告内容有一个更深入的理解和认识，本章以案例的形式介绍建设项目评估的具体过程。一个投资建设项目评估包括的内容很多，基于篇幅限制，不可能全部介绍，本章仅重点就投资建设项目评估中的市场需求预测、生产工艺技术方案设计及建设项目的财务评估进行介绍。

12.1 建设项目评估案例分析——某新建煤炭项目经济评价

12.1.1 概述

1. 项目概况

本项目为新建矿井及选煤厂工程，由国内 A、B 两投资方组建的项目公司建设和经营，是本项目的财务分析主体。

井田位于内蒙古西部地区，东西长 10.38km，南北宽 4.06km，井田面积 42.14km²，煤炭资源储量 906.57Mt，可采储量 519.67Mt，煤种为中灰、低硫、中高热值的长焰煤，煤层顶板以黏土岩、砂质泥岩为主，局部为粗砂岩，低瓦斯，水文地质条件简单，矿井正常涌水量 138m³/h，最大涌水量 190m³/h。

经过方案比选后，设计推荐矿井采用斜井开拓方式，布置一个采区一个引进综采设备工作面，井下主运输采用胶带输送机，辅助运输采用无轨胶轮车。选煤厂采用适应性强、分选精度高、自动化程度高、经济效益佳、维护管理方便的飞重介浅槽分选方法。煤炭产品通过铁路外运销售。

矿井及选煤厂设计生产能力均为 6.00Mt/年。矿井建设准备期 6 个月，施工工期 24 个月。项目拟于 2006 年 1 月开始准备，2006 年 7 月开工建设，2008 年 7 月建成投产，投产当年生产原煤 2.50Mt，2009 年及以后达到设计生产能力，即生产原煤 6.00Mt。选煤厂与矿井同步建成。矿井劳动定员 523 人，选煤厂劳动定员 84 人。选煤厂产品方案为末煤（粒级 25（13）—0mm、$Ad = 23.30\%$、$Q = 4713.18$kcal$^{\ominus}$/kg）和混煤（粒级 50—0mm、$Ad = 13.46\%$、$Q = 5508.8$kcal/kg）两种产品。

    $\ominus$ 1kcal = 4185.85J。

2. 编制依据

本经济评价的编制依据为项目可行性研究报告推荐的技术方案、产品方案、建设条件、建设工期、《建设项目经济评价方法与参数》（以下简称《方法与参数》（第3版）及国家现行财税政策、会计制度与相关法规。

3. 计算期

计算期包括建设期和生产经营期，根据项目实施计划建设期确定为2.5年，生产运营期确定为20.5年，则项目计算期为23年。

4. 目标市场及产品售价

末煤产品经铁路运往附近配套建设的电厂做发电燃料，混煤产品经铁路外运到华东地区销售。

根据当地电煤售价水平及混煤目标市场的煤炭供需情况确定的煤炭产品坑口价为：末煤103.69元/t，混煤137.72元/t。

5. 产销计划

投产后各年最终产品产量根据矿井原煤产量和选煤产品回收率确定。投产第1年末煤产量为1.3072Mt，混煤产量为0.9808Mt；达产后年份末煤产量为3.1373Mt，混煤产量为2.3539Mt。

产品产销率按100%考虑。

12.1.2 费用与效益估算

1. 投资估算

（1）建设投资 具体内容包括：

1）投资范围。投资范围包括矿井及选煤厂从筹建至达到设计生产能力时，按设计规定的全部井巷工程、土建工程、设备及工器具购置、安装工程、工程建设其他费用的投资以及预备费。

2）投资划分。根据煤炭建设项目的特点和有关规定，井下工程均划归矿井，地面工程从井筒胶带输送机以下至产品装车的全部工艺系统划归选煤厂，矸石系统、铁路专用线及其余地面工程划归矿井，公共建筑全部划归矿井，土地征用费按矿井、选煤厂各自的占地面积分别计算。

3）编制依据。执行煤炭行业现行概算指标（定额）、综合预算定额和配套的取费标准及投资估算编制办法。

4）价格基年。价格基年为2005年。

5）采矿权价款。本项目经过评估确认的需缴纳的采矿权价款为60000万元，根据《探矿权采矿权使用费和价款管理办法》（财政部、国土资源部财综字〔1999〕74号）规定，采矿权价款分6年平均缴纳。由于本项目建设期为30个月（含准备期6个月），项目建成投产后还需3年才能缴清，所以投产后3年需要缴纳的采矿权价款不计入项目建设投资，而计入生产运营期投资以自有资金支付，自有资金不足以支付时，用短期借款支付。计入建设投资的采矿权价款为30000万元。

建设投资估算总额为125317万元，其中矿井106651万元，选煤厂18666万元。项目建设投资构成见表12-1，项目投资现金流量表见附表8（列于本书附录，下同）——财务分析辅助报表1，项目资本金现金流量表见附表9——财务分析辅助报表2。

表 12-1　建设投资汇总表　　　　　　　　（单位：万元）

序　号	费用名称	估算价值			吨煤投资 /（元/t）	占总投资比例（%）
		矿井	选煤厂	合计		
1	井巷工程	12983	—	12983	21.64	10.36
2	土建工程	10508	7846	18354	30.59	14.65
3	设备及工器具购置	28401	4868	33269	55.45	26.55
4	安装工程	6092	1541	7633	12.72	6.09
5	工程建设其他费用	39849	3028	42877	71.46	34.21
	小计	97833	17283	115116	191.86	91.86
6	工程预备费	8818	1383	10201	17.00	8.14
	合计	106651	18666	125317	208.86	100.00
	吨煤投资/（元/t）	177.75	31.11	208.86	—	—
	占总投资比重（%）	85.10	14.90	100.00	—	—

（2）建设期利息　本项目债务资金拟使用银行贷款，借款年利率按照2006年4月28日中国人民银行的规定，名义年利率按6.39%计取，每年计息4次，有效年利率为6.54%。建设期利息为5324万元。

（3）流动资金　流动资金采用分项详细估算法估算，矿井及选煤厂投产第一年流动资金需要量为4539万元，达到设计生产能力后流动资金需要量为10155万元。

逐年流动资金占用量见附表10——财务分析辅助报表3。

（4）总投资　项目总投资为140796万元，其中建设投资为125317万元，建设期贷款利息为5324万元，流动资金为10155万元。

2. 形成资产

（1）固定资产　井巷工程、土建工程、设备及工器具购置和安装工程全部形成固定资产，工程建设其他费用中的土地征用及迁移补偿费、耕地占用税、建设单位管理费、工程监理费、勘察设计费、研究试验费、可行性研究费、联合试运转费、办公及生活家具购置费、生产工器具及生产家具购置费、维修费、绿化费、引进技术和进口设备其他费、补充勘探费、财务费等转入固定资产，分摊计入交付使用资产的价值。

（2）无形资产　根据《财政部关于印发企业和地质勘察单位探矿权采矿权会计处理规定的通知》（1999年11月11日）的规定，企业通过交纳采矿权价款取得由国家出资形成的采矿权，按规定应交纳的采矿权价款，应作为无形资产核算。因此，项目法人以支付货币的形式取得以煤炭资源为载体的采矿许可证规定范围内的采矿权利，所支付的采矿权价款计入无形资产。

（3）其他资产　工程建设其他费用中除计入固定资产和无形资产以外的费用均计入其他资产。

（4）工程预备费与建设期利息　工程预备费按其计取基数平均摊入相应资产价值，建设期利息全部计入固定资产价值。

本项目固定资产原值为100367万元（井巷工程19106万元，地面建、构筑物25653万元，机器设备 55608 万元），无形资产原值为 30000 万元（不含投产以后支付的 30000 万元采矿价款形成的无形资产），其他资产原值为 274 万元。

表 12-2 为项目资产分类估算表。

表 12-2　资产分类估算表　　　　（单位：万元）

序　号	资产分类	合　计	建设期		
			1	2	3
1	固定资产	100367	22891	43082	34394
1.1	井巷工程	19106	6790	7419	4897
1.2	地面建、构筑物	25653	6556	14234	4863
1.3	机器设备	55608	9545	21429	24634
1.3.1	综采综掘设备	17248	—	5982	11266
1.3.2	一般采掘设备	970	—	—	970
1.3.3	其他设备	37390	9545	15447	12398
2	无形资产	30000	10000	10000	10000
3	其他资产	274	—	—	274
	合计	130641	32891	53082	44668

3. 总成本费用

参照设计规模、开拓方式、选煤工艺、装备水平、劳动生产率及管理水平相类似的临近生产矿井及选煤厂实际成本，结合本项目的实际情况，估算矿井及选煤厂采、选成本。

（1）材料费　参照邻近类似生产矿井及选煤厂实际成本，结合本项目实际情况估算。

（2）动力费　按照邻近煤矿生产用电单价（0.38 元/（kW·h）），结合本矿井及选煤厂综合电力电耗估算。矿井综合电力电耗为 15.081kW·h/t，选煤厂综合电力电耗为 1.974kW·h/t。

（3）工资及福利费　根据邻近生产煤矿年人均工资水平和拟建项目的劳动生产率情况，工资水平按以下标准确定：井下工人 49200 元/（人·年）；地面工人 19800 元/（人·年）；管理人员 38520 元/（人·年）；生产服务人员 17600 元/（人·年）；生产服务人员 14900 元/（人·年）；职工福利费，按工资的 14% 计算。

本项目工资及福利的具体情况见附表 16——财务分析辅助报表 9。

（4）修理费　综采综掘设备大修理提存率按 5% 计算，其他设备大修理提存率按 2.5% 计。

（5）折旧费　按照直线折旧法计算折旧，各类固定资产折旧年限确定如下：地面建、构筑物折旧年限 40 年，综采综掘设备折旧年限 8 年，一般采掘设备折旧年限 10 年，其他设备折旧年限 15 年。计算折旧费时不考虑固定资产残值。

本项目固定资产折旧费的具体情况见附表 14——财务分析辅助报表 7。

（6）维简费（含井巷工程费）　根据财政部、国家发展和改革委员会、国家煤矿安全监察局财建 [2004] 119 号文件有关规定，本项目所在区域按 9.5 元/t 提取（含井巷工程费 2.5 元/t）。井巷工程费与维简费在成本中单列科目，单列后维简费标准为 7 元/t，其中 50% 计入经营成本。

（7）摊销费 根据《财政部关于印发企业和地质勘察单位探矿权采矿权会计处理规定的通知》的规定，采矿权价款形成无形资产后，应在采矿权受益期内分期平均摊销。本矿井采矿权受益期为30年，故采矿权价款按30年摊销计算（本项目不存在除采矿权价款之外的其他无形资产）。参照原煤炭工业部煤规字〔1996〕第501号文件的有关规定，其他资产按10年摊销。

本项目无形资产和其他资产摊销的具体情况见附表15——财务分析辅助报表8。

（8）地面塌陷赔偿费 参照领近生产矿井地面塌陷赔偿费实际发生数额，结合本项目具体情况，按0.2元/t估算。

（9）安全费用 根据财政部、国家发展和改革委员会、国家安全生产监督管理总局、国家煤炭安全监察局财建〔2005〕168号文件的有关规定按5元/t计取，专户储存，专款专用。根据安全费用的使用范畴，并通过了解生产矿井安全费用的实际使用情况，按照30%进入经营成本考虑。

（10）其他支出 指制造费用、管理费用中属于其他支出的费用，包括各种保险费、工会经费和职工教育经费、矿产资源补偿费、采矿使用权和咨询费、审计费、排污费、办公费、招待费、取暖费、技术开发费、税金、消防费、绿化费、汇总净损失、班中餐等其他费用。本项费用参照领近和国内类似生产矿井及选煤厂实际成本资料和相关规定估算。构成如下：

1）劳动保险费等费用。根据矿井原煤成本计算办法（见《采矿设计手册》，下同），劳动保险费、待业保险费、工会经费与职工教育经费按成本工资的27.6%计算，为1.00元/t。

2）矿产资源补偿费。根据矿井原煤成本计算办法，按销售收入的1%计算，为1.08元/t。

3）采矿权使用费。按财政部、国土资源部财综字〔1999〕74号文件规定，采矿权使用费按矿区范围面积逐年缴纳，每平方公里每年为1000元，据此计算，采矿权使用费为0.01元/t。

4）其他费用。参照领近和国内类似生产矿井实际成本资料估算，为15.61元/t。

（11）财务费用 包括建设投资借款在生产期间发生的应计入当期损益的利息、流动资金借款利息和其他短期借款利息。

项目达产当年总成本费用为53193万元，单位成本88.67元/t，年经营成本为34810万元，单位经营成本58.02元/t。偿清长期借款后年总成本费用为48182万元，单位成本80.30元/t。

逐年总成本费用估算见附表13——财务分析辅助报表6。

4. 销售收入和税金

（1）市场分析 近年来，国内煤炭市场在我国GDP高速增长、电力用煤和钢铁用煤等需求大幅增加的背景下，出现了煤炭需求量增大、煤炭价格持续大幅上涨的趋势，主要原因是动力煤特别是电煤需求增长的强力拉动。据预测，电力用煤在2010年、2020年将分别达到14亿t和18亿t左右，占煤炭全国消费量的近70%，因此，未来电力工业用煤仍然是拉动国内煤炭消费的主要因素。富煤、贫油、少气的能源资源结构特点和所处的经济发展阶段，决定了未来相当长的时期内煤炭仍然是我国的主要能源。随着我国煤炭开发力度的加大，未来煤炭市场将会保持供求基本平衡、适度偏紧的局面，煤炭市场格局及原油及成品油价格的飙升，决定了未来煤炭价格将稳定在较高价位，并呈小幅上扬趋势。

（2）销售收入　本井田煤种为长焰煤，商品煤品种为末煤和混煤，根据产品方案，项目达产后年产末煤 3.1373Mt，年产混煤 2.3539Mt。

根据当地电煤售价水平、混煤目标市场的煤炭供需情况及对未来煤炭市场的预测，结合本项目煤炭产品质量指标（发热量）情况，确定本项目煤炭产品售价。

按 2005 当地电煤平均售价水平折算到本项目坑口价格为 0.022 元/1000kcal，项目产出品末煤的发热量为 4713.18kcal/kg，以此计算末煤坑口售价为 103.69 元/t；华东某地区 2005 年混煤平均售价水平折算到本项目坑口价格（扣除运费和杂税）为 0.025 元/1000kcal，项目产出品混煤的发热量为 5508.8kcal/kg，以此计算混煤坑口售价为 137.72 元/t。

项目达产后年销售收入为 64949 万元。

（3）税金　具体包括：

1）增值税。根据《中华人民共和国增值税暂行条例》（国务院令 538 号）、《中华人民共和国增值税暂行条例实施细则》（财政部、税务总局第 50 号令）、《关于调整金融矿、非金融矿采选产品增值税税率的通知》（〔1994〕财税字第 022 号）的有关规定，销项税按销售收入的 13% 计取，进项税按成本中应扣税部分（材料费、电力、80% 修理费）的 17% 计取。

2）城市维护建设税与教育费附加。城市维护建设税按增值税税额的 5% 计取，教育费附加按增值税税额的 3% 计取。

3）资源税。资源税按照财政部、国家税务总局财税〔2004〕187 号文件规定，按原煤产量以 2.3 元/t 缴纳。

逐年销售收入及税金估算见附表 12——财务分析辅助报表 5。

5. 营业外净支出

参照类似项目实际情况，营业外收入与支出相抵后的净支出部分按原煤产量以 1 元/t 估算。

12.1.3　资金筹措

1. 项目资本金

根据资金筹措方案，建设投资中资本金占 37%，流动资金中资本金（铺底流动资金）占 30%。资本金总额为 49415 万元，占总投资的 35.10%，占建设投资、建设期利息和铺底流动资金的 36.96%，满足《国务院关于固定资产投资项目试行资本金制度的通知》（国发〔1996〕35 号）的要求。

2. 债务资金

建设投资中债务资金占 63%，流动资金中债务资金占 70%，债务资金总额为 91381 万元。

3. 股权比例

项目资本金由 A、B 两公司按照 6:4 的比例出资，故 A、B 两公司的股权比例为 6:4。

4. 筹措计划

（1）建设投资　按照工程进度计划安排各年建设投资使用量，各年度建设投资中的资本金和债务资金等比例同步筹措。

（2）流动资金 流动资金从投产第一年开始安排，各年的资本金和债务资金比例均为3:7。本项目投资及资金筹措的具体情况见附表11——财务分析辅助报表4。

12.1.4 资金成本

1. 债务资金成本

债务资金成本包括建设期利息和在融资过程中发生的手续费、承诺费、管理费、信贷保险费等融资费用。本项目债务资金筹资费用率为0.2%，实际筹得的资金额与名义借贷金额的比例为100%，建设期贷款利率为6.54%，借款偿还期10年，则所得税后债务资金成本为4.39%。

2. 资本金成本（权益资金成本）

资本金成本按照资本资产定价模型计算。社会无风险投资收益率参照长期国债利率的平均值取3.3%，社会平均投资收益率取8%，投资风险系数参照可比煤炭上市公司的平均值取1，则资本金成本为8%。

3. 加权平均资金成本

总投资中资本金占35.10%，债务资金占64.90%，则所得税前加权平均资金成本为9.98%，所得税后加权平均资金成本为6.69%。

综上所述，当所得税前项目投资财务内部收益率大于9.98%、所得税后项目投资财务内部收益率大于6.69%、项目资本金财务内部收益率大于8%时项目即可以被接受。

12.1.5 基准收益率的确定

项目投资财务现金流量表是融资前财务分析的报表，就是通常所说的全部投资都认为是自有资金（资本金）的财务报表。因此，可将资本金成本作为所得税前项目投资财务基准收益率。根据基准收益率是投资人对项目的期望收益率的含义，如果将可比煤炭上市公司的净资产收益率作为投资人对项目的期望收益率，则可比煤炭上市公司的净资产收益率可作为本项目资本金财务基准收益率，亦即项目资本金成本，因此，所得税前项目投资财务基准收益率可与项目资本金财务基准收益率相同。

本项目按照资本资产定价模型计算的资本金成本为8%，则项目资本金财务基准收益率和所得税前项目投资财务基准收益率可取8%；按近5年具有代表性的5家煤炭上市公司净资产收益率平均值计算的资本金成本为10.93%（见表12-3），则项目资本金财务基准收益率和所得税前项目投资财务基准收益率可确定为10.93%，两者平均为9.47%。

表 12-3 煤炭上市公司净资产收益率（%）统计表

序号	证券代码	股票名称	2005 年	2004 年	2003 年	2002 年	2001 年	5 年平均值
1	000983	西山煤电	21.14	16.47	9.04	—	—	—
2	600121	郑州煤电	16.42	10.23	6.13	6.16	6.22	—
3	600188	兖州煤电	14.56	17.75	10.03	10.07	8.84	—
4	600395	盘江股份	5.93	6.01	5.92	5.57	7.59	—
5	600508	上海能源	19.41	19.35	10.58	11.54	11.50	—
		年平均	15.49	13.96	8.34	8.34	8.54	10.93

结合上述分析结果，本项目资本金财务基准收益率和所得税前项目投资财务基准收益率设定为10%。

鉴于本项目所得税后加权资金成本为6.69%，为此设定所得税后项目投资财务基准收益率为7%。

12.1.6 资金来源与保障

债务资金来自银行借款，项目资本金来自项目公司A、B两股东的直接投资。

股东A成立于2004年初，是一家国有大型煤炭企业集团，总资产近100亿，职工总数近10万人，拥有较强的科技力量和先进的生产设备，2005年集团公司煤炭产量达到50Mt以上，企业综合实力雄厚，财务状况良好，具有较强的出资能力和融资能力。股东B为创建于1993年的某投资有限公司，是一家以房地产和基础设施投资为主，实行多元化经营的综合性企业集团。集团公司成立以来，投资领域涉及高速公路、桥梁、水电站等大型基础设施项目，投资业绩良好。股东A、B均能够保证所出资金的持续稳定供应。

在项目经济效益和偿债能力的支持下，项目能够取得银行的贷款支持，项目资金来源是可靠的。

12.1.7 财务分析

1. 有关数据说明

（1）安全生产投入　安全费用的30%进入经营成本的相关费用，70%以购置固定资产的形式投入，由于资金投入的时间受矿井安全生产状况制约，存在预防性与随机性，难以事先作出准确的计划安排，因此，为保障矿井安全投入资金的充足供应，并使经济评价结论稳妥可靠，用于购置固定资产的安全费用采取"即提即用、当期形成固定资产"的方式处理，以"安全生产投入"科目计入现金流出。

（2）所得税　根据当时的有关规定，所得税按应纳税所得额的33%计取。

（3）法定盈余公积金　按税后净利润的10%提取法定盈余公积金，累计盈余公积金达到注册资本的50%（10000万元）时不再提取。

（4）利润分配　可供分配利润按弥补以前年度亏损、提取法定盈余公积金、向投资方分配的顺序进行分配。还款资金短缺时，当期可供投资者分配的利润先用于偿还借款，剩余部分按照投资方A、B各自的股权比例分配。

2. 盈利能力分析

（1）融资前分析　项目达到6.00Mt原煤产量时年销售收入为64949万元，年上缴销售税金及附加为1807万元，年上缴增值税为5346万元。本项目各项融资前盈利能力分析指标见表12-4，项目投资现金流量的情况见附表1——财务分析报表1。

表12-4　融资前盈利能力分析指标

序　号	指标名称	单　位	指　标
1	所得税后项目投资财务内部收益率（%）		10.56
2	所得税前项目投资财务内部收益率（%）		13.87
3	所得税后项目投资财务净现值（$i_c = 7\%$）	万元	43388

（续）

序　号	指标名称	单　位	指标
4	所得税前项目投资财务净现值（$i_c=10\%$）	万元	37314
5	所得税后项目投资回收期	年	11.17
6	所得税前项目投资回收期	年	8.99

所得税后项目投资财务内部收益率10.56%，大于设定的基准收益率7%，所得税前项目投资财务内部收益率13.87%，大于设定的基准收益率10%，因此，项目在财务上可以被接受。

（2）融资后分析　根据拟定的融资方案，项目生产期内年平均利润总额12661万元，年平均净利润8215万元，投资者年平均分得利润7738万元。

本项目各项融资后盈利分析指标见表12-5，项目资本金现金流量、投资各方现金流量及利润分配情况见附表2~附表4。

项目资本金财务内部收益率13.65%，投资各方财务内部收益率12.86%（由于A、B两投资方的利润分配比例同股权比例，故A、B两投资方的财务内部收益率相同，均为12.86%），大于设定的基准收益率10%，因此，无论从项目资本金投入可获得的收益水平，还是从投资各方所获得的投资收益上看，项目都是可以被接受的。

表12-5　融资后盈利能力分析指标

序　号	指标名称	指标（%）
1	项目资本金财务内部收益率	13.65
2	投资各方财务内部收益率	12.86
3	总投资收益率	10.13
4	项目资本金净利润率	16.62

3. 偿债能力分析

建设投资借款在项目达产后的10年内，按照"等额偿还本金、利息照付"的方式清偿，流动资金借款、其他短期借款在借入使用后的第2年偿还（使用一年期贷款）。按2006年4月28日中国人民银行规定，流动资金借款和其他短期借款名义年利率为5.85%，每年计息4次，有效年利率为5.98%。

通过计算，项目综合利息备付率为4.24，综合偿债备付率为1.73。借款偿还期内各年利息备付率均大于2，并随借款本金的偿还而逐年上升，借款偿还期末利息备付率达15.13，项目利息保证程度较高。借款偿还期内除前3年由于需要支付采矿权价款而使偿债备付率小于1外，其余各年偿债备付率均大于1。

计算期内资产负债率最高为64.35%，随着长期借款的偿还而逐年下降，偿清借款后的年份均在10%以下。

本项目各年资产负债率见附表6——财务分析报表6，各年利息备付率与偿还备付率见附表7——财务分析报表7。

4. 财务生存能力分析

财务计划现金流量表见附表5——财务分析报表5。

（1）资金平衡 当期出现还款资金短缺时，先动用以前年度累计盈余资金，累计盈余资金不足时，动用当期可供投资者分配的利润，再不足时，通过借用银行短期贷款解决。

（2）财务生存能力分析 根据财务计划现金流量表可以看出，计算期内各年经营活动现金流入均大于现金流出。从经营活动、投资活动和筹资活动全部净现金流量看，除第5、6两年由于支付采矿权价款而需要借用短期借款，第4、17、18年需要调剂使用累计盈余资金弥补当期净现金流量不足外，计算期内其余各年现金流入均大于现金流出。因此，项目具备财务生存能力。

12.1.8 不确定性分析和风险分析

1. 不确定性分析

（1）盈亏平衡分析 偿清长期借款后用生产能力利用率表现的盈亏平衡点为65.69%（用产量表现的盈亏平衡点为3.94Mt），小于70%，表明项目对产出产品数量变化适应能力和抗风险能力较强。图12-1为盈亏平衡分析后所做的盈亏平衡图。

（2）敏感性分析 销售价格、产量、经营成本、建设投资等数据来源于预测，存有变化的可能，具有一定的不确定性，其发生变化对所得税后项目投资财务内部收益率的影响程度见表12-6，敏感度系数见表12-7，敏感性临界点见表12-8。

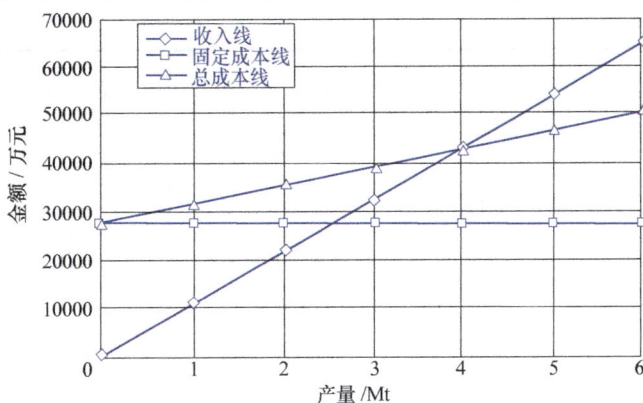

图 12-1 盈亏平衡图

表 12-6 所得税后项目投资财务内部收益率（%）敏感性分析表

序 号	变化因素	变动幅度						
		−30%	−20%	−10%	基本方案	+10%	+20%	+30%
1	建设投资	14.98	13.62	12.04	10.56	9.31	8.23	7.28
2	经营成本	15.72	14.04	12.32	10.56	8.76	6.93	5.05
3	售价	0.39	4.06	7.43	10.56	13.51	16.33	19.03
4	产量	6.11	7.66	9.14	10.56	11.93	13.25	14.53

表 12-7 敏感度系数表

变动趋势	变动区间	变动因素			
		建设投资	经营成本	售价	产量
增加	0 ~ +10%	−1.1890	−1.7012	+2.7968	+1.2961
	+10% ~ +20%	−1.1606	−2.0954	+2.0831	+1.1088
	+20% ~ +30%	−1.1455	−2.7172	+1.6557	+0.9673
	0% ~ +30%	−1.0346	−1.7409	+2.6742	+1.2542

（续）

变动趋势	变动区间	变动因素			
		建设投资	经营成本	售价	产量
减少	0 ~ -10%	+ 1.4013	+ 1.6662	- 2.9670	- 1.3457
	- 10% ~ -20%	+ 1.3098	+ 1.3954	- 4.5320	- 1.6179
	- 20% ~ -30%	+ 0.8383	+ 1.1977	- 9.0433	- 2.0190
	0% ~ -30%	+ 1.3937	+ 1.6288	- 3.2107	- 1.4035

从表 12-6 和表 12-7 中可以看出，各不确定性因素中，产品销售价格的上下波动对指标的影响最大，售价上升时，敏感度系数平均为 +2.6742，售价降低时，敏感度系数平均为 -3.2107。对指标影响最小的因素是建设投资。

表 12-8　敏感性临界点

序　号	指标名称		单　位	临界点数值	
				增加	减少
1	建设投资	相对变化率		+ 32.59%	
		相对变化数额	万元	+ 40843	
		变化后的数额	万元	166160	
2	经营成本	相对变化率		+ 19.37%	
		相对变化数额	元/t	+ 11.24	
		变化后的数额	元/t	69.26	
3	售价	相对变化率			- 10.50%
		相对变化数额	元/t		- 12.42
		变化后的数额	元/t		105.86
4	产量	相对变化率			- 24.03%
		相对变化数额	Mt		- 1.44
		变化后的数额	Mt		4.56

从表 12-8 中可以看出，建设投资增加 32.59%、经营成本增加 19.37%、售价减少 10.50% 或产量减少 24.03% 时，所得税后项目投资财务内部收益率刚好等于设定的基准收益率 7%，相应数值则为各因素变化的敏感性临界点。

图 12-2 为敏感性分析图。

2. 风险分析

（1）主要风险因素识别与风险等级判断　煤矿建设项目具有一次性和固定性的特点，一旦建成，难于更改，为避免各种风险给项目带来损失，在投资决策过程中，准确地识别风险因素并判断风险等级十分必要。

1）资源方面的风险。对于资源开发类项目而言，资源不可靠和资源条件差会给项目带来很大的损失，因此，从风险影响的程度考虑，应属"严重"。

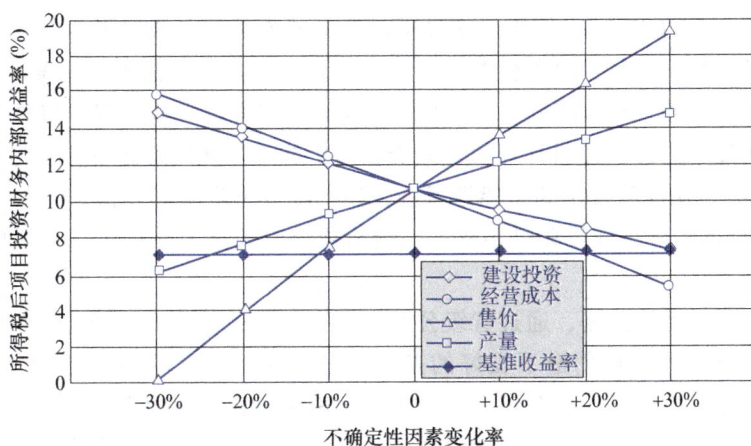

图 12-2 敏感性分析图

本井田储量可靠，开采的煤层赋存稳定，构造简单，倾角较小，瓦斯低，水文地质条件简单。井田内煤层赋存条件及地质条件表明，煤层开采条件比较优越，生产能力高，本项目从风险发生的可能性考查，应属"低"。

2）市场方面的风险。市场风险主要表现在煤炭产品销路不畅、价格低迷等，从而导致产量和销售收入达不到预期目标。这主要来自于三个方面：一是实际供求量与预测值偏差；二是项目产品缺乏市场竞争力；三是实际价格与预测价格的偏差。市场风险是竞争性项目经常遇到的主要风险，从风险影响的程度考虑，应属"较大"。

本矿井采煤层为中灰、低硫、高热值的长焰煤，是良好的动力煤。产品定位为发电用煤，配套建设的电厂可消耗其产量的近 60%，其余产品已于华东地区三个燃煤电厂签订了供煤意向协议，用户可靠、落实。另一方面，目前国内煤炭市场供不应求，价格走高，未来一段时间，预计煤炭产品仍处在供不应求的市场环境中。煤炭是不可再生资源，随着煤炭资源的减少、开采难度的加大和电煤市场需求的不断增长，预计我国煤炭紧缺状况将持续较长时间。本矿井利用优越的煤层资源条件，采用先进设备，实现高产高效，可有效降低生产成本，辅以现代化选煤厂的建设，可有效提高煤炭产品质量，增强产品在市场上的竞争力。因此，本项目市场风险发生的可能性应属"低"。

3）工程、技术方面的风险。从工程、技术方面考查，项目内容均属煤矿建设的一般工程和实施，矿井及选煤厂设计生产能力 6.00Mt/年，设计采用的各项技术和设备均为成熟的技术和设备。矿井布置了一个综采放顶煤工作面，主运输采用胶带运输机，系统简单，生产连续、自动化程度高。选煤厂采用重介浅槽分选方法，适应性强、分选精度高、自动化程度高、经济效益佳、维护管理方便，可有效保障矿井及选煤厂安全生产，提高生产效率。从风险影响的程度考虑，工程、技术风险应属"适度"，从风险发生的可能性考查，本项目的工程、技术风险应属"低"。

4）投资及融资方面的风险。所得税后项目财务内部收益率为 10.56%，高于设定基准收益率 7%，所得税前项目财务内部收益率为 13.87%，项目资本金财务内部收益率为

13.65%，投资各方财务内部收益率为12.86%，偿债分析指标较好，偿清长期借款后项目生产能力利用率为65.69%。根据煤炭建设项目投资的收益的一般水平，结合煤炭工业发展前景、煤炭市场走势、项目建设条件等因素，并综合考虑全国正在实施的煤炭建设项目的可比因素，该项目从财务上可以接受。项目的A、B两投资方融资能力强，以往较好的投资业绩，近年来利润逐年上升，公司具有较强的资金筹措能力。从风险影响程度考虑，投、融资风险应属"适度"，从风险发生的可能性考查，投、融资风险应属"低"。

5）建设条件的风险。建设条件不落实，会给项目带来很大的损失，从风险影响的程度考虑，应属"严重"。

本项目厂址紧邻省级公路，通过省级公路和国道相连，铁路专用线与国铁连通，为煤炭产品的外运和原材料的进场创造了良好的条件。电源一回引自项目附近的110kV变电站，另一回引自配套建设的电厂，电源可靠。施工期间电源可用当地农电解决。项目水源为附近水库，批准的取水配额可满足项目运营的需要。从风险发生的可能性考查，建设条件风险应属"低"。

6）外部环境的风险。外部环境风险因素主要包括自然环境、经济环境和社会环境等因素。项目所在地自然环境较差，风沙较大，冬季漫长，但当地煤炭大规模开发已经十多年历史，劳动力资源丰富，技术人才可采用从东部老矿区引入和接受高校毕业生的办法解决。通过十年的发展，煤炭已经成为当地的支柱产业，在地方经济发展中起着重要作用，新矿井的建设，符合地方经济和社会发展规划的要求和产业政策，项目实施没有障碍。从风险影响的程度考虑，外部环境应属"适度"，从风险发生的可能性考查，外部环境风险应属"适度"。

根据《方法与参数》（第3版）的分类方法，以上风险因素分类结果见表12-9。

表12-9 综合风险等级分类表

风险等级		风险影响的程度			
		严重	较大	适度	轻微
风险的可能性	高				
	较高				
	适度			(6)	
	低	(1)(5)	(2)	(3)(4)	

（2）防范与降低风险的对策 根据对本项目风险因素的识别与风险等级的判断，项目存在的风险均为T级与R级，不存在K级与M级，且无论是T级风险还是R级风险，其发生的可能性均为"低"或"适度"，对项目构成威胁的机会较小。对于T级风险和R级风险，只要予以足够的重视并采取一定的措施和投入相应的资金就可以化解。因此，在项目实施过程中和实施完成以后，项目公司应时刻关注与项目相关的风险因素，尽量规避风险的发生，一旦风险发生，应及时采取措施，将风险带来的损失降低到最小限度。

（3）概率分析 设定该项目投资不变，预测计算期内产品销售价格、经营成本可能发生变化的概率分布，对项目进行概率分析。图12-3为概率分析图。

通过概率分析可知，根据预测的概率分布，该项目销售收入与经营成本在±20%变化时，所得税后项目投资财务净现值大于或等于零的概率为0.75，净现值为38838万元。图12-4为累计概率图，表12-10为累计概率表。

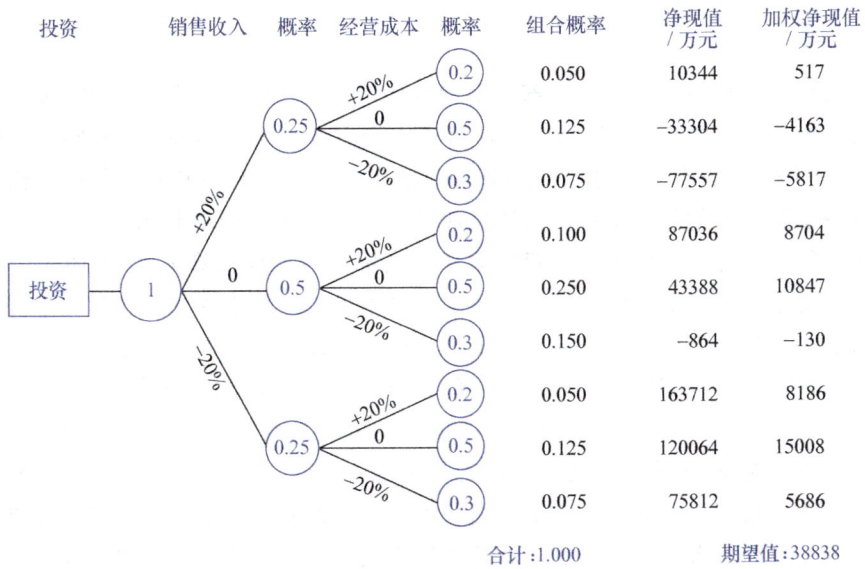

图 12-3　概率分析图

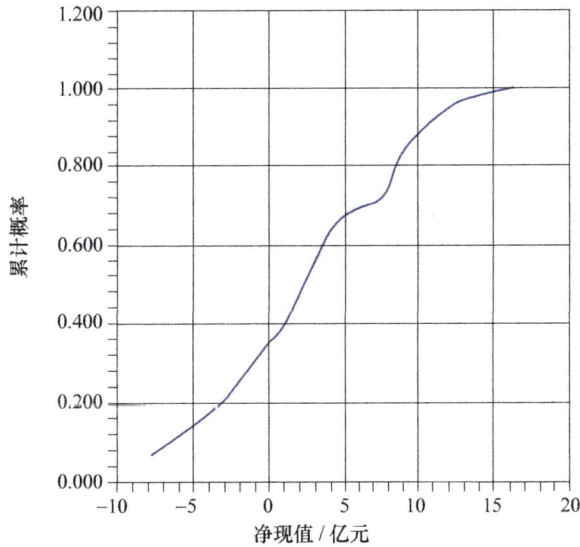

图 12-4　累计概率图

表 12-10　累计概率表

净现值/万元	概　率	累计概率	净现值/万元	概　率	累计概率
-77557	0.075	0.075	75812	0.075	0.725
-33304	0.125	0.200	87036	0.100	0.825
-864	0.150	0.350	120064	0.125	0.950
10344	0.050	0.400	163712	0.050	1.000
43388	0.250	0.650			

12.1.9 评价结论

本项目所得税后项目投资财务内部收益率为 10.56%，高于设定的基准收益率 7%，所得税前项目投资内部收益率为 13.87%，项目资本金财务内部收益率为 13.65%，投资各方财务内部收益率为 12.86%，大于设定的基准收益率 10%，偿债分析指标较好，偿债能力较强，易于取得贷款机构的贷款支持。偿清长期借款后项目生产能力利用率为 65.69%，具有较强的抗风险能力。计算期内各年经营活动现金流量均为正数，除第 5、6 两年由于支付采矿权价款而需要借用短期借款弥补项目净现金流量不足，计算期内其余各年均不需要借用短期借款，虽然少数年份当期净现金流量为负数，但可通过调剂使用累计盈余资金满足当期现金流量需要，具备财务生存能力。项目存在的风险均为 T 级风险或 R 级风险，不存在 K 级风险和 M 级风险。根据预测的概率分布，该项目销售收入及经营成本在 ±20% 变化时，所得税后项目投资财务净现值大于或等于零的概率为 0.75，净现值的期望值为 38838 万元。根据煤炭建设项目投资收益的一般水平，结合煤炭工业的发展前景、煤炭市场走势、项目建设条件等因素，并综合考虑全国正在实施的煤炭建设项目的可比因素，建议投资方应采取积极的投资战略。

12.2 建设项目评估案例练习——某化工厂化肥项目财务效益评估

12.2.1 资料介绍

1. 基本情况

该化工厂是 1967 年由国家批准建设的一个以天然气为原料的大型化工基地，1979 年停建，但部分共用工程、辅助生产设施、生活福利和服务性设施已经建成，现拟恢复规划中的化肥生产项目。

该厂地处长江沿岸，交通运输方便，主要原料——天然气的配气站距厂址仅 1.5km，可由管道输送入厂，工厂用电也有保障；建设化肥生产装置，可充分利用老厂现有有利条件，减少新占用土地面积，缩短建设工期，节省投资。

除拟建化肥项目外，该厂正在建设另一化工装置，该装置与化肥项目共用工厂原建设施，故原建设施的固定资产重估值按适当比例分摊计入装置和化肥项目的固定资产投资额中。

本项目在贯彻国产化方针的同时，为采用世界先进技术，拟引进必要的技术软件、关键设备、仪器仪表及特殊材料等。合成氨工艺采用当代公认的节能技术，吨氨能耗 7×10^6cal。在可行性研究中，尿素工艺暂按二氧化碳汽提工艺进行评价。

2. 基础数据

（1）生产规模及产品方案 年合成氨 30 万 t，全部加工成尿素，年产尿素 52.58 万 t。

（2）实施进度及计算期 本项目拟 3 年建成，投产后第 1 年负荷达设计生产能力的 75%，第 2 年达 90%，以后各年均达 100%，生产期按照 16 年计算，整个计算期为 19 年。

（3）固定资产投资构成及分年使用计划 具体如下

1）新增固定资产投资。新增固定资产投资估算为 61434.06 万元，其中包括外汇 2035.26 万美元，折合人民币 16892.65 万元（外汇比价按 1 美元 = 8.3 元人民币计算），国内配套部分人民币 44541.41 万元，其分项构成见表 12-11，新增固定资产投资分年使用计划见表 12-12。

2）利用原有固定资产重估值。利用原有固定资产包括部分共用工程、辅助生产工程、生活福利和服务性设施。分摊计入化肥项目的原有固定资产重估值为 2375 万元。计入建设期第 1 年的固定资产投资数额内。

（4）固定资产投资来源及建设期利息　国内人民币借款共计 43003.85 万元，加权平均年利率为 4.6%，国内外汇借款 2035.26 万美元，年利率为 8.16%。在 3 年建设期内，外汇和人民币借款均按复利计算建设期利息，计入项目形成固定资产原值。

（5）固定资产、无形资产和递延资产的形成　项目固定资产投资（包括投资方向调节税和建设期利息）固定资产形成率为 92%，其余的 8% 中，无形资产占 5%，递延资产占 3%。

（6）流动资金及分年使用计划　流动资金共计 3853 万元，其中 30% 为企业自筹，70% 为工商银行贷款，贷款利率为 7.92%，流动资金最后一年全部回收，流动资金分年使用计划见表 12-12。

表 12-11　新增固定资产投资估算表　　　　　　　　（单位：万元）

费用项目 项目	建筑工程	设备购置	安装工程	其他工程	合计	其中外汇/万美元	占总估算值百分比（%）
一、工程费用							
1. 主要生产装置	2291.13	24347.80	11558.60	4045.84	42243.37	2035.26	68.76
2. 辅助生产项目	272.31	355.14	88.79	18.00	734.24		1.0
3. 公用工程项目	1742.77	1123.80	927.00		379.57		6.18
4. 服务性工程	410.69	30.00	10.59		451.28		0.73
5. 生活服务工程	960.08	94.00	43.54		1098.37		1.79
6. 厂外工程	390.69	786.00	435.40		1612.08		1.97
合计	6068.41	26736.74	13063.92	4063.84	49932.91		81.28
二、其他费用				5920.00	5920.00		9.64
三、预备费				5581.15	5581.15		9.08
总估算价值	6068.41	26736.74	13063.92	15564.99	61434.06	2035.26	100

表 12-12　投资使用计划表　　　　　　　　（单位：万元）

年份 项目	建设期 1	建设期 2	建设期 3	投产期 4	投产期 5	达产期 6	合计
1. 固定资产投资							
1.1 利用原有固定资产值	2375						2375
	1537.56						1537.56
1.2 自由资金	14051.93	20043.64	8908.28				43003.85
1.3 人民币借款	5912.43	7601.69	8878.53				16892.65
1.4 国内外汇借款							
固定资产投资小计	23876.92	27645.33	12286.81				63809.06
2. 流动资金							
2.1 自由资金				192.65	577.95	385.30	1155.90
2.2 流动资金借款				2697.10			2697.10
流动资金小计				2889.75	577.95	385.30	3853

（7）成本估算　按生产费用要素直接估算产品尿素的生产成本,经营成本估算见表12-13。

表 12-13　经营成本费用估算表　　　　　　　　　　（单位：万元）

项　　目	金　　额		
生产负荷	75%	90%	100%
外购原材料	4325.39	5100.47	5767.15
外购燃料及动力	1457.12	1748.55	1942.83
工资	175.50	175.50	175.50
职工福利费	19.50	19.50	19.50
修理费	3107.67	3107.67	3107.67
其他费用	302.20	302.20	302.20
经营成本	9387.38	10453.89	11314.85

1）所有原材料、燃料及动力价格均为到厂价。

2）固定资产折旧按平均法,固定资产残值为原值的10%,最后一年回收。

3）无形资产按10年摊销,递延资产按8年摊销。

4）修理费每年为3107.67万元。

5）工厂定员为1300人,全厂年工资总额为175.50万元,每年计提的职工福利费为19.5万元。

6）项目正常年经营成本为11314.85万元。

7）流动资产,用以下公式计算。

流动资产总额 = 应收账款 + 存货 + 现金 + 累计盈余资金

　　　　　　　 = 流动资金 + 应付账款

其中：应收账款、存货及现金各占流动资金的10%、70%、20%,应付账款占年经营成本的10%。

（8）销售收入及税金　尿素单价以现价为基础,预测到建设期末价格为680元/t,增值税为销售收入的17%,城乡维护建设税为增值税的7%,教育费附加为增值税的3%。

（9）利润、税金及收益　所得税税率为33%,盈余公积金为10%,行业基准收益率为9%,基准投资回收期为11年,平均投资利润率为8%,平均投资利税率为11%。

12.2.2　案例要求

根据以上案例资料,对该化肥项目进行具体的财务评估。编制各类评估报表；计算评估指标；得出明确的评估结论；编写评估报告。

思考与练习

1. 试分析本章案例中利润与利润分配表、借款还本付息计划表和总成本费用估算表之间的关系。

2. 试分析本章案例中资产负债表中的数据平衡关系。

3. 试分析本章案例中基准收益率的确定方法和过程。

4. 试计算本章案例中的项目静态投资回收期和动态投资回收期。

5. 利用本章案例练习的有关资料数据进行项目财务评估。

建设项目评估计算机应用

第13章

13.1 Microsoft Excel 工具包的基本功能简介

建设项目评估的计算机运行过程是基于 Microsoft Excel 2000 环境下进行的，Microsoft Excel 2000 是一个集成化的快速制表以及把数据图表化的软件工具，它使电子表格软件的功能及简易性进入了一个全新的境界。Excel 2000 本身所能完成的功能包括设计电子表格、数据库、三维图表，它还可以创建和使用宏，帮助用户完成商业、科学和工程项目等任务。

13.1.1 基本功能

Excel 的基本工作任务是从工作表开始的，工作表是用来存储和处理数据的一组行、列和单元格的集合，它是进行快速制表的基础。在使用电子表格时，用户通过简便的输入可完成复杂的工作，而繁琐的计算过程将由计算机来处理。因此，工作表的创建和处理是 Excel 的主要功能之一。

除了强大的快速制表和电算化功能外，Excel 还提供了最佳的图表处理功能，其图表定制命令允许用户创建几百种不同类型图表。

同时，Excel 还提供了创建数据库管理和宏的功能。宏类似于其他应用软件中的脚本，用户使用宏的操作可以完成工作表内复杂的任务。宏操作最突出的优点是允许用户创建自定义函数以及用户自己的对话框，这对于用户来说是十分有用的。数据库是结构化数据的集合，数据库中的数据按照一定的逻辑层次存放。这样，用户对数据的管理和维护就变得方便且容易，同时数据的一致性也得到保证。

13.1.2 单元格的基本操作

Excel 的基础工作是在工作簿中完成的，在工作簿中又包含了很多不同样式的工作表，用户的一般操作都是针对工作表进行的，而工作表的基础又是单元格。

1. 选取单元格

在输入数据或单元格时，必须选取所要进行操作的某个单元格或某个范围的所有单元格，分别称为选取单元格和单元格范围。当某一个单元格被选取时，其四周边框将会显示一圈粗线条，而对应位置的行列坐标将突出显示出来，此时此单元格称为活动单元格。下面介绍的操作都是基于活动单元格上的操作。

（1）单个活动单元格的选取　Excel 启动以后首先自动选取第一个单元格，用户可用键盘或鼠标来选取单个的活动单元格。

用户只需将鼠标移至所需选取的单元格上单击左键，即可将该单元格选为活动单元格。Excel 光标在工作表内是空心十字光标；在编辑时是竖条编辑光标，要进入其他区域时是箭头光标。

如果用户使用键盘进行操作，可以直接按方向键或与其他键配合使用移动光标，从而选取所需的单元格。

（2）连续活动单元格的选取　有时用户的工作内容会涉及几个单元格，而且这几个单元格是连续的，可以进行如下操作：

1）选取范围的起始点，可以用鼠标单击所需位置。例如，将起点设为：A2。

2）按住鼠标左键不放，拖动鼠标至终点位置，松开鼠标左键即可。如果所选区域显示超过一个屏，可以先按住【shift】键，然后移动滚动条至所需位置，直接在该位置单击鼠标左键即可。例如，终点为 G16。

（3）间断单元格的选取　如果所选取的单元格是由若干不相连的单元格范围组成的。可分为两种不同情况，可以按照下面范例的操作步骤达到目的。

1）间断的单元格选取。如图 13-1 所示，先选取单元格 A1，此时按住【Ctrl】键，再依次选择其他单元格即可。

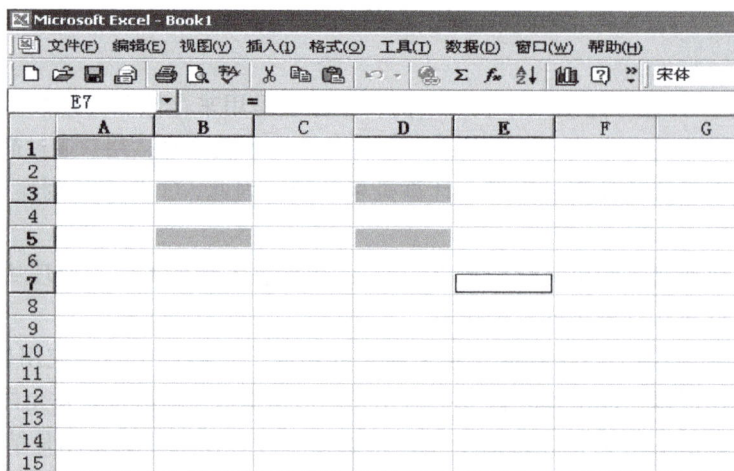

图 13-1　间断的单元格选取

2）间断的单元格范围的选取。如图 13-2 所示，选取第一个单元格范围为 A1 ~ D3 后松开鼠标左键，此时按住【Ctrl】键，再用鼠标拖拉的方式选取第二个单元格范围为 D6 ~ F8，如此重复操作，便可选取多个连续的单元格范围。

（4）整行、整列及工作表的选取　用鼠标单击行号，则选定该行；用鼠标在行号上拖动，则选择连续多行；按住【Ctrl】键，再用鼠标单击不同的行号，则选定不连续的行。

用鼠标单击列号，则选定该列；用鼠标在列号上拖动，则选择连续多列；按住【Ctrl】键，再用鼠标单击不同的列号，则选定不连续的列。

除了对单元格和单元格区域进行选择，还可对整个工作表进行选定，选定的方法是：将鼠标指针移到工作表左上角行号和列号交叉处的空白格（称为全选按钮），单击全选按钮，整个工作表立即呈黑白反相显示，表明整个工作表已经被选定。

2. 移动单元格

用户可以移动屏幕上显示的某个单元格，也可以移动屏幕上看不见的某个单元格；可以滚动工作表查看其中的数据，也可以移动到工作簿中的其他工作表中。

在 Excel 中，用户所进行的各种操作都是针对活动的单元格，例如，当前活动的单元格为 A5，当用户输入数据时，输入的数据就会放入单元格 A5 中。

如果想输入到其单元格内，如 B6，首先要求将 B6 变为活动的单元格，

图 13-2　间断的单元格范围的选取

元格，移动鼠标指针，使其指向单元格 B6。此时，鼠标指针变为"＋"字形。当鼠标指针指向单元格 B6 后，单击鼠标左键，则 B6 变为当前活动单元格，在该单元格的周围出现一个粗黑边框，这时用户就可以在该单元格内进行各种操作了。

当然也可以用前面所讲到的键盘移动方法，使用键盘在工作表内移动，移动的效果与使用鼠标操作一样。

3. 数据输入

用户可以在活动单元格或单元格范围内输入两种类型的数据：常数和公式。常数可以是字符、数字以及日期和时间等。公式则基于用户输入的值进行计算，如果改变公式计算的条件，其相应单元格的计算结果会自己改变，以反映公式计算结果的变化。

（1）输入字符型数据　Excel 将汉字、字母、数字和空格等 ASCII 码字符的组合作为字符型数据。一般的字符型数据都直接从键盘输入，输入过程中可按退格键删除刚输入的数据，输入后按【Enter】键确认，或用鼠标单击编辑栏旁的输入按钮√确认。如发现输入数据有误，可再次将该单元格设置为活动单元格，重新输入数据，则原来的数据将被覆盖，也可将该单元格设置为活动单元格后，用鼠标单击编辑栏，编辑修改原来的数据。

对于电话号码这类特殊的字符型数据的输入，为避免误认为是数值型数据，因此在输入时，应先输入单引号'后，再输入数字。例如，输入编号 0003100，应键入"'0003100"，再按【Enter】键确认。

每个单元格内最多可输入 32000 个字符。在默认状态下，所有输入的字符型数据在单元格内都左对齐。如果要在一个单元格内输入多行字符，可按【Alt】+【Enter】键换行。

（2）输入数值型数据　数值型数据只可以为下列字符：

0　1　2　3　4　5　6　7　8　9　＋　－　（　）　，　／　$　%　.　E　e

负数的输入：在数字前加一个负号，或将数字放在圆括号内。例如，－16 和（16）都表示负 16。

分数的输入：先输入一个"0"及一个空格，再输入该分数。例如，输入分数 1/6，应

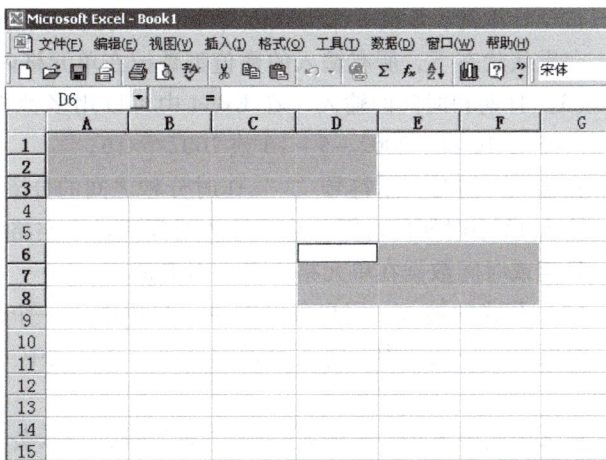

键入"0　1/6"。

　　百分数的输入：先输入数字，再输入百分号"%"。

　　科学计算符：E 或 e 作为乘方符号，En 表示 10 的 n 次方。

　　在默认状态下，所有输入的数值型数据在单元格内都右对齐

　　（3）日期和时间的输入　在 Excel 中可以用多种格式输入日期。例如，可以直接键入：2002 年 5 月 16 日、2002 – 5 – 16 或 2002/5/16。

　　在输入时间时，用符号"："作时分秒之间的分隔符。其格式为：时：分：秒。

　　输入 12 小时制的时间，应在输入时间后加上空格，再输入 A（上午）或 P（下午）。

　　日期或时间数据在单元格内是右对齐的。

　　（4）公式的输入　用户可以在单元格中输入一个计算公式，但该单元格显示的是公式的计算结果，公式的内容将在编辑栏显示。在公式中可以包含数字、运算符、单元格地址和函数。

　　输入公式的方法：先输入一个" = "号，表示公式开始，再输入数字和运算符等公式内容。

　　如果公式中引用了单元格的地址，则被引用单元格的数据发生变化后，输入公式的单元格的数值也会相应发生变化。

4. 数据的编辑

　　在工作表中输入了文字、数字、日期、时间和公式等内容后，用户可以通过修改、复制、移动、保存等操作，对工作表中的数据进行编辑。

　　（1）单元格数据的修改　单元格数据的修改，必须针对活动单元格而言。可以在编辑栏中或单元格内对数据进行修改。

　　在编辑栏中修改数据：先选取待修改数据所在的单元格，然后单击编辑栏内任一处，则在编辑栏中出现插入指针，公式将以彩色方式标识，此时可移动鼠标并单击要修改的位置，然后开始修改，按【Enter】键结束修改操作。

　　在单元格内修改数据：可在工作表中双击要修改的单元格，然后移动插入指针修改数据，按【Enter】键结束修改操作。

　　（2）单元格数据的删除　用户要想删除表格中某个单元格或某个单元格范围的数据，可先在表格中选取要删除的数据范围，然后按【Del】键或使用鼠标的右键快捷菜单内的"清除内容"命令选项，完成数据的删除。

　　（3）单元格数据的移动　使用常用工具栏上的命令按钮选项或用鼠标可以完成数据移动操作，这两种方式所得到的效果是一样的，用户可根据自己的习惯选择其中之一。

　　用鼠标操作移动单元格数据的方法：

　　1）选定所要移动的单元格或单元格区域。

　　2）将鼠标指针（此时为空心十字）指向选定单元格或单元格区域的边框线上，可看到鼠标指针变成一个箭头。

　　3）按住鼠标左键不放，拖动该单元格或单元格区域到需要的位置上，松开鼠标左键，移动完成。

　　用按钮或菜单操作移动单元格数据的方法：

　　1）选定所要移动的单元格或单元格区域。

2）单击常用工具栏上的"剪切"按钮，要移动的单元格或单元格区域边框会显示闪烁的虚线。

3）选定单元格或单元格区域要移动到的新位置。

4）单击"粘贴"按钮，移动完成。

另外，使用鼠标右键的快捷菜单也能完成这项操作。

（4）单元格数据的复制　复制单元格数据就是将单元格或单元格区域的数据原样复制到另外一些单元格或单元格区域中，而原单元格中的数据仍然存在。这种操作在编辑内容近似的工作表时，可以起到事半功倍的作用。

用鼠标操作的方法：

1）选定被复制的单元格或单元格区域。

2）将鼠标指针移到其边框区域，此时，鼠标指针变成一个箭头。

3）按住【Ctrl】键不放，这时箭头旁边会出现一个"＋"号，边框转为灰色后再拖动灰色边框到需要复制的地方。

4）先放开鼠标左键，再松开【Ctrl】键，复制完成。

注意：不能先松开【Ctrl】键，否则只完成移动功能而不能完成复制功能。

用菜单操作的方法：

其操作方法与用菜单操作移动单元格数据的方法类似，只要将"剪切"命令换成"复制"命令即可。

用填充柄复制单元格或单元格区域的操作方法如下：

1）选定被复制的单元格或单元格区域。

2）将鼠标指针指向其边框区域右下角的填充柄，此时，鼠标指针变成"＋"。

3）按住左键拖动鼠标，在本行或本列移动，鼠标拖动过的单元格区域即被复制成原单元格区域的内容。

在复制过程中需要注意的是，如果原内容为数字、文字则原样复制；如果原内容为公式，则复制公式，而公式中的参数值将根据新位置相对于原位置的位移自动修改。

注意：复制完成后，在被复制区仍有一个虚框，表示还可以继续复制该区域。要想去掉虚框，只需按下【Esc】键即可。

（5）插入、删除单元格　对于已经成型的工作表，可以利用插入或删除功能，插入或删除一些单元格、行或列。

插入单元格、行和列的方法：

1）选定要插入位置附近的单元格，使之成为活动单元格。

2）选择插入菜单中的单元格命令，出现如图13-3所示的"插入"对话框。

对话框有四项选择，分别产生不同的插入效果：

①活动单元格右移：在选定的活动单元格左边插入一空白单元格，活动单元格及同行后面的数据自动顺序右移一格。

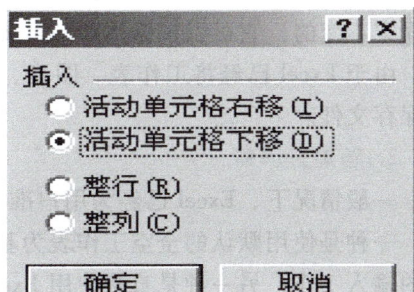

图 13-3　"插入"对话框

②活动单元格下移：在选定的活动单元格上面插入一空白单元格，活动单元格及同列下面的数据自动下移一格。

③整行：在选定的活动单元格所在行上面插入一空白行，后面的行自动顺序下移一行。

④整列：在选定的活动单元格所在列左边插入一空白列，后面的列自动顺序右移一列。

3）在四个选项中选择一项，单击"确定"按钮，完成插入操作。

插入整行和整列的操作还可以通过选择插入菜单中的"行"和"列"命令来完成。

删除单元格、行和列的方法类似插入操作。

对于插入或删除功能，还可单击鼠标右键，打开快捷菜单，选择插入或删除命令来实现相应操作。

13.1.3 工作簿的基本操作

工作表是 Excel 用来存储和处理数据的一组行、列和单元格的集合。每个工作表的列是由字母 A 到 IV 来标识的，共 256 列；每张表的行是用数字来标识的，从 1~65536，共 65536 行。在 Excel 中，工作表如同统计工作中的一张报表，若干张有内在联系的报表合在一起称为一套报表，在 Excel 中则称为一个工作簿。工作簿与工作表的关系如图 13-4 所示。

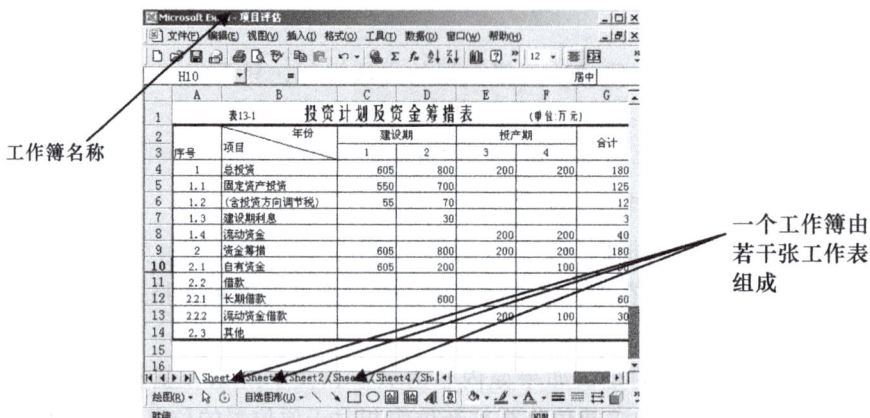

图 13-4 工作簿与工作表的关系

1. 工作簿的类型

在 Excel 中，用户定义制作的表格数据都是存放在工作表中的，而工作表又存放于工作簿中，在计算机中工作簿又是以文件的方式来存储的。

Excel 程序启动后默认的文件类型为 XLS，即文件后缀名为".XLS"。当然这种类型不是固定不变的，它可以根据用户的需要加以改变。

由于 Excel 已经将工作表、图表、宏表等综合在一起，所以它都是以".XLS"为扩展名保存文件。

2. 新建工作簿

一般情况下，Excel 已经为用户准备了两种建立工作簿的方式：

一种是使用默认的全空工作表为基础工作表，由用户自己依次建立所需要的表格及其数据的输入工作；另一种是直接使用 Excel 本身所带的模板，建立公用的数据表格等工作。

最常用的新建工作簿的方法为第一种方法。当用户启动并进入了 Excel 以后，在屏幕上显示的工作表即为新建立的工作簿。如果想在所进行的工作当中再建立一个新的工作簿，则需要移动鼠标指针至常用工具栏，然后单击上面的新建命令按钮即可。

第二种方式是依据 Excel 本身所提供的"模板"或"样式"表格，即已制作好的工作表格的样本。对于用户来说，使用模板进行表格的制作，只是往制作好的样本表中填入自己所需要的数据，就可以完成表格的制作。这样既可以充分利用已有的数据资源，又可以减少用户的工作量。具体建立的方法是单击文件中的新建菜单项，系统将显示出 Excel 的模板选择对话框。此时用户可以选择自己所需要建立文件的模板名称。

3. 打开工作簿

用户若想再次使用以前制作好的数据文件，就需要先将该文件打开，然后才能在打开的工作簿中从事工作。启动 Excel 以后，可以采用菜单方式或命令按钮方式打开工作表。

1）采用菜单方式时，可以移动鼠标指针至菜单栏，单击文件中的"打开"命令选项，在出现的"打开"对话框中选取自己所需要的文件名称，如图 13-5 所示。移动鼠标指针至所需文件名称处，双击该名称或移动鼠标指针单击"打开"按钮即可。

图 13-5　"打开"对话框

2）采用命令按钮方式打开文件时，先移动鼠标指针至常用工具栏，单击"打开"命令按钮，系统将直接显示出"打开"对话框，然后采用上述方法打开文件。

打开文件后，该工作簿处于编辑状态，此时，用户可以进行各种操作了。

4. 工作簿的保存

Excel 提供了几种保存文件的方式，如常规保存、口令方式保存、以非 Excel 文件格式保存、自动保存等。

（1）常规保存方式　常规的保存方式，一般情况下，分为菜单和命令按钮两种方式。

1）采用菜单方式时，将鼠标指针移至菜单栏，单击文件中的另存为菜单项，在出现的对话框中选取所需的文件名称，如图 13-6 所示（如果该文件已经保存过，则用户需单击文件中的保存菜单项）。

在该对话框的文件名称处输入要保存文件的名字，然后选择"保存"命令按钮进行保存工作。

2）采用命令按钮方式保存文件，用户可随时对文件进行保存。移动鼠标指针至常用工具栏，单击保存命令按钮，系统将直接打开"另存为"对话框，然后可按

图 13-6　"另存为"对话框

上述方法对文件进行保存。

如果该文件已被保存过，则不再出现图 13-6 所示对话框，Excel 会按照原来的文件名对文件进行保存。在正确完成保存文件的操作后，工作簿将返回到编辑状态下，用户可以继续对该文件进行各种操作。

（2）以口令方式保存工作簿　为了加强文件的保密性，Excel 允许在保存文件时加入自己的口令，以便对文件进行保护，防止盗用。

当需要对文件进行口令设置时，单击菜单栏上的文件中的另存为命令选项，当出现图 13-7 所示的对话框后，单击工具按钮，然后选择保存选项菜单选项。

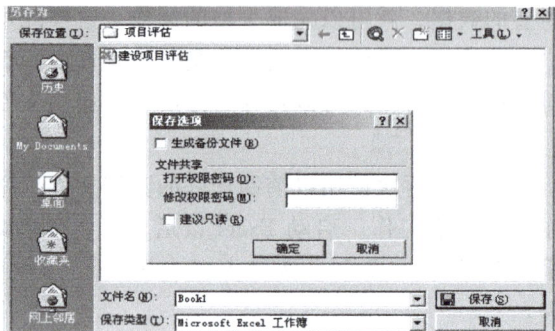

图 13-7　口令设置

这时，用户可以进行打开权限密码和修改权限密码的设置，如图 13-7 所示。正确输入口令后，单击"确定"按钮。

为了安全起见，Excel 将提示用户重复输入一次口令，以确保其正确性。如图 13-8 所示。输入完毕后，单击"确定"按钮，返回到"另存为"对话框状态，再单击"保存"按钮进行保存即可。

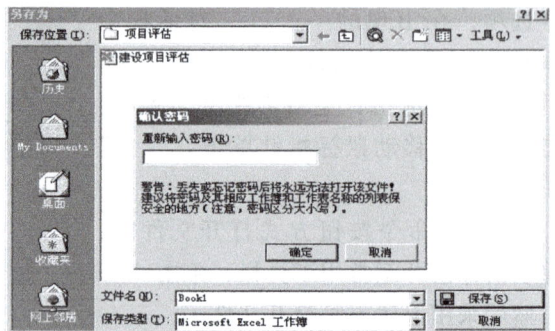

图 13-8　确认密码

当用户为文件设置了口令后，再次打开该文件时，Excel 将自动提示要求输入口令，如正确则可以使用，不正确则不能使用。因此，在设置口令之后，请将口令记下并存放在安全的地方。

13. 2　Microsoft Excel 工具包中用于建设项目评估的常用函数

13. 2. 1　公式与函数

Excel 具有很强的数据统计功能，提供了包括常用函数、财务、日期与时间、数据库和统计函数等在内的 300 多个函数，用它来制作数据表格十分方便。

1. 公式中的运算符

运算符是指对公式中的元素进行特定类型运算的特殊符号，是确定运算类型的关键。在 Excel 中，运算符最好以基本 ASCII 码的半角符号出现在公式中，如果用户输入的运算符是中文或全角字符，则公式有可能出错。

（1）Excel 公式中的运算符种类　在 Excel 的公式中，运算符可以分为以下四种类型：

1）算术运算符：用于完成基本的数学运算，如加、减、乘、除等。

2）比较运算符：用于比较两个数值，并产生逻辑结果值 True（真）或 False（假）。

3）文本运算符：用于将一个或多个文本连接为一个组合文本。

4）引用运算符：用于将单元格区域合并计算。

在 Excel 公式中使用的全部运算符请参考相关资料。

（2）运算符的优先级　在有些公式中可能包含有加法、乘法、除法、乘方等多种混合运算，这就必须要了解运算符的运算优先级。如果是同一级运算，则按照从等号开始从左到右逐步计算；对于不是同一级运算的公式，则按照运算符的优先级进行计算。常用运算符的运算优先级请查相关资料。用户在 Excel 工作表中编辑公式的方法与编辑单元格内容的方法基本相同，包括移动、删除和复制公式。

2. 单元格地址与引用

在公式中，要经常引用数据，数据的引用是以单元格地址来表示的，单元格的地址可分为相对地址、绝对地址和混合地址三类。

相对地址：最常用的地址形式，表示某一个单元格相对于当前单元格的相对位置，类似于解析几何中的相对坐标。如果 F2 单元格中的公式为 "=SUM（B2:E2）"，其中 "B2:E2" 是相对地址，表示 F2 单元格左侧第 4 个单元格至 F2 单元格左侧第 1 个单元格的区域。

绝对地址：单元格在工作表中的绝对位置。在相对地址前加上 "$" 符号就是绝对地址。如果 G2 单元格中的公式为 "=SUM（\$B\$2:SE\$2）"，其中 "\$B\$2:SE\$2" 是绝对地址。

混合地址：前两种地址的混合。如果 G2 单元格中的公式为 "=SUM（B\$2:E\$2）"，其中 "B\$2:E\$2" 是混合地址。

在公式的复制和移动中，不同的数据引用方式将产生不同的计算结果。

（1）引用的作用及引用的两种类型　引用的作用在于标识工作表上的单元格或单元格区域，并指明使用的数据的位置。通过引用可以在公式中使用工作表中不同部分的数据，或者在多个公式中使用同一单元格的数据。

在默认状态下，Excel 的引用类型用字母来标识列（从 A～IV，共 256 列），用数字来标识行（从 1～65536）。如果要引用单元格，请按顺序输入列字母、行数字。例如，在表达式 "=E12+5" 中，就使用了引用，对于 E12 来说，引用了列 E 和行 12 交叉处的单元格。

无论是在不同工作簿的不同工作表中，或同一个工作簿的不同工作表中，还是在同一工作簿的同一工作表中，都可以使用单元格的引用。看下面几个有关各种单元格引用的例子：

1）在不同工作簿的不同工作表中使用单元格的引用，如 "=［Book1］Sheetl！\$A\$2 +［Book3］Sheet2！\$E\$6"。

在上面这个表达式中，"Book1" 与 "Book3" 是两个不同的工作簿名称，"Sheet1！" 和 "Sheet2！" 分别是工作簿 1 与工作簿 2 中的不同的两张工作表，\$A\$2 和\$E\$6 是对两个单元格的绝对引用。

2）对于在同一个工作簿的不同工作表中使用单元格的引用，应该按下面的格式来输入：Sheetl！C12。

（2）区别绝对引用与相对引用　正确区别绝对引用与相对引用两种不同类型引用的作用，对于以后使用引用有很大帮助。

1）相对引用：引用一个或多个相对地址的单元格。相对引用的引用样式是用字母表示列，用数字表示行，如， = E13 + B5。

2）绝对引用：引用一个或几个特定位置的单元格。绝对引用的引用样式为在相对引用的列字母前，与行数字前分别加一个美元符"$"，如，：$E$13，$B$5。

绝对引用和相对引用的主要区别是，当复制使用相对引用的公式时，被粘贴的引用将被更新，并指向与前面公式位置相对应的其他单元格。相反，在复制使用绝对引用的公式时，引用不发生改变。

3. 快速计算与自动求和

快速计算和自动求和，是 Excel 为了满足用户在日常应用中的计算操作方便而设置的简便、快捷的功能。

（1）快速计算 在分析、计算工作表的过程中，有时需要得到一些临时计算结果而无需在工作表中表现出来。Excel 为用户提供了这种快速得到当前所选单元格区域数据的均值、个数、最大值、最小值以及求和结果的方法。例如，计算"笔记本电脑"销售量的具体步骤如下：

1）在工作表中选定需要计算的单元格区域。

2）用鼠标右键单击状态栏中的任意位置。

3）从弹出的快捷菜单选择任意一种计算方式，此时选择"求和"。

4）计算结果会出现在状态栏中，如图 13-9 所示。

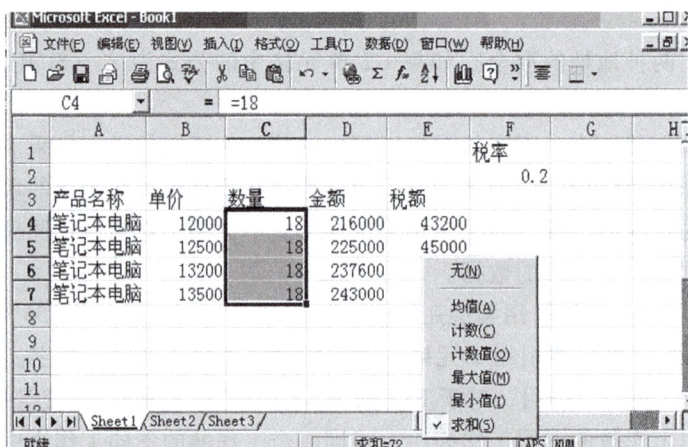

图 13-9 快速计算

（2）自动求和 常用工具栏上的自动求和按钮，其实质是调用 SUM（）函数，用于选定区域数据求和的。例如，在图 13-10 所示表格中，需要求"数量""金额"和"税额"数据列的合计，其操作方法如下：

1）选定需要求和的单元格区域以及存放合计的单元格、行或列。如选定图 13-10 所示表格中的单元区域 C4：E7。

2）单击自动求和按钮，Excel 会自动对选定的行、列分别求出总和。在图 13-10 中，求和的结果存放在单元格区域 C8：E8。

4. 粘贴函数

常用工具栏上的粘贴函数按钮，也可用于数据统计，如果用户不清楚应该使用什么函

图 13-10　自动求和结果

数，或者函数名称记不清楚，可以使用该功能帮助用户正确运用函数来统计数据。例如，要求出"单价"的平均值，并将平均值放在单元格 B8 中，其操作方法如下：

1）用鼠标单击要存放数据的单元格，使之成为活动单元格，如单击单元格 B8。

2）单击粘贴函数按钮，出现"粘贴函数"对话框（图 13-11）。

3）在"函数分类"列表框内选择"常用函数"，在"函数名"列表框内选择求平均值函数 AVERAGE。

4）单击"确定"按钮，出现"AVER-AGE 函数"对话框，如图 13-12 所示。

图 13-11　【粘贴函数】对话框

5）在"Number1"文本框内输入求平均值的单元格区域，如输入 B4：B7。

6）单击"确定"按钮，完成平均值统计（见图 13-12）。

5. 常用函数简介

函数是一些预定义的公式，它们使用一些称为参数的特定数值按特定的顺序或结构进行计算。例如，SUM 函数对单元格或单元格区域进行加法运算，PMT 函数在给定的利率、贷款期限和本金数额基础上计算偿还额。Excel 提供了 300 多个功能强大的函数，下面对其中常用的 Excel 函数作简单的介绍。

1）COUNT（value1，value2，…）。

功能：计算数组或数据区域中数字的个数。

参数：value1，value2，…是包含或引用各种数据类型的参数（1～30 个），但只有数字类型的数据才被计数。

COUNT 函数在计数时，将把数字、空值、逻辑值、日期或以文字代表的数计算进去；但是错误值或其他无法转化成数字的文字则被忽略不计。

如果参数是一个数组或引用，那么只统计数组或引用中的数字：数组中或引用的空单元

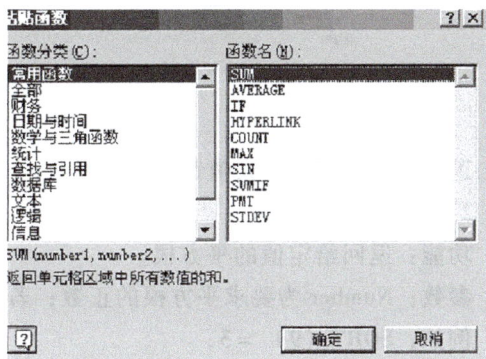

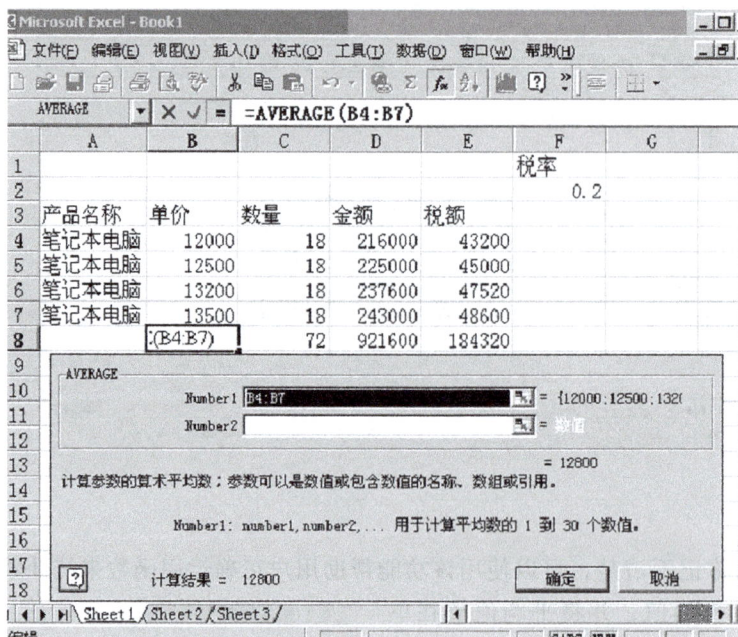

图 13-12　AVERAGE 函数对话框

格、逻辑值、文字和错误值都将忽略。

2) SORT（number）。

功能：返回给定值的平方根。

参数：Number 为要求平方根的正数；若该数字为负，则函数返回错误值#NUM！。

例如，SORT（9）=3；

SORT（-9）=#NUM！

13.2.2　货币的时间价值函数

Excel 提供了有关年金现值、年金终值、年金、利率、期数等货币的时间价值函数，可以方便地在模型中直接加以应用，下面讨论它们的语法和具体使用。

首先说明关于货币时间价值函数的参数：

RATE 为各期利率，是一个固定值。

NPER 为总投资（或贷款）期，即该项投资（或贷款）的付款期总数。

PMT 为各期所应付给（或得到）的金额，即年金。其数值在整个投资期内保持不变。通常 PMT 包括本金和利息，但不包括其他费用及税款。

PV 为现值，即从该项投资（或贷款）开始计算时已经入账的款项或一系列未来付款当前值的累积和，也称为本金。如果省略 PV，则假设其数值为零。

FV 为未来值，或是在最后一次支付后希望得到的现金余额，如果省略 FV，则假设其数值为零（一笔贷款的未来值即为零）。如需要在 18 年后支付$60000，这里$60000 指的就是未来值。

TYPE 数字 0 或 1，用以指定各期的付款时间是在期初还是期末。如果省略 TYPE，则假设其值为零，支付时间是在期末。

1. 年金终值函数 FV（ ）

功能：基于固定利率及等额分期付款方式，返回某项投资的未来值。

语法：FV（rate, nper, pmt, pv, type）

示例：

FV（0.5%, 10, -200, -500, 1）= $2581.40；

FV（1%, 12, -1000）= $12682.50；

FV（11%, 12, 35, -2000, 1）= $6114.49。

假设需要为 1 年后的某个项目预筹资金，现在将 $1000 以年利 6%，按月计息（月利按 6%/12 或 0.5%）存入储蓄存款账户中，并在以后 12 个月的每个月初存入 $100，则 1 年后该账户的存款额为：

FV（0.5%, 12, -100, -1000, 1）= $2301.40

2. 年金现值函数 PV（ ）

功能：返回投资的现值。现值为一系列未来付款当前值的累积和。

语法：PV（rate, nper, pmt, fv, type）

示例：假设要购买一项保险年金，该保险可以在今后 20 年内于每月末回报 $500。此项年金的购买成本为 $60000，假定投资回报率为 8%。现在可以通过函数 PV 计算一下这笔投资是否值得。该项年金的现值为：

PV（0.08/12, 12 * 20, 500, 0）= -$59777.15

结果为负值，因为这是一笔付款，亦即支出现金流。年金（$59777.15）的现值小于实际支付的（$60000）。因此，这不是一项合算的投资。

3. 年金、本金和利息函数

（1）年金函数 PMT（ ）

功能：基于固定利率及等额分期付款方式，返回投资或贷款的每期付款额，即年金。

语法：PMT（rate, nper, pv, fv, type）

示例：返回需要 10 个月付清的年利率为 8% 的 $10000 贷款的月支付额，计算式如下：

PMT（8%/12, 10, 10000）= -$1037.03

对于同一笔贷款，如果支付期限在每期的期初，支付额应为：

PMT（8%/12, 10, 10000, 0, 1）= -$1030.16

如果以 12% 的利率贷出 $5000，并希望对方在 5 个月内还清，下列计算式将返回每月所得款数：

PMT（12%/12, 5, -5000）= $1030.20

如果需要以按月定额存款方式在 18 年中存款 $50000，假设存款年利率为 6%，则函数 PMT 可以用来计算月存款额：

PMT（6%/12, 18 * 12, 0, 50000）= -$129.08

即向 6% 的存款账户中每月存入 $129.08，18 年后可获得 $50000。

提示：一笔款项的总支付额 = PMT（ ）返回值 * nper。

（2）年金中的本金函数 PPMT（ ）

功能：基于固定利率及等额分期付款方式，返回投资或贷款的每期付款额中所含的本金部分。

语法：PPMT（rate，per，nper，pv，fv，type）

示例：返回\$2000（年利率为10%）的2年期间贷款的第1个月的本金支付额，计算式如下：

PPMT（10%/12，1，24，2000）= －\$75.62

返回\$200000（年利率为8%）的10年期贷款的最后一年的本金支付额，计算式如下：

PPMT（8%，10，10，200000）= －\$27598.05

（3）年金中的利息函数 IPMT（）

功能：基于固定利率及等额分期付款方式，返回投资或贷款的每期付款额中所含的利息部分。

语法：IPMT（rate，per，nper，pv，fv，type）

示例：计算出3年期，本金\$8000，年利10%的银行贷款的第1个月的利息，计算式如下：

IPMT（0.1/12，1，36，8000）= －\$66.67

计算3年期，本金\$8000，年利10%且按年支付的银行贷款的第3年的利息，计算式如下：

IPMT（0.1，3，3，8000）= －\$292.45

以上三个函数之间存在着以下关系：

PMT（）= PPMT（）+ IPMT（）

（4）期数函数 NPER（）

功能：基于固定利率及等额分期付款方式，返回某项投资（或贷款）的总期数。

语法：NPER（rate，pmt，pv，fv，type）

示例：金额为36000元的贷款，年利率为8%，每年年末支付金额为9016元，计算需要多少年支付完。计算式如下：

NPER（8%，9016，－36000）= 5

（5）利率函数 RATE（）

功能：返回年金的各期利率。函数 RATE 通过迭代法计算得出，并且可能无解或有多个解。如果在进行20次迭代计算后，函数 RATE 的相邻两次结果没有收敛于0.0000001，函数 RATE 将返回错误值#NUM!。

语法：RATE（nper，pmt，pv，fv，type，guess）

参数 guess 为预期利率（估计值）。如果省略预期利率，则假设该值为10%。

如果函数 RATE（）不收敛，需改变 guess 的值，再试。通常当 guess 位于0与1之间时，函数 RATE（）是收敛的。

示例：金额为\$8000的4年期贷款，月支付额为\$200，该笔贷款的利率为：

RATE（48，－200，8000）= 0.77%

因为按月计息，故结果为月利率，年利率为0.77% × 12 = 9.24%。

4. 净现值函数 NPV

功能：基于一系列现金流和固定的各期贴现率，返回一项投资的净现值。即计算一组定期现金流的净现值。

语法：NPV（rate，value1，value2，…）

参数：Rate 为各期贴现率，是一个固定值。

Value1，value2，…代表 1~29 笔支出及收入的参数值。支出为负值，收入为正值。

说明：

1）value1，value2，…所属各期间的长度必须相等，而且支付及收入的时间都发生在期末。

2）NPV 按次序使用 value1，value2，…来注释现金流的次序。

3）如果参数是数值、空白单元格、逻辑值或表示数值的文字表达式，则都会计算在内；如果参数是一个数组或引用，只有其中的数值部分计算在内。忽略数组或引用中的空白单元格、逻辑值、文字及错误值。

4）函数 NPV（）假定投资开始于 value1 现金流所在日期的前一期，并结束于最后一笔现金流的当期。如果第一笔现金流发生在第一个周期的期初，则第一笔现金必须添加到函数 NPV（）的结果中，而不应包含在 values 参数中。实际上函数 NPV（）是依据未来的现金流计算的，其计算式如下：

$$NPV = \sum Values_t / (1 + rate)^t \qquad (t = 1, 2, \cdots, n)$$

投资方案的净现值为：NPV（rate value1，value2，…，）

5）净现值函数 NPV（）与年金现值函数 PV（）之间的主要差别在于：函数 PV（）允许现金流在期初或期末开始，而且 PV（）的每一笔现金流数额在整个投资中必须是固定的；而函数 NPV（）的现金流数额是可变的。

假设第 1 年投资 $10000，而未来 3 年中各年的收入分别为 $3000，$4200 和 $6800，假定每年的贴现率是 10%，则投资的净现值计算如下：

NPV（10%，-10000，3000，4200，6800）= 1188.44

上述的例子中，将开始投资的 $10000 作为 value 参数的一部分。这是因为付款发生在第 1 个周期的期末。

下面考虑在第 1 个周期的期初投资的计算方式。假如要购买一家鞋店，投资成本为 $40000，并且希望前 5 年的营业收入分别为：$8000，$9200，$10000，$12000 和 $14500。每年的贴现率为 8%（相当于通货膨胀或竞争投资的利率）。

如果鞋店的成本及收入分别存储在 B1~B6 单元格中，鞋店投资的净现值计算如下：

NPV（8%，B2:B6）+ B1 = 1922.06

在上面的例子中，一开始投资的 $40000 并不包含在 values 参数中，因此，此项付款发生在第 1 期的期初。

假定鞋店的屋顶在营业的第 6 年倒塌，估计这一年的损失为 $9000，则 6 年后鞋店投资的净现值计算如下：

NPV（8%，B2:B6，-9000）+ B1 = -3749.47

5. 内含报酬率函数 IRR（ ）

功能：返回由数值代表的一组现金流的内部收益率。这些现金流不一定必须是均衡的，但作为年金，它们必须按固定的间隔发生。内部收益率为投资的回收利率，其中包含定期支付（负值）和收入（正值）。

语法：IRR（values，guess）

参数：Values 为数组或单元格的引用，包含用来计算内部收益率的数字。

1）函数 IRR（ ）根据数值的顺序来解释现金流的顺序。故应确定按需要的顺序输入支付和收入的数值。

2）如果数组或引用包含文本、逻辑值或空白单元格，这些数值将被忽略。

3）guess 为对函数 IRR 计算结果的估计值。

4）Microsoft Excel 使用迭代法计算函数 IRR（ ）。从 guess 开始，函数 IRR（ ）不断修正收益率，直至结果的精度达到 0.00001%。如果函数 IRR（ ）经过 20 次迭代，仍未找到结果，则返回错误值#NUM!。

5）在大多数情况下，并不需要为函数 IRR（ ）的计算提供 guess 值。如果省略 guess，一般假设它为 0.1（10%）。

6）如果函数 IRR（ ）返回错误值#NUM!，或结果没有靠近期望值，可以给 guess 换一个数值再试一下。

示例：假设要开办一家饭店。估计需要$70000 的投资，并预期今后 5 年的净收益分别为：$12000、$15000、$18000、$21000 和 $26000。B1：B6 分别包含下面的数值：$-70000、$12000、$15000、$18000、$21000 和$26000。

计算此项投资 4 年后的内部收益率：

$$IRR（B1：B5）= -2.12\%$$

计算此项投资 5 年后的内部收益率：

$$IRR（B1：B6）= 8.66\%$$

计算 2 年后的内部收益率，必须在函数中包含 guess：

$$IRR（B1：B6，-10\%）= -44.35\%$$

6. 折旧函数

（1）直线折旧函数 SLN（ ）

功能：返回一项资产每期的直线折旧费。

语法：SLN（cost，salvage，life）

cost 为资产原值；salvage 为资产在折旧期末的价值（也称为资产残值）；life 为折旧期限（有时也称作资产的生命周期）。

示例：假设购买了一辆价值$30000 的汽车、其折旧年限为 10 年，残值为$7500，则每年的折旧额计算如下：

$$SLN（30000，7500，10）=\$2250$$

（2）双倍余额递减法函数 DDB（ ）

功能：使用双倍余额递减法，计算一笔资产在给定期间内的折旧值。

语法：DDB（cost，salvage，life，period，factor）

cost 为资产原值；salvage 资产在折旧期末的价值（也称为资产残值）；life 为折旧期限（有时也称作资产的生命周期）；period 为需要计算折旧值的期间，period 必须使用与 life 相同的单位；factor 为余额递减速率，如果 factor 被省略，则假设为 2（双倍余额递减法）。

这 5 个参数都必须为正数。

示例：假定某个工厂购买了一台新机器。价值为$2400，使用期限为 10 年，残值为$300。下面的例子给出几个期间内的折旧值。结果保留两位小数。

DDB（2400，300，3650，1）=＄1.32，即第1天的折旧值。Microsoft Excel 自动设置 factor 为2。

DDB（2400，300，120，1，2）=＄40.00，即第1个月的折旧值。

DDB（2400，300，10，1，2）=＄480.00，即第1年的折旧值。

DDB（2400，300，10，10）=＄22.12，即第10年的折旧值。

（3）年限总和折旧法函数 SYD（　）

功能：返回某项资产按年限总和折旧法计算的某期的折旧值。

语法：SYD（cost，salvage，life，Per）

cost 为资产原值；salvage 资产在折旧期末的价值（也称为资产残值）；life 为折旧期限（有时也称作资产的生命周期）；per 为期间，其单位与 life 相同。

示例：假设购买了一辆价值＄30000 的汽车、其折旧年限为10年，残值为＄7500，第1年的折旧值为：

$$SYD（30000，7500，10，1）=＄4090.91$$

第5年的折旧值为：

$$SYD（30000，7500，10，5）=＄2454.55$$

第10年的折旧值为：

$$SYD（30000，7500，10，10）=＄409.09$$

13.3　项目评估过程的运行和输出

以建设项目评估案例分析——某新建煤炭项目经济评价为例，说明基于 Excel 上的财务评估的辅助财务报表、基本财务报表编制方法及财务效益指标的计算方法。利用 Excel 的基本知识，首先新建一个工作簿，然后把财务评估的辅助财务报表、基本财务报表分别放在不同工作表中。项目评估的基础数据需输入，然后利用各报表之间的关系，进行数据的引用、加工和处理。利用 Excel 强大的函数可以快速地计算出财务评估的评价指标。国民经济评估的方法与财务评估的基本相同。

13.3.1　案例的财务预测及基础财务报表

某新建煤炭项目所需各项投资额及投入时间列于项目总投资使用计划与资金筹措表，如图13-13 所示。

投资的资金来源构成也列于项目总投资使用计划与资金筹措表，如图13-13 所示。

成本费用预测结果列于总成本费用估算表，如图13-14 所示。

财务分析辅助报表4——项目总投资使用计划与资金筹措表 单位：万元

序号	项目	合计	计算期			
			1	2	3	4
1	总投资	140796	32891	53082	49207	5616
1.1	建设投资	125317	32227	50667	42423	
1.2	建设期利息	5324	664	2415	2245	
1.3	流动资金	10155			4539	5616
2	资金筹措	140796	32891	53082	49207	5616
2.1	项目资本金	49415	11924	18747	17059	1685
2.1.1	用于建设投资	46368	11924	18747	15697	
2.1.1.1	A投资方	27820	7154	11248	9418	
2.1.1.2	B投资方	18548	4770	7499	6279	
2.1.2	用于流动资金	3047			1362	1685
2.1.2.1	A投资方	1828			817	1011
2.1.2.2	B投资方	1219			545	674
2.2	债务资金	91381	20967	34335	32148	3931
2.2.1	用于建设投资	78949	20303	31920	26726	
2.2.2	用于建设期利息	5324	664	2415	2245	
2.2.3	用于流动资金	7108			3177	3931

图 13-13 项目总投资使用计划与资金筹措表

财务分析辅助报表6——总成本费用估算表 单位：万元

序号	项目	固定成本比例	达产前固定成本调整系数	达产前可变成本调整系数（熟练系数）	合计	计算期				
						3	4	5	6	7
	原煤产量（Mt）				122.5	2.5	6	6	6	6
1	材料费	57	0.5	1.2	263835	6435	12870	12870	12870	12870
2	动力费	67	0.5	1.2	79705	1945	3888	3888	3888	3888
3	工资及福利费	50	0.5	1.2	51006	1246	2488	2488	2488	2488
4	修理费	100	0.5	1.2	37393	913	1824	1824	1824	1824
5	地面塌陷赔偿费				2450	50	120	120	120	120
	50维简费及30%安全费				61250	1250	3000	3000	3000	3000
7	其他支出	67	0.5	1.2	217710	5310	10620	10620	10620	10620
	经营成本				713349	17149	34810	34810	34810	34810
8	折旧费	100			107974	2694	5387	5387	5387	5387
9	井巷工程费				30625	625	1500	1500	1500	1500
	50%维简费				42875	875	2100	2100	2100	2100
11	摊销费	100			39774	514	1360	1694	2027	2027
12	70%安全费用				42875	875	2100	2100	2100	2100
13	利息支出				41973	2949	5936	5385	4914	4417
13.1	长期借款利息	100			33069	2756	5511	4960	4409	3858
13.2	流动资金借款利息	30			8690	190	425	425	425	425
13.?	其他短期借款利息	100			214				80	134
	总成本费用合计				1019445	25678	53193	52976	52838	52341
	其中：可变成本				423252	9592	20683	20683	20683	20683
	固定成本				596193	16086	32510	32293	32155	31658
	单位经营成本					68.6	58.02	58.02	58.02	58.02
	单位成本费用					102.71	88.67	88.29	88.06	87.24

图 13-14 总成本费用估算表

13.3.2 主要财务报表

收入预测结果列于利润与利润分配表，如图 13-15 所示。

借款的还款按照"等额还本、利息照付"方式清偿。还本付息计算结果列于借款还本付息表，如图 13-16 所示。

附表1-4

财务分析报表4——利润与利润分配表

单位：万元

序号	项目	合计	计算期					
			3	4	5	6	7	8
1	销售收入	1326042	27062	64949	64949	64949	64949	64949
2	销售税金及附加	36872	732	1807	1807	1807	1807	1807
3	总成本费用	1019445	25678	53193	52976	52838	52341	51656
4	营业外净支出	12250	250	600	600	600	600	600
5	利润总额	257475	402	9349	9566	9704	10201	10886
6	弥补以前年度亏损							
7	应纳税所得额	257475	402	9349	9566	9704	10201	10886
8	所得税	84968	133	3085	3157	3202	3366	3592
9	净利润	172507	269	6264	9128	14989	21174	20610
10	期初未分配利润	103491			2719	8487	14439	13316
11	可供分配的利润	275998	269	6264	9128	14989	21174	20610
12	提取法定盈余公积金	10000	27	626	641	650	684	729
13	可供投资者分配的利润	265998	242	5638	8487	14339	20490	19881
14	各投资方利润分配	162507	242	2919			7174	9881
	其中：A投资方	97504	145	1751			4304	5929
	B投资方	65003	97	1168			2870	3952
15	未分配利润	103491		2719	8487	14339	13316	10000
16	息税前利润	299448	3348	15285	14951	14618	14618	14618
17	息税折旧（含井巷工程费及50%维简费）摊销期利润	520696	520696	8056	25632	25632	25632	25632

图 13-15　利润与利润分配表

序号	项目	合计	计算期					
			1	2	3	4	5	6
1	长期借款							
1.1	期初借款余额			20967	55302	84273	75846	67419
1.2	当期借款本金	78949	20303	31920	26726			
1.3	当期借款利息	5324	664	2415	2245			
1.4	当期还本付息	117342			2756	13938	13387	12836
1.4.1	其中：还本	84273				8427	8427	8427
1.4.2	付息	33069			2756	5511	4960	4409
1.5	期末借款余额		20967	55302	84273	75846	67419	58992
2	短期借款							
2.1	期初借款余额							1337
2.2	当期借款本金	3585					1337	2248
2.3	当期借款利息	214						80
2.4	当期还本付息	3799						1417
2.4.1	其中：还本	3585						1337
2.4.2	付息	214						80
2.5	期末借款余额						1337	2248
	计算指标：							
	利息备付率					2.57	2.78	2.97
	偿债备付率					0.9	0.93	0.97

附表1-7

财务分析报表7——借款还本付息计划表

图 13-16　借款还本付息表

项目运行中所需现金及预计的存货、应收账款、应付账款列于资产负债表，如图 13-17 所示。

项目投资现金流量表和项目资本金现金流量表分别如图 13-18 和图 13-19 所示。本项目资本金财务基准收益率和所得税前项目投资财务基准收益率设定为 10%。所得税后项目投资财务基准收益率为 7%。

财务分析报表6——资产负债表

单位：万元

序号	项目	计算期 1	2	3	4	5	6	7
1	资产	32891	85973	136431	139414	140833	141919	133005
1.1	流动资产总额			9623	10853	10853	10853	10853
1.1.1	货币资金			327	676	676	676	676
1.1.2	应收账款			2630	6312	6312	6312	6312
1.1.3	预付账款							
1.1.4	存货			1931	3865	3865	3865	3865
1.1.5	累计盈余资金				4735			
1.2	在建工程	32891	85973					
1.3	固定资产净值			97048	90161	83274	76387	69500
1.4	无形及其他资产净值			29760	38400	46706	54679	52652
2	负债及所有者权益	32891	85973	136431	139414	140833	141919	133005
2.1	流动负债总额			349	698	2035	2946	698
2.1.1	短期借款					1337	2248	
2.1.2	应付账款			349	698	698	698	698
2.1.3	预付账款							
2.1.4	其他							
2.2	建设投资借款	20967	55302	84273	75846	67419	58992	50565
2.3	流动资金借款			3177	7108	7108	7108	7108
2.4	负债小计	20967	55302	87799	83652	76562	69046	58371
2.5	所有者权益	11924	48632	48632	55762	64271	72873	74634
2.5.1	资本金	11924	48632	47730	49415	49415	49415	49415
194	资本公积			875	2975	5075	7175	9275
2.5.3	累计盈余公积金			27	653	1294	1944	2628
2.5.4	累计盈余公积金				2719	8487	14339	13316
	计算指标：资产负债率（%）	63.75	64.32	64.35	60	54.36	48.65	43.89

图 13-17　资产负债表

财务分析报表1——项目投资现金流量表　　单位：万元

序号	项目	计算期 8	9	10	11	12	13	14	15
1	现金流入	64949	64949	64949	64949	64949	64949	64949	64949
1.1	销售收入	64949	64949	64949	64949	64949	64949	64949	64949
1.2	回收资产余值								
1.2.1	回收固定资产余值								
1.2.2	回收无形资产余值								
1.3	回收流动资金								
2	现金流出	38717	38717	44364	49248	38717	39624	38717	38717
2.1	建设投资								
2.2	流动资金								
2.3	经营成本	34810	34810	34810	34810	34810	34810	34810	34810
2.4	销售税金及附加	1807	1807	1807	1807	1807	1807	1807	1807
2.5	支付采矿权价款								
2.6	固定资产更新投资			5647	10531		907		
2.7	安全生产投入	2100	2100	2100	2100	2100	2100	2100	2100
3	所得税前净现金流量	26232	26232	20585	15701	26232	25325	26232	26232
4	累计所得税前净现金流量	-26006	226	20811	36512	62744	88069	114301	140533
5	调整所得税	4824	4824	4824	4846	4868	4873	4879	4879
6	所得税后净现金流量	21408	21408	15761	10855	21364	20452	21353	21353
7	累计所得税后净现金流量	-51561	-30153	-14392	-3537	17827	38249	59632	80985
计算指标：		所得税前：			所得税后：				
	项目投资财务净现值(万元)	37314	(ic=10%)		43388	(ic=7%)			

图 13-18　项目投资现金流量表

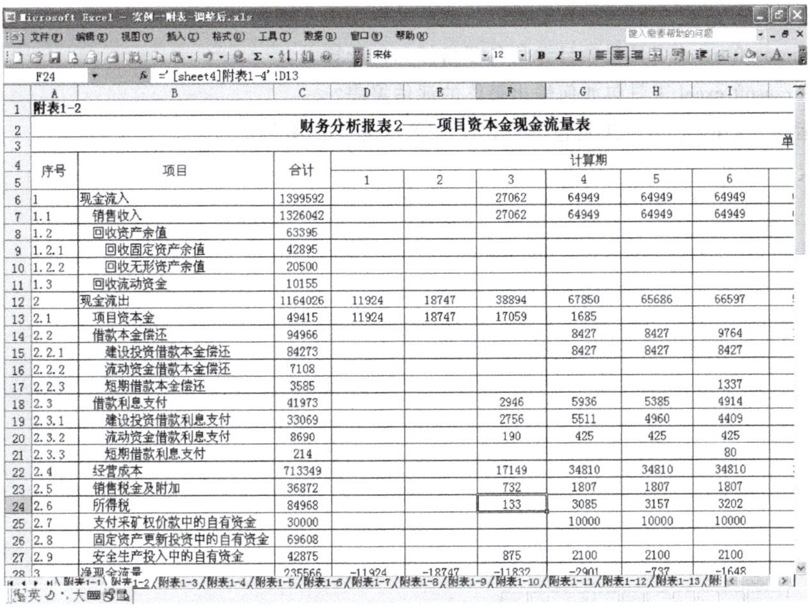

附表1-2

财务分析报表2——项目资本金现金流量表

序号	项目	合计	计算期 1	2	3	4	5	6
1	现金流入	1399592			27062	64949	64949	64949
1.1	销售收入	1326042			27062	64949	64949	64949
1.2	回收资产余值	63395						
1.2.1	回收固定资产余值	42895						
1.2.2	回收无形资产余值	20500						
1.3	回收流动资金	10155						
2	现金流出	1164026	11924	18747	38894	67850	65686	66597
2.1	项目资本金	49415	11924	18747	17059	1685		
2.2	借款本金偿还	94966				8427	8427	9764
2.2.1	建设投资借款本金偿还	84273				8427	8427	8427
2.2.2	流动资金借款本金偿还	7108						
2.2.3	短期借款本金偿还	3585						1337
2.3	借款利息支付	41973			2946	5936	5385	4914
2.3.1	建设投资借款利息支付	33069			2756	5511	4960	4409
2.3.2	流动资金借款利息支付	8690			190	425	425	425
2.3.3	短期借款利息支付	214						80
2.4	经营成本	713349			17149	34810	34810	34810
2.5	销售税金及附加	36872			732	1807	1807	1807
2.6	所得税	84968			133	3085	3157	3202
2.7	支付采矿权价款中的自有资金	30000				10000	10000	10000
2.8	固定资产更新投资中的自有资金	69608						
2.9	安全生产投入中的自有资金	42875			875	2100	2100	2100
3	净现金流量	235566	-11924	-18747	-11832	-2901	-737	-1648

图 13-19　项目资本金现金流量表

注意：在图中以上报表选定的单元格，其中有数据在不同报表间的引用、公式计算、函数引用等。在进行建设项目评估时，注意不同报表间的数据关系，多使用公式和函数等，使项目评估更快更准，达到事半功倍的效果。

13.3.3　项目评估结果的输出

以上财务评估的各种报表编制完成，计算出各评价指标后，就可输出项目评估的结果。一般都需要将它作为报表打印出来，为了打印出满意的表格，需要进行页面设置、预览与打印的工作内容。

1. 页面设置

页面设置就是为当前文档设置打印页面、设置页边距、设置页眉和页脚、设置工作表选项。选择文件菜单中的页面设置菜单，然后选择相应菜单进行以上工作。

2. 预览与打印工作表

在打印文档之前，最好利用“打印预览”功能，先查看一下文档的格式设置等是否满足要求。打印预览所看到的文档内容和格式与实际打印出来的结果是完全相同的。单击常用工具栏上的打印预览，可以进入打印预览窗口。

完成打印准备工作后，可单击常用工具栏的“打印”按钮，就可打印出相应的文档。

思考与练习

1. Microsoft excel 工具包的基本功能有哪些？
2. Microsoft excel 工具包中项目评估常用哪些公式和函数？
3. Microsoft excel 工具包中资金时间价值的计算功能有哪些？
4. Microsoft excel 工具包项目评估各项指标如何计算？
5. Microsoft excel 工具包如何输出最终的评估报表？
6. 运用 Microsoft excel 工具包分析和评估第 12 章中的案例练习。

附录　财务分析报表及财务分析辅助报表

附表 1　财务分析报表 1——项目投资现金流量表

（单位：万元）

序号	项目	合计	计算期						
			1	2	3	4	5	6	7
1	现金流入	1399592				64949	64949	64949	64949
1.1	销售收入	1326042				64949	64949	64949	64949
1.2	回收资产余值	63395							
1.2.1	回收固定资产余值	42895							
1.2.2	回收无形资产余值	20500							
1.3	回收流动资金	10155							
2	现金流出	1028176	32227	50667	65718	54333	48717	48717	38717
2.1	建设投资	125317	32227	50667	42423				
2.2	流动资金	10155			4539	5616			
2.3	经营成本	713349			17149	34810	34810	34810	34810
2.4	销售税金及附加	36872			732	1807	1807	1807	1807
2.5	支付采矿权价款	30000				10000	10000	10000	
2.6	固定资产更新投资	69608							
2.7	安全生产投入	42875			875	2100	2100	2100	2100
3	所得税前净现金流量	371416	-32227	-50667	-38656	10616	16232	16232	26232
4	累计所得税前净现金流量		-32227	-82894	-121550	-110934	-94702	-78470	-52238
5	调整所得税	98818			1105	5044	4934	4824	4824
6	所得税后净现金流量	272598	-32227	-50667	-39761	5572	11298	11408	21408
7	累计所得税后净现金流量		-32227	-82894	-122655	-117083	-105785	-94377	-72969

（续）

序号	项目	计算期							
		8	9	10	11	12	13	14	15
1	现金流入	64949	64949	64949	64949	64949	64949	64949	64949
1.1	销售收入	64949	64949	64949	64949	64949	64949	64949	64949
1.2	回收资产余值								
1.2.1	回收固定资产余值								
1.2.2	回收无形资产余值								
1.3	回收流动资金								
2	现金流出	38717	38717	44364	49248	38717	39624	38717	38717
2.1	建设投资								
2.2	流动资金								
2.3	经营成本	34810	34810	34810	34810	34810	34810	34810	34810
2.4	销售税金及附加	1807	1807	1807	1807	1807	1807	1807	1807
2.5	支付采矿权价款								
2.6	固定资产更新投资			5647	10531		907		
2.7	安全生产投入	2100	2100	2100	2100	2100	2100	2100	2100
3	所得税前净现金流量	26232	26232	20585	15701	26232	25325	26232	26232
4	累计所得税前净现金流量	-26006	226	20811	36512	62744	88069	114301	140533
5	调整所得税	4824	4824	4824	4846	4868	4873	4879	4879
6	所得税后净现金流量	21408	21408	15761	10855	21364	20452	21353	21353
7	累计所得税后净现金流量	-51561	-30153	-14392	-3537	17827	38279	59632	80985

序号	项目	计算期							
		16	17	18	19	20	21	22	23
1	现金流入	64949	64949	64949	64949	64949	64949	64949	138499
1.1	销售收入	64949	64949	64949	64949	64949	64949	64949	64949
1.2	回收资产余值								63395
1.2.1	回收固定资产余值								42895
1.2.2	回收无形资产余值								20500
1.3	回收流动资金								10155
2	现金流出	47985	53298	55953	49248	38717	38717	38717	39624
2.1	建设投资								
2.2	流动资金								
2.3	经营成本	34810	34810	34810	34810	34810	34810	34810	34810
2.4	销售税金及附加	1807	1807	1807	1807	1807	1807	1807	1807
2.5	支付采矿权价款								
2.6	固定资产更新投资	9268	14581	17236	10531				907
2.7	安全生产投入	2100	2100	2100	2100	2100	2100	2100	2100
3	所得税前净现金流量	16964	11651	8996	15701	26232	26232	26232	98875
4	累计所得税前净现金流量	157497	169148	178144	193845	220077	246309	272541	371416
5	调整所得税	4879	4879	4902	4921	4922	4922	4922	4923
6	所得税后净现金流量	12085	6772	4094	10780	21310	21310	21310	93952
7	累计所得税后净现金流量	93070	99842	103936	114716	136026	157336	178646	272598

计算指标

所得税前：

项目投资财务内部收益率 13.87%

项目投资财务净现值（i_c=10%）37514 万元

项目投资回收期 8.99 年

所得税后：

项目投资财务内部收益率 10.56%

项目投资财务净现值（i_c=7%）43388 万元

项目投资回收期 11.17 年

附表2　财务分析报表2——项目资本金现金流量表

（单位：万元）

序号	项目	合计	计算期						
			1	2	3	4	5	6	7
1	现金流入	1399592			27062	64949	64949	64949	64949
1.1	销售收入	1326042			27062	64949	64949	64949	64949
1.2	回收资产余值	63395							
1.2.1	回收固定资产余值	42895							
1.2.2	回收无形资产余值	20500							
1.3	回收流动资金	10155							
2	现金流出	1164026	11924	18747	38894	67850	65686	66597	57175
2.1	项目资本金	49415	11924	18747	17059	1685			
2.2	借款本金偿还	94966				8427	8427	9764	10675
2.2.1	建设投资借款本金偿还	84273				8427	8427	8427	8427
2.2.2	流动资金借款本金偿还	7108							
2.2.3	短期借款本金偿还	3585						1337	2248
2.3	借款利息支付	41973			2946	5936	5385	4914	4417
2.3.1	建设投资借款利息支付	33069			2756	5511	4960	4409	3858
2.3.2	流动资金借款利息支付	8690			190	425	425	425	425
2.3.3	短期借款利息支付	214						80	134
2.4	经营成本	713349			17149	34810	34810	34810	34810
2.5	销售税金及附加	36872			732	1807	1807	1807	1807
2.6	所得税	84968			133	3085	3157	3202	3366
2.7	支付采矿权价款中的自有资金	30000				10000	10000	10000	
2.8	固定资产更新投资中的自有资金	69608							
2.9	安全生产投入中的自有资金	42875			875	2100	2100	2100	2100
3	净现金流量	235566	-11924	-18747	-11832	-2901	-737	-1648	7774

（续）

序号	项目	8	9	10	11	12	13	14	15
1	现金流入	64949	64949	64949	64949	64949	64949	64949	64949
1.1	销售收入	64949	64949	64949	64949	64949	64949	64949	64949
1.2	回收资产余值								
1.2.1	回收固定资产余值								
1.2.2	回收无形资产余值								
1.3	回收流动资金							43881	43881
2	现金流出	54468	54099	59377	63914	53035	53581	43881	43881
2.1	项目资本金								
2.2	借款本金偿还	8427	8427	8427	8427	8427	8430		
2.2.1	建设投资借款本金偿还	8427	8427	8427	8427	8427	8430		
2.2.2	流动资金借款本金偿还								
2.2.3	短期借款本金偿还								
2.3	借款利息支付	3732	3181	2630	2079	1527	976	425	425
2.3.1	建设投资借款利息支付	3307	2756	2205	1654	1102	551		
2.3.2	流动资金借款利息支付	425	425	425	425	425	425	425	425
2.3.3	短期借款利息支付								
2.4	经营成本	34810	34810	34810	34810	34810	34810	34810	34810
2.5	销售税金及附加	1807	1807	1807	1807	1807	1807	1807	1807
2.6	所得税	3592	3774	3956	4160	4364	4551	4739	4739
2.7	支付采矿权价款中的自有资金								
2.8	固定资产更新投资中的自有资金			5647	10531		907		
2.9	安全生产投入中的自有资金	2100	2100	2100	2100	2100	2100	2100	2100
3	净现金流量	10481	10850	5572	1035	11914	11368	21068	21068

（续）

序号	项　目	计算期							
		16	17	18	19	20	21	22	23
1	现金流入	64949	64949	64949	64949	64949	64949	64949	138499
1.1	销售收入	64949	64949	64949	64949	64949	64949	64949	64949
1.2	回收资产余值								63395
1.2.1	回收固定资产余值								42895
1.2.2	回收无形资产余值								20500
1.3	回收流动资金								10155
2	现金流出	53149	58462	61140	54454	43924	43924	43924	51940
2.1	项目资本金								
2.2	借款本金偿还								
2.2.1	建设投资借款本金偿还								
2.2.2	流动资金借款本金偿还								
2.2.3	短期借款本金偿还								
2.3	借款利息支付	425	425	425	425	425	425	425	425
2.3.1	建设投资借款利息支付								
2.3.2	流动资金借款利息支付	425	425	425	425	425	425	425	425
2.3.3	短期借款利息支付								
2.4	经营成本	34810	34810	34810	34810	34810	34810	34810	34810
2.5	销售税金及附加	1807	1807	1807	1807	1807	1807	1807	1807
2.6	所得税	4739	4739	4762	4781	4782	4782	4782	4783
2.7	支付采矿权价款中的自有资金								
2.8	固定资产更新投资中的自有资金	9268	14581	17236	10531				907
2.9	安全生产投入中的自有资金	2100	2100	2100	2100	2100	2100	2100	2100
3	净现金流量	11800	6487	3809	10495	21025	21025	21025	86599

计算指标：项目资本金财务内部收益率　13.65%

附表 3　财务分析报表 3——投资各方现金流量表

（单位：万元）

序号	项　目	合　计	计算期 1	2	3	4	5	6	7
1	现金流入	276316			242	2919			7174
1.1	实分利润	162507			242	2919			7174
1.2	资产处置收益分配	113809							
1.3	租赁费收入								
1.4	技术转让或使用收入								
1.5	其他现金流入								
2	现金流出	49415	11924	187474	17059	1685			
2.1	实缴资本	49415	11924	187474	17059	1685			
2.1.1	用于建设投资	46368	11924	187474	15697				
2.1.2	用于流动资金	3047			1362	1685			
2.2	租赁资产支出								
2.3	其他现金流出								
3	净现金流量	226901	-11924	-18747	-16817	1234			7174

（续）

序号	项　目	计　算　期							
		8	9	10	11	12	13	14	15
1	现金流入	9881	10250	4972	435	11314	10768	18937	8659
1.1	实分利润	9881	10250	4972	435	11314	10768	18937	8659
1.2	资产处置收益分配								
1.3	租赁费收入								
1.4	技术转让或使用收入								
1.5	其他现金流入								
2	现金流出								
2.1	实缴资本								
2.1.1	用于建设投资								
2.1.2	用于流动资金								
2.2	租赁资产支出								
2.3	其他现金流出								
3	净现金流量	9881	10250	4972	435	11314	10768	18937	8659

（续）

序号	项　目	计　算　期								
		16	17	18	19	20	21	22	23
1	现金流入	9126	9621	9668	9707	9708	9708	9708	123519
1.1	实分利润	9126	9621	9668	9707	9708	9708	9708	9710
1.2	资产处置收益分配								113809
1.3	租赁费收入								
1.4	技术转让或用使用收入								
1.5	其他现金流入								
2	现金流出								
2.1	实缴资本								
2.1.1	用于建设投资								
2.1.2	用于流动资金								
2.2	租赁资产支出								
2.3	其他现金流出								
3	净现金流量	9126	9621	9668	9707	9708	9708	9708	123519

计算指标：投资各方财务内部收益率　12.86%

附表 4 财务分析报表 4——利润与利润分配表

（单位：万元）

序号	项 目	合 计	3	4	5	计 算 期 6	7	8
1	销售收入	1326042	27062	64949	64949	64949	64949	64949
2	销售税金及附加	36872	732	1807	1807	1807	1807	1807
3	总成本费用	1019445	25678	53193	52976	52838	52341	51656
4	营业外净支出	12250	250	600	600	600	600	600
5	利润总额	257475	402	9349	9566	9704	10201	10886
6	弥补以前年度亏损							
7	应纳税所得额	257475	402	9349	9566	9704	10201	10886
8	所得税	84968	133	3085	3157	3202	3366	3592
9	净利润	172507	269	6264	6409	6502	6835	7294
10	期初未分配利润	103491			2719	8487	14339	13316
11	可供分配的利润	275998	269	6264	9128	14989	21174	20610
12	提取法定盈余公积金	10000	27	626	641	650	684	729
13	可供投资者分配的利润	265998	242	5638	8487	14339	20490	19881
14	各投资方利润分配	162507	242	2919			7174	9881
	其中：A 投资方	97504	145	1751			4304	5929
	B 投资方	65003	97	1168			2870	3952
15	未分配利润	103491		2719	8487	14339	13316	10000
16	息税前利润	299448	3348	15285	14951	14618	14618	14618
17	息税折旧（含并巷工程费及 50% 维简费）摊销期利润	520696	8056	25632	25632	25632	25632	25632

（续）

序号	项目	计算期						
		9	10	11	12	13	14	15
1	销售收入	64949	64949	64949	64949	64949	64949	64949
2	销售税金及附加	1807	1807	1807	1807	1807	1807	1807
3	总成本费用	51105	50554	49936	49317	48752	48182	48182
4	营业外净支出	600	600	600	600	600	600	600
5	利润总额	11437	11988	12606	13225	13790	14360	14360
6	弥补以前年度亏损							
7	应纳税所得额	11437	11988	12606	13225	13790	14360	14360
8	所得税	3774	3956	4160	4364	4551	4739	4739
9	净利润	7663	8032	8446	8861	9239	9621	9621
10	期初未分配利润	10000	6647	8904	16070	12731	10278	
11	可供分配的利润	17663	14679	17350	24931	21970	19899	9621
12	提取法定盈余公积金	766	803	846	886	924	962	962
13	可供投资者分配的利润	16897	13876	16505	24045	21046	18937	8659
14	各投资方利润分配	10250	4972	435	11314	10768	18937	8659
	其中:A投资方	6150	2983	261	6788	6461	11362	5195
	B投资方	4100	1989	174	4526	4307	7575	3464
15	未分配利润	6647	8904	16070	12731	10278		
16	息税前利润	14618	14618	14685	14752	14766	14785	14785
17	息税折旧前利润（含井巷工程费及50%维简费）摊销期利润	25632	25632	25632	25632	25632	25632	25632

（续）

序号	项目	16	17	18	19	20	21	22	23
1	销售收入	64949	64949	64949	64949	64949	64949	64949	64949
2	销售税金及附加	1807	1807	1807	1807	1807	1807	1807	1807
3	总成本费用	48182	48182	48182	48054	48052	48052	48052	48049
4	营业外净支出	600	600	600	600	600	600	600	600
5	利润总额	14360	14360	14430	14488	14490	14490	14490	14493
6	弥补以前年度亏损								
7	应纳税所得额	14360	14360	14430	14488	14490	14490	14490	14493
8	所得税	4739	4739	4762	4781	4782	4782	4782	4783
9	净利润	9621	9621	9668	9707	9708	9708	9708	9710
10	期初未分配利润								
11	可供分配的利润	9621	9621	9668	9707	9708	9708	9708	9710
12	提取法定盈余公积金	495							
13	可供投资者分配的利润	9126	9621	9668	9707	9708	9708	9708	9710
14	各投资方利润分配	9126	9621	9668	9707	9708	9708	9708	9710
	其中:A 投资方	5476	5773	5801	5824	5825	5825	5825	5826
	B 投资方	3650	3848	3867	3883	3883	3883	3883	3884
15	未分配利润								
16	息税前利润	14785	14785	14855	14913	14915	14915	14915	14918
17	息税折旧（含井巷工程费及 50% 维简费）摊销期利润	25632	25632	25632	25632	25632	25632	25632	25632

计　算　期

附表 5　财务分析报表 5——财务计划现金流量表

（单位：万元）

序号	项目	合计	计算期 1	2	3	4	5	6	7
1	经营活动净现金流量	478603			8798	24647	24575	24530	24366
1.1	现金流入	1498420			30580	73392	73392	73392	73392
1.1.1	销售收入	1326042			27062	64949	64949	64949	64949
1.1.2	增值税销项税额	172378			3518	8443	8443	8443	8443
1.1.3	其他流入								
1.2	现金流出	1019817			21782	48745	48817	48862	49026
1.2.1	经营成本	713349			17149	34810	34810	34810	34810
1.2.2	营业外净支出	12250			250	600	600	600	600
1.2.3	增值税进项税额	63489			1549	3097	3097	3097	3097
1.2.4	销售税金及附加	36872			732	1807	1807	1807	1807
1.2.5	增值税	108889			1969	5346	5346	5346	5346
1.2.6	所得税	84968			133	3085	3157	3202	3366
1.2.7	其他流出								
2	投资活动净现金流量	-283279	-32891	-53082	-50082	-17716	-12100	-12100	-2100
2.1	现金流入								
2.2	现金流出	283279	32891	53082	50082	17716	12100	12100	2100
2.2.1	建设投资	130641	32891	53082	44668	17716			
2.2.2	支付采矿权价款	30000				10000	10000	10000	

（续）

序号	项 目	合 计	1	2	3	4	5	6	7
2.2.3	固定资产更新投资	69608							
2.2.4	安全生产投入	42875			875	2100	2100	2100	2100
2.2.5	流动资金	10155			4539	5616			
2.2.6	其他流出								
3	筹集活动净现金流量	-147957	32891	53082	46019	-11666	-12475	-12430	-22266
3.1	现金流入	144381	32891	53082	49207	5616	1337	2248	
3.1.1	项目资本金投入	49415	11924	18747	17059	1685			
3.1.2	建设投资借款	84273	20967	34335	28971				
3.1.3	流动资金借款	7108			3177	3931			
3.1.4	债券								
3.1.5	短期借款	3585					1337	2248	
3.1.6	其他流入								
3.2	现金流出	292338			3188	17282	13812	14678	22266
3.2.1	各种利息支出	41973			2946	5936	5385	4914	4417
3.2.2	偿还债务本金	87858			242	8327	8427	9764	10675
3.2.3	应付利润	162507				2919			7174
3.2.4	其他流出								
4	净现金流量	47367			4735	-4735			
5	累计盈余资金				4735				

（续）

序号	项　目	计算期							
		8	9	10	11	12	13	14	15
1	经营活动净现金流量	24140	23958	23776	23572	23368	23181	22993	22993
1.1	现金流入	73392	73392	73392	73392	73392	73392	73392	73392
1.1.1	销售收入	64949	64949	64949	64949	64949	64949	64949	64949
1.1.2	增值税销项税额	8443	8443	8443	8443	8443	8443	8443	8443
1.1.3	其他流入								
1.2	现金流出	49252	49434	49616	49820	50024	50211	50399	50399
1.2.1	经营成本	34810	34810	34810	34810	34810	34810	34810	34810
1.2.2	营业外净支出	600	600	600	600	600	600	600	600
1.2.3	增值税进项税额	3097	3097	3097	3097	3097	3097	3097	3097
1.2.4	销售税金及附加	1807	1807	1807	1807	1807	1807	1807	1807
1.2.5	增值税	5346	5346	5346	5346	5346	5346	5346	5346
1.2.6	所得税	3592	3774	3956	4160	4364	4551	4739	4739
1.2.7	其他流出								
2	投资活动净现金流量	-2100	-2100	-7747	-12631	-2100	-3007	-2100	-2100
2.1	现金流入								
2.2	现金流出	2100	2100	7747	12631	2100	3007	2100	2100
2.2.1	建设投资							2100	2100
2.2.2	支付采矿权价款								

（续）

序号	项目	计算期 8	9	10	11	12	13	14	15
2.2.3	固定资产更新投资						907		
2.2.4	安全生产投入	2100	2100	2100	2100	2100	2100	2100	2100
2.2.5	流动资金								2100
2.2.6	其他流出								
3	筹集活动净现金流量	-22040	-21858	-16029	-10941	-21268	-20174	-19362	-9084
3.1	现金流入								
3.1.1	项目资本金投入								
3.1.2	建设投资借款								
3.1.3	流动资金借款								
3.1.4	债券								
3.1.5	短期借款								
3.1.6	其他流入								
3.2	现金流出	22040	21858	16029	10941	21268	20174	19362	9084
3.2.1	各种利息支出	3732	3181	2630	2079	1527	976	425	425
3.2.2	偿还债务本金	8427	8427	8427	8427	8427	8430		
3.2.3	应付利润	9881	10250	4972	435	11314	10768	18937	8659
3.2.4	其他流出								
4	净现金流量							1531	11809
5	累计盈余资金							1531	13340

（续）

序　号	项　　目	16	17	18	19	20	21	22	23
					计　算　期				
1	经营活动净现金流量	22993	22993	22970	22951	22950	22950	22950	22949
1.1	现金流入	73392	73392	73392	73392	73392	73392	73392	73392
1.1.1	销售收入	64949	64949	64949	64949	64949	64949	64949	64949
1.1.2	增值税销项税额	8443	8443	8443	8443	8443	8443	8443	8443
1.1.3	其他流入								
1.2	现金流出	50399	50399	50422	50441	50442	50442	50442	50443
1.2.1	经营成本	34810	34810	34810	34810	34810	34810	34810	34810
1.2.2	营业外净支出	600	600	600	600	600	600	600	600
1.2.3	增值税进项税额	3097	3097	3097	3097	3097	3097	3097	3097
1.2.4	销售税金及附加	1807	1807	1807	1807	1807	1807	1807	1807
1.2.5	增值税	5346	5346	5346	5346	5346	5346	5346	5346
1.2.6	所得税	4739	4739	4762	4781	4782	4782	4782	4783
1.2.7	其他流出								
2	投资活动净现金流量	-11368	-16681	-19336	-12631	-2100	-2100	-2100	-3007
2.1	现金流入								
2.2	现金流出	11368	16681	19336	12631	2100	2100	2100	3007
2.2.1	建设投资								
2.2.2	支付采矿权价款								

（续）

序号	项 目	计 算 期							
		16	17	18	19	20	21	22	23
2.2.3	固定资产更新投资	9268	14581	17236	10531				907
2.2.4	安全生产投入	2100	2100	2100	2100	2100	2100	2100	2100
2.2.5	流动资金								
2.2.6	其他流出								
3	筹集活动净现金流量	−9551	−10046	−10093	−10132	−10133	−10133	−10133	−10135
3.1	现金流入								
3.1.1	项目资本金投入								
3.1.2	建设投资借款								
3.1.3	流动资金借款								
3.1.4	债券								
3.1.5	短期借款								
3.1.6	其他流入								
3.2	现金流出	9551	10046	10093	10132	10133	10133	10133	10135
3.2.1	各种利息支出	425	425	425	425	425	425	425	425
3.2.2	偿还债务本金								
3.2.3	应付利润	9126	9621	9668	9707	9708	9708	9708	9710
3.2.4	其他流出								
4	净现金流量	2074	−3734	−6459	188	10717	10717	10717	9807
5	累计盈余资金	15414	11680	5221	5409	16126	26843	37560	47367

附表 6　财务分析报表 6——资产负债表

（单位：万元）

序号	项目	计算期						
		1	2	3	4	5	6	7
1	资产	32891	85973	136431	139414	140833	141919	133005
1.1	流动资产总额			9623	10853	10853	10853	10853
1.1.1	货币资金			327	676	676	676	676
1.1.2	应收账款			2630	6312	6312	6312	6312
1.1.3	预付账款							
1.1.4	存货			1931	3865	3865	3865	3865
1.1.5	累计盈余资金				4735			
1.2	在建工程	32891	85973					
1.3	固定资产净值			97048	90161	83274	76387	69500
1.4	无形及其他资产净值			29760	38400	46706	54679	52652
2	负债及所有者权益	32891	85973	136431	139414	140833	141919	133005
2.1	流动负债总额			349	698	2035	2946	698
2.1.1	短期借款					1337	2248	
2.1.2	应付账款			349	698	698	698	698
2.1.3	预付账款							
2.1.4	其他							
2.2	建设投资借款	20967	55302	84273	75846	67419	58992	50565
2.3	流动资金借款			3177	7108	7108	7108	7108
2.4	负债小计	20967	55302	87799	83652	76562	69046	58371
2.5	所有者权益	11924	30671	48632	55762	64271	72873	74634
2.5.1	资本金	11924	30671	47730	49415	49415	49415	49415
2.5.2	资本公积			875	2975	5075	7175	9275
2.5.3	累计盈余公积金			27	653	1294	1944	2628
2.5.4	累计未分配利润				2719	8487	14339	13316
	计算指标：资产负债率（%）	63.75	64.32	64.35	60.00	54.36	48.65	43.89

（续）

序 号	项　　目	计　算　期							
		8	9	10	11	12	13	14	15
1	资产	124091	115177	111910	113594	104814	96955	89739	92801
1.1	流动资产总额	10853	10853	10853	10853	10853	10853	12384	24193
1.1.1	货币资金	676	676	676	676	676	676	676	676
1.1.2	应收账款	6312	6312	6312	6312	6312	6312	6312	6312
1.1.3	预付账款								
1.1.4	存货	3865	3865	3865	3865	3865	3865	3865	3865
1.1.5	累计盈余资金			5647				1531	13340
1.2	在建工程								
1.3	固定资产净值	62613	55726	48839	58197	51444	42506	38855	32108
1.4	无形及其他资产净值	50625	48598	46571	44544	42517	40500	38500	36500
2	负债及所有者权益	124091	115177	111910	113594	104814	96955	89739	92801
2.1	流动负债总额	698	698	698	698	698	698	698	698
2.1.1	短期借款								
2.1.2	应付账款	698	698	698	698	698	698	698	698
2.1.3	预付账款								
2.1.4	其他								
2.2	建设投资借款	42138	33711	25284	16857	8430			
2.3	流动资金借款	7108	7108	7108	7108	7108	7108	7108	7108
2.4	负债小计	49944	41517	33090	24663	16236	7806	7806	7806
2.5	所有者权益	74147	73660	78820	88931	88578	89149	81933	84995
2.5.1	资本金	49415	49415	49415	49415	49415	49415	49415	49415
2.5.2	资本公积	11375	13475	15575	17675	19775	21875	23975	26075
2.5.3	累计盈余公积金	3357	4123	4926	5771	6657	7581	8543	9505
2.5.4	累计未分配利润	10000	6647	8904	16070	12731	10278		
	计算指标：资产负债率（%）	40.25	36.05	29.57	21.71	15.49	8.05	8.70	8.41

（续）

序号	项目	计算期 16	17	18	19	20	21	22	23
1	资产	96415	100015	103615	107215	110815	114415	118015	121615
1.1	流动资产总额	26267	22533	16074	16262	26979	37696	48413	58220
1.1.1	货币资金	676	676	676	676	676	676	676	676
1.1.2	应收账款	6312	6312	6312	6312	6312	6312	6312	6312
1.1.3	预付账款								
1.1.4	存货	3865	3865	3865	3865	3865	3865	3865	3865
1.1.5	累计盈余资金	15414	11680	5221	5409	16126	26843	37560	47367
1.2	在建工程	9268	23849	5647					
1.3	固定资产净值	26380	21133	51394	62453	57336	52219	47102	42895
1.4	无形及其他资产净值	34500	32500	30500	28500	26500	24500	22500	20500
2	负债及所有者权益	96415	100015	103615	107215	110815	114415	118015	121615
2.1	流动负债总额	698	698	698	698	698	698	698	698
2.1.1	短期借款								
2.1.2	应付账款	698	698	698	698	698	698	698	698
2.1.3	预付账款								
2.1.4	其他								
2.2	建设投资借款								
2.3	流动资金借款	7108	7108	7108	7108	7108	7108	7108	7108
2.4	负债小计	7806	7806	7806	7806	7806	7806	7806	7806
2.5	所有者权益	88609	92209	95809	99409	103009	106609	110209	113809
2.5.1	资本金	49415	49415	49415	49415	49415	49415	49415	49415
2.5.2	资本公积	29194	32794	36394	39994	43594	47194	50794	54394
2.5.3	累计盈余公积金	10000	10000	10000	10000	10000	10000	10000	10000
2.5.4	累计未分配利润								
	计算指标：资产负债率（%）	8.10	7.80	7.53	7.28	7.04	6.82	6.61	6.42

附表 7 财务分析报表 7——借款还本付息计划表

(单位:万元)

序号	项目	合计	1	2	3	4	5	6
1	长期借款							
1.1	期初借款余额			20967	55302	84273	75846	67419
1.2	当期借款本金	78949	20303	31920	26726			
1.3	当期借款利息	5324	664	2415	2245			
1.4	当期还本付息	117342			2756	13938	13387	12836
1.4.1	其中:还本	84273				8427	8427	8427
1.4.2	付息	33069			2756	5511	4960	4409
1.5	期末借款余额		20967	55302	84273	75846	67419	58992
2	短期借款							
2.1	期初借款余额							1337
2.2	当期借款本金	3585					1337	2248
2.3	当期借款利息	214						80
2.4	当期还本付息	3799						1417
2.4.1	其中:还本	3585						1337
2.4.2	付息	214						80
2.5	期末借款余额						1337	2248
	计算指标:							
	利息备付率					2.57	2.78	2.97
	偿债备付率					0.90	0.93	0.97

（续）

序号	项目	计算期						
		7	8	9	10	11	12	13
1	长期借款							
1.1	期初借款余额	58992	50565	42138	33711	25284	16857	8430
1.2	当期借款本金							
1.3	当期借款利息							
1.4	当期还本付息	12285	11734	11183	10632	10081	9529	8981
1.4.1	其中:还本	8427	8427	8427	8427	8427	8427	8430
1.4.2	付息	3858	3307	2756	2205	1654	1102	551
1.5	期末借款余额	50565	42138	33711	25284	16857	8430	
2	短期借款							
2.1	期初借款余额	2248						
2.2	当期借款本金							
2.3	当期借款利息	134						
2.4	当期还本付息	2382						
2.4.1	其中:还本	2248						
2.4.2	付息	134						
2.5	期末借款余额							
	计算指标:							
	利息备付率	3.31	3.92	4.60	5.56	7.06	9.66	15.13
	偿债备付率	1.81	1.88	1.95	1.51	1.09	2.23	2.25

附表8 财务分析辅助报表1——建设投资估算表（矿井）

（单位：万元）

序号	生产环节或费用名称	估算价值						吨煤投资/(元/t)	占总投资比重(%)
		井巷工程	土建工程	设备及工器具购置	安装工程	其他费用	合计		
1	施工准备工程		401		543		944	1.57	0.89
2	井筒	4496					4496	7.49	4.22
3	井底车场巷道及硐室	1143					1143	1.91	1.07
4	主要运输巷道及回风道	754		3121	44		3919	6.53	3.67
5	采区	6221		14393	1029		21643	36.07	20.29
6	提升系统			3234	326		3560	5.93	3.34
7	排水系统	308		136	191		635	1.06	0.60
8	通风系统		24	212	24		260	0.43	0.24
9	压风系统			32	1		33	0.06	0.03
10	地面生产系统		1316	155	4		1475	2.46	1.38
11	安全技术及监控系统			1127	659		1786	2.98	1.67
12	通信调度及计算机系统			316	81		397	0.66	0.37
13	供电系统	61	492	2122	2129		4804	8.01	4.50
14	地面运输		4205	1487			5692	9.49	5.34
15	室外给水排水及供热系统		774	527	714		2015	3.36	1.89
16	辅助厂房及仓库		1174	964	239		2377	3.96	2.23
17	行政福利设施		1047	291	11		1349	2.25	1.26
18	场区设施		896				896	1.49	0.84
19	居住区								
20	环境保护及"三废处理"		179	284	97		560	0.93	0.53
21	工程建设其他费用					39849	39849	66.42	37.37
	合计	12983	10508	28401	6092	39849	97833	163.05	91.73
22	工程预备费					8818	8818	14.70	8.27
	建设投资总计	12983	10508	28401	6092	48667	106651	177.75	100.00
	吨煤投资/(元/t)	21.64	17.51	47.34	10.15	81.11	177.75		
	占总投资比重(%)	12.18	9.85	26.63	5.71	45.63	100.00		

附表 9　财务分析辅助报表 2——建设投资估算表（选煤厂）

（单位：万元）

序号	生产环节或费用名称	估算价值					吨煤投资/(元/t)	占总投资比重(%)
		土建工程	设备及工器具购置	安装工程	其他费用	合计		
1	储煤系统	532	247	48		827	1.38	4.43
2	筛分破碎车间	54	286	55		395	0.66	2.12
3	主厂房	661	1355	404		2420	4.03	12.95
4	浓缩车间	104	105	32		241	0.40	1.29
5	装车系统	1857	1201	74		3132	5.22	16.78
6	带式输送机栈桥及转载点	671	912	131		1714	2.86	9.18
7	排矸系统	82	6	1		89	0.15	0.47
8	生产系统控制及监测		195	83		278	0.46	1.49
9	供电系统	18	341	334		693	1.16	3.71
10	地面运输	3195	10	271		3476	5.79	18.62
11	室外给水排水及供热	17		91		108	0.18	0.58
12	辅助厂房及仓库	60	112	10		182	0.30	0.98
13	行政福利设施	96	98	7		201	0.34	1.08
14	场区设施	499				499	0.83	2.67
15	居住区							
16	工程建设其他费用				3028	3028	5.05	16.22
	合　计	7846	4868	1541	3028	17283	28.81	92.59
17	工程预备费				1383	1383	2.30	7.41
	建设投资总计	7846	4868	1541	4411	18666	31.11	100.00
	吨煤投资/(元/t)	13.08	8.11	2.57	7.35	31.11		
	占总投资比重(%)	42.03	26.08	8.26	23.63	100.00		

附表 10 财务分析辅助报表 3——流动资金估算表

（单位：万元）

序号	项目	最低周转天数	周转次数	计算期 3	4	5	6	7	8	9	10	11
	原煤产量/Mt			2.50	6.00	6.00	6.00	6.00	6.00	6.00	6.00	6.00
1	流动资产			4888	10853	10853	10853	10853	10853	10853	10853	10853
1.1	应收账款	35	10.29	2630	6312	6312	6312	6312	6312	6312	6312	6312
1.2	存货			1931	3865	3865	3865	3865	3865	3865	3865	3865
1.2.1	生产材料	100	3.60	1788	3575	3575	3575	3575	3575	3575	3575	3575
1.2.2	库存产品	3	120.00	143	290	290	290	290	290	290	290	290
1.3	现金	15	24.00	327	676	676	676	676	676	676	676	676
2	流动负债			349	698	698	698	698	698	698	698	698
2.1	应付账款	15	24.00	349	698	698	698	698	698	698	698	698
3	流动资金			4539	10155	10155	10155	10155	10155	10155	10155	10155
3.1	自有流动资金			1362	3047	3047	3047	3047	3047	3047	3047	3047
3.2	借入流动资金			3177	7108	7108	7108	7108	7108	7108	7108	7108
4	流动资金当期增加额			4539	5616							
5	吨煤流动资金占用量/(元/t)			18.16	16.93	16.93	16.93	16.93	16.93	16.93	16.93	16.93
6	流动资金借款利息											
6.1	流动资金借款利率(%)			5.98	5.98	5.98	5.98	5.98	5.98	5.98	5.98	5.98
6.2	流动资金借款当期利息			190	425	425	425	425	425	425	425	425

附表 11　财务分析辅助报表 4——项目总投资使用计划与资金筹措表

(单位:万元)

序号	项目	合计	计算期 1	2	3	4
1	总投资	140796	32891	53082	49207	5616
1.1	建设投资	125517	32227	50667	42423	
1.2	建设期利息	5324	664	2415	2245	
1.3	流动资金	10155			4539	5616
2	资金筹措	140796	32891	53082	49207	5616
2.1	项目资本金	49415	11924	18747	17059	1685
2.1.1	用于建设投资	46368	11924	18747	15697	
2.1.1.1	A 投资方	27820	7154	11248	9418	
2.1.1.2	B 投资方	18548	4770	7499	6279	
2.1.2	用于流动资金	3047			1362	1685
2.1.2.1	A 投资方	1828			817	1011
2.1.2.2	B 投资方	1219			545	674
2.2	债务资金	91381	20967	34335	32148	3931
2.2.1	用于建设投资	78949	20303	31920	26726	
2.2.2	用于建设期利息	5324	664	2415	2245	
2.2.3	用于流动资金	7108			3177	3931

附表12 财务分析辅助报表5——销售收入、税金估算表

（单位：万元）

序号	项目	单位	合计	3	4	5	6	7	8	9	10	11	12
	原煤产量	Mt	122.50	2.50	6.00	6.00	6.00	6.00	6.00	6.00	6.00	6.00	6.00
1	销售收入	万元	1326042	27062	64949	64949	64949	64949	64949	64949	64949	64949	64949
1.1	末煤销售收入	万元	664174	13554	32531	32531	32531	32531	32531	32531	32531	32531	32531
	产品销售量	Mt	64.0532	1.3072	3.1373	3.1373	3.1373	3.1373	3.1373	3.1373	3.1373	3.1373	3.1373
	销售单价	元/t		103.69	103.69	103.69	103.69	103.69	103.69	103.69	103.69	103.69	103.69
	销售税额	万元	86342	1762	4229	4229	4229	4229	4229	4229	4229	4229	4229
1.2	混煤销售收入	万元	661868	13508	32418	32418	32418	32418	32418	32418	32418	32418	32418
	产品销售量	Mt	48.0588	0.9808	2.3539	2.3539	2.3539	2.3539	2.3539	2.3539	2.3539	2.3539	2.3539
	销售单价	元/t		137.72	137.72	137.72	137.72	137.72	137.72	137.72	137.72	137.72	137.72
	销售税额	万元	86036	1756	4214	4214	4214	4214	4214	4214	4214	4214	4214
2	销售税金及附加	万元	36872	732	1807	1807	1807	1807	1807	1807	1807	1807	1807
2.1	城市维护建设税	万元	5438	98	267	267	267	267	267	267	267	267	267
2.2	教育费附加	万元	3259	59	160	160	160	160	160	160	160	160	160
2.3	资源税	万元	28175	575	1380	1380	1380	1380	1380	1380	1380	1380	1380
3	增值税	万元	108889	1969	5346	5346	5346	5346	5346	5346	5346	5346	5346
3.1	销项税额	万元	172378	3518	8443	8443	8443	8443	8443	8443	8443	8443	8443
3.2	进项税额	万元	63489	1549	3097	3097	3097	3097	3097	3097	3097	3097	3097

（单位：万元）

附表 13 财务分析辅助报表 6——总成本费用估算表

序 号	项 目	固定成本比例	达产前固定成本调整系数	达产前可变成本调整系数（熟练系数）	合计	计 算 期				
						3	4	5	6	7
	原煤产量/Mt				122.50	2.50	6.00	6.00	6.00	6.00
1	材料费	57	0.5	1.2	263835	6435	12870	12870	12870	12870
2	动力费	67	0.5	1.2	79705	1945	3888	3888	3888	3888
3	工资及福利费	50	0.5	1.2	51006	1246	2488	2488	2488	2488
4	修理费	100	0.5	1.2	37393	913	1824	1824	1824	1824
5	地面塌陷赔偿费				2450	50	120	120	120	120
6	50%维简费及30%安全费用				61250	1250	3000	3000	3000	3000
7	其他支出	67	0.5	1.2	217710	5310	10620	10620	10620	10620
	经营成本				713349	17149	34810	34810	34810	34810
8	折旧费	100			107974	2694	5387	5387	5387	5387
9	井巷工程费				30625	625	1500	1500	1500	1500
10	50%维简费				42875	875	2100	2100	2100	2100
11	摊销费	100			39774	514	1360	1694	2027	2027
12	70%安全费用				42875	875	2100	2100	2100	2100
13	利息支出				41973	2949	5936	5385	4914	4417
13.1	长期借款利息	10			33069	2756	5511	4960	4409	3858
13.2	流动资金借款利息	30			8690	190	425	425	425	425
13.3	其他短期借款利息	100			214				80	134
	总成本费用合计				1019445	25678	53193	52976	52838	52341
	其中：可变成本				423252	9592	20683	20683	20683	20683
	固定成本				596193	16086	32510	32293	32155	31658
	单位经营成本					68.60	58.02	58.02	58.02	58.02
	单位成本费用					102.71	88.67	88.29	88.06	87.24

（续）

序号	项 目	固定成本比例	达产前固定成本调整系数	达产前可变成本调整系数（熟练系数）	计算期					
					8	9	10	11	12	13
	原煤产量/Mt				6.00	6.00	6.00	6.00	6.00	6.00
1	材料费	57	0.5	1.2	12870	12870	12870	12870	12870	12870
2	动力费	67	0.5	1.2	3888	3888	3888	3888	3888	3888
3	工资及福利费	50	0.5	1.2	2488	2488	2488	2488	2488	2488
4	修理费	100	0.5	1.2	1824	1824	1824	1824	1824	1824
5	地面塌陷赔偿费				120	120	120	120	120	120
6	50%维简费及30%安全费用				3000	3000	3000	3000	3000	3000
7	其他支出	67	0.5	1.2	10620	10620	10620	10620	10620	10620
	经营成本				34810	34810	34810	34810	34810	34810
8	折旧费	100			5387	5387	5387	5387	5387	5387
9	井巷工程费				1500	1500	1500	1500	1500	1500
10	50%维简费				2100	2100	2100	2100	2100	2100
11	摊销费	100			2027	2027	2027	2027	2027	2017
12	70%安全费用				2100	2100	2100	2100	2100	2100
13	利息支出				3732	3181	2630	2079	1527	976
13.1	长期借款利息	100			3307	2756	2205	1654	1102	551
13.2	流动资金借款利息	30			425	425	425	425	425	425
13.3	其他短期借款利息	100								
	总成本费用合计				51656	51105	50554	49936	49317	48752
	其中:可变成本				20683	20683	20683	20683	20683	20683
	固定成本				30973	30422	29871	29253	28634	28069
	单位经营成本				58.02	58.02	58.02	58.02	58.02	58.02
	单位成本费用				86.09	85.18	84.26	83.23	82.20	81.25

（续）

序号	项目	固定成本比例	达产前固定成本调整系数	达产前可变成本调整系数（熟练系数）	计算期 14	15	16	17	18
	原煤产量/Mt				6.00	6.00	6.00	6.00	6.00
1	材料费	57	0.5	1.2	12870	12870	12870	12870	12870
2	动力费	67	0.5	1.2	3888	3888	3888	3888	3888
3	工资及福利费	50	0.5	1.2	2488	2488	2488	2488	2488
4	修理费	100	0.5	1.2	1824	1824	1824	1824	1824
5	地面塌陷赔偿费				120	120	120	120	120
6	50%维简费及30%安全费用				3000	3000	3000	3000	3000
7	其他支出	67	0.5	1.2	10620	10620	10620	10620	10620
	经营成本				34810	34810	34810	34810	34810
8	折旧费	100			5387	5387	5387	5387	5387
9	井巷工程费				1500	1500	1500	1500	1500
10	50%维简费				2100	2100	2100	2100	2100
11	摊销费	100			2100	2100	2100	2100	2100
12	70%安全费用				2100	2100	2100	2100	2100
13	利息支出				425	425	425	425	425
13.1	长期借款利息	100							
13.2	流动资金借款利息	30			425	425	425	425	425
13.3	其他短期借款利息	100							
	总成本费用合计				48182	48182	48182	48182	48112
	其中：可变成本				20683	20683	20683	20683	20683
	固定成本				27499	27499	27499	27499	27429
	单位经营成本				58.02	58.02	58.02	58.02	58.02
	单位成本费用				80.30	80.30	80.30	80.30	80.19

（续）

序号	项目	固定成本比例	达产前固定成本调整系数	达产前可变成本调整系数（熟练系数）	计算期 19	20	21	22	23
	原煤产量/Mt				6.00	6.00	6.00	6.00	6.00
1	材料费	57	0.5	1.2	12870	12870	12870	12870	12870
2	动力费	67	0.5	1.2	3888	3888	3888	3888	3888
3	工资及福利费	50	0.5	1.2	2488	2488	2488	2488	2488
4	修理费	100	0.5	1.2	1824	1824	1824	1824	1824
5	地面塌陷赔偿费				120	120	120	120	120
6	50%维简费及30%安全费用				3000	3000	3000	3000	3000
7	其他支出	67	0.5	1.2	10620	10620	10620	10620	10620
	经营成本				34810	34810	34810	34810	34810
8	折旧费	100			5387	5387	5387	5387	5387
9	井巷工程费				1500	1500	1500	1500	1500
10	50%维简费				2100	2100	2100	2100	2100
11	摊销费	100			2100	2100	2100	2100	2100
12	70%安全费用				2100	2100	2100	2100	2100
13	利息支出				425	425	425	425	425
13.1	长期借款利息	100							
13.2	流动资金借款利息	30			425	425	425	425	425
13.3	其他短期借款利息	100							
	总成本费用合计				48054	48052	48052	48052	48049
	其中：可变成本				20683	20683	20683	20683	20683
	固定成本				27371	27369	27369	27369	27366
	单位经营成本				58.02	58.02	58.02	58.02	58.02
	单位成本费用				80.09	80.09	80.09	80.09	80.08

附表 14　财务分析辅助报表 7——固定资产折旧费及井巷工程费估算表

（单位：万元）

序号	项目	折旧年限/年	合计	计算期					
				3	4	5	6	7	8
	原煤产量/Mt		122.50	2.50	6.00	6.00	6.00	6.00	6.00
1	井巷工程								
1.1	原值			19106	19106	19106	19106	19106	19106
1.2	当期井巷工程费		30625	625	1500	1500	1500	1500	1500
1.3	净值			18481	16981	15481	13981	12481	10981
2	地面建、构筑物	40							
2.1	原值			25653	25653	25653	25653	25653	25653
2.2	当期折旧费		13141	321	641	641	641	641	641
2.3	净值			25332	24691	24050	23409	22768	22127
3	机器设备								
3.1	综采掘设备	8							
3.1.1	原值		42525	17248	17248	17248	17248	17248	17248
3.1.2	当期折旧费			1078	2156	2156	2156	2156	2156
3.1.3	更新投资		32356						
3.1.4	净值			16170	14014	11858	9702	7564	5390
3.2	一般采掘设备	10							
3.2.1	原值			970	970	970	970	970	970
3.2.2	当期折旧费		1922	49	97	97	97	97	97
3.2.3	更新投资		1814	921	824	727	630	533	436
3.2.4	净值								
3.3	其他设备	15							
3.3.1	原值		50386	37390	37390	37390	37390	37390	37390
3.3.2	当期折旧费			1246	2493	2493	2493	2493	2493
3.3.3	更新投资		35438						
3.3.4	净值			36144	33651	31158	28665	26172	23679
4	合计								
4.1	原值			100367	100367	100367	100367	100367	100367
4.2	当期井巷工程费		30625	625	1500	1500	1500	1500	1500
4.3	当期折旧费		107974	2694	5387	5387	5387	5387	5387
4.4	更新投资		69608						
4.5	净值			97048	90161	83274	76387	69500	62613

（续）

序号	项目	折旧年限/年	计算期 9	10	11	12	13	14	15	16
	原煤产量/Mt		6.00	6.00	6.00	6.00	6.00	6.00	6.00	6.00
1	井巷工程									
1.1	原值		19106	19106	19106	19106	19106	19106	19106	19106
1.2	当期井巷工程费		1500	1500	1500	1500	1500	1500	1500	1500
1.3	净值		9481	7981	6481	4981	3481	1981	481	
2	地面建、构筑物	40								
2.1	原值		25653	25653	25653	25653	25653	25653	25653	25653
2.2	当期折旧费		641	641	641	641	641	641	641	641
2.3	净值		21486	20845	20204	19563	18922	18281	17640	16999
3	机器设备									
3.1	综采综掘设备	8								
3.1.1	原值		17248	17248	16178	16178	16178	16178	16178	16178
3.1.2	当期折旧费		2156	2156	2089	2022	2022	2022	2022	2022
3.1.3	更新投资			5647	10531					
3.1.4	净值		3234	1078	15167	13145	11123	9101	7079	5057
3.2	一般采掘设备	10								
3.2.1	原值		970	970	970	970	907	907	907	907
3.2.2	当期折旧费		97	97	97	97	93	91	91	91
3.2.3	更新投资						907			
3.2.4	净值		339	242	145	48	862	771	680	589
3.3	其他设备	15								
3.3.1	原值		37390	37390	37390	37390	37390	37390	37390	37390
3.3.2	当期折旧费		2493	2493	2493	2493	2493	2493	2493	2493
3.3.3	更新投资									
3.3.4	净值		21186	18693	16200	13707	11214	8721	6228	3735
4	合计									
4.1	原值		100367	100367	99297	99297	99234	99234	99234	99234
4.2	当期井巷工程费		1500	1500	1500	1500	1500	1500	1500	1500
4.3	当期折旧费		5387	5387	5320	5253	5249	5247	5247	5247
4.4	更新投资			5647	10531		907			
4.5	净值		55726	48839	58197	51444	45602	38855	32108	26380

（续）

序号	项目	折旧年限/年	计算期 17	18	19	20	21	22	23	固定资产余值
	原煤产量/Mt		6.00	6.00	6.00	6.00	6.00	6.00	6.00	
1	井巷工程									
1.1	原值		19106	19106	19106	19106	19106	19106	19106	
1.2	当期井巷工程费		1500	1500	1500	1500	1500	1500	1500	
1.3	净值									
2	地面建、构筑物	40								
2.1	原值		25653	25653	25653	25653	25653	25653	25653	
2.2	当期折旧费		641	641	641	641	641	641	641	
2.3	净值		16358	15717	15076	14435	13794	13153	12512	12512
3	机器设备									
3.1	综采综掘设备	8								
3.1.1	原值		16178	16178	16178	16178	16178	16178	16178	
3.1.2	当期折旧费		2022	2022	2024	2022	2022	2022	2022	
3.1.3	更新投资			5647	10531					
3.1.4	净值		3035	1013	15167	13145	11123	9101	7079	7079
3.2	一般采掘设备	10								
3.2.1	原值		907	907	907	907	907	907	907	
3.2.2	当期折旧费		91	91	91	91	91	91	88	
3.2.3	更新投资								907	
3.2.4	净值		498	407	316	225	134	43	862	862
3.3	其他设备	15								
3.3.1	原值		37390	35438	35438	35438	35438	35438	35438	
3.3.2	当期折旧费		2493	2423	2363	2363	2363	2363	2363	
3.3.3	更新投资		14581	11589						
3.3.4	净值		1242	34257	31894	29531	27168	24805	22442	22442
4	合计									
4.1	原值		99234	97282	97282	97282	97282	97282	97282	
4.2	当期井巷工程费		1500	1500	1500	1500	1500	1500	1500	
4.3	当期折旧费		5247	5117	5119	5117	5117	5117	5114	
4.4	更新投资		14581	17236	10531				907	
4.5	净值		21133	51394	62453	57336	52219	47102	42895	42895

附表 15　财务分析辅助报表 8——无形资产和其他资产摊销估算表

（单位：万元）

序号	项　目	摊销年限	合　计	计　算　期					
				3	4	5	6	7	8
1	无形资产	30							
1.1	原值			30000	40000	50000	60000	60000	60000
1.2	当期摊销费		39500	500	1333	1667	2000	2000	2000
1.3	净值			29500	38167	46500	54500	52500	50500
2	其他资产	10							
2.1	原值			274	274	274	274	274	274
2.2	当期摊销费		274	14	27	27	27	27	27
2.3	净值			260	233	206	179	152	125
3	合计								
3.1	原值			30274	40274	50274	60274	60274	60274
3.2	当期摊销费		39774	514	1360	1694	2027	2027	2027
3.3	净值			29760	38400	46706	54679	52652	50625

（续）

序号	项目	摊销年限	计算期							
			9	10	11	12	13	14	15	16
1	无形资产	30								
1.1	原值		60000	60000	60000	60000	60000	60000	60000	60000
1.2	当期摊销费		2000	2000	2000	2000	2000	2000	2000	2000
1.3	净值		48500	46500	44500	42500	40500	38500	36500	34500
2	其他资产	10								
2.1	原值		274	274	274	274	274			
2.2	当期摊销费		27	27	27	27	17			
2.3	净值		98	71	44	17				
3	合计									
3.1	原值		60274	60274	60274	60274	60274	60000	60000	60000
3.2	当期摊销费		2027	2027	2027	2027	2017	2000	2000	2000
3.3	净值		48598	46571	44544	42517	40500	38500	36500	34500

（续）

序号	项 目	摊销年限	计 算 期 17	18	19	20	21	22	23	无形资产余值
1	无形资产	30		20500						20500
1.1	原值		60000		60000	60000	60000	60000	60000	
1.2	当期摊销费		2000		2000	2000	2000	2000	2000	
1.3	净值		32500		28500	26500	24500	22500	20500	
2	其他资产	10								
2.1	原值									
2.2	当期摊销费									
2.3	净值									
3	合计									
3.1	原值		60000		60000	60000	60000	60000	60000	
3.2	当期摊销费		2000		2000	2000	2000	2000	2000	
3.3	净值		32500		28500	26500	24500	22500	20500	

附表 16　财务分析辅助报表 9——工资及福利费估算表

				122.50	2.50	6.00
	原煤产量/Mt			122.50	2.50	6.00
1	矿井					
1.1	工人					
1.1.1	井下工人					
	人数	人			295	295
	人均年工资	元			24610	49200
	工资额	万元		29746	726	1451
1.1.2	地面工人					
	人数	人			76	76
	人均年工资	元			9868	19800
	工资额	万元		3075	75	150
1.2	管理工人					
	人数	人			65	65
	人均年工资	元			19231	38520
	工资额	万元		5125	125	250
1.3	生产服务人员					
	人数	人			68	68
	人均年工资	元			8824	17600
	工资额	万元		2460	60	120
1.4	生活服务人员					
	人数	人			19	19
	人均年工资	元			7368	14900
	工资额	万元		574	14	28
1.5	工资总额	万元		40980	1000	1999
1.6	福利费	万元		5740	140	280
1.7	小计	万元		46720	1140	2279
2	选煤厂					
2.1	工人					
	人数	人			60	60
	人均年工资	元			10000	19800
	工资额	万元		2440	60	119
2.2	管理人员					
	人数	人			10	10
	人均年工资	元			20000	38520
	工资额	万元		800	20	39

（续）

2.3	服务及其他人员				
	人数	人		14	14
	人均年工资	元		9286	17600
	工资额	万元	513	13	25
2.4	工资总额	万元	3753	93	183
2.5	福利费	万元	533	13	26
2.6	小计	万元	4286	106	209
3	矿井及选煤厂				
3.1	工资总额	万元	44733	1093	2182
3.2	福利费	万元	6273	153	306
3.3	小计	万元	51006	1246	2488

参 考 文 献

[1] 国家发展改革委,建设部. 建设项目经济评价方法与参数 [M]. 3 版. 北京:中国计划出版社,2006.

[2] 国家计划委员会投资司,等. 建设项目经济评价方法与参数参考资料 [G]. 北京:中国统计出版社,1993.

[3] 赵国杰. 工程经济学. [M]. 2 版. 天津:天津大学出版社,2004.

[4] 赵国杰. 投资项目可行性研究 [M]. 天津:天津大学出版社,2003.

[5] 白思俊. 现代项目管理:上册 [M]. 北京:机械工业出版社,2002.

[6] 白思俊. 现代项目管理:中册 [M]. 北京:机械工业出版社,2002.

[7] 白思俊. 现代项目管理:下册 [M]. 北京:机械工业出版社,2002.

[8] 傅家骥,仝允桓. 工业技术经济学 [M]. 3 版. 北京:清华大学出版社,1996.

[9] 徐强. 技术经济学原理与方法 [M]. 北京:北京科学技术出版社,1993.

[10] 张极井. 项目融资 [M]. 2 版. 北京:中信出版社,2003.

[11] 孙卫东,闫军印. 地质环境经济评价 [M]. 北京:地震出版社,1999.

[12] 《投资项目可行性研究指南》编写组. 投资项目可行性研究指南 [M]. 北京:中国电力出版社,2002.

[13] 周惠珍. 投资项目评估案例分析 [M]. 大连:东北财经大学出版社,2000.

[14] 周惠珍. 投资项目评估方法与实务 [M]. 北京:中国计划出版社,2003.

[15] 周惠珍. 投资项目评估案例 [M]. 北京:中国计划出版社,2003.

[16] 吴大军,王立国. 项目评估 [M]. 大连:东北财经大学出版社,2002.

[17] 教育部高等教育司. 项目评估 [M]. 北京:中国财政经济出版社,1999.

[18] 简德三. 投资项目评估 [M]. 上海:上海财经大学出版社,1999.

[19] 王春利. 现代市场预测 [M]. 北京:首都经济贸易大学出版社,1998.

[20] 许以洪,熊艳. 市场调查与预测 [M]. 北京:机械工业出版社,2010.

[21] 叶树滋. 市场调查与商情预测 [M]. 北京:中央广播电视大学出版社,1985.

[22] 李学良. 项目评估学 [M]. 大连:东北财经大学出版社,1988.

[23] 吴泽宁,张超,等. 工程项目系统评价 [M]. 郑州:黄河水利出版社,2002.

[24] 骈永富,等. 房地产投资分析与决策 [M]. 北京:中国物价出版社,2003.

[25] 李同泽. 市场研究方法与技巧 [M]. 北京:中国经济出版社,2002.

[26] 李定荣,李开孟. 建设项目可行性研究 [M]. 天津:天津大学出版社,1995.

[27] 虞和锡. 工程项目的可行性研究 [M]. 北京:机械工业出版社,1991.

[28] 雷祖模. 建设项目评估 [M]. 北京:中国财政经济出版社,1992.

[29] 王立国,王红岩,等. 可行性研究与项目评估 [M]. 大连:东北财经大学出版社,2003.

[30] 杨文士,张雁. 管理学原理 [M]. 北京:中国人民大学出版社,1994.

[31] 丛培经. 工程项目管理 [M]. 北京:中国建筑工业出版社,1997.

[32] 丛培经. 实用工程项目管理手册 [M]. 北京:中国建筑工业出版社,1999.

[33] 成虎. 工程项目管理 [M]. 北京:中国建筑工业出版社,2001.

[34] 任淮秀,汪昌云. 建设项目后评价理论与方法 [M]. 北京:中国人民大学出版社,1992.

[35] 张三力. 项目后评价 [M]. 北京:清华大学出版社,1998.

[36] 许晓峰，肖翔. 建设项目后评价［M］. 北京：中华工商联合出版社，2000.

[37] 王巾英，王朝纲. 中国建设项目评价——理论、方法、案例［M］. 北京：中国计划出版社，1998.

[38] 国家环境保护总局，环境工程评估中心. 建设项目环境影响技术评估指南［M］. 北京：中国环境科学出版社，2003.

[39] 闫军印，孙卫东. 建设项目环境影响经济评价方法研究［J］. 上海环境科学，1999（11）.

[40] 闫军印. 关于建设项目环境影响的经济损益分析［J］. 重庆环境科学，1994（5）.

[41] 闫军印. 大型水电工程建设地质环境质量损益经济评价研究［J］. 中国环境监测，1997（3）.

[42] 闫军印. 关于环境经济核算基本问题的思考［J］. 重庆环境科学，1997（10）.

[43] 闫军印. 企业投资决策应注意的几个问题［J］. 技术经济与管理研究，1998（1）.

[44] 闫军印，孙卫东. 区域交通建设工程环境质量损益经济评价［J］. 上海环境科学，1995（10）.

[45] 成思危. 中国软科学研究会学术论文集［G］. 北京：科学技术文献出版社，2005.

[46] 闫军印. 论建设项目可行性研究的可行性［J］. 经济问题探索，1998（2）.

[47] 闫军印. 浅谈环境经济评价的类型划分［J］. 环境保护，1997（3）.

[48] 闫军印. 建设项目环境影响经济评价的"有无对比法"和"增量评价法"［J］. 石家庄经济学院学报，2001（1）.

[49] 王五英，于守法，张汉亚. 投资项目社会评价方法［M］. 北京：经济管理出版社，1993.

[50] 国家计委投资研究所，建设部标准定额研究所社会评价课题组. 投资项目社会评价指南［M］. 北京：经济管理出版社，1997.

[51] 朱庆芳，吴寒光. 社会指标体系［M］. 北京：中国社会科学出版社，2001.